21世纪普通高等院校应用型本科规划教材

世界遗产旅游概论

Shijie Yichan Lüyou Gailun

主　编　　郭凌　周荣华　陶长江
副主编　　杨珩　曹兴平　赵文静

西南财经大学出版社
Southwestern University of Finance & Economics Press

中国·成都

21 世纪普通高等院校应用型本科规划教材·旅游管理
编委会

Foreword 总序

　　为推进中国高等教育事业可持续发展，经国务院批准，教育部、财政部启动实施了"高等学校本科教学质量与教学改革工程"。这是深入贯彻科学发展观，落实"把高等教育的工作重点放在提高质量上"的战略部署，在新时期实施的一项意义重大的本科教学改革举措。"高等学校本科教学质量与教学改革工程"以提高高等学校本科教学质量为目标，以推进改革和实现优质资源共享为手段，按照"分类指导、鼓励特色、重在改革"的原则，加强课程建设，着力提升我国高等教育的质量和整体实力。为满足本科层次经济类、管理类教学改革与发展的需求，培养高素质有特色应用型创新型人才，迫切需要普通本科院校经管类教学部门开展深度合作，加强信息交流。值得庆幸的是，西南财经大学出版社给我们搭建了一个平台，协调组织召开了二十余所普通本科院校经管学院院长联席会议，就教学、科研、管理、师资队伍建设、人才培养等方面的问题进行了广泛而深入的研讨。

　　通过充分的研讨和沟通，共同打造了切合教育改革潮流、深刻理解和把握普通本科教育内涵特征、贴近教学需求的高质量的 21 世纪普通高等院校系列规划教材。截至 2012 年年底，共出版了 70 余种教材，并获得社会好评。

　　鉴于我国经济社会的发展，节假日改革、带薪休假的实行，旅游产业得到迅猛发展（2012 年我国旅游业总收入约 2.57 万亿元），旅游业的持续升温、快速发展与旅游专业人才的短缺矛盾十分突出，旅游人才资源数量不足、层次不高；旅游产业发展必须培育和造就一支多功能、复合型、国际化的旅游专业人才队伍，教育部已将旅游管理专业从工商管理学科独立出来，成为与工商管理平行的一级学科；加之，旅游管理专业教材存在集中于管理专业领域，旅游经济和会展旅游等方面严重缺失，教材中"文化"含量偏低，且"大而全、小而全"以及操作性不强等问题。因此，2013 年院长联席会议确定单独建设 21 世纪普通高等院校应用型本科规划教材·旅游管理，以促进旅游管理专业课程体系和教学体系的合理构建，推动教学内容和教学方法的创新，形成具有鲜明特色的教学体系，从而为旅游业的快速发展提供强有力的人才保证和智力支持。

鉴于此，本编委会与西南财经大学出版社合作，组织了十余所院校的教师共同编写本系列规划教材。

本系列规划教材编写的指导思想是：在适度的基础知识与理论体系覆盖下，针对普通本科院校学生的特点，夯实基础，强化实训。编写时，一是注重教材的科学性和前沿性，二是注重教材的基础性，三是注重教材的实践性，力争使本系列教材做到"教师易教，学生乐学，技能实用"。

本系列规划教材以立体化、系列化和精品化为特色，包括教材、辅导读物、讲课课件、案例及实训等；同时，力争做到"基础课横向广覆盖，专业课纵向成系统"；力争把每种教材都打造成精品，让多数教材能成为省级精品课教材、部分教材成为国家级精品课教材。

为了编好本系列规划教材，在西南财经大学出版社的支持下，经过了多次磋商和讨论成立了由经济学博士、西南财经大学教授、博士生导师、中国旅游协会区域旅游开发专业委员会理事张梦任主任，赵鹏程教授、邱云志教授任副主任，郑元同等教授任委员的编委会。

在编委会的组织、协调下，该系列规划教材由各院校具有丰富教学经验并有教授或副教授职称的教师担任主编，由各书主编拟订大纲，经编委会审核后再编写。同时，每一种教材均吸收多所院校的教师参加编写，以集众家之长。

根据各院校的教学需要，结合转变教学范式，按照理念先进（体现人才培养的宽口径、厚基础、重创新的现代教育理念）、特色鲜明（体现科学发展观要求的学科特色、人才质量水平和转变教学范式的最新成果）、理论前沿（体现学科行业新知识、新技术、新成果和新制度）、立体化建设（基于网络与信息技术支持，一本主教材加上辅助性的数字化资源，以及基于教学网络平台的支撑形成的内容产品体系）、模块新颖（教材应充分利用现代教育技术创新内容结构体系，以利于进行更加生动活泼的教学，引导学生利用各种网络资源促进自主学习和个性化学习，兼具"客观化教材""开放性索引""研究性资料"和"实践性环节"的功能）的要求，引进先进的教材编写模块来编写新教材以及修订、完善已出版的教材。

希望经多方努力，力争将此系列规划教材打造成适应教学范式转变的高水平教材。在此，我们对各学院领导的大力支持、各位作者的辛勤劳动以及西南财经大学出版社的鼎力相助表示衷心的感谢！

21 世纪普通高等院校应用型本科规划教材·旅游管理编委会

2013 年 11 月

Preface 前言

　　《世界遗产旅游概论》遵循科学性、知识性、实用性和规范性4项原则，一改以往教材"重遗产、轻旅游""重理论、轻实践"的思维习惯，以世界遗产与旅游为主线，通过丰富的案例和详实的资料，较为系统地阐述了世界遗产与旅游的关系。本书还包括世界遗产旅游发展过程中涉及的世界文化遗产、世界自然遗产、世界非物质文化遗产等遗产类别，以及如何实现世界遗产保护与遗产旅游可持续发展等方面的基本理论和基本知识。全书共分10章，每章都包含学习目标、重点难点、思考和练习题、案例和实训等板块。《世界遗产旅游概论》可作为高等院校旅游专业本科生以及高职高专学生的学习用书，还可作为旅游行业各级各部门举办的培训班、社会行业证书考试和自学考试的教材使用。

*Contents*目录

第三篇　世界自然遗产及自然与文化双遗产

第四篇　世界遗产的新类别

第一篇
世界遗产与旅游

第一章 世界遗产概述

学习目标

了解世界非物质文化遗产的立法情况；
认识我国对非物质文化遗产的保护状况；
了解我国急需保护的非物质文化遗产；
掌握世界非物质文化遗产保护与传承的原则和方法。

重点难点

掌握世界非物质文化遗产保护与传承的原则和方法；
正确处理世界非物质文化遗产保护与旅游发展的关系。

本章内容

● 第一节 世界遗产的由来与概念

一、世界遗产的由来

埃及是历史悠久的文明古国。分布于尼罗河谷、地中海沿岸以及西部沙漠等地的大量埃及古代文明的遗迹，带给了埃及"世界名胜古迹博物馆"的美誉。努比亚遗址位于尼罗河上游，拥有埃及南部最宏伟壮观的遗迹群，如阿布辛贝的拉美西斯二世神庙及菲莱岛上的伊西斯圣地。1959 年，埃及政府计划修建阿斯旺大坝，大坝一旦建成，包括努比亚遗址在内的尼罗河谷里的珍贵古迹将完全被大水淹没，阿布辛贝神庙等遗迹群将不复存在。为了保护遗迹群，1960 年联合国教科文组织发起了"努比亚行动计划"，争取到 50 个国家的支持，共募集了 8 000 万美元的资金。"努比亚行动计划"持续了 20 余年，最终阿布辛贝神庙和菲莱神庙等古迹被仔细地分解，然后运到高地，再一块块地重新组装起来。这次行动非常成功，充分体现了国际合作共同保护世界文化遗产的重要性。看似偶然的阿斯旺大坝事件，其实是现代经济增长方式对自然及人类文化遗产产生破坏的典型事例之一。"努比亚行动计划"之后，许多国家开始向联合国教科文组织寻求帮助，希望以国际社会经济上和政治上的支持来保护本国的遗产。这不仅表明了国际合作共同保护世界文化遗产的重要性，同时也说明了只有在源头上进行制止，这类问题才可能得到解决。

作为对"努比亚行动计划"的反思，1965 年美国倡议将文化和自然联合起来进行保护。世界自然保护联盟在 1968 年也提出了类似的建议，并于 1972 年在瑞典首都斯德哥尔摩提交联合国人类环境会议讨论。1972 年 10 月 17 日至 11 月 21 日，联合国教科文组织第 17 届大会在巴黎举行。大会指出，文化遗产和自然遗产因年久腐变、社会和经济条件变化致使情况恶化等多方原因，受到越来越多的威胁，由此造成了难以挽回的损害及破坏；而遗产所在国大多不具备充足的经济、科学和技术力量，导致投入有限，保护这类遗产的工作往往不是很完善。考虑到任何文化或自然遗产的损坏或丢失都有可能使全世界遗产枯竭，整个国际社会有责任通过提供集体性援助来参与保护具有突出的普遍价值的文化和自然遗产；而采用公约形式能够为集体保护具有突出的普遍价值的文化和自然遗产建立一个根据现代科学方法制定的永久性的有效制度。

1972 年 11 月 16 日，联合国教科文组织第 17 届大会正式通过《保护世界文化和自然遗产公约》。公约共计 38 条，主要规定了文化遗产和自然遗产的定义、文化和自然遗产的国家保护和国际保护措施等条款。公约规定了文化与自然遗产的申报程序，各缔约国可自行确定本国领土内的文化和自然遗产，并向世界遗产委员会递交其遗产清单，由世界遗产大会审核和批准。公约明确了文化与自然遗产的保护义务，凡是被列入世界文化和自然遗产的地点，都由其所在国家依法严格予以保护。1976 年 11 月，在联合国教育、科学及文化组织内，建立了文化遗产和自然遗产的政府间委员会（即世界遗产委员会）。世界遗产委员会建立了《世界遗产名录》专门负责世界遗产的管理工作。

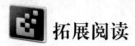
拓展阅读

努比亚遗址及旅游发展①

努比亚遗址位于埃及东南部。这一古代建筑群继承和体现了古埃及数千年宗教建筑艺术的特点；在古埃及法老时期，这里就建造了城市、宫殿和寺庙；这里是埃及古文明的见证。努比亚地区最著名的建筑是阿布辛贝神庙、王后寺庙及菲莱神庙。整个寺院都是在尼罗河西岸的悬崖峭壁上凿出的。

阿布辛贝神庙又称大庙，是公元前8世纪在岩石上凿出的。大庙高33米、宽38米、纵深60米，正面是四尊高达20米的拉美西斯二世的巨大雕像，庙内的浮雕工艺十分精湛。在四尊雕像小腿之间，有拉美西斯二世一家的雕像。寺内石壁上刻满图画和文字，描述拉美西斯二世当政期间的生活情景、与赫梯人为争夺叙利亚地区统治权而会战于卡迭石城的战况（约公元前1312年）。

王后寺庙又称小阿布辛贝庙，也是公元前8世纪在悬崖上凿出的，是拉美西斯二世为爱妻妮菲泰丽王后建造的。这座庙的规模略小，庙里有许多妮菲泰丽的塑像。这些塑像美艳无比，非常逼真，虽历经3 000多年历史的洗礼，色彩依然保存得非常鲜艳。

菲莱神庙，是现在保存最好的三座古埃及托勒密王朝庙宇之一，是为古埃及神话中司掌生育和繁衍的女神艾希斯而建。神庙原位于阿斯旺大坝南面的尼罗河中的小岛上。1962年建设阿斯旺大坝时，菲莱岛被淹没。1980年，埃及政府决定资源将岛上的古迹转移到菲莱岛以北500米的艾格里卡岛上，在艾格里卡岛上进行重建，还其原来面目。

目前，努比亚已经成为埃及最为重要的旅游目的地之一，每年以其丰富的世界文化遗产，吸引着世界各地游客前往游览。旅游业也成为努比亚的支柱性产业，为努比亚地方经济的发展提供重要支撑。

---

① 资料来源：http://baike.baidu.com/link? url＝9n0E8As61yGBYStCZj25cyzHeAyHDb6sdWPwnvV7U0qW nRE58XmoVVw7UDE5zrHz_N__uB2xo81LtgiWxjj3ZAofVsyZFyZ_2awIxxHDQpY_4g45wbsbl8mSt9BcJmffXsdEfKyjaq p712tVjAa57q.

拓展阅读

联合国教科文组织①

联合国教科文组织即联合国教育、科学及文化组织（United Nations Educational, Scientific and Cultural Organization），是联合国（UN）旗下专门机构之一，简称联合国教科文组织（UNESCO）。该组织于 1946 年 11 月 4 日成立，总部设在法国巴黎。联合国教科文组织的宗旨在于通过教育、科学及文化来促进各国之间的合作，对和平与安全做出贡献，以增进《联合国宪章》所确认的不分种族、性别、语言及宗教对正义、法治、人权与基本自由的普遍尊重。

联合国教科文组织主要设大会、执行局和秘书处三大部门。大会为最高机构，由会员国的代表组成，一般每 2 年举行一次大会；执行局负责监督该组织各项计划的实施，每年至少举行 2 次会议；秘书处是日常工作机构，分成若干部门，分别实施教育、自然科学、社会科学、文化和交流等领域的业务活动，或进行行政和计划工作。联合国教科文组织设置了五大职能：①前瞻性研究，即研究明天的世界需要什么样的教育、科学、文化和传播机制；②知识的发展、传播与交流，主要依靠研究、培训和教学；③制定准则，即起草和通过国际文件和法律建议；④将知识和技术以"技术合作"的形式提供给会员国，以供其制定发展政策；⑤专门化信息的交流。

中国是联合国教科文组织的创始国之一，自 1971 年 10 月 29 日该组织确认中华人民共和国的合法地位以来，中国在该组织的各项活动中均发挥了积极的作用。北京时间 2013 年 11 月 5 日 22 时 30 分，中国教育部副部长、中国联合国教科文组织全国委员会主任郝平作为大会唯一候选人正式当选联合国教科文组织第 37 届大会主席，任期 2 年。这是联合国教科文组织成立 68 年来，中国代表首次当选"掌门人"。

二、世界遗产的概念与意义

遗产是指传承于前人的财富。1972 年 11 月 16 日，联合国教科文组织第 17 届大会上正式通过的《保护世界文化和自然遗产公约》指出，世界遗产既包括现代人继承古人的珍贵财富，还包括大自然对人类的馈赠。因此，根据《保护世界文化和自然遗产公约》，世界遗产是指被联合国教科文组织和世界遗产委员会确认

---

① 资料来源：http://baike.baidu.com/item/联合国教育、科学及文化组织? fromtitle = 联合国教科文组织 &fromid = 265071.

的、人类罕见的、目前无法替代的财富，是全人类公认的具有突出意义和普遍价值的文物古迹及自然景观，包括亿万年地球史上、人类发展过程中遗留下来的不可再生的自然资源、人造工程、人与自然的联合工程，以及考古遗迹等。

世界遗产对民族、国家与世界有着重大意义。世界遗产是每一个民族在人类历史中的足迹，是民族的身份证。属于一个民族的世界遗产，是本民族区别于其他民族的特殊价值所在。

拓展阅读

世界遗产——西藏布达拉宫、大昭寺与罗布林卡①

西藏布达拉宫，坐落在拉萨河谷中心海拔 3 700 米的红色山峰之上，是集宗教、政治事务于一体的综合性建筑。它由白宫和红宫及其附属建筑组成。布达拉宫自公元 7 世纪起就成为达赖喇嘛的冬宫，象征着西藏佛教和历代行政统治的中心。布达拉宫规模庞大，气势宏伟，依山势而建，占地面积 36 万余平方米，主建筑共 13 层，高 117 米。它是著名的藏式宫堡式建筑，也是藏族古代建筑和中国古代建筑艺术的杰出代表，享有"世界屋脊上的明珠"的美誉。根据世界文化遗产遴选标准 C（Ⅰ）（Ⅳ）（Ⅵ），1994 年 12 月布达拉宫入选《世界遗产名录》。

大昭寺是一组极具特色的佛教建筑群，主要建筑为经堂大殿。大殿有 4 层，建筑构件为汉式风格，柱头和屋檐的装饰则为典型的藏式风格。大殿的一层供奉有唐代文成公主带入西藏的释迦牟尼金像。二层供奉松赞干布、文成公主和赤尊公主的塑像。三层为一天井，是一层殿堂的屋顶和天窗。四层正中为 4 座金顶。大殿内外和四周的回廊绘满壁画，面积达 2 600 余平方米，题材包括佛教、历史人物和故事。大昭寺是西藏现存最辉煌的吐蕃时期的建筑，也是西藏现存最古老的土木结构建筑，开创了藏式平川式的寺庙布局规式。大昭寺融合了吐蕃、唐朝、古代尼泊尔、古代印度的建筑风格，成为藏式宗教建筑的典范。此外，寺内还保存了大量珍贵文物，寺前矗立的"唐蕃会盟碑"，更是汉藏两族人民友好交往的历史见证。根据世界文化遗产遴选标准 C（Ⅰ）（Ⅳ）（Ⅵ），2000 年 11 月大昭寺入选《世界遗产名录》。

罗布林卡由格桑颇章、措吉颇章、金色颇章、达旦明久颇章等几组宫殿建筑组成，每组建筑又包括宫区、宫前区和林区三个主要部分。以格桑颇章为主体的建筑群位于第二重围墙内南院的东南部。以措吉颇章（湖心亭）为主体的建筑群位于格桑颇章西北约 120 米处，是罗布林卡中最美丽的景区。以金色颇章为主体的建筑群

① 资料来源：http://baike.baidu.com/item/%E6%8B%89%E8%90%A8%E5%B8%83%E8%BE%BE%E6%8B%89%E5%AE%AB%E5%8E%86%E5%8F%B2%E5%BB%BA%E7%AD%91%E7%BE%A4/7413719.

位于罗布林卡西部。各组建筑均以木、石为主要材料建成，规划整齐，具有明显的藏式建筑风格。主要殿堂内的墙壁上均绘有精美的壁画。此外，罗布林卡内还珍藏有大量的文物和典籍。根据世界文化遗产遴选标准 C（I）（IV）（VI），2001 年 12 月罗布林卡入选《世界遗产名录》。

世界遗产委员会在描述西藏布达拉宫、大昭寺与罗布林卡的文化遗产价值时，提到了这样两点：第一，高度的建筑艺术成就，是藏传佛教寺庙与宫殿建筑相结合的例证；第二，其有着重大的历史和宗教意义。

世界遗产具有民族认同与国家认同相统一的意义。根据《保护世界文化和自然遗产公约》，民族国家是世界遗产的实质性拥有者。多民族国家中的少数民族的自然与文化遗产以所在国国家遗产的名义进入《世界遗产名录》，从根本上说这就是将多元民族文化融合到民族国家的文化符号之中的结果（马翀炜，2010）。

拓展阅读

世界遗产——元上都[①]

元上都是中国元代都城遗址，位于内蒙古自治区锡林郭勒盟正蓝旗旗政府所在地东北约 20 千米处、闪电河北岸。由我国北方骑马民族创建的这座草原都城，被认定是中原农耕文化与草原游牧文化奇妙结合的产物。史学家称它可与意大利古城庞贝媲美。2012 年 6 月 29 日，第 36 届世界遗产委员会会议讨论并通过将中国元上都遗址列入《世界遗产名录》。元上都地理位置特殊，"控引西北，东际辽海，南面而临制天下，形势尤重于大都"[②]。元上都入选世界遗产的重要原因在于其历史地位重要，历史影响突出。第一，历史地位重要。元上都遗址距原蒙古汗国的政治、军事中心和林较近，是沟通南北东西的重要枢纽，能联络、控制拥有强大势力的漠北蒙古宗亲贵族，在政治、军事上均占有举足轻重的地位。第二，历史影响突出。元上都在中外外交史上具有重要影响。元代中外交往频繁，上都常有波斯、突厥等国商人往来。意大利威尼斯商人尼古刺兄弟带着马可·波罗到中国，在元上都得到极高的礼遇。著名的《马可·波罗行记》详细记述了元上都的宫殿、寺院、宫廷礼仪、民情风俗，第一次向世界介绍了元上都。元上都也由此成为世界了解中国的重要窗口。

世界遗产是联合全人类的一根黄金纽带。缔结《保护世界文化和自然遗产公约》的各个国家达成了共识，将超出本国国宝价值的、具有世界普遍意义的优秀文化遗产与自然环境，推荐给《世界遗产名录》，并依靠国际协作加以保护，使之

---

① 资料来源：http://baike.baidu.com/item/%E5%85%83%E4%B8%8A%E9%83%BD/449568.
② 该句出自元人虞集的《贺丞相墓志铭》。

留传下去，交给子孙，交给未来（赵鑫珊，2003）。并且，很多世界遗产本身就跨越了民族、国家的界限，是鉴证民族、国家活动及对外交往的历史记忆。

拓展阅读

世界遗产——马拉柯什的阿拉伯人聚居区[①]

马拉柯什的阿拉伯人聚居区入选《世界遗产目录》，与其历史发展中的多民族交往、交融有着深刻的关系。以侵略扩张著称的穆拉比兑人于1071—1073年建立了马拉柯什阿拉伯人聚居区。1147年，莫哈底斯人从穆拉比兑人手中夺走了马拉柯什。他们摧毁了马拉柯什的阿拉伯人聚居区，把它发展成了一个享有盛誉的都城。1269年，柏柏尔人的另一部落马里尼兹人从高原下迁，征服了马拉柯什。在马里尼兹人占领的这段时间内，马拉柯什虽然又有所发展，但阿拉伯人聚居区几近消失。1510—1659年，马拉柯什处在萨阿迪王朝（萨阿迪王朝信奉伊斯兰教）的统治下。在这一时期，马拉柯什再度成为都城，重新繁荣发展起来，直到1659年马拉柯什被另一个民族占领。根据世界文化遗产遴选标准 C（I）（II）（IV）（V），1985年12月马拉柯什的阿拉伯人聚居区入选《世界遗产名录》。世界遗产委员会对其评价如下："马拉柯什拥有大量的建筑和艺术杰作""莫哈底斯人和马里尼兹人的都城在中世纪城市规划史上占有重要地位""马拉柯什是西方世界穆斯林城市的教科书""这一古代居民区，由于居民民族的更替而难以稳定，但它是人类历史上曾有辉煌历史的古城的杰出典范。"

2013年6月举行第37届世界遗产大会后，世界上共有世界遗产981项，其中文化遗产为759项，自然遗产为193项，文化与自然双重遗产为29项。190个世界遗产公约缔约国中的160国拥有世界遗产。世界遗产委员会将这些遗产划分入五个地区：非洲、阿拉伯国家、亚洲和太平洋地区、欧洲和北美洲，以及拉丁美洲和加勒比地区（见表1.1）。

表1.1 　　　　　截至2013年7月各地区世界遗产数 　　　　　单位：项

区域	文化	自然	双重	合计
非洲	48	36	4	88
阿拉伯国家	68	4	2	74
亚洲和太平洋地区	153	57	10	220[注1]
欧洲和北美洲	400	60	10	470[注2]

---

① 资料来源：http://baike.baidu.com/item/马拉柯什的阿拉伯人聚居区.

表1.1（续）

区域	文化	自然	双重	合计
拉丁美洲和加勒比地区	90	36	3	129
合计	759	193	29	981

注1：俄罗斯及高加索国家的世界遗产被计入欧洲的遗产数量中。

注2：乌布苏湖（Uvs Nuur）为蒙古和俄罗斯共有的自然遗产，被分别计入亚洲和欧洲的遗产数量中。

● 第二节　世界遗产的类型及标准

根据1972年11月16日联合国教科文组织通过的《保护世界文化和自然遗产公约》，世界遗产依照"遗产项目所具有的真实性与完整性"与"由相关管理机构，制定法律规章还有经费"两大分类前提，分为"世界文化遗产""世界自然遗产""世界文化与自然遗产"和"文化景观"四类。此外，为了保护不是以物质形态存在的人类遗产，2003年10月17日，联合国教科文组织通过了《保护非物质文化遗产公约》，将"非物质文化遗产"作为世界遗产的重要组成部分。

一、世界自然遗产的类型及标准

根据《保护世界文化和自然遗产公约》第二条对世界遗产的定义，世界自然遗产是指具有科学、美学或者保护价值的自然面貌、濒危动植物生态区、天然名胜区等。

世界自然遗产包括三类：第一，从美学或科学角度看，具有突出、普遍价值的由地质和生物结构或这类结构群组成的自然面貌。第二，从科学或保护角度看，具有突出、普遍价值的地质和自然地理结构以及明确规定的濒危动植物物种生境区。第三，从科学、保护或自然美角度看，具有突出、普遍价值的天然名胜或明确划定的自然地带。

判定自然遗产的标准有四点。满足下列各类内容之一者，可列为自然遗产：

（1）构成代表地球现代化史中重要阶段的突出例证。

（2）构成代表进行中的重要地质过程、生物演化过程以及人类与自然环境相互关系的突出例证。

（3）独特、稀少或绝妙的自然现象、地貌或具有罕见自然美的地带。

（4）珍稀或濒危动植物物种的栖息地。

拓展阅读

世界自然遗产——澳大利亚大堡礁[①]

澳大利亚大堡礁是世界上最大最长的珊瑚礁群，位于南太平洋的澳大利亚东北海岸。它纵贯于澳大利亚东北昆士兰州外的珊瑚海，北至托雷斯海峡，南到南回归线以南（约南纬 10°至南纬 24°），绵延伸展共有 2 600 千米左右，最宽处有 161 千米，约有 2 900 个独立礁石以及 900 个大小岛屿，分布在约 344 400 平方千米的范围内。大堡礁自然景观非常特殊，在落潮时，部分珊瑚礁露出水面形成珊瑚岛。在礁群与海岸之间是一条极方便的交通海路。风平浪静时，游船在此间通过，船下连绵不断的多彩、多形的珊瑚景色，就成为吸引世界各地游客来猎奇观赏的最佳海底奇观。大堡礁是由数十亿只微小的珊瑚虫建构成的，是生物所建造的最大物体。因其造就了丰富的生物多样性，大堡礁于 1981 年被列入世界自然遗产名录。

二、世界文化遗产的类型及标准

根据《保护世界文化和自然遗产公约》第一条对文化遗产的定义，世界文化遗产主要包括三类。

第一，文物，即从历史、艺术或科学角度看，具有突出、普遍价值的建筑物、雕刻和绘画，具有考古意义的成分或结构，铭文、洞穴、居住区及各类文物的综合体。

第二，建筑群，即从历史、艺术或科学角度看，因其建筑的形式、同一性及其在景观中的地位，具有突出、普遍价值的单独或相互联系的建筑群。

第三，遗址，即从历史、美学、人种学或人类学角度看，具有突出、普遍价值的人造工程或人与自然的共同杰作以及考古遗址地带。

判定世界文化遗产的标准有六点。满足下列各类内容之一者，可列为文化遗产：

（1）代表一种独特的艺术成就，一种创造性的天才杰作。

（2）在一定时期内或世界某一文化区域内，对建筑艺术、纪念物艺术、城镇规划或景观设计方面的发展产生过大的影响。

（3）能为一种已消逝的文明或文化传统提供一种独特的至少是特殊的见证。

---

① 资料来源：http://baike.baidu.com/item/澳大利亚世界遗产/20618171.

（4）可作为一种建筑或建筑群或景观的杰出范例，展示出人类历史上一个（或几个）重要阶段。

（5）可作为传统的人类居住地或使用地的杰出范例，代表一种（或几种）文化，尤其在不可逆转之变化的影响下变得易于损坏。

（6）与具特殊普遍意义的事件或现行传统或思想或信仰或文学艺术作品有直接或实质的联系。（注：只在特定情况下或该项标准与其他标准一起作用时，此款才能成为列入《世界遗产名录》的理由）

而文化遗产按遗产的使用性质分类，大体分为九类：

（1）历史文化名城，包括名城历史中心、古城、伊斯兰旧城等，如巴黎市中心塞纳河两岸、耶路撒冷旧城、意大利的威尼斯及其泻湖、摩洛哥的非斯旧城伊斯兰区等。

（2）城堡与要塞，如英国与法国的中世纪贵族城堡、我国的长城和英国的哈德良长城。

（3）宫殿与园林，如法国的凡尔赛宫与庭园、莫斯科的克里姆林宫、我国的故宫和苏州古典园林。

（4）基督教建筑，包括大教堂、教堂、修道院和圣地，如英国的坎特伯雷大教堂、比萨主教堂。

（5）其他宗教建筑，是指基督教以外各种宗教和地方信仰的建筑，如尼泊尔蓝毗尼的释迦牟尼诞生地、孟加拉国的巴格哈特清真寺城、我国的敦煌莫高窟和武当山道教建筑。

（6）陵墓与墓地，如埃及的金字塔、印度的泰姬陵、保加利亚的色雷斯墓地。

（7）遗址与岩画，包括各个时期的遗址、露天岩画和洞窟岩画，如英国的斯通享厄巨石文化遗址、意大利的庞贝古城、美国的印第安人遗址、法国的韦泽尔壁画岩洞。

（8）特殊建筑、工矿业及交通水利设施遗产设施与巨型雕塑，如我国曲阜的孔庙、孔林和孔府，奥地利的默灵古老铁路，美国的自由女神像和智利复活节岛的巨石人像等。

（9）乡村田园景观环境，如菲律宾伊甫高山间的水稻梯田和美国的印第安人村落。

拓展阅读

世界文化遗产——日本琉球王国时期的遗迹[①]

　　琉球，即现在的冲绳群岛，作为古代中国、朝鲜和东南亚国家和地区的贸易枢纽，在 14 世纪到 16 世纪兴盛一时。国际贸易的繁荣带动了琉球王国与邻国在物质和文化两方面的交流，创造了冲绳独特的多样化的文化。古代琉球独特文化的象征之一是石头建筑，在冲绳处处可见，在古建筑遗址中尤为集中。世界遗产委员会认为日本琉球王国时期的遗迹展示了琉球王国 500 多年的历史（12 世纪至 17 世纪），雄伟的城堡遗址体现了那个时期琉球王国的社会结构；而岛上的宗教圣地则讲述着一种古代宗教延续到现代的变迁。在那 500 多年中，琉球王国广泛地与外界进行着经济和文化交流，从而造就了这一独特的文化遗存。此遗迹群在 2000 年被联合国教科文组织列入世界文化遗产名录。

三、世界非物质文化遗产的类型及标准

　　根据联合国教科文组织《保护非物质文化遗产公约》中的定义，非物质文化遗产是指被各群体、团体，有时为个人所视为其文化遗产的各种实践、表演、表现形式、知识体系和技能及其有关的工具、实物、工艺品和文化场所。

　　世界非物质文化遗产包括六类：第一，口头传说和表述，包括作为非物质文化遗产媒介的语言；第二，表演艺术；第三，社会风俗、礼仪、节庆；第四，有关自然界和宇宙的知识及实践；第五，手工艺品及制造这些手工艺品所运用的传统的手工艺技能；第六，文化场所，即定期举行传统文化活动或集中展现传统文化表现形式的场所，如歌圩、庙会、传统节日庆典等。联合国教科文组织认为非物质文化遗产是确定文化特性、激发创造力和保护文化多样性的重要因素，在不同文化的协调中起着至关重要的作用，因而于 1998 年通过决议设立非物质文化遗产评选。

　　判定世界非物质文化遗产的标准有七点。同时满足下列各类内容者，方可列为非物质文化遗产：

　　（1）必须是高度集中的非物质文化遗产；

　　（2）传统文化表现形式必须具有突出的历史、艺术、科学价值；

---

① 资料来源：http://baike.baidu.com/item/%E7%90%89%E7%90%83%E7%8E%8B%E5%9B%BD%E6%97%B6%E6%9C%9F%E7%9A%84%E9%81%97%E8%BF%B9/7793884.

（3）传统文化的表现形式根植于当地社团；

（4）民间文化必须对本社团的文化特性起到重要作用；

（5）必须在技术和质量上都非常出色；

（6）具有反映现存文化传统的价值；

（7）其生存受到某种程度上的威胁。

拓展阅读

世界非物质文化遗产——中国中医针灸①

中医针灸，是针法和灸法的合称，是通过针刺和艾灸等自然物理手段来治疗疾病的传统治疗方法。针法是通过辨证选穴后把针具按技术操作要求应用于穴位，运用针刺手法来治疗疾病的方法。灸法是通过辨证选穴后，用燃烧着的艾条等药物按照技术操作要求熏灼穴位皮肤，利用热的刺激和药物作用通过腧穴来治疗疾病的方法。针灸起源于远古时代，距今有几千年的历史，在形成、应用和发展的过程中，具有鲜明的汉民族文化与地域特征，是基于汉民族文化和医学传统产生的宝贵遗产。2010 年 11 月 16 日，联合国教科文组织保护非物质文化遗产政府间委员会第五次会议审议通过了中国申报的"中医针灸"项目，将中医针灸列入《人类非物质文化遗产代表作名录》。

四、文化景观遗产的类型及标准

文化景观遗产是于 1992 年 12 月在美国圣菲召开的联合国教科文组织世界遗产委员会第 16 届会议时提出并纳入《世界遗产名录》中的。文化景观遗产是人类活动所造成的景观遗产。它反映文化体系的特征和一个地区的地理特征，代表了《保护世界文化和自然遗产公约》第一条所表述的"自然与人类的共同作品"。

文化景观遗产包括三类：

第一，由人类有意设计和修建的景观，包括出于美学原因建造的园林和公园景观。它们经常（但并不总是）与宗教或其他纪念性建筑物或建筑群有联系。

第二，有机进化的景观。它产生于最初始的一种社会、经济、行政以及宗教需要，并通过与周围自然环境相联系或相适应而发展到目前的形式。它又包括两种类别：一是残遗物（或化石）景观，代表一种过去某段时间已经完结的进化过

---

① 资料来源：http://baike.baidu.com/item/% E4% B8% AD% E5% 8C% BB% E9% 92% 88% E7% 81% B8/8394575.

程，不管是突发的或是渐进的。它们之所以具有突出、普遍价值，还在于其显著特点依然体现在实物上。二是持续性景观。它在当今与传统生活方式相联系的社会中，保持一种积极的社会作用，而且其自身演变过程仍在进行之中，同时又展示了历史上其演变发展的物证。

第三，关联性文化景观。这类景观被列入《世界遗产名录》，以与自然因素、强烈的宗教、艺术或文化相联系为特征，而不是以文化物证为特征。

文化景观遗产的评定采用文化遗产的标准，同时参考自然遗产的标准。为区分和规范文化景观遗产、文化遗产、文化与自然混合遗产的评选，2008年1月实施的《实施保护世界文化与自然遗产公约的操作指南》对文化景观的原则进行了规定，判定文化景观的标准有两点。同时满足下列各类内容者，可列为文化景观遗产：

（1）见证进化及时间的变迁。文化景观能够说明人类社会在其自身制约下、在自然环境提供的条件下以及在内外社会经济文化力量的推动下发生的进化及时间的变迁。

（2）具有文化区域性。文化景观必须同时以其突出的普遍价值和在明确的地理文化区域内具有代表性为基础，能反映该区域本色的、独特的文化内涵。

 **拓展阅读**

世界文化遗产——中国红河哈尼梯田①

红河哈尼梯田文化景观位于中国云南省红河哈尼族彝族自治州元阳县。申报的遗产区面积为16 603公顷（1公顷=10 000平方米），缓冲区面积为29 501公顷，包括了最具代表性的集中连片分布的水稻梯田及其所依存的水源林、灌溉系统、民族村寨。红河哈尼梯田是亚热带季风气候下、崇山峻岭环境中人类生态系统的杰出范例，以"四素同构"为特色和架构的生产生活方式，反映了人与自然的完美和谐，展现了人类在极限自然条件下顽强的生存能力、伟大的创造力和乐观精神。2013年6月22日，在柬埔寨首都金边召开的第37届世界遗产委员会会议一致审议通过中国的红河哈尼梯田文化景观列入《世界遗产名录》。世界遗产委员会认为，红河哈尼梯田文化景观所体现的森林、水系、梯田和村寨"四素同构"系统符合世界遗产标准C（Ⅲ）（Ⅴ）。其完美反映的精密复杂的农业、林业和水分配系统，通过长期以来形成的独特社会经济宗教体系得以加强，彰显了人与环境

---

① 资料来源：http://baike.baidu.com/item/%E7%BA%A2%E6%B2%B3%E5%93%88%E5%B0%BC%E6%A2%AF%E7%94%B0%E6%96%87%E5%8C%96%E6%99%AF%E8%A7%82/6638582.

互动的一种重要模式。

五、世界文化与自然遗产

世界文化与自然遗产是文化遗产与自然遗产的融合。世界文化与自然遗产并不是文化遗产与自然遗产的简单叠加，而有着深层的寓意，是人类从认识自然、改造自然到与自然和谐相处的杰作。世界上许多文明古国，虽然拥有大量文化遗产，但拥有文化与自然双重遗产的却不多。《保护世界文化和自然遗产公约》并未对文化与自然双重遗产另立标准，而是分别采用文化遗产标准和自然遗产标准。

● 第三节　与世界遗产相关的机构及组织

一、国际组织与机构

（一）联合国教科文组织世界遗产委员会

联合国教科文组织世界遗产委员会（UNESCO，World Heritage Committe），成立于 1976 年 11 月，由 21 名成员组成，负责《保护世界文化和自然遗产公约》的实施。委员会每年召开一次会议，主要决定哪些遗产可以录入《世界遗产名录》，并对已列入名录的世界遗产的保护工作进行监督指导。由 7 名成员构成世界遗产委员会主席团，主席团每年举行两次会议，筹备委员会的工作。

2013 年 11 月 19 日—20 日，《保护世界文化和自然遗产公约》缔约方大会在教科文组织巴黎总部举行。会议首日选举产生了世界遗产委员会的 12 个新成员，任期 4 年。新选出的 12 个世界遗产委员会成员分别是克罗地亚、芬兰、牙买加、哈萨克斯坦、黎巴嫩、秘鲁、菲律宾、波兰、葡萄牙、韩国、土耳其和越南。它们将和任期持续至 2015 年的阿尔及利亚、哥伦比亚、德国、印度、日本、马来西亚、卡塔尔、塞内加尔和塞尔维亚一同组成新一届世界遗产委员会。

联合国教科文组织世界遗产委员会的主要工作任务包括三方面内容：

第一，审议确定由缔约国申报要求列入《世界遗产名录》的项目，并提交缔约国代表会议通过并公布。

第二，管理世界遗产基金，审定各缔约国提出的财政和技术援助的申请项目。这笔资金主要来自缔约国固定缴纳的款项，即其向联合国教科文组织所缴纳会费的 1%，和缔约国以及其他机构和个人的资源捐献。

第三，对已经列入《世界遗产名录》的文化、自然项目的保护和管理情况进行检测，以促进其保护与管理水平的改善和提高。

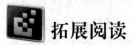

拓展阅读

世界遗产标志①

在世界遗产委员会第二届大会上（华盛顿，1978 年），采用了由米歇尔·奥利夫（Michel Olyff，比利时著名图像设计师）设计的世界遗产标志。这个标志表现了文化与自然遗产之间的相互依存关系：代表大自然的圆形与人类创造的方形紧密相连。标志是圆形的，代表世界的形状，同时也是保护的象征。该标志象征《保护世界文化和自然遗产公约》（下称《公约》），体现缔约国共同遵守《公约》的意愿，同时也代表列入《世界遗产名录》中的遗产。它与公众对《公约》的了解相互关联，是对《公约》可信度和威望的认可。

委员会决定，该标志可采用任何颜色或尺寸，主要取决于具体用途、技术许可和艺术考虑。标志上必须印有 "World Heritage"（英语 "世界遗产"）、"Patrimoine Mondial"（法语 "世界遗产"）、"Patrimonio Mundial"（西班牙语 "世界遗产"）的字样。但各国在使用该标志时，可用自己本国的语言来代替 "Patrimonio Mundial"（西班牙语 "世界遗产"）字样，英语、法语保持原样。

为了保证该标志尽可能地引人注目，同时避免误用，委员会在第 22 届大会（日本京都，1998 年）上通过了《世界遗产标志使用指南和原则》。尽管《公约》并未提到该标志，但是自 1978 年该标志正式通过以来，委员会一直推广采用该标志用以标示受《公约》保护并列入《世界遗产名录》的遗产。世界遗产委员会负责决定世界遗产标志的使用，同时负责制定如何使用标志的政策规定。

（二）国际文物保护与修复研究中心

国际文物保护与修复研究中心（又称 "国际罗马文物保护修复研究中心"，International Centre for the Study of the Preservation and Restoration of Cultural

---

① 资料来源：http://baike.baidu.com/item/世界遗产标志.

Property，缩写为 ICCROM），成立于 1956 年，是联合国教科文组织创设的一个独立的国际科学机构。研究中心的全体大会每两年召开一次，除全体大会或理事会特殊安排，原则上都在罗马召开。各成员国派一名代表出席，其身份须为文物保护研究机构的代表和高级专家、技术人员。理事会由大会选举产生的理事和特邀人员组成。

国际文物保护与修复研究中心的基本宗旨是保护古代建筑、历史遗迹和世界艺术珍品，以及为此而进行的专业队伍的培训和修复工作的改进。主要工作任务包括以下内容：

第一，情报资料的收集、研究和交流工作：中心除积极购置图书、交换资料外，还大力开展资料复印工作，向会员国和有关专家提供不易看到的图书资料，为文物保护工作做出贡献。

第二，出版工作：中心除与出版社合作出版文物保护的书籍外，还与其他国际文物保护机构合作，设立"为合作出版文物保护资料的国际委员会"，进一步开展资料翻译工作。中心已出版了《博物馆科学技术研究室及修复所名册》《各国壁画保护概况》等图书。

第三，培训工作：中心每年招收建筑、壁画保护的留学生，并与罗马大学合办"建筑保护课程"，与罗马中央修复研究所合办"壁画保护课程"，与书籍病理学研究所合办"纸张与书籍保护课程"，与比利时国立文物研究所合办"文物的研究与保护课程"，等等。

第四，促进研究工作：中心提出专题后组织研究机构和专家从事研究，或者对共同关心的专题提供资助，有时提请研究机构向专家们提供研究的方便。

第五，派遣专家和提供特殊援助：会员国有权向中心提出优先的援助，而中心不可限制会员国的要求。中心设立的基金供紧急情况下派遣专家时使用，因此，在遇到突发灾害时可迅速应急。

（三）国际古迹遗址理事会

国际古迹遗址理事会又译为国际文化纪念物与历史场所委员会（International Council on Monuments and Sites，缩写为 ICOMOS），于 1965 年在波兰华沙成立，是世界遗产委员会的专业咨询机构。它由世界各国文化遗产专业人士组成，是古迹遗址保护和修复领域唯一的国际非政府组织，在审定世界各国提名的世界文化遗产申报名单方面起着重要作用。

国际古迹遗址理事会的组织机构包括全体大会、执行委员会、咨询委员会与国际秘书处。ICOMOS 全体成员组成的最高管理机构每三年召开一次全体大会，选举执行委员会并制订下一个三年的战略计划和纲领。执行委员会是 ICOMOS 的管理机构，由主席、5 位副主席、秘书长、司库（构成办公处）及 12 位执行委员组成。他们代表了世界上的主要地区。执行委员会制定规划和预算，并监督执行情况。它批准建立新的国家委员会和国际学术委员会。咨询委员会由各国家委员会主席及国际学术委员会主席组成。它的职责是向执行委员会提出建议和指导，并举荐优先项目。国际秘书处实施上述各委员会的决议和计划，负责协调和管理 ICOMOS 日常工作。其职责包括：为各委员会、会员和公众提供信息和服务，组织各种会议和研讨会，并负责与其他组织的联络工作。

我国于 1993 年加入 ICOMOS，并成立了国际古迹遗址理事会中国委员会（ICOMOS China），即中国古迹遗址保护协会。

（四）世界自然保护联盟

世界自然保护联盟（International Union for Conservation of Nature，缩写为 IUCN），简称自保联盟是一个国际组织，专职世界的自然环境保护。该联盟于 1948 年在瑞士格兰德成立。世界自然保护联盟是个独特的世界性联盟，是政府及非政府机构都能参与合作的少数几个国际组织之一。世界自然保护联盟有国家的、政府机构的以及非政府组织的会员共 915 个，遍及 133 个国家；联盟的 6 个专家委员会及其他志愿者网络的各成员都以个人名义加入联盟，目前的总人数已超过 10 000 名。

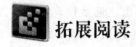 **拓展阅读**

4·18 国际古迹遗址日①

1982 年 4 月 18 日，国际古迹遗址理事会（ICOMOS）在突尼斯举办科学研讨会。同期在哈马马特召开的执行局会议上，有代表首次提出建立国际古迹遗址日，并在每年的这一天举办全球性的庆祝活动。这一建议经执行委员会讨论后通过，并在于次年 11 月召开的联合国教科文组织第 22 届大会上得到批准。大会在一项决议中号召各成员国倡导并推行"4·18 国际古迹遗址日"。从 2001 年开始，国际古迹遗址理事会每年都要为 4 月 18 日确定一个活动主题，各会员国根据这一主题自行选择活动内容与形式，如举行圆桌会议、科学研讨会，开办展览、讲座，向公众免费开放博物馆和遗产地，等等。之后各国将有关报告、论文、海报、新闻报道等文字和图片资料送交国际古迹遗址理事会秘书处备案。2013 年国际古迹

---

① 资料来源：http://baike.baidu.com/item/% E5%9B% BD% E9%99% 85% E5% 8F% A4% E8% BF% B9 E9%81%97%E5%9D%80% E6%97% A5？fromtitle = 4% C2% B718% E5%9B% BD% E9%99% 85% E5% 8F% A4 E8% BF% B9% E9%81%97% E5%9D%80% E6%97% A5&fromid = 11318660.

遗址日的主题是"教育的遗产"。该主题旨在体现不同地理文化背景下的学校、大学、图书馆、学术机构等的教育遗产。各成员国国家委员会围绕此主题开展丰富多彩的活动。

（五）世界遗产城市组织

世界遗产城市组织（Organization of World Heritage Cities，缩写为OWHC），是联合国教科文组织的一个下属组织机构，是一个非营利性的、非政府的国际组织，于1993年9月8日在摩洛哥的非斯成立，总部设在加拿大的魁北克市。该组织的宗旨是负责沟通和执行世界遗产委员会会议的各项公约和决议，借鉴各遗产城市在文化遗产保护和管理方面的先进经验，进一步促进各遗产城市的保护工作。世界遗产城市的性质类似于中国的"国家历史文化名城"，可以说是世界级的历史文化名城。

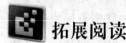 **拓展阅读**

中国的世界遗产城市①

中国的世界遗产城市共有五座：

中国苏州：拥有世界文化遗产——苏州古典园林（共9座，包括拙政园、留园、网师园、环秀山庄、沧浪亭、狮子林、耦园、艺圃和退思园）；人类口述和非物质遗产代表作——昆曲、古琴艺术（虞山派）、宋锦、缂丝、苏州端午习俗、苏州香山帮传统建筑营造技艺。

中国承德：拥有世界文化遗产——承德避暑山庄和外八庙。

中国丽江：拥有世界文化遗产——丽江古城。

中国澳门：拥有世界文化遗产——澳门历史城区。

中国平遥：拥有世界文化遗产——平遥古城。

二、各国家与地区组织与机构

（一）澳大利亚的联邦遗产管理组织与机构

澳大利亚的遗产管理开始于20世纪70年代，主要是源于经济的发展和政府

---

① 资料来源：http://baike.baidu.com/item/%E4%B8%AD%E5%9B%BD%E4%B8%96%E7%95%8C%E9%81%97%E4%BA%A7/2508489.

倡导的澳洲土著和非土著的融合政策。遗产管理实施 40 多年来，澳大利亚已经形成了一套成熟的遗产管理体系。

联邦级政府管理机构包括澳大利亚的遗产管理处、澳大利亚遗产委员会、环境保护和遗产委员会、土著政策协调办公室、澳大利亚土著和托雷斯岛民研究所。

澳大利亚的遗产管理处隶属于澳大利亚可持续发展、环境、水资源、人口和社区部，主要执行和管理环境及遗产法案，帮助认定和保护澳大利亚自然和文化遗产遗物，管理澳大利亚政府的主要环境和遗产项目（包括 30 亿元的国家遗产信托基金）。澳大利亚遗产委员会是一个独立的遗产专家咨询机构，是澳大利亚政府在遗产事务方面的主要咨询机构，由委员会主席、6 个委员和最多 2 个列席委员构成。他们均由部长任命。澳大利亚遗产委员会在评估、建议、政策制定和主要遗产项目的推荐上起重要作用，负责澳大利亚遗产名录和联邦遗产名录的提名和评估，为澳大利亚可持续发展、环境、水资源、人口和社区部部长就各种遗产事务提供建议。环境保护和遗产委员会主要工作是保护环境和自然、历史和土著遗产，参与国家遗产政策制定，并发起设立了澳大利亚世界遗产顾问委员会，为联邦、州或地区就影响澳大利亚世界遗产的事务提供咨询。

联邦级非政府管理机构包括澳大利亚国家信托基金委员会、澳大利亚皇家建筑研究所、澳大利亚工程遗产、澳大利亚 ICOMOS、澳大利亚历史考古学会、澳大利亚历史协会联盟、澳大利亚海洋考古研究所、澳大利亚物质文化保护研究所、澳大利亚保护基金会、澳大利亚规划研究所、澳大利亚和新西兰遗产办公室等。这些机构为澳大利亚的古迹遗址管理和保护提供理论、方法、历史、建筑、工程等方面的咨询和帮助，并推广澳大利亚的遗产保护工作。其中，澳大利亚国家信托基金委员会还负责全国 300 个古迹遗址、大约 7 000 名志愿者和全国大约 350 名服务人员的管理。

（二）亚太地区非物质文化遗产国际培训中心

亚太地区非物质文化遗产国际培训中心是由联合国教科文组织支持，以中国非物质文化遗产保护国家级专业机构——中国艺术研究院、中国非物质文化遗产保护中心为依托的亚太地区非物质文化遗产国际培训中心，是我国在非物质文化遗产领域积极开展地区和国际性合作的重要平台，于 2010 年 5 月 18 日在北京揭牌。

早在 2007 年 9 月，中国文化部便正式致函时任教科文组织总干事松浦晃一郎，表达了在中国建立由教科文组织支持的亚太地区非物质文化遗产中心的愿望。此后，日本也提出在其本国建立亚太中心的意愿，而韩国早在 2005 年即已提出相同意愿。经过协商，2008 年中、日、韩三方就三个中心的重点职能达成共识并签署谅解备忘录，即中国亚太中心以培训为主，韩国亚太中心以信息和网络建设为主，日本亚太中心以研究为主。2009 年 10 月，联合国教科文组织第 35 届大会审议通过在中国建立亚太地区非物质文化遗产国际培训中心（以下简称"亚太非遗国际培训中心"）的申请报告。

亚太非遗国际培训中心由管理委员会、执行委员会、咨询委员会、秘书处等机构组成。中心成立以来，致力于宣传和推广《保护非物质文化遗产公约》，组织地区性和国际性非物质文化遗产保护培训活动，提高教科文组织亚太地区会员国在非遗保护方面的能力，为亚太地区和世界非遗保护工作做出了应有的贡献。

（三）法国文化遗产管理的组织与机构

法国通过中央与地方两级管理机构实现对文化遗产的保护。在中央层面，文化部是文化遗产保护的最高决策机构。该部下设文化遗产司，专门负责文化遗产的保护。由于这项工具有一定的专业性，所以该司既有行政管理人员，也有专职科研人员。此外，文化部文化遗产司还负责法国国立古迹建筑博物馆、古迹信托及若干所文化遗产保护研究教学及信息收集机构的管理。

在地方层面，在每个行政区的政府内部都设置有文化事务部专门负责各行政区域内文化遗产的保护及管理工作。这些机构包括专责区域文化遗产管理局、专责区域遗址管理局、专责区域文化遗产登记管理局、专责区域人类学遗产管理局四个局级单位。它们也是法国文化遗产保护工作的具体执行单位。

此外，咨询机构、社团组织、科研机构等在法国的文化遗产管理中发挥着重要作用。文化遗产保护委员会是负责文化遗产保护、开发、运营与咨询业务的组织机构。18 000 余个民间社团组织接受政府托管具体开展文化遗产的保护工作。以文化遗产保护学院为代表的文化遗产教学机构为法国提供了大量文化遗产保护与管理的专业人才，以古迹保护与历史研究高等研究中心为代表的文化遗产研究机构则专门负责文化遗产的调查、研究、教学及资料收集等方面的工作。

（四）墨西哥国家人类学和历史局

墨西哥国家人类学和历史局成立于 1938 年，是墨西哥国家文物保护工作的最高、也是唯一的领导和管理机关。目前该机构负责管理全国 11 万个历史建筑、2.9 万个考古遗迹和 120 多个博物馆。该机构在全国 31 个州有下设机构，负责监督和检视当地的文化遗产保护工作，发放相关的修护、扩建或改造许可证，每个下设机构都有专业建筑师任职。国家人类学和历史局还拥有卓越的教育机构，如下设的墨西哥全国人类学和历史学院、墨西哥全国文物保护修复和博物馆学院等院校。墨西哥全国文物保护修复和博物馆学院始建于 1968 年，是世界上第一所授予文物古迹修复学士学位的大学。学校除了教授文化遗产保护和修复的理论课程外，还注重加强文物修复的技能训练。

拓展阅读

巴西、秘鲁、阿根廷保护文化遗产建设公共文化服务体系①

巴西、秘鲁、阿根廷与中国同属发展中国家，经济社会处于类似的发展阶段，在保护民族文化遗产、保障公民基本文化权益等方面，都面临一些共同或相似的问题。三国虽然经济社会发展水平还不高，但都比较重视文化遗产保护和公共文化服务体系建设，并注意紧密结合本国国情，在实践中探索、创造了一些成功的做法。

（一）注重发挥政府的主导作用，维护和保障公民的基本文化权益。一是把文化遗产保护和公共文化服务供给作为政府的职责，各级财政给予文化单位一定的经费保障。如阿根廷文化国务秘书处所属 52 个非营利文化单位均为国有，90% 的运营经费由联邦财政拨付。二是设立专门基金保护印第安文化。巴西现有 75 万印第安土著，分成 225 个部落，其中 40 个部落与外界没有任何联系。为了保护印第安土著文化，巴西于 2004 年设立全国印第安文化基金会，运用多种形式，发动全社会重视土著文化的保护，并深入印第安村落发放普查登记表，进行录音录像。三是努力满足低收入居民的基本文化需求。阿根廷正在实施一项为低收入居民免费送书的计划，拟给全国每户低收入居民赠送 50 本图书和 1 个书架，其中 18 本图书由国家文化部门选送，包括《阿根廷宪法》《百科全书》《医学急救》《法律救助》《家用器械修复》《就业指南》《婴幼儿营养》《儿童诗选》《科幻小说》《民歌歌词》等各 1 本，其余由各地文化教育部门配送。

（二）引导社会参与，广泛调动各方面的积极性。一是鼓励社会捐赠。巴西成立了国有企业赞助委员会和私人企业赞助委员会，颁布了文化赞助法，制定了免税优惠政策。只要进行文化赞助，且赞助的项目符合巴西文化部的要求，都可以对所得税进行减免。二是动员社区居民参与。阿根廷在文化遗产保护方面，一般先由社区居民投票推选出需要保护的文化遗产名单，再由专家进行论证、认定，然后提交地方议会讨论通过后颁布实施。由于听取了当地居民的意见，人们参与文化活动的积极性大幅增强。三是积极发展志愿者队伍。秘鲁是个文物资源大国，文化遗存丰富，而在全国 2 400 多万人口中，从事文物工作的专业人员只有 2 000人。近年来，秘鲁成立了文物保护志愿者协会，参加文物保护志愿者协会的已达

① 资料来源：http://www.huaxia.com/zhwh/whgc/2007/07/94405.html.

2 000余人。

（三）采取合同的形式进行项目运作、项目考核，提高资金的使用效益。例如巴西比较注重通过项目合同的形式来养项目，而不养机构，提高文化遗产保护和公共文化服务的效能。2004年，巴西政府发布公告，拟于2010年前在全国扶持1万个文化点，只要是基于民众需求开展文化活动的任何机构都可以申请全国文化基金。成为政府支持的文化点，可获得8万美元的项目资助。如申请对象在土著、黑人居住区和城乡接合部，在同等条件下可优先获得批准。根据合同的有关规定，巴西文化部每半年检查一次文化点的情况，并组织专家对项目的落实情况进行阶段性评估。评估合格的文化点，政府才继续给予项目资助。两年半合同期满后，该机构如想继续得到政府的支持，必须重新申报。

（四）利用人们日常比较喜爱的社交场所为载体，以共同关注的话题为主题，开展系列主题教育活动。咖啡馆是阿根廷人喜爱和聚集的社交场所，那里的气氛轻松、融洽，也适宜开展公共文化活动。为了医治军政府时期给人们心灵造成的创伤，2006年，阿根廷在全国精选出100个咖啡馆，发起了一场名为"咖啡·文化与国家"的系列主题教育活动。阿根廷文化部门每周邀请、安排一些文化名人在这些咖啡馆做专题演讲，发挥文化名人在继承传统文化、抚慰人们心灵、振奋国民精神、增进社会共识方面的作用，受到民众广泛认同，社会反响强烈。随后，不少学校、监狱和军营也纷纷举办"咖啡·文化与国家"主题教育活动，邀请文化名人与师生、囚犯和士兵等开展座谈，深受广大师生、囚犯和士兵的欢迎。"咖啡·文化与国家"主题教育活动对人们的心灵世界、精神风貌和行为规范潜移默化的作用正日益凸显。

（五）加强文化遗产历史原貌的保护，严禁破坏周边环境和历史氛围。巴西、秘鲁、阿根廷均对重要文化遗产实行严格保护，严禁改变重点文物保护单位和重要文化遗产的历史原貌。秘鲁的马丘比丘是印加帝国初期的重要行宫，也是印第安人祭祀太阳神的重要场所，被印第安人视为心目中的历史圣地。马丘比丘虽然常年游人如织，但没有动土兴建一条索道、一座公厕、一家饭店；既看不到一个游商小贩，也见不到一家商店或地摊。为了防止外地游客对当地文物和生态环境的破坏，秘鲁文物、旅游部门规定，进入马丘比丘参观的游客，必须有当地导游陪伴，接受当地导游的监督，严禁触摸珍贵文物，严禁吸烟，严禁乱扔垃圾。在那里，人们将强烈感受到历史文化遗产的本来面貌。

● 第四节 世界遗产的申报、遴选和评定

一、世界遗产的申报

世界遗产是特指被联合国教科文组织和世界遗产委员会确认的人类罕见的目前无法替代的财富，是全世界公认的具有突出意义和普遍价值的文物古迹和自然景观，主要包括文化、自然和文化与自然双重遗产三类，另外又增加了"人类口述和非物质遗产代表作"。

1972 年 11 月 16 日，联合国教科文组织大会第 17 届会议在巴黎通过《保护世界文化和自然遗产公约》（以下简称《公约》）。其宗旨是：建立一个依据现代科学方法制定的永久性的有效制度，共同保护具有突出的普遍价值的文化和自然遗产。联合国教科文组织根据《公约》编制世界遗产特别是不动产遗产清单，又称《世界遗产名录》。世界遗产享有全球知名度、接受国际援助、免受战争或人为破坏等。世界遗产的登记工作并不是一种学术活动，而是一项具有司法性、技术性和实用性的国际任务，其目的是动员人们团结一致，积极保护文化和自然遗产。

（一）世界遗产的申报条件

提名的遗产必须具有"突出的普遍价值"以及至少满足以下十项基本标准之一：

（1）表现人类创造力的经典之作。

（2）在某个期间或某种文化圈里对建筑、技术、纪念性艺术、城镇规划、景观设计的发展有巨大影响，促进人类价值交流。

（3）呈现有关现存或者已经消失的文化传统、文明的独特或稀有的证据。

（4）呈现人类历史重要阶段的建筑类型，或者建筑及技术的组合，或者景观上的卓越典范。

（5）代表某一个或数个文化的人类传统聚落或土地使用，提供出色的典范，特别是因为难以抗拒的历史潮流而面临消灭危机的场所。

（6）与具有显著的普遍价值的时间、活的传统、理念、信仰、艺术及文学作品有直接或实质的联结（世界遗产委员会认为该基准最好与其他基准共同使用）。

（7）包含出色的自然美景与美学重要性的自然现象或地区。

（8）代表生命精华的记录、重要且持续的地质发展过程、具有意义的地形学或地文学特色等的地球历史主要发展阶段的显著例子。

（9）在陆上、淡水、沿海及海洋生态系统及动植物群的演化与发展上，代表

持续进行中的生态学及生物学过程的显著例子。

（10）拥有最重要及显著的多元性生物自然生态栖息地，包含从保育或科学的角度来看符合普遍价值的濒临绝种动物。

（二）世界遗产的申报程序

各缔约国应将本国今后5~10年拟申报为世界遗产的项目列入《世界遗产预备清单》，通报世界遗产中心备案；然后，于每年的7月1日前，按照统一规定的严格格式和内容将本国自认为条件已经完全成熟的预备项目正式申报文本（包括文字、图纸、幻灯、照片、录像或光盘等）送达世界遗产中心。世界遗产中心将有关材料转送至国际专业咨询机构。相关专业咨询机构从当年年底至下一年的三、四月份进行考察和论证，并向世界遗产委员会提交评估报告。世界遗产委员会于每年的6月底至7月初召开主席团（7个成员国）会议，初步审议新的世界遗产申报项目等；11月底至12月初召开主席团特别会议，补充审议第一次主席团会议未尽事宜，然后将包括审定新的世界遗产申报项目在内的相关大事提交给紧随此次主席团会后召开的世界遗产委员会全会通过。至此，一轮申报工作完成。也就是说，申报一项新的世界遗产，至少需要两年。

根据UNESCO文件，世界遗产申报需要完成以下步骤：

（1）一个国家首先要签署《保护世界文化和自然遗产公约》，并保证保护该国的文化和自然遗产，成为缔约国。

（2）缔约国要把本土具有突出普遍价值的文化和自然遗产列入一个预备名单。

（3）从预备名单中筛选要列入《世界遗产名录》的遗产。

（4）把填好的提名表格寄给UNESCO世界遗产中心。

（5）UNESCO世界遗产中心检查提名是否完全，并送交世界自然保护联盟和国际古迹遗址理事会评审。

（6）专家到现场评估遗产的保护和管理情况。按照自然与文化遗产的标准，世界自然保护联盟和国际古迹遗址理事会对上交的提名进行评审。

（7）世界自然保护联盟和国际古迹遗址理事会提交评估报告。

（8）世界遗产委员会主席团委员会提交推荐名单。

（9）由21名成员组成的世界遗产委员会最终决定入选、推迟入选或淘汰的名单。

二、世界遗产的遴选与评定

世界遗产的评定标准是联合国教科文组织依据《保护世界文化和自然遗产公约》，对申报遗产项目是否被列入《世界遗产名录》成为世界遗产进行考核的标准。该标准的考核审批过程非常严格。

每年一度的世界遗产委员会会议将对申请列入名单的遗产项目进行审批，其主要依据是该委员会此前委托有关专家对各国提名的遗产遗址进行实地考察而提出的评价报告。世界遗产可分为自然遗产、文化遗产和文化与自然双重遗产。文化景观作为一个特殊的类别，有其相应的评定准则。按照列入名录时所依据的标准，大部分文化景观属于文化遗产，也有一些是双重遗产。

（一）自然遗产

《保护世界文化和自然遗产公约》规定，从美学或科学角度，科学或保护角度，科学、保护或自然美角度，符合公约规定的各类内容之一者，可列为自然遗产。

（二）文化遗产

《保护世界文化和自然遗产公约》规定，属于公约规定范围内的文物、建筑物、遗址，可列为文化遗产。

（三）文化与自然双遗产

文化与自然双遗产又称为文化遗产与自然遗产混合体，必须分别符合前文关于文化遗产和自然遗产的评定标准中的一项或几项。

（四）文化景观及其他

文化景观的选择应基于它们自身的突出、普遍的价值，包括明确划定的地理-文化区域的代表性及其体现此类区域的基本而独特文化因素的能力。它通常体现持久的土地使用的现代化技术及保持或提高景观的自然价值。保护文化景观有助于保护生物多样性。文化景观主要包括三种：由人类有意设计和修建的景观、有机进化的景观和关联性文化景观。

 思考和练习题

中国的世界非物质文化遗产项目有哪些？

 案例和实训

熊猫基地变人类基地①

大熊猫是人见人爱的珍稀动物，是世界生物多样性保护的标志，亦是和平友

---

① 资料来源：http://news.ifeng.com/a/20161002/50057402_0.shtml。

好的象征。成都大熊猫繁育研究基地，是一个专门从事濒危野生动物研究、繁育、保护教育和教育旅游的非营利性机构。成都大熊猫繁育研究基地位于成都北郊斧头山山侧的浅丘上，建成了科研大楼、开放研究实验室、兽医院、兽舍和熊猫活动场、天鹅湖、大熊猫博物馆、大熊猫医院、大熊猫厨房等，形成竹木苍翠、鸟语花香的生态环境，集自然山野风光和优美人工景观为一体，适宜大熊猫及多种珍稀野生动物生息繁衍。大熊猫繁育研究基地以造园手法模拟大熊猫野外生态环境，绿化覆盖率达 96%。这里常年养着 80 余只大熊猫以及小熊猫、黑颈鹤、白鹤等珍稀动物。2016 年 10 月 2 日正值国庆黄金周，前来成都大熊猫繁育研究基地的游客络绎不绝。熊猫基地出于对大熊猫生活环境保护的考虑，采取了分时段售票措施，以使游客分散"进宫"，动态控制游客数量。许多游客为了一睹大熊猫的风采头顶烈日，在景区门口排起了长队，有媒体戏称"熊猫基地已变人类基地"。大多数游客对排队表示理解，但是也有一些游客抱怨"既然是景区，就应当首先满足游客旅游需求"；部分进入景区的游客也给基地提出"景区内售卖饮品、小吃的服务点太少""景区内为什么没有为小朋友提供服务的游乐设施"等意见。

请结合案例中成都大熊猫繁育研究基地的设立目的，评述基地对游客开放的意义以及谈谈对上述游客意见的回复。

第二章 世界遗产的旅游价值

学习目标

了解世界遗产与旅游的关系；

掌握世界自然遗产的旅游价值；

掌握世界文化遗产的旅游价值；

掌握世界自然与文化双遗产的旅游价值。

重点难点

不同遗产类型的旅游价值的区别和联系。

本章内容

● 第一节 世界遗产与旅游

随着联合国世界遗产委员会多项文件的颁布以及各类关于推崇世界遗产保护的书籍的正式出版，"世界遗产与旅游"的提法出现得越来越多，且众多旅游学家撰文将遗产地列为新的旅游潜力资源。由此可见，旅游与世界遗产之间有着密切联系。通过旅游，世界遗产可以更好地展现其突出的普遍价值，使旅游者在轻松的氛围中感受到历史的价值以及不同文化相融合的巧妙之处。因此将旅游作为传承世界遗产的载体是保护世界遗产与学习相关知识的一个有效方式。

一、遗产旅游的相关概念

（一）遗产

遗产通常指祖先遗留下来的东西，往往指物质的、可供怀旧的纪念物、人类遗址、历史遗迹等。

虽然遗产自古就有，但遗产这个词的出现则比较晚，约产生于 20 世纪 70 年代的欧洲。其含义与继承紧密相连，特指从祖先那里继承的东西。在 20 世纪 80 年代晚期，一些民间艺术、民族建筑风格也被纳入遗产的范畴。随着遗产概念的不断延伸，对于遗产的分类也越来越细化。20 世纪 70 年代，爱尔兰将遗产分为科学遗产（Scientific Heritage）、历史艺术遗产（Historic and Artistic Heritage）、文化遗产（Cultural Heritage）和风景遗产（Landscape Heritage）。随着遗产概念的大众化，遗产的种类越来越多，普林蒂斯在《旅游与遗产吸引物》中就将遗产或遗产吸引物做了 23 个分类。

（二）遗产旅游

目前，对于遗产旅游的定义还没有统一定论，但普遍认可的较早的遗产旅游的定义是 Yale（1991）给出的。他认为，遗产旅游是"关注我们所继承的一切能够反映这种继承的物质与现象，从历史建筑到艺术工艺、优美的风景等的一种旅游活动"（Yale，1991）。

随着人们对遗产旅游的进一步研究讨论，遗产旅游也有了多种定义。例如，遗产旅游是旅游的一种形式，旅游者的主要动机是其所认知的目的地遗产属性（Yaniv Poria，2001）。另外，Brian Garrod 提出遗产旅游能从历史建筑物、艺术品、美丽风景中得到任何意义（Brian Garrod，2001）。在中国，学者们对于遗产旅游一直没有给出完整的定义。吴必虎在《区域旅游规划原理》一书中将遗产旅游作为文化旅游的一种类型单独做了介绍，并在书中指出"遗产旅游被视为文化旅游的核心内容"。《中国"世界遗产"的可持续发展研究》也涉及遗产旅游概念，认为遗产旅游作为一种旅游的现象，是人类求取与外部世界和谐的最有效形式之一，但也仅仅是提到遗产旅游，并未对其做出界定。

综上所述，传统意义上的遗产旅游主要是指以文物、古迹等人类精神文明和物质文明的遗存作为主体旅游吸引物的旅游形式（彭顺生，2008）。

（三）世界遗产旅游

世界遗产旅游特指以被列入《世界遗产名录》的文化遗产、自然遗产、文化与自然双遗产等作为旅游吸引物的旅游形式。

世界遗产旅游与遗产旅游并不等同，遗产旅游的范围更大，因此在分类上是要做区别的。

在旅游业蓬勃发展的今天，遗产旅游和世界遗产旅游已被大众广泛接受和认可，并逐步成为新的旅游热点。

二、遗产旅游对遗产地的影响

旅游会对旅游地造成双重影响，既有正面积极影响，也会产生相应的负面影响。而旅游作为遗产保护与开发的重要手段之一，也无可避免地会对遗产地产生多重影响。

（一）遗产旅游对经济的影响

旅游作为第三产业中的新兴产业，正以其绝对的发展潜力被越来越多的国家、地区和城市所推崇。而遗产旅游也正在被大力发展，究其原因，是遗产旅游作为效益最佳的旅游形式之一，会带来巨大的经济效益。

如果某项遗产被录入《世界遗产名录》，仅从援助上讲，其能获得世界遗产基金提供的巨额资金援助及遗产保护技术人才等支援。此外，还能带动遗产地经济发展。2000 年 11 月，青城山-都江堰被列入世界文化遗产，在此后的十几年间，这一殊荣给都江堰的经济带来巨大推动作用。都江堰直接经济实力进一步增强，招商引资步伐加快，旅游经济快速发展，仅申遗后的第三年，接待游客便达 340 万人次，实现门票收入 6 400 万元、旅游综合收入 8.3 亿元。这与申遗效应有着密切关系。

（二）遗产旅游对环境的影响

正如旅游活动对环境会带来巨大影响一样，遗产旅游对环境的影响也是巨大的。

遗产旅游对环境既有积极促进作用，也有消极阻碍作用。从积极作用来看，遗产旅游可以通过旅游的方式来传递祖先们想要传达的思想，使人们以遗址遗迹为载体与前人对话，达到普及知识的目的；也可在一定程度上改善当地的基础设施配置，提高环境卫生标准；还能在一定程度上唤起人们对于历史的认同感和保护意识；等等。从消极作用来看，将遗产作为吸引物来发展旅游，由于游客的数量及素质的不确定性，也会给遗产的保护及修复工作带来很大困难。这也是发展遗产旅游最具挑战性的一方面。此外，发展遗产旅游也会给遗产地带来不同程度的生态环境污染。

（三）遗产旅游对社会文化的影响

社会文化是与基层广大群众生产和生活实际紧密相连的，由基层群众创造，具有地域、民族或群体特征，并对社会群体产生广泛影响的各种文化现象和文化活动的总称。

发展遗产旅游，对于社会文化的影响是显而易见的，内容会涉及遗产价值认同、遗产的真实性与完整性及文化认同感和归属感等多方面。随着遗产旅游的深入发展，遗产旅游会对原本遗产地的社会文化结构造成冲击，甚至可能形成或产生一种新的社会文化模式。

总之，遗产旅游带来的影响是多方面的，但从整体而言，人们更关注正面影响。这也是遗产旅游的发展越来越兴旺的原因。

三、世界遗产旅游发展的国际经验

遗产旅游最先是在一些发达国家和地区得到发展并推广的，如北美、欧洲、日本、澳大利亚等，大多数开发得较好的遗产旅游产品也是出自这些地方。因此，他们的很多经验和模式都是值得学习和借鉴的。

西方主要采用的遗产旅游管理模式有三种：以中央集权为主，自上而下实行垂直领导并辅以其他部门合作和社会力量协作的垂直管理模式；以综合管理为主，兼具中央集权和地方自治两种管理，同时营利性与非营利性社会力量也普遍参与的综合管理模式；地方政府掌握事权，中央政府只行使立法权与出台相关政策的属地管理模式。由此可见，西方发达国家通常采用的是政府为主、分级负责、社会参与的体制，但也由于各遗产旅游地的政治经济体制及文化历史背景的不同而各具特色。

拓展阅读

美国黄石公园[1]

黄石公园地处号称"美洲脊梁"的落基山脉，总面积为 8 987 平方千米。公园自然景观有以石灰石台阶为主的热台阶、大峡谷、瀑布、湖光山色、间歇喷泉与温泉等。黄石公园还是一个野生动物的乐园，园内栖息着60 种哺乳动物、12 种鱼、6 种爬行动物、4 种两栖类动物，以及100 多种蝴蝶和300 多种鸟。其中属于世界珍稀动物的有：北美野牛、灰狼、棕熊、驼鹿、麋鹿、巨角岩羊、羚羊等。美国的黄石公园是世界上国家公园管理的典范。它在资源与环境保护、科学研究、宣传教育、员工招募、资金运作等方面为我国的资源保护型旅游景区的管理提供了许多有益的借鉴。

---

[1] 资料来源：https://wenku.baidu.com/view/08c44a4bfe4733687e21aae5.html.

一、黄石国家公园的管理目标为保护大自然的美景。黄石公园制定了如下的战略目标，作为公园可持续发展的行动指南。首先是保护公园资源。黄石公园的自然、文化及相关价值在良好的环境中得到保护、修复和维护，并且在广义上的生态系统和文化氛围中得到很好的经营。另外，黄石公园在获取自然、文化资源及相关价值的知识方面做出巨大贡献，关于资源和游客的管理决策是基于充分的科学信息的前提下做出的。其次，黄石公园也成为可以向公众提供娱乐和游客体验的场所，游客能安全地游览，并对可进入性、可获得性、多样性以及公园设施、服务的质量和娱乐机会感到满意。黄石公园的游客、所有美国人、几乎全世界人民都能够理解并且赞赏为了当代以及子孙后代而对黄石公园的资源进行保护。最后，黄石公园能确保机构的高效率，运用正确且高效的管理实践、管理系统和管理技术以实现其使命。黄石公园通过吸引合作伙伴、采取主动以及从其他机构、组织和个人获得支持来增强其管理能力。

二、公园管理的首要使命有：资源保护；野生动物的保护和狩猎限制；本地植物的保护；地质资源的保护；社会功能的开发与利用，如教育与科研基地。在教育方面，对游客进行关于公园的自然和文化特点的教育是为游客提供愉快的旅游经历的重要组成部分；在科学研究方面，1871年就在黄石公园开展了正规的科学调查。首批勘察项目的重点是公园的水生态系统，对涉及公园特色的其他方面也做了文献记录，包括考古、植物区系、动物区系等。此外，公园还开展会议培训以及提供印刷材料来为科研服务。

三、黄石公园的旅游与休闲功能。由于公园具有大自然所馈赠的异常丰富的旅游资源、长达100多年的旅游历史以及众多特许经营商的加盟，黄石公园正在接纳越来越多的旅游者。如今，黄石公园已成为旅游者的天堂，其旅游活动可以说是包罗万象、丰富多彩，适合不同品位的形形色色的旅游者。根据活动组织者的不同，黄石公园内的旅游活动可分为：具有官方性质的活动、由公园守护者组织的活动、由特许经营者组织的活动、自助旅行等。根据在公园内旅行所采用的交通方式的不同，旅游活动可分为：乘坐公园大巴旅行、自驾车游览、骑自行车旅行、骑马、划船、冬季雪上项目、徒步旅行等。根据地质特征和生态景观的不同，旅游活动可分为：温泉旅游、峡谷瀑布旅游区、黄石湖区旅游、间歇喷泉区（包括间歇喷泉、温泉、热水潭、泥地和喷气孔）旅游等。根据旅游活动的内容不同，旅游活动可分为：参观景点、讲解和讨论、观赏野生动物、参与带有学术性质的旅游活动、探险、野营和篝火、垂钓、柯达摄影展示以及其他旅游活动等。黄石公园最具代表性的旅游项目有：初级守护者（Junior Ranger Program），是黄石公园针对5~12岁的孩子开展的官方项目，其目的是向孩子们介绍大自然赋予黄石公园的神奇以及孩子们在保护这一人类宝贵财富时所扮演的角色；野生动物教育－探险（Wildlife Ed－Venture）；寄宿和学习；现场研讨会；徒步探险

（Hiking）；野营和野餐（Camping & Picnicking）。

四、保障机制方面，黄石公园的守护者有正式雇员、志愿者、合作伙伴、黄石公园合作协会、黄石公园的赞助商以及黄石公园基金会。在资金运作方面，黄石公园的资金大部分是经国会批准，从税收中划拨的。其他的资金，比如门票收入，也是资金来源的重要组成部分，但这些资金一般用于特别项目而并不用于诸如雇员薪水和设施设备这样的固定支出。由于需要更多的设备和专家，以及培训更多的人员从事新的工作，公园就需要更多的资金。除了上述支出以外，黄石公园还增加了其他一些方面的成本。其中包括：电器设备和水处理设备的成本、一些新的研究项目、游客人数增加而导致增加的运营成本等。因此，黄石公园的资金来源构成包括基本资金和特殊项目酬金、项目的拨款和私人捐赠，以及展示项目的酬金、建设项目等。

● 第二节　世界自然遗产的旅游价值

一、世界自然遗产的概念

自然遗产是指具有地质、自然地理、生物结构、生态、天然名胜和自然美学价值的自然区域，包括自然生态区、自然风景名胜区和化石遗址等。而《保护世界文化和自然遗产公约》将自然遗产定义为：从美学和科学的角度看，具有突出、普遍价值的，由地质和生物结构或这类结构群组成的自然面貌；从科学或保护的角度看，具有突出、普遍价值的地质和自然地理结构以及明确划定的濒危动植物物种生态区；从科学、保护或自然美的角度看，具有突出、普遍价值的天然名胜或明确划定的自然地带。

2005 年 2 月 2 日联合国教科文组织世界遗产委员会发布了新的《执行世界遗产公约的操作准则》。其对自然遗产的界定是：最显著的自然现象或特殊的自然美景和具美学价值的地区；代表地球演化史中重要阶段的突出范例，包括生命记录、地形发展过程中所进行的重要地质过程或重要的地貌或自然地理特征；代表进化过程中所进行的重要生态和生物过程，陆地、淡水、沿海和海洋生态系统以及植物和动物群落的发展的突出范例；在生物多样性保护方面具有最重要意义的生物栖息地，从科学和保护方面的观点来看，包括那些含有突出普遍价值的濒危物种的栖息地。

从联合国教科文组织世界遗产委员会的相关文件可以看出，自然遗产需符合以上一项或多项条件才会被批准列入《世界遗产名录》。

二、世界自然遗产的旅游价值

尽管世界自然遗产最重要的功能是科普教育和科学研究，但其也因为独特性、稀有性而具有重要的旅游价值。

（一）美学价值

世界自然遗产最鲜明的特征之一就是"具有罕见的自然美"。这种自然美主要体现在以下几方面：

1. 形象美

形象美是指自然遗产景观总体形态呈现出来的景观表现形式，包含人们对各类自然景观的心理和生理感受。形象美是自然遗产景观中最为显著的特征。我们感官直接感受到的秀、险、奇等都是对自然景观形象美的评价。比如，我们常会欣赏的黄山的奇、秀、险。

2. 色彩美

色彩美是人们对于自然遗产景观美的眼观感受，色彩的独特搭配给自然遗产景观增添更多美的筹码。例如，九寨沟秋日水色斑斓，因此有"九寨归来不看水"的美称；乞力马扎罗山的白雪皑皑与山麓的绿色林海形成天然自然带的美丽分层，美不胜收。

3. 动态美与静态美

在哲学中，动和静是相对应而生的，在自然遗产中，动态美和静态美也是自然遗产中的重要元素。例如我国的九寨沟景区，它的美除了斑斓的颜色，更在于它沿着山体奔泻而下的瀑布，也在于它静若处子的高山海子。

感受自然美景是诱发人们产生旅游动机的重要因素。自然遗产正是因其所蕴含的超乎寻常的美，才引得游客纷至。

（二）独特性

世界自然遗产的评定标准之一是参评地要具有独特性，因此，自然遗产地作为旅游吸引物自然也以其独特性呈现在世人面前。以美国黄石公园为例，这里不仅拥有各种森林、草原、湖泊、峡谷、瀑布等自然景观，大量的热泉、间歇泉等地热资源也构成了其享誉世界的独特地热奇观。世界自然遗产正因为这种独特性，多年来才一直吸引着众多游客前往。

（三）稀有性

很多世界自然遗产地具有稀有性的特征，正所谓物以稀为贵。例如澳大利亚东北角的大堡礁，它是世界上最大最长的珊瑚礁群，有 2 900 个大小珊瑚礁岛，自然景观非常特殊和稀有；风平浪静时，游船在此间通过，船下连绵不断的多彩的珊瑚景色，成为吸引世界各地游客前来猎奇观赏的最佳海底奇观。然而在过去的

30 年里，大堡礁逝去了近 50% 的珊瑚，并正以越来越快的速度不断衰亡。联合国教科文组织已将其列为世界遗产保护"危险"名录。

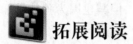 **拓展阅读**

世界遗产旅游应体现独特价值①

世界遗产旅游并非去遗产地旅游那么简单。相对于普通意义上的旅游，世界遗产旅游的独特价值体现在何处，又如何体现呢？这要从和平发展世界遗产的法律价值观出发，自始至终贯彻《世界遗产公约》（以下简称《公约》）所倡导的基本精神。其大致可归纳为两点：

其一，不可替代的唯一性。一座迪士尼乐园，可以在东京、巴黎、香港、上海及更多的城市同质化地加以复制，使游客享受同样的品质。然而，每一项世界遗产却是独一无二的，具有不可替代、不可复制、不可再生的特质，并标示遗产在文化多样性、生物多样性方面的最高价值。遗产一旦被复制，价值全无；遗产一旦消失，即是永别。其二，公共财富的均衡共享性。根据《公约》的基本精神，具有突出的普遍价值的世界遗产，均依照法定标准和程序而进行遴选，因此其有着人类共同遗产的共享性质。这体现在旅游的权利上，就是人人共享。重要的是，这些属于世界遗产旅游的独特价值，应在实际的旅游行为当中得以渗透，并使之显性地体现出来。这需要在理论和实践两方面均做到位。理论层面上，面对世界遗产旅游这一新概念、新事物，须有一个基本的理念，并以一种规则上的共识将其加以确认。国际社会的相关机构与研究者近年来对此非常重视，并已经得出了较为丰富的支撑性的理论成果。在欧洲、美洲、亚太地区，均建有一定规模的国际性研究机构。如跨越欧美的世界遗产旅游研究战线，已经具备了较大的影响力。相关主题的国际会议也不断召开，就范畴、目的及产品设计方法等问题进行探讨。这些研究、讨论均对世界遗产旅游做出了必要的界定和诠释，有益于世界遗产旅游理念的建立、推广和普及。

目前，国际上关于世界遗产旅游研究的前沿话题，主要集中在一些热点上：世界遗产旅游的管理、世界遗产旅游产品的设计思路、怎样促进世界遗产旅游的正确发展、当地性与全球性的平衡对世界遗产旅游的影响、如何使外来者更好地理解当地文化、对生态与文明负责任的旅游等。

在实践层面上，要将理念以及想法付诸实施，关键点当然在于旅游产品的形成。旅游产品的设计者、提供者，应将世界遗产内容准确充足的线路系统建立起

---

① 刘红婴. 世界遗产旅游应体现独特价值［N］. 中国旅游报，2012-06-07（3）.

来，方法上应有利于顺畅操作，使旅游者能够接受关于世界遗产的知识，感知世界遗产的基本价值和精神内涵。

就内在品质而言，世界遗产旅游看似体现于末端的旅游线路，但其成功与否则决于整体设计的准确性与周密性。根据世界遗产本身的类型、特征及所属地域的分布特点，需考虑其主题的连贯衔接、遗产地之间交通的合理顺畅，甚至是旅游者可吸收内容的多寡、访问节奏的张弛等问题。技术上，至少应有长线路与短线路，航空线路、火车或汽车线路与步行线路，文化线路、地质生态线路与混合型线路，等等，亦需做专业化的细致工作。

例如，挪威政府推出的"果壳里的挪威"的旅游产品，设计精致，操作成熟，可谓极具代表性。其中深受外国游客欢迎的西挪威线路，包含了山地火车、汽车、游轮、步行的方式，将挪威境内7项世界遗产中的3项（卑尔根的布吕根城区、西挪威峡湾、奥尔内斯木质教堂）囊括其中；一整天的行程，充实、合理而有效。身在果壳载体之中的旅游者，追寻当地宗教文明、城市文明、商业文明的发展脉络，感受挪威特有的地理风貌及生态文明，领会世界遗产在文化、自然方面的无可取代的最高价值。

由于有些世界遗产适合于实地观察，一遗产地一游亦不啻为好的形式。这也是世界遗产的特点所决定的。如工业世界遗产，像英国的标志大工业文明进程的塞文河谷的铁桥峡、德国南部的费尔克林根钢铁厂；又如监狱世界遗产，像南非曼德拉服刑18年的罗宾岛监狱、波兰的奥斯维辛集中营，均属此种情况。

随着世界遗产旅游的发展，当然会有无限多的延伸问题出现，需要适时加以解决。比如，有西方学者撰文质疑芬兰的世界遗产芬兰堡，为方便游客而在芬兰堡内建有儿童乐园和多个餐馆，违背了世界遗产的基本原则。世界遗产有核心区和缓冲区之分，依照规则核心区内不得有商业设施。因而，这样的质疑有理有据，也表明世界遗产旅游不是一个简单的命题。

● 第三节　世界文化遗产的旅游价值

一、世界文化遗产的概念

文化遗产是指具有突出的历史学、考古学、美学、科学、人类学、艺术价值的文物、建筑物、遗址等。《保护世界文化和自然遗产公约》（以下简称《公约》）也对文化遗产的构成要素下了定义。《公约》规定属于以下内容之一的可列为文化遗产：

文物：从历史学、艺术或科学角度看，具有突出的普遍价值的建筑物、雕刻和绘画，具有考古意义的成分或结构，铭文、洞穴、住区及各类文物的综合体。

建筑群：从历史、艺术或科学角度看，在建筑样式、分布均匀或环境景色结合方面，具有突出的普遍价值的单独或相互联系的建筑群。

遗址：从历史、美学、人种学或人类学角度看，具有突出的普遍价值的人造工程或自然与人相结合的工程以及考古遗址地区。

当然，《公约》中对于文化遗产的界定太过宽泛，在实际的操作中对文化遗产的划定也主要参照由世界遗产委员会制定的《执行世界遗产公约的操作准则》（以下简称《操作准则》）中对文化遗产规定的6项准则。《操作准则》规定，凡提名列入《世界遗产名录》的文化遗产项目，必须符合下列一项或者几项方可获得批准：代表一种独特的艺术成就，一种创造性的天才杰作；能在一定时期内或世界某一文化区域内，对建筑艺术、纪念物艺术、城镇规划或景观设计方面的发展产生重大影响；能为一种已消逝的文明或文化传统提供一种独特的至少是特殊的见证；可作为一种建筑或建筑群或景观的杰出范例，展示出人类历史上一个或几个重要阶段；可作为传统的人类居住地或使用地的杰出范例，代表一种或几种文化，尤其在不可逆转之变化的影响下变得易于损坏；与具特殊普遍意义的事件或现行传统或思想或信仰或文学艺术作品有直接或实质的联系（只有在某些特殊情况下或该项标准与其他标准一起使用时才能成立）。

二、世界文化遗产的旅游价值

《保护世界文化和自然遗产公约》主要对文化遗产中的文物、建筑群及遗址做了要求。本书也将从这三方面对世界文化遗产的旅游价值做简要归纳。

（一）文物的旅游价值

文物是世界文化遗产的重要组成部分，是世界文化遗产旅游地的重要旅游吸引物。文物旅游已成为当今文化旅游的重要组成部分，具有很大的旅游价值。

文物是人类在历史发展过程中遗留下来的遗物、遗迹，指具体的物质遗存，是过去一定时期内的历史和文化的物质载体，是人们了解和学习过去历史文化的重要媒介。例如中国传统儒家文化影响深远，透过对唐代儒家经典书籍的解读，我们既读到了唐朝盛世，也读到了儒家文化的深邃；既可以感受到中国文化的灿烂与辉煌，也可以学到中国文化的兼容并包、海纳百川。

透过对出土文物的研究，我们也可以看到文物古迹的超高观赏价值。例如出土于甘肃省武威市的马踏飞燕，从力学上分析，马踏飞燕的飞燕找到了重心落点，造就了整个文物的稳定性。这种浪漫主义手法烘托了骏马矫健的英姿和风驰电掣的神情，给人们以丰富的感染力。马踏飞燕既有力的感觉，又有动的节奏，堪称东汉艺术家的经典之作，是中国古代雕塑艺术的稀世之宝，在中国雕塑史上代表了东汉时期的最高艺术成就。马踏飞燕也因其超高的美学价值被确定为中国旅游标志。

（二）历史建筑群的旅游价值

历史建筑是指经市、县人民政府确定公布的古代人们利用自然界的建筑材料经过一定的建筑技术和艺术，建成的供人类生产生活或其他活动使用的房屋或场所，能反映历史风貌和地方特色，具有一定保护价值的建筑物或构筑物。

观赏建筑群也是文化遗产旅游的重要活动内容。人们通过观赏建筑，能直观地感受前人的智慧和审美。

1. 艺术性

历史建筑的艺术性是其主要特征之一，古人的智慧和对建筑艺术的审美让人惊叹。例如苏州园林，其最大的看点便是借景与对景在中式园林设计中的应用，对景物的安排和观赏的位置都有很巧妙的设计，在有限的内部空间里完美地再现外部世界的空间和结构。人们在拙政园的倚虹亭中能看到园外的北寺塔；在沧浪亭的花窗中，能欣赏到屋外的竹林。这都是常用的借景手法，在苏州园林中尽显建筑美学。

2. 文化性

历史建筑的文化性也是其重要特性。梁思成曾说："一个东方老国的城市，在建筑上，如果完全失掉自己的艺术特性，在文化表现及观瞻方面都是大可痛心的。"而恰巧历史建筑所承载的文化内涵是贯穿于整个历史建筑的始终的。凡被列入《世界遗产名录》的建筑物，我们都能从中寻到文化的踪迹。在中国，历朝历代的统治方式及治国思想都不尽相同，然而在宫殿的建筑上，却无一例外地都包含了"前朝后寝""三朝五门""左祖右社"和"中轴对称"的思想。

3. 历史性

作为历史建筑，历史性必然是其基本特质。历史建筑物作为历史的见证，是对历史的积淀，是我们对古代生活、文化等的了解和学习的最佳媒介。我们透过对历史建筑的解读，感受古人的智慧，为他们的聪明才智感叹。

总而言之，能被列入《世界遗产名录》的建筑，无论是单体建筑还是建筑群，都有着令人惊叹的美。历史建筑这种集历史、绘画、雕塑等于一身的综合文化魅力自然有着无可比拟的吸引力。

（三）历史遗址的旅游价值

遗址是指从历史学、美学、人种学或人类学角度看具有突出的普遍价值的人类工程或自然与人相结合的工程以及考古地址等地方。因此，被列入《世界遗产名录》的遗址也一定具有相当高的旅游价值。

历史遗址是古代人民智慧的见证。历史上有很多的伟大工程，许多的生产工具和仪器，都体现了相当的技艺水平，甚至超越现代人所能达到的水平，以至于成为未解之谜。以著名的世界文化遗产埃及金字塔为例，其中最大的金字塔是胡夫金字塔。这座金字塔除了以其巨大的规模而令人惊叹以外，还以其高度的建筑技巧而得名。塔身的石块之间，没有任何水泥之类的粘着物，而是一块石头叠在另一块石头上面。每块石头都磨得很平，至今已历时数千年，就算这样，人们也很难用一把锋利的刀刃插入石块之间的缝隙，所以其能历数千年而不倒。这不能不说是建筑史上的奇迹，让人们叹为观止。另外，在大金字塔身的北侧离地面 13 米高处有一个用 4 块巨石砌成的三角形出入口。这个三角形用得很巧妙，因为如果不用三角形而用四边形，那么一百多米高的金字塔本身的巨大压力将会把这个出入口压塌。而用三角形，就使那巨大的压力均匀地分散开了。在四千多年前，人们对力学原理有这样的理解和运用，能有这样的构造，确实是十分了不起的。

历史遗址是一个时代的文明的缩影。历史遗址是曾经出现的文明的历史积淀，是这个民族的文化精华。人类因活动而留下来的历史遗址，对游客而言具有永久的魅力。例如古罗马斗兽场，它不仅见证了罗马帝国的兴衰，也反映了古罗马文化的辉煌，是古罗马文明的历史缩影，吸引着无数人钟情于此，流连忘返。

第四节　世界双遗产的旅游价值

一、世界双遗产的概念

"世界双遗产"指世界文化与自然双重遗产，又名复合遗产，是同时具备自然遗产与文化遗产两种条件的遗产。当然它并不是自然遗产与文化遗产的简单相加，而是重点指在历史、艺术、科学及审美、人种学、人类学方面有着世界意义的纪念文物、建筑物、遗迹等文化遗产，与在审美、科学、保存形态上特别具有世界价值的地形或生物（包括景观等内容）的自然遗产融合起来，同时含有文化与自然两方面的因素和内容的遗产。早期复合遗产的登录名单当中，有先被登录为自然遗产或文化遗产，之后也被评价为另一种遗产，因而成为复合遗产的。例如东格里罗国家公园（新西兰）及阿比赛欧河国家公园（秘鲁）最开始是被登录为自然遗产的，之后又被登录为文化遗产，结果就成了复合遗产。

从旅游学的角度来看，被列入《世界遗产名录》的文化与自然双遗产既有文化遗产的特点，又包含自然遗产的内容，因此，双遗产具有较高的旅游价值。

二、双重遗产的旅游价值

1. 兼具较高艺术与美学欣赏价值

一般而言，列入《世界遗产名录》的双遗产往往具有较高的艺术和美学价值，而恰巧这些具有审美价值的遗产，成了遗产地的主要旅游吸引物。

例如，泰山之所以被列入世界双重遗产，除了其本身具有独特的风景以外，还在于泰山拥有极具审美价值的艺术品——壁画和石刻。世界遗产委员会曾对泰山给予高度评价，认为它"在中国历史上文学艺术的鼎盛时期（16世纪中叶）曾受到广泛的赞誉，以'震旦国中第一奇山'而闻名"。

2. 古老而悠久的历史沉淀

被列入《世界遗产名录》的双遗产往往是古老而悠久的。它们不仅是自然历史的沉淀，更是人类文明历史的沉淀。这些遗产所蕴含的古老而丰富的文化对游客有着巨大吸引力。

例如我国的双遗产黄山，除了有"黄山天下秀"的美丽自然风景外，文化底蕴也相当深厚。相传中华民族始祖轩辕黄帝曾于此修炼后得道升天，黄山也因此得名，无数文人墨客也留下对黄山的赞美之文。

3. 独特的自然环境与人类智慧的巧妙融合

人生于自然，又在自然中留下了自己的足迹。很多双遗产能够很好地展现出"天人合一"的情怀、人与自然的交响，常常给旅游者强烈的感官震撼和心灵冲击。最典型的要数希腊的曼代奥拉。

 拓展阅读

曼代奥拉[①]

曼代奥拉位于希腊的特里卡拉色州。曼代奥拉在希腊语中的意思是"悬在半空"。它处于品都斯山脉的边缘，地质环境非常特别。几百万年以前，此处是一片汪洋，后来由于地壳的运动和海水的冲击，逐渐变为一片石林。神秘的谷地、高原、山脉，错落有致地出现在一个平面内。裸露的岩石、奇伟的山峰、幽深的山谷、叠翠的山峦，使人仿佛置身于一个空灵的世界。这里的山岩形状奇特多变，千姿百态。更为神奇的是在万丈悬崖上却竖立着许多修道院。

从11世纪起，在几乎都是砂岩峰的地区，修士们选定了这些"天空之柱"。在15世纪隐士思想大复兴的时代，修士们修建了24座隐修院，尽管有着令人难以置信的困难。16世纪的湿壁画艺术是早期拜占庭绘画发展的一个基础阶段。

曼代奥拉，位于希腊东北部的帕萨里亚地区。平陶斯的崇山峻岭如同屏障将之同西面的伊庇鲁斯分隔开。这里因众神曾经居住过的奥林匹斯山和令人叹为观止的曼代奥拉修道院而闻名于世。矗立在峻峭岩石上的修道院中的修道士们虽生

---

① 资料来源：http://baike.baidu.com/link? url=vAveVi9c5O5r460-XMDfv89nsIZPOdR64owy3PC7V6WBjJSohB7SDhHiljwTx2PEmKVnJw8zGU-cSOrDx_KZDRFGVPYdehnzkABMrcJwU26ljleQ-gfv6ak3ziqxl1Dt.

活清苦，却不受外界的打扰。那神秘的谷地，高原和山脉的景色令人激动不已。曼代奥拉的意思是"悬在半空"，非常形象地形容了这一地区的文化景观。曼代奥拉是希腊教会修士寻求与上帝沟通的一个途径，是在品斯都山脉的陡壁上修建的建筑。曼代奥拉于 1988 年作为自然和文化遗产列入《世界遗产名录》。

 思考和练习题

1. 世界自然遗产、文化遗产和双遗产遗产地的旅游价值体现在哪些方面？
2. 请选取你熟悉的一处世界遗产旅游地，并简述此遗产地的旅游价值。
3. 请选取你熟悉的一处世界文化与自然双遗产旅游地，并简述此遗产地的旅游价值。

 案例和实训

世界文化遗产——青城山-都江堰①

青城山位于中国西部四川省都江堰市西南 15 千米处。因为山上树木茂盛，四季常青，故青城山历来享有"青城天下幽"的美誉。

青城山是中国道教的重要发祥地。全山的道教宫观以天师洞为核心，包括建福宫、上清宫、祖师殿、圆明宫、老君阁、玉清宫、朝阳洞等 10 余座宫观。建福宫建于唐开元十八年（730 年），现存建筑为清代光绪十四年（1888 年）重建。现有大殿三重，分别奉祀道教名人和诸神，殿内柱上的 394 字的对联，被赞为"青城一绝"。天然图画坊位于龙居山牌坊岗的山脊上，是一座十角重檐式的亭阁，建于清光绪年间（1875—1908 年）。这里风景优美，游人到此仿佛置身画中，故将其称为"天然图画"。

这些建筑充分体现了道家追求自然的思想，一般采用按中轴线对称展开的传统手法，并依据地形地貌，巧妙地构建各种建筑。建筑装饰上也反映了道教追求吉祥、长寿和升仙的思想。对于人们深入研究中国古代的道教哲学思想，有着重要的历史和艺术价值。

青城山因其秀丽的自然风光和众多道教建筑而成为天下名山，自古就是游览胜地和隐居修炼之处。文人墨客们留下的珍贵"墨宝"，为这座名山增添了丰富的人文景观。特别是为数众多的楹联，不但赞美了青城山的美丽，还颂扬了道教思想、道教经典，表达出对中华民族的人文初祖由衷的敬意，以及对国家兴衰、民

---

① 资料来源：http://www.huaxia.com/zt/zhwh/16-014/4874967.html.

生荣辱的关注。

都江堰是著名的古代水利工程，位于四川省成都平原西部的岷江上，今都江堰市城西。它处于岷江从山区泻入成都平原的地方。在都江堰建成以前，岷江江水常泛滥成灾。公元前256年，秦国蜀郡太守李冰和他的儿子，吸取前人的治水经验，率领当地人民兴建水利工程。都江堰建成后，成都平原沃野千里，成为"天府之国"。这项工程直到今天还在发挥着作用，被称为"活的水利博物馆"。

都江堰工程包括鱼嘴、飞沙堰和宝瓶口三个主要组成部分。鱼嘴是在岷江江心修筑的分水堤坝，形似大鱼卧伏江中。它把岷江分为内江和外江，内江用于灌溉，外江用于排洪。飞沙堰是在分水堤坝中段修建的泄洪道，洪水期不仅泄洪水，还利用水漫过飞沙堰流入外江水流的漩涡作用，有效地减少了泥沙在宝瓶口前后的淤积。宝瓶口是内江的进水口，形似瓶颈。其除了引水，还有控制进水流量的作用。

此外，都江堰一带还有二王庙、伏龙观、安澜索桥等名胜古迹。

二王庙位于岷江右岸的山坡上，前临都江堰，原为纪念蜀王的望帝祠。齐建武年间（494—497年）改祀李冰父子，更名为"崇德祠"。宋代（960—1279年）以后，李冰父子相继被皇帝敕封为王，故而后人称之为"二王庙"。庙内主殿分别供有李冰父子的塑像，并珍藏有治水名言、诗人碑刻等。

伏龙观位于离堆公园内。传说李冰治水时曾在这里降服恶龙，现存殿宇三重，前殿正中立有东汉时期（25—220年）所雕的李冰石像。殿内还有东汉堰工石像、唐代金仙和玉真公主在青城山修道时的遗物——飞龙鼎。

安澜索桥又名安澜桥、夫妻桥，始建于宋代以前，位于都江堰鱼嘴之上，被誉为"中国古代五大桥梁"，是都江堰最具特色的景观。索桥以木排石墩承托，用粗竹缆横挂江面，上铺木板为桥面，两旁以竹索为栏，全长约500米，明末（17世纪）毁于战火。现在的桥为钢索混凝土桩。

都江堰水利工程以独特的水利建筑艺术创造了与自然和谐共存的水利形式。它创造了成都平原的水环境，由此孕育了蜀文化繁荣发展的沃土。都江堰不但是世界上唯一具有2 000多年历史且至今尚在发挥重要作用的古代水利工程，同时还是集政治、宗教和建筑精华于一体的珍贵文化遗产。

读完材料后，请思考：

青城山-都江堰风景名胜区的旅游价值体现在哪些方面？请结合所学知识，评述青城山-都江堰风景名胜区的旅游价值。

第二篇
世界文化遗产

第三章 亚洲、欧洲地区世界文化遗产

学习目标

了解亚洲、欧洲历史文化名城的数量、种类及其形成；

掌握自然社会环境与亚洲、欧洲历史文化名城之间的关系；

了解亚洲、欧洲各国历史文化名城中的宗教建筑；

掌握亚洲、欧洲历史文化名城的考古价值。

重点难点

掌握亚洲、欧洲不同历史文化名城的形成原因及其考古价值。

本章内容

第一节 历史文化名城

城市是一个地区政治、经济和文化的中心。在城市发展过程中，政治是对社会秩序的管理，经济是物质财富的积聚，而文化则是人类心灵的支撑和社会发展的引领。文化遗产作为所在城市的独特文化，其中每一处都是一部史书、一卷档案，记录着城市的沧桑岁月，绵延着城市的历史文化，从而使这座城市永远散发着悠久的魅力和文化的光彩。

当今世界上，许多著名城市在现代化建设中，都采取严格措施保护历史文化遗产，从而使城市的现代化建设与历史文化遗产浑然一体、交相辉映，既显示现代文明的崭新风貌，又保留历史文化的奇光异彩。被列入世界遗产名录的世界历史名城就有 100 多座。在欧洲，许多城市都有新城和旧城之分，目的是保护旧城的历史文物、名胜古迹和原有风貌。欧洲和美洲的很多历史文化名城都有历史中心，原因在于欧美国家近代在城市发展规划方面，既重视社会经济发展，同时也重视保持城市在各个历史时期的面貌。

以色列管辖：耶路撒冷旧城及城墙

耶路撒冷旧城及城墙，位于中东地区的地中海东岸的犹地亚山区之巅。1981 年联合国教科文组织将耶路撒冷旧城及城墙作为文化遗产。

世界遗产委员会评价：耶路撒冷作为犹太教、基督教和伊斯兰教三大宗教的圣城，具有极高的象征意义。在它 220 多处具有历史意义的建筑物中，有建于 7 世纪的著名岩石圆顶寺，其外墙装饰有许多美丽的几何图案和植物图案。三大宗教都认为耶路撒冷是亚伯拉罕的殉难地。哭墙分隔出代表三种不同宗教的部分，圣墓大教堂的复活大殿里庇护着耶稣的墓地。

耶路撒冷位于地中海东岸，耶路撒冷旧城是犹太教、基督教和伊斯兰教的圣地，是世界上唯一享有此殊荣的城市。如今的耶路撒冷可分为新旧两个城区。旧城区由一道 14 米高的城墙围住，耶路撒冷的主要宗教胜迹大多集中在这里。旧城内被一条南北走向和一条东西走向的大街分为 4 个部分。东北是穆斯林居住区，西北是基督教居民区，西南是亚美尼亚居民区，东南是犹太居民区。其中穆斯林居民区最大，亚美尼亚居民区最小。

耶路撒冷旧城是不规则的四边形，海拔 720~790 米。现今的城墙是 400 年前土耳其苏丹苏莱曼统治时，由一个名叫索里曼·埃尔·马尼菲科的苏丹人主持兴建的。城内的街道至今大都保持着当年的罗马式布局。最古老的街道是有顶棚的商业街，街道上的集市在 14 世纪建成。整个耶路撒冷面积为 627 平方千米，旧城位于东部，面积仅 1 平方千米。旧城现存主要遗迹有：

犹太教希律圣殿的西墙（哭墙）

犹太教把耶路撒冷作为圣地源于公元前 10 世纪。当时所罗门在位，他在都城耶路撒冷建造了希伯来人的神庙——所罗门圣殿。公元前 586 年，新巴比伦王国攻占耶路撒冷时，圣殿毁于战火；之后虽然重修，但在 1 世纪时又毁于罗马人手中。此后，由于绝大部分犹太人被迫移居他乡，圣殿始终未能恢复。出于怀旧、崇古的心理，犹太人在第二圣殿废墟上，用大石头垒起一道长 481 米、高 18.3 米的石墙。犹太人认为砌墙的石头取自所罗门圣殿，因而石墙就是犹太王国的遗址。这就是犹太人敬仰和团结的象征——哭墙。每逢星期五都有犹太教徒来此哀悼和祈祷。更为有趣的是，这处寄托着犹太人 2 000 年大流散哀思的哭墙，在穆斯林的传说中，又是先知穆罕默德"夜行登天"前拴马的地方，穆斯林因之而称它为"飞马墙"。

基督教圣墓大教堂

圣墓大教堂又称复活教堂，是在耶稣被钉在十字架上遇害并复活的地方建起的教堂，因此也是世界基督教徒心目中最神圣的参拜地之一。326 年，东罗马帝国皇帝君士坦丁一世的母亲希伦娜巡游圣地耶路撒冷时，维纳斯神庙的主教告诉她，耶稣殉难和复活的地方即在这一处所的下面。希伦娜回去后将这一发现通告君士坦丁一世，君士坦丁一世遂下令将维纳斯神庙拆除，在此地修建了一个长方形教堂，即圣墓大教堂。

耶稣受难之路

受难之路又称多洛罗萨路，据说耶稣当年就是沿着这条路走向刑场的。据《圣经新约全书》记载，耶稣 30 岁时开始在巴勒斯坦一带广收门徒，传播新教义。这一活动受到罗马帝国统治者和犹太教上层的反对和打击。经过巧妙的周旋，耶稣终于在公元 30 年带领门徒沿着橄榄山进入耶路撒冷。不久，由于门徒犹大的出卖，耶稣在耶路撒冷郊外的客西马尼园被捕。受难之路共有 14 站，每站都有标记，或建有教堂，其中最后 5 站集中在圣墓大教堂。

伊斯兰教圣岩清真寺

圣岩清真寺又称为萨赫莱清真寺。636 年，信奉伊斯兰教的阿拉伯人征服了耶路撒冷。687—691 年，阿拉伯倭马亚王朝的一位哈里发主持建造了这座可以充分展示阿拉伯建筑艺术的优美杰作。其最外是一层八角形墙体，全用石块砌成，外墙用花瓷砖贴面，镶嵌有穆罕默德神奇夜行时留下的那篇未完成的《古兰经》。圣岩清真寺修建的地方，传说有一块巨石。这块巨石的神奇传说使它和穆斯林、犹太人的宗教信仰都有紧密联系。相传，穆罕默德由天使陪同乘天马从麦加到耶路撒冷，后来就是踩着这块巨石升天、去聆听安拉的启示的。据说这块石头至今还有穆罕默德升天时留下的脚印。围绕着这块巨石还有另一种传说。犹太人说他们的始祖亚伯拉罕将自己的儿子以撒捆绑放在这块石头上，准备做燔祭，献给耶和华。因此犹太人也把这块大石头看作圣石。

艾格萨清真寺

艾格萨清真寺是耶路撒冷最大的清真寺，朝向穆斯林的第一圣地麦加。它的长条银色顶高 20 米，与圣岩清真寺的金色圆顶交相辉映，形成了圣殿山的独特情调和景观。

奥斯曼帝国旧城城墙

1517 年后奥斯曼帝国统治耶路撒冷，土耳其苏丹苏莱曼时期重修了城墙，长约 5 千米，一直保存到现在。

法国：巴黎塞纳河河西勒桥到耶纳桥两岸市区

在巴黎市中心塞纳河中的西岱岛及塞纳河沿岸上，最著名的建筑有巴黎圣母院、卢浮宫博物馆、星形广场凯旋门和埃菲尔铁塔，以及贯穿其间的香榭丽舍大道。这里展现了巴黎几百年来的发展，体现了城市的发展与传统保护的极佳结合。1991 年联合国教科文组织将其作为文化遗产列入《世界遗产名录》。

世界遗产委员会评价：从卢浮宫到埃菲尔铁塔，从协和广场到大小王宫，巴黎的历史变迁从塞纳河可见一斑。巴黎圣母院和圣礼拜堂堪称建筑杰作，而宽阔的广场和林荫道则影响着 19 世纪末和 20 世纪全世界的城市规划。

塞纳河是法国河流中流程很短但极负盛名的一条河。这条流经法国北部的河流，全程仅 776 千米。她发源于东部海拔 471 米的朗格勒高原，从西向北流过巴黎市区，在市区内的流程约达 13 千米。她的水流曲折宛转，向西伸展，穿过巴黎盆地，经鲁昂最后在勒阿弗尔港附近注入英吉利海峡。塞纳河流域面积为 7.8 万平方千米。该河有 540 千米的河段可供通航，货运量居全国之首。沿岸地区为法国经济中心，有运河与莱茵河、卢瓦尔河等相通。

巴黎的塞纳河沿岸，景色秀美，优雅别致，构成一幅美丽的自然画卷。古老的塞纳河孕育了不可胜数的名胜古迹。著名的国际性都市巴黎在两千年前只是塞纳河上的渔村，后来逐渐扩大，到 3 世纪开始出现巴黎这个名字，其得名于两千多年前曾居于此地的高卢族的巴黎部落。

从 12 世纪起，巴黎的城市规划和建设就十分重视和珍惜传统文化，同时也积极适应经济和社会生活发展的需要，力求保持城市面貌的统一与和谐。最早建成并保存到现在的是西岱岛上的巴黎圣母院。17—18 世纪的波旁王朝时期，城市建设有较大发展，其修建了塞纳河右岸著名的香榭丽舍大道和其他几条干线大街；同时建造了几座纪念性建筑物，如卢浮宫东院和卢森堡宫；另外还建造了 4 个封闭式广场。到了 19 世纪，拿破仑一世建成了凯旋门和星形广场，也就是现在的戴高乐广场。后来在拿破仑三世时期，巴黎的城市建设有了更大的发展，其建成了以香榭丽舍大道为东西向干线、以塞瓦斯托波尔大街为南北向干线、以卢浮宫为中心的大十字街道，还修建了两圈环路；此外又新建了一批广场和各种建筑物，把卢浮宫继续向西延伸，扩展到现在的规模。拿破仑三世还把卢浮宫和凯旋门之间的道路、广场、绿地、水面、林荫带和大型纪念建筑物改造组建成完整的统一体。

19 世纪末至 20 世纪初，在巴黎举行的几次世界博览会又为塞纳河畔增添不少新建筑，有埃菲尔铁塔（1889 年）、大宫和小宫（1900 年），以及夏约宫。从 20 世纪 60 年代起，巴黎再次大规模建造城市建筑，但是并没有在市中心拆除旧建筑，而是沿着香榭丽舍大道向西北方向延伸和扩展，新建了完全现代化的德方斯新市区。

● 第二节　历史建筑与人文环境

一、城堡与要塞

巴基斯坦：拉合尔城堡及夏利玛尔公园

拉合尔古堡位于巴基斯坦东部文化名城拉合尔，以其斑斓璀璨的莫卧儿建筑艺术神韵而被誉为"巴基斯坦的心灵"。这是莫卧儿王朝的建筑瑰宝。这座古堡的前身是泥筑的堡垒，始建于 1021 年，当时只是一座用泥土筑成的军事要塞。1981 年其被联合国教科文组织列入《世界遗产名录》。

世界遗产委员会评价：辉煌的莫卧儿文化中有两个典范在沙·贾汗国王统治时期达到顶峰——建有宫殿的要塞、用马赛克和镀金饰品装饰起来的清真寺。拉合尔城附近的园林都建在三层平台上，带小屋、瀑布和巨大的装饰水池。这些园林的优雅和美丽简直无与伦比。

1021 年，当时的迦兹纳维王朝为了防御敌人的入侵，用泥土筑成一座军事要塞，成为拉合尔古堡最初的模型。1566 年，莫卧儿王朝强盛时期的阿克巴大帝为了抵抗外敌入侵，在拆除旧城后，修建了高墙环绕的砖石结构堡垒。随着拉合尔逐渐成为南亚次大陆上的商业中心和夏都，历代莫卧儿王朝的皇帝不断在古堡内增修、扩建了花园、喷泉和宫殿，使得原本只具有军事功能的古堡成为一座金碧辉煌的皇家宫苑。数百年的历史风雨侵蚀后，许多建筑的辉煌旧貌已荡然无存，但留存下来的遗迹仍然很有风韵。

拉合尔古堡城内共有 21 座建筑物。城堡正中部位有一座由 40 根圆柱撑起的宫殿，被人们称为"四十柱厅"，乃皇帝的"办公室"兼"书房"。从这个皇帝办公的中枢机关走出，便可登上一座至今保存完好的大理石朝觐台。台子前后两端分别是一个小广场和一个设于水池中间的小舞台。

拉合尔古堡经过修建后，总体呈长方形，东西长 480 米，南北宽 330 米。这座古堡记述着一段浪漫而动人的爱情故事。故事的主角是沙·贾汗皇帝和她的妃子阿姬曼·芭奴。提起阿姬曼，世人不会陌生——位于阿格拉的泰姬陵就是她的芳冢。但拉合尔古堡是她生活的地方，这里留下了她生前的喜怒哀乐。古堡中最负盛名的景点是东北角上的万镜之宫，是沙·贾汗国王为王后所建造的。宫殿外墙镶嵌着约 90 万块各种颜色的玻璃镜片，还砌有嵌着金银线条的石块。内墙则用白色软玉打造，其拱形穹顶上镶着无数宝石和玻璃珠，在下午的阳光照射下，发散着璀璨的光华。在匠人的精心构思下，寝宫用上乘的大理石造就。宫殿内侧顶端有一个穹顶，四面墙壁上镶嵌了各色珍贵宝石。穹顶和四壁粘贴着 90 万片红色、蓝色和褐色的玻璃镜片，只要在大殿的中央点燃一支蜡烛，各色镜片便可交相辉映出一片浩瀚的星河，其情其景着实气象万千、美不可言。镜宫由迎宾厅、会议厅、娱乐室、寝室、人工湖、喷水池和象房组成，宫殿的拱门和柱子上饰以繁缛的装饰，建筑的地面用磨得滑腻透亮的灰色大理石铺就，下层全部注满了水，行走在上面恍如神仙穿行在云间。令人惋惜的是，万镜之宫于 1631 年完工，但阿姬曼于此前一年在生下第十四个孩子后撒手人寰，至死也未能住进国王为她精心打造的寝宫。据说痛失爱妃的沙·贾汗万念俱灰、茶饭不思，甚至一夜白头。

作为遗产不可分割的组成部分——夏利玛公园，是世界上最罕见的花园之一，堪称莫卧儿王朝强盛国力的完美体现。

"夏利玛"意为"娱乐宫"或"喜乐宫"，夏利玛公园是距今 300 多年前的莫卧儿王沙·贾汗皇帝于 1642 年下令修建的。该公园占地 20 万平方米，采用波斯园林建筑形式，呈长方形，周围有高墙环绕；园内分高低三层，缀有大理石亭阁、喷水池、人工瀑布等。修建者将大自然的不同风貌完整地移植到园中，创造出一个典雅而富于魅力的自然环境。

英国：伦敦塔

伦敦塔位于伦敦泰晤士河北岸、伦敦塔桥附近。伦敦塔是英国不同时代智慧的结晶，因为经过两代君主的扩建和整修，所以它也反映着英国不同时代的不同风格。伦敦塔最初是为控制整个伦敦城而建，占地约 7.3 公顷，曾作过堡垒、王宫、监狱、皇家铸币厂和伦敦档案馆。1988 年，其作为文化遗产被列入《世界遗产名录》。

世界遗产委员会评价：宏伟的白塔是诺曼底军事建筑的典型，对整个英国的建筑风格产生了巨大影响。伦敦塔是威廉一世沿泰晤士河建造的，目的是保护伦敦。伦敦塔以白塔为中心，是一个具有悠久历史的堡垒，也是王室权力的象征。

伦敦塔是由威廉一世为镇压当地人和保卫伦敦城，于 1087 年开始动工兴建的，历时 20 年，堪称英国中世纪的经典城堡。13 世纪时，后人在其外围增建了 13 座塔楼，形成一圈环拱的卫城，使伦敦塔既是一座坚固的兵营城堡，又是富丽堂皇的宫殿，里面还有天文台、监狱、教堂、刑场、动物园、小码头等小建筑。伦敦塔在英国王宫中的意义非常重大，作为一个防卫森严的堡垒和宫殿，英国数代国王都在此居住，国王加冕前住进伦敦塔便成了一种惯例。伦敦塔还是一座著名的监狱，英国历史上不少王公贵族和政界名人都曾被关押在这里。伦敦塔的历史已近千年，它的作用却不断地在变化：城堡、王宫、宝库、火药库、铸币厂、监狱、动物园直到现在的伦敦观光区。

白塔：伦敦塔中最古老的建筑，为诺曼底式三层建筑，东西长 35.9 米，南北宽 32.6 米，高 27.4 米。其因亨利三世时被涂成白色，故名白塔。塔四角建有塔楼，除东北角塔楼为圆形外，其余 3 个均呈方形。12—13 世纪其又进行扩建，以白塔为中心，四周建内外两层城墙，设多座防御性建筑。内城墙有 13 座塔，建成于亨利三世时期，以威克菲塔、血塔、比彻姆塔最为著名。血塔建于 1225 年，原称花园塔，因发生过悲惨事件，16 世纪末改称血塔。外城墙有中塔、井塔、圣托马斯塔等 6 座塔和两座棱堡，完成于爱德华一世时期，大部分是圆筒形。最外层有护城壕。自 1140 年起该塔就成为英国国王的重要宫殿之一。17 世纪初詹姆士一世是最后一位住在该处的国王。白塔内的圣约翰教堂是伦敦现存最古老的教堂，也属诺曼底式建筑。

珍宝馆：伦敦塔是不列颠群岛最受欢迎的历史景点，平均每年接待 250 万参观者。其中最有吸引力的是珍宝馆，有全套的御用珍宝在那里展出。1994 年 3 月，位于滑铁卢区底层的一个全新的珍宝馆由伊丽莎白女王二世宣布开放。珠宝陈列在一系列展室的明亮的玻璃柜中，参观者则在自动通道上缓缓通过。设于玻璃柜上方的巨大的屏幕显示出这些珠宝的历史全景，以及它们在加冕典礼中的作用。

格林塔：白塔的左侧是一片草地，称格林塔。那里按照维多利亚女王的命令立着一个标牌，指明断头台的所在。那些觊觎王位的最高层人物在此被斩首，亨利国王两个不幸的妻子就葬身于格林塔。

二、宫殿与园林

中国：明清皇宫

北京故宫又称紫禁城，是中国明清两代的皇宫。北京故宫是世界上现存规模最大最完整的古代木结构建筑群，为我国现存最大最完整的古建筑群。1987 年北京故宫作为文化遗产，被联合国教科文组织列入《世界遗产名录》。2004 年，沈阳故宫作为北京故宫的扩展项目，也被列入《世界遗产名录》。

世界遗产委员会评价：北京故宫和沈阳故宫都已被列入《世界遗产名录》，目前称为明清故宫（北京故宫和沈阳故宫）。沈阳故宫共有 114 座建筑，包括一个极为珍贵的藏书馆。沈阳故宫是统治中国的最后一个朝代在将权力扩大到全国中心、迁都北京之前，朝代建立的见证，后来成为北京故宫的附属皇宫建筑。这座雄伟的建筑为清朝历史以及满族和中国北方其他部族的文化传统提供了重要的历史见证。

北京故宫是世界上最庞大的皇家宫殿群，原名为紫禁城，是明清两代的皇宫。辛亥革命推翻清王朝统治后将北京的明清皇宫称为故宫，后更名为故宫博物院，位于北京市城区中心。沈阳故宫建于1625—1783年，后来成为北京故宫的附属皇宫建筑。从故宫建成到封建帝制结束的近500年间，共有两代24位皇帝在故宫登基即位。故宫是世界上规模最大、保存最完整的古代宫殿建筑群，也是世界上最大的历史博物馆。它集中反映了中国的传统礼制思想与文化，其建筑的布局、形式、装饰等无不体现着中国的传统特色，成为东方建筑史上的典范，同时也是研究中国政治经济、社会历史与哲学思想的文化宝库和世界文化遗产中一座绝无仅有的丰碑。

北京故宫

北京故宫，又名紫禁城。它坐落于北京市中心，为明、清两代的皇宫，是明代皇帝朱棣，以南京宫殿为蓝本，从大江南北征调能工巧匠和役使百万夫役，历经14年（1407—1420年）时间建成的。北京故宫平面呈长方形，南北长961米，东西宽753米，占地面积72万多平方米。城外有一条宽52米、长3 800米的护城河环绕，构成完整的防卫系统。宫城辟有四门，南面有午门，为故宫正门，北有神武门（玄武门），东面有东华门，西面有西华门。

在1420—1911年这491年间，从明成祖朱棣到清末代皇帝溥仪，共有24位皇帝（明代有14位，清代有10位）先后居住在这座宫殿内，对全国实行封建统治。宫内有各类殿宇9 000余间，都是木结构、黄琉璃瓦顶、青白石底座饰以金碧辉煌的彩画，建筑总面积达15万平方米。故宫由外朝与内廷两部分组成。外朝以太和殿（金銮殿）、中和殿、保和殿三大殿为中心，东西以文华殿、武英殿为两翼，是皇帝处理政事、举行重大庆典的地方。内廷以乾清宫（皇帝卧室）、交泰殿、坤宁宫（皇帝结婚新房）为中心，东西两翼有东六宫、西六宫，辅以养心殿、奉先殿、斋宫、毓庆宫、宁寿宫、慈宁宫以及御花园等，是皇帝平日处理政务及皇帝、皇后、皇太后、妃嫔、皇子、公主居住、礼佛、读书和游玩的地方。总体布局为中轴对称，前三殿、后三宫坐落于全城中轴线上，气势雄伟，豪华壮观，是具有中国古典风格和东方格调的建筑物和世界上最大的皇宫。1911年辛亥革命推翻了清朝统治，结束了两千多年的封建王朝，但溥仪退位后仍居住在故宫后半部分。1912年民国政府将外朝辟为"古物陈列所"。1924年11月5日冯玉祥部将鹿钟麟把溥仪驱逐出宫。1925年10月10日成立故宫博物院。1948年将古物陈列所并入故宫博物院。1949年以后，政府对这座古代建筑和文物进行了大规模修整，并整理展出大批文物，使其成为一座举世闻名的古文化艺术博物院，并在西华门内成立第一档案馆，专门整理政府和宫廷档案。

沈阳故宫

沈阳故宫始建于 1625 年，是清朝入关前清太祖努尔哈赤、清太宗皇太极创建的皇宫，又称盛京皇宫。清朝入主中原后改其为陪都宫殿和皇帝东巡行宫。沈阳故宫经过多次大规模的修缮，现已辟为沈阳故宫博物院。沈阳老城内的大街呈"井"字形，故宫就设在"井"字形大街的中心，占地 6 万平方米，现有古建筑114 座。沈阳故宫按照建筑布局和建造先后，可以分为三个部分：东路为努尔哈赤时期建造的大政殿与十王亭；中路为皇太极时期续建的大中阙，包括大清门、崇政殿、凤凰楼以及清宁宫、关雎宫、衍庆宫、启福宫等；西路则是乾隆时期增建的文溯阁等。整座皇宫楼阁林立，殿宇巍峨，雕梁画栋，富丽堂皇。

法国：凡尔赛宫及其园林

凡尔赛宫位于法国巴黎西南郊外伊夫林省省会凡尔赛镇，作为法兰西宫廷长达 107 年（1682—1789 年），是世界五大宫之一。凡尔赛宫的园林在宫殿西侧，从南到北分为三部分，南北两部分是花坛，中部是水池。跑马道、喷泉、水池、河流与假山、花坛、亭台楼阁一起，使凡尔赛宫的园林成为欧洲古典主义园林艺术的杰作。1979 年，凡尔赛宫及其园林作为文化遗产列入《世界遗产名录》。

世界遗产委员会评价：凡尔赛宫是路易十四至路易十六时期法国国王的居所。经过数代建筑师、雕刻家、装饰家、园林建筑师的不断改造润色，一个多世纪以来，凡尔赛宫一直是欧洲王室官邸的典范。

凡尔赛宫的前身是法国国王路易十三的狩猎城堡，后来由他的儿子路易十四，倾尽人力、物力，在原本是沼泽的地上将狩猎城堡改造扩建为王宫，并将政府迁移到这里办公。工程始于 1662 年，结束于 1710 年，到工程最后完工，用了近 50 年的时间。在完工后的凡尔赛宫，法国名流贵族彻夜饮酒作乐、喧嚣不止。这是路易十四从政治上、经济上抽掉反对王室的封建贵族们的基础的阴险谋略，但同时它也最终导致了法国大革命的爆发，使波旁王朝走向覆灭。

凡尔赛宫是法国封建统治历史时期的一座华丽的纪念碑。从内容上讲不仅是法兰西宫廷，而且是国家的行政中心，也是当时法国社会政治观点、生活方式的具体体现。它是欧洲自古罗马帝国以来，第一次表现出能够集中巨大的人力、物力、财力的力量。当时，路易十四为了建造它，共动用了三万余名工人和建筑师、工程师、技师，除了要解决建造大规模建筑群所产生的复杂技术问题外，还要解决引水、道路等各方面的问题。可见，凡尔赛宫的成功，有力地体现了当时法国经济和技术的进步和劳动人民的智慧。从艺术上讲，凡尔赛宫宏伟壮丽的外观和严格规则化的园林设计是法国封建专制统治鼎盛时期文化上的古典主义思想所产生的结果。几百年来欧洲皇家园林几乎都遵循了它的设计思想。凡尔赛宫的建筑风格引起俄国、奥地利等国君主的羡慕和仿效。彼得一世在圣彼得堡郊外修建的夏宫、玛丽亚·特蕾西亚在维也纳修建的美泉宫、腓特烈二世和腓特烈·威廉二世在波茨坦修建的无忧宫，以及巴伐利亚国王路德维希二世修建的海伦希姆湖宫都仿照了凡尔赛宫的宫殿和花园。

　　凡尔赛宫宏伟、壮观，它的内部陈设和装潢富于艺术魅力。五百多间大殿小厅处处金碧辉煌，豪华非凡。内部装饰，以雕刻、巨幅油画及挂毯为主，配有17、18世纪造型超绝、工艺精湛的家具。宫内还陈放着来自世界各地的珍贵艺术品，其中有远涉重洋的中国古代瓷器。由皇家大画家、装潢家勒勃兰和大建筑师孟沙尔合作建造的镜廊是凡尔赛宫内的一大名胜。它全长72米，宽10米，高13米，联结两个大厅。长廊的一面是17扇朝花园开的巨大的拱形窗门，另一面镶嵌着与拱形窗对称的17面镜子，这些镜子由400多块镜片组成。镜廊的拱形天花板上是勒勃兰的巨幅油画，挥洒淋漓，气势横溢，展现出一幅幅风起云涌的历史画面。漫步在镜廊内，碧澄的天空、静谧的园景映照在镜墙上，满目苍翠，仿佛置身在芳草如茵、佳木葱茏的园林中。

　　凡尔赛宫所属的园林风景区主要由两部分组成：翠安农宫和专门为王后修建的游乐村。凡尔赛宫园林大概是世界上最大的宫廷园林，其奢华几可与凡尔赛宫相媲美，由法国造园家和路易十四的首席园林师安德烈·勒诺特尔设计。花园占地6.7公顷，纵轴长3千米。园内道路、树木、水池、亭台、花圃、喷泉等均呈几何图形，有统一的主轴、次轴、对景，构筑物整齐划一，透溢出浓厚的人工修凿的痕迹，亦体现出路易十四对君主政权和秩序的追求。园中道路宽敞，绿树成荫，草坪树木都修剪得整整齐齐。花园内有1 400个喷泉，还有一条长1.6千米的十字形人工运河。路易十四时期曾在运河上安排帆船进行海战表演，或布置贡多拉和船夫，模仿威尼斯运河风光。凡尔赛宫的花园还收藏大量的雕塑作品，别致的雕塑到处可见，在花坛旁，在喷泉边，在茵茵绿草地上。南北花坛绚丽光彩，两个水坛有象征法国河流的四尊卧式雕像和八尊美女儿童雕像与之相配。透明的喷泉水柱在音乐的伴奏下时高时低地舞蹈着，整座花园给人留下的是既华丽又浪漫的印象。花园里有两座著名的水池：拉多娜池和阿波罗池。据说水池的设计和雕塑者从神话故事《变形》中得到灵感，向人们叙述了一个传说。神话传说拉多娜是太阳神阿波罗和月神迪安娜之母，因被朱庇特之妻诅咒，在精疲力竭的漂泊途中停留于里西的池塘边。但农人们不仅不让她饮水解渴，还把水污染了。拉多娜一气之下把他们变成了青蛙。1670年建造的拉多娜像站在一块岩石上，面对宫殿，周围是六只变成青蛙的里西农人。1687—1689年间进行了重新设计。水池里，一座五层同心圆叠罗汉似地托起扶儿携女的拉多娜像，里西农人变成的青蛙匍匐脚下，洒在人们身上的水会使亵渎神灵的人变形，有的变成野兽，有的变成昆虫。

三、特殊建筑与雕塑

中国：山东曲阜孔庙孔林及孔府

曲阜孔庙、孔府、孔林位于山东省曲阜市，是中国历代纪念孔子、推崇儒学的表征。1994 年，联合国教科文组织将曲阜孔庙、孔林、孔府作为文化遗产，列入《世界遗产名录》。

世界遗产委员会评价：孔子是公元前 6 世纪至公元前 5 世纪最伟大的哲学家、政治家和教育家。孔子的庙宇、墓地和府邸位于山东省的曲阜。孔庙是公元前 478 年为纪念孔子而兴建的，千百年来屡毁屡建，到今天已经发展成超过 100 座殿堂的建筑群。孔林里不仅容纳了孔子的坟墓，而且他的后裔有超过 10 万人也葬在这里。当初小小的孔宅如今已经扩建成一个庞大显赫的府邸，整个宅院包括了 152 座殿堂。曲阜的古建筑群之所以具有独特的艺术和历史特色，应归功于两千多年来中国历代帝王对孔子的大力推崇。

孔庙是中国历代封建王朝祭祀春秋时期思想家、政治家、教育家孔子的庙宇。孔子去世后第二年（公元前 478 年），鲁哀公将孔子故宅改建为庙。曲阜孔庙是祭祀孔子的本庙，是分布在中国、朝鲜、日本、越南、印度尼西亚、新加坡、美国等国家 2 000 多座孔子庙的范本。孔府是孔子子孙后人的居所。孔林是孔子和他的家族墓地，也是目前世界上延时最久、面积最大的氏族墓地。从子贡为孔子庐墓植树起，孔林内古树已达万余株。自汉代以后，历代统治者对孔林重修、增修过 13 次。孔林总面积约 2 平方千米，周围林墙长 5.6 千米，墙高 3 米多，厚 1 米。

孔子所创立的儒家学说在封建社会里一直被奉为正统思想，并曾影响了朝鲜、日本、越南等许多国家。为表达对孔子的尊崇和对儒学的推崇，历史上曾有 12 位皇帝亲临曲阜致祭，并将孔门弟子和历代儒学大师 172 人配祀孔庙。两千多年来，历代帝王不断加封孔子，扩建庙宇。到清代，雍正帝下令大修，扩建成现代规模。孔庙南北长约 1 000 多米，东西宽 150 多米，占地 140 000 平方米，以南北为中轴，分左、中、右三路布局。九进院落贯穿于一条中轴线上，左右对称排列有殿、庑、阁、堂、亭、门、坊等建筑共 466 间，门坊 54 座，古树名木 1 250 株，碑碣 1 000 余幢。孔庙内保存汉代以来的历代碑刻 1 044 块，有封建皇帝追谥、加封、祭祀孔子和修建孔庙的记录，也有帝王将相、文人学士谒庙的诗文题记，文字有汉文、蒙文、八思巴文、满文，书体有真、草、隶、篆等，是研究封建社会政治、经济、文化、艺术的珍贵史料。碑刻中有汉碑和汉代刻字二十余块，是中国保存汉代碑刻最多的地方，有我国第二碑林之称。

孔庙的核心是大成殿，这也是孔庙的正殿。唐代时称文宣王殿，共有五间。

宋天禧五年（1021年）大修时，移至今址并扩为七间。宋崇宁三年（1104年）徽宗赵佶取《孟子》"孔子之谓集大成"语义，下诏更名为"大成殿"。清雍正二年（1724年）重建大成殿，九脊重檐，黄瓦覆顶，雕梁画栋，八斗藻井饰以金龙和玺彩图，双重飞檐正中竖匾上刻清雍正皇帝御书"大成殿"三个贴金大字。殿高24.8米、长45.69米、宽24.85米，坐落在2.1米高的殿基上，为全庙最高建筑，也是中国三大古殿之一。杏坛位于大成殿前甬道正中，传为孔子讲学之处，坛旁有一株古桧，称"先师手植桧"。

孔府又称衍圣公府，位于孔庙的东侧。孔府是孔子嫡系子孙居住的地方。汉元帝封孔子十三代孙孔霸为"关内侯，食邑八百户，赐金二百斤，宅一区"。这是封建帝王赐孔子后裔府第的最早记载。宋至和二年（1055年）封孔子四十六代孙孔宗愿为"衍圣公"，宋徽宗时封为世袭"衍圣公"，孔府也就称"衍圣公府"。现在的孔府基本上是明、清两代的建筑，包括厅、堂、楼、轩等463间，共九进院落，是一座典型的中国贵族门户之家，有号称"天下第一人家"的说法。是孔子嫡系长期居住的府邸，也是中国封建社会官衙与内宅合一的典型建筑。孔子死后，子孙后代世代居庙旁守庙看管孔子遗物，到北宋末期，孔氏后裔住宅已扩大到数十间，到金代，孔子后裔一直是在孔庙东边。随着孔子后世官位的升迁和爵封的提高，孔府建筑不断扩大，至宋、明、清达到现在规模。现在孔府占地约7.4公顷，有古建筑480间，分前后九进院落，中、东、西三路布局。孔府有前厅、中居和后园之分。前厅为官衙，分大堂、二堂和三堂，是衍圣公处理公务的场所。中居即内宅和后花园，是衍圣公及其眷属活动的地方。最后一进是花园，又名铁山园。园内假山、鱼池、花坞、竹林以及各种花卉盆景等一应俱全。

孔府收藏大批历史文物，最著名的是"商周十器"，亦称"十供"，形制古雅，纹饰精美，原为宫廷所藏青铜礼器，清朝乾隆帝赏赐孔府。孔府还收藏金石、陶瓷、竹木、牙雕、玉雕、珍珠、玛瑙、珊瑚以及元、明、清各代各式衣冠、剑履、袍笏、器皿，另有历代名人字画，其中元代七梁冠为国内仅有。孔府并存有明嘉靖十三年（1534年）至1948年的档案，内容丰富，从不同角度反映了我国古代政治、经济、思想、文化的侧面，具有重要历史价值。现已整理出9 000多卷。孔府档案是世界上持续年代最久、范围最广、保存最完整的私家档案。

孔林又称"至圣林"，在曲阜城北1千米处，占地200余公顷，是孔子及其家族的专用墓地，已有2 500多年历史，也是目前世界上面积最大的氏族墓地。它是我国规模最大、持续年代最长、保存最完整的氏族墓葬群和人工园林。孔子墓前东侧有三亭，是宋真宗、清圣祖和清高宗来此祭孔时停留之处，叫作"驻跸亭"。孔林中除孔子墓外，气派较大、墓饰规格也高的，要数第七十二代孙孔宪培妻子的墓——于氏坊。墓前高大的木制牌坊上书"鸾音褒德"。这位于氏夫人原来是乾隆皇帝的女儿，因当时满汉不通婚，皇帝便将女儿过继给一品大臣于敏中，又以于女名义下嫁给衍圣公，故称于氏坊。

波兰：奥斯维辛集中营

奥斯维辛-比克瑙集中营是纳粹德国在第二次世界大战期间修建的1 000多座集中营中最大的一座。由于有上百万人在这里被德国法西斯杀害，它又被称为"死亡工厂"。该集中营距波兰首都华沙300多千米，是波兰南部奥斯维辛附近40多座集中营的总称。该集中营是纳粹德国党卫军全国领袖海因里希·希姆莱1940年4月27日下令建造的。1979年，作为文化遗产列入《世界遗产名录》。

世界遗产委员会评价：这里壁垒森严，四周电网密布，设有哨所看台、绞形架、毒气杀人室和焚尸炉，展现了纳粹德国在原奥斯维辛-比克瑙集中营即第三帝国最大的灭绝营中执行种族灭绝政策的状况。历史调查显示，有150万人（其中绝大部分是犹太人）在此被饿死、惨遭严刑拷打和杀戮。奥斯维辛是20世纪人类对同类进行残酷虐杀的见证。

奥斯维辛-比克瑙是最大的纳粹集中营和灭绝营，位于克拉科夫以西约60千米的波兰小镇奥斯奥斯维辛。在纳粹谋杀的所有犹太人中，有六分之一在奥斯维辛被毒气杀害。在第二次世界大战之初，奥斯维辛属于被德国并吞的那部分波兰。1940年4月，党卫军首领海因里希·希姆莱下令，在奥斯维辛建造一座新集中营。首批波兰政治犯于1940年6月运抵奥斯维辛。到1941年3月，那里已有10 900名囚徒，其中大部分是波兰人。奥斯维辛很快就以最残暴的纳粹集中营著称。

1941年3月，希姆莱下令在离营地原址3千米开外再建造一个大得多的第二分部。这里将被用作灭绝营，得名比克瑙，或称奥斯维辛二号。比克瑙最终关押了奥斯维辛营区的大部分囚徒，包括犹太人、波兰人、德国人和吉卜赛人。此外，这里还拥有最可耻、最惨无人道的种种设施，其中就有毒气室和焚尸炉。犹太囚徒抵达比克瑙站台后，就被赶出车厢，不许携带财物，并被强行排成男女两列。党卫军军官，包括臭名昭著的约瑟夫门格勒医生会进行挑选，将大部分受害者送到一边，也就是将他们判入毒气室受死。少数人送到另一边，去干苦役。被判死刑的人当天就被杀害，尸体在焚尸炉里火化。没有送往毒气室的人则被带到检疫区，在那里削掉头发、领取条状囚服并进行登记。囚徒个人的登记号码被纹在左臂上。然后，大部分囚徒被送往奥斯维辛一号、三号、子营或其它集中营干苦役，他们在那里的寿命通常只有几个月。留在检疫区的囚徒，寿命只有几星期。

囚徒在营里有很多日常任务。每天的作息包括：黎明醒来，整理床铺，早上点名，出营工作，长时间干苦力，为一顿可怜的饭排队，返回营地，牢房检查，晚上点名。点名期间，无论天气如何，衣衫极其单薄的囚徒必须纹丝不动，静静站上几个小时。不管是谁，只要跌倒甚至失一下足，就会遭到杀害。囚徒不得不打起全副精神，仅仅为了熬过一天的折磨。纳粹在奥斯维辛营区的毒气室中使用了规模最大、效率最高的灭绝方式。比克瑙有四间毒气室供使用，每间每天可杀死6 000人。为了迷惑受害者，毒气室建造得如同浴室。新人抵达比克瑙后，会得知要被送去劳动，但先要淋浴和消毒。他们被带到形同浴室的毒气室，很快就被剧毒的齐克隆 B 毒气当场毒死。德国法西斯在集中营内设立了用活人进行医学实验的专门"病房"和实验室。残忍的医学实验把某些囚徒如双胞胎和侏儒当作实验对象。例如，为了测试耐力而让他们经受诸如极热和极冷这类骇人的环境，或者对他们实施绝育。

1947 年 7 月 2 日，波兰政府把奥斯维辛集中营改为殉难者纪念馆，展出纳粹在集中营犯下种种罪行的物证和图片。包括从囚徒身上掠夺的财物，以及囚徒们在集中营进行地下斗争的各种实物和资料。只有奥斯维辛一号和奥斯维辛二号（比克瑙）的部分保留了下来供游人免费参观，其中许多杀人证据被纳粹销毁，人们根据当年的原貌又重建起来。1979 年，联合国教科文组织将奥斯维辛集中营列入《世界遗产名录》，以警示世界"要和平，不要战争"。为了见证这段历史，每年有数十万来自世界各国的各界人士前往奥斯维辛集中营遗址参观，凭吊那些被德国纳粹分子迫害致死的无辜者。2005 年 1 月 24 日，第 59 届联合国大会举行特别会议，纪念波兰奥斯维辛纳粹集中营解放 60 周年。这是联大首次就这一事件举行特别会议。

四、工矿业及交通水利设施

中国：大运河

大运河是中国第 46 个世界遗产项目，是中国古代劳动人民在中国东部平原上创造的一项伟大的水利工程，是世界上最长的运河，也是世界上开凿最早、规模最大的运河。在 2014 年获准列入《世界遗产名录》。

世界遗产委员会对中国大运河的评价是：大运河是世界上最长的、最古老的人工水道，也是工业革命前规模最大、范围最广的土木工程项目。它促进了中国南北物资的交流和领土的统一管辖，反映出中国人民高超的智慧、决心和勇气，以及东方文明在水利技术和管理能力方面的杰出成就。历经两千余年的持续发展与演变，大运河直到今天仍发挥着重要的交通、运输、行洪、灌溉、输水等作用，是大运河沿线地区不可缺少的重要交通运输方式，从古至今在保障中国经济繁荣和社会稳定方面发挥了重要的作用。

中国大运河是隋唐大运河、京杭运河、浙东大运河的总称，是中国古代劳动人民在中国东部平原上创造的一项伟大的水利工程，是世界上最长的运河，也是世界上开凿最早、规模最大的运河。大运河全长 2 700 千米，跨越地球 10 多个纬度，纵贯在中国最富饶的华北大平原与江南水乡上，自北向南通达海河、黄河、淮河、长江、钱塘江五大水系。中国大运河包括京杭大运河、浙东大运河和隋唐大运河沿线河道遗产 27 段，以及运河水工遗存、运河附属遗存、运河相关遗产共计 58 处遗产，现存河道总长度为 1 011 千米。自清末改漕运为海运，大运河才不再是国家经济的大动脉。大运河是一处超大规模的线性文化遗产，见证了我国古代杰出的水利技术，促进了古代经济文化发展和社会进步，对于中华民族的发展具有不可替代的重要作用。

京杭大运河始建于春秋时期。春秋战国时期开凿运河基本都是为征服他国的军事行动服务的。例如，吴王夫差命人开凿邗沟的直接目的是运送军队北伐齐国，公元前 360 年魏惠王开凿的鸿沟也是为了征服他国。

浙东运河的开凿据考证约在春秋晚期，至今已有 2 400 多年历史。浙江省东部宁绍平原上的主干航道西段——萧绍运河（旧称西兴运河）系古代人工疏浚、开凿而成，东段利用了余姚江天然水道。余姚江发源于余姚市，江宽可达 150~250 米，水深约 4~5 米，至宁波市汇入甬江。因运河穿越的钱塘江、曹娥江、甬江的水位高低不一，历史上只能分段航运。1966 年兴建 15~30 吨级升船机多座，1979 年又按 40 吨级标准浚治航道，1983 年全线通航。第二期运河改造工程航道标准提高为 100 吨级，钱塘江沟通运河工程实施后可直达杭州，与京杭运河联结。

隋唐大运河以洛阳为中心，南起余杭（今杭州），北至涿郡（今北京）。605 年，隋炀帝下令开凿大运河，"发河南诸郡男女百余万，开通济梁，自西苑引谷、洛水达于黄河，自板诸引河通于淮"，长 1 000 多千米。608 年，隋炀帝沿洛阳东北方向开凿永济渠，沟通沁河、淇水、卫河，通航至天津；接着，溯永定河而上开凿，通涿郡。610 年，隋炀帝继续开凿江南运河，使得镇江至杭州段通航。至此，以洛阳为中心，通过通济渠、永济渠两大渠道，沟通了海河、黄河、淮河、长江、钱塘江五大水系，总长 2 700 千米的中国南北大运河全线贯通，并把洛阳、涿郡（今北京）、汴州（今开封）、宋州（今商丘）、楚州（今淮安）、江都（今扬州）、吴郡（今苏州）、余杭（今杭州）等通都大邑联缀在一起，从而加强了各地区间的联系。隋王朝在天下统一后即做出了贯通南北运河的决定，其动机已超越了服务军事行动的目的，因为此时天下已统一。隋朝开通运河有经济方面的动机。中国古代很长时期内，经济重心一直在黄河流域，北方的经济比南方进步。但到魏晋南北朝时期，社会发生了深刻变化。400 多年的混乱使北方经济受到严重的冲击；与此相对，南方经济获得迅猛发展。隋统一全国后，格外重视这个地区，但隋定都长安，其政治中心不能伴随经济重心的发展变化南移。因此，国家需要加强对南方的管理，长安需要与富庶经济区联系，不论是中央朝廷还是官僚贵族或是北方边境都需要南方的粮食、物资供应。同时，长时期的分裂阻断社会南北经济的交流，而随着生产力水平的提高，经济的发展到这一时期已迫切要求南北经济加强联系。隋以后的历朝历代，至清朝后期，无论是大一统时期的政权，还是分裂时期的政权，都注重运河的疏凿与完善，其原因无外乎经济、政治、军事等方面需要充分利用运河漕运。以运河为基础，建立庞大而复杂的漕运体系，将各地的物资源源不断地输往都城所在地，成了中华大地统治者主要措施之一。运河的修复改道，其缘由亦是现实中运河常常淤堵，以及不同政权的都城位置变化。元代时京杭大运河全线贯通南北，明、清两代时京杭大运河成为南北水运干线。

德国：弗尔克林根钢铁厂

弗尔克林根钢铁厂是一座位于德国萨尔弗尔克林根、拥有超过百年历史的炼钢厂，从所有生铁原料到炼钢完成的各种状态，在这里都可以完全了解。直至今日，这座炼钢厂仍是欧洲最重要的工业文化点，而且是欧洲工业文化路线的重要停泊点，1992年作为文化遗产列入《世界遗产名录》。

世界遗产委员会评价：弗尔克林根钢铁厂占地6公顷，构成了弗尔克林根市的主体部分。尽管这个工厂已经停产，但它仍然是整个西欧和北美地区现存唯一一处保存完好的综合性钢铁厂遗址，向人们展示着19世纪和20世纪时期的钢铁厂风貌。

弗尔克林根钢铁厂在19世纪和20世纪早期的科学技术史和工业文明史中具有独特的地位，展现了历史上一个大型铸铁生产厂的罕见的完整画面，迄今为止人们还没有发现其它全套高炉设备可以如此完整、准确地将过去的铸铁生产过程展现出来。弗尔克林根钢铁厂在历史上的重要地位应首先归功于19世纪重工业的迅猛发展，这使得先前的小城镇一跃成为德国最重要的工业中心之一，而这个城镇的历史和命运也从此与工业时代休戚相关、密不可分。1986年，弗尔克林根钢铁厂高炉设备全线停止运营，自此弗尔克林根人就把它当作他们文化遗产的一部分，一直精心地保护着这个立下汗马功劳的钢铁厂。

弗尔克林根周围地区的工业化始于19世纪上半期许多玻璃工厂的相继建立和煤矿的开采。1860年之后，日益发达的交通网使得该地区工业的进一步发展成为可能，铁路、运河等便利的交通条件直接促成了1873年弗尔克林根钢铁厂的建立。尤利乌斯·布赫于1873年建造了弗尔克林根钢铁厂。该厂将卢森堡铁矿的原料用来炼铁，生产铁梁和铁路枕木，在这之后的100多年里一直是德国最大的冶钢铁厂。随着弗尔克林根钢铁厂的蓬勃发展，弗尔克林根地区的人们受益匪浅，手工业、制造业和贸易也因为迁移过来的工人和雇主迅速兴起。人口的增多和基础产业的变化使弗尔克林根中心地区由古老的农庄变成了交通枢纽和钢铁工业区。当然，浓烟、粉尘和噪音不可避免地成为弗尔克林根人生活的一部分，这种状况一直持续到1986年。

弗尔克林根钢铁厂是世界上第一个大规模使用高炉煤气来推动巨大的鼓风机为高炉提供动力的炼铁厂。最初为双引擎，后来增加至9个。第六高炉建于1903年，并于1911年构建新的装载平台，为焦炭和矿石提供电驱动悬挂输送系统。这个系统在建立时是同类系统中最大的。弗尔克林根也是世界第一个气体干燥净化技术远远超出了实验阶段的炼铁厂，并于1911年建立了气体干燥净化工厂。弗尔克林根复杂系统的最后一个主要部分是一个大型的矿烧结厂，在钢包式烧结试验后，在1928年至1930年，公司安装了一个大型带式系统。这个开创性的工厂成为世界各地的许多其他类似装置的一个模型。1935年，焦化厂重建并扩大了规模。

到20世纪末，弗尔克林根已成为欧洲最有生产力的工厂和德国最大的钢梁制造商之一。从第二次世界大战结束到1986年生铁生产停止，期间工厂于1935年重建，但原焦化厂的大部分都被保留了下来，特别是1898年建立的煤塔。六台1905年和1914年之间建造的喷气式发动机、1911年建造的悬挂输送系统和气体干燥净化厂同时被保存下来。

20世纪70年代中期发生世界范围的钢铁危机，那时候随着世界经济复苏，通胀预期逐步显现，与钢铁生产相关的煤、电、油、水等资源、能源价格均呈上涨态势，给钢铁生产带来巨大的成本压力。受产能过剩、供大于求的影响，1986年，冶炼工厂最后一座高炉的火熄灭了，这象征着一个时代的结束。

五、乡村田园文化景观

中国：安徽皖南古村落

西递、宏村古民居位于安徽省黟县境内的黄山风景区，其街道的风格、古建筑和装饰物，以及供水系统完备的民居都是非常独特的文化遗存。2000年联合国教科文组织将西递、宏村作为文化遗产列入《世界遗产名录》。

世界遗产委员会评价：西递、宏村这两个传统的古村落在很大程度上仍然保持着在20世纪已经消失或改变了的乡村的面貌。其街道规划、古建筑和装饰，以及供水系统完备的民居都是非常独特的文化遗存。

西递、宏村古民居位于中国东部安徽省黟县境内的黄山风景区。西递和宏村是安徽南部民居中最具有代表性的两座古村落，它们以世外桃源般的田园风光、保存完好的村落形态、工艺精湛的徽派民居和丰富多彩的历史文化内涵而闻名天下。

西递村始建于北宋，迄今已有950年的历史，为胡姓人家聚居之地。整个村落呈船形，四面环山，两条溪流穿村而过。村中街巷沿溪而设，均用青石铺地，整个村落空间自然流畅，动静相宜。街巷两旁的古建筑淡雅朴素，错落有致。西递村现存明、清古民居124幢，祠堂3幢，包括凌云阁、刺史牌楼、瑞玉庭、桃李园、东园、西园、大夫第、敬爱堂、履福堂、青云轩、膺福堂等，都堪称徽派古民居建筑艺术的典范。西递村头的三间青石牌坊建于明万历六年（1578年），四柱五楼，峥嵘巍峨，结构精巧，是胡氏家族显赫地位的象征；村中有座康熙年间建造的"履福堂"，陈设典雅，充满书香气息，厅堂题为"书诗经世文章，孝悌传家根本""读书好营商好效好便好，创业难守成难知难不难"的对联，显示出"儒商"本色；村中另一古宅为"大夫第"，建于清康熙三十年（1691年）为临街亭阁式建筑，原用于观景。门额下有"作退一步想"的题字，语意警醒，耐人咀嚼。西递村中各家各户的宅院都颇为富丽雅致：精巧的花园、黑色大理石制作的门框、漏窗，石雕的奇花异卉、飞禽走兽，砖雕的楼台亭阁、人物戏文，及精美的木雕，绚丽的彩绘、壁画，都体现了中国古代艺术的精华。其布局之工、结构之巧、装饰之美、营造之精、文化内涵之深，为国内古民居建筑群所罕见，是徽派民居中的一颗明珠。

宏村始建于南宋绍熙年间（1190—1194年），原为汪姓聚居之地，绵延至今已有800余年。它背倚黄山余脉羊栈岭、雷岗山等，地势较高，经常云蒸霞蔚，有时如浓墨重彩，有时似泼墨写意。整个村庄似一幅徐徐展开的山水长卷，因此被誉为"中国画里的乡村"。

古宏村人规划、建造的牛形村落和人工水系，是当今"建筑史上一大奇观"：巍峨苍翠的雷岗为牛首，参天古木是牛角，由东而西排列得错落有致的民居群宛如庞大的牛躯。引清泉为"牛肠"，经村流入被称为"牛胃"的月塘后，经过滤流向村外被称作是"牛肚"的南湖。人们还在绕村的河溪上先后架起了四座桥梁，作为牛腿。这种别出心裁的科学的村落水系设计，不仅为村民解决了用水问题，而且调节了气温，为居民生产、生活用水提供了方便，创造了一种"浣汲未防溪路远，家家门前有清泉"的良好环境。全村现保存完好的明清古民居有140余幢，古朴典雅，意趣横生。"承志堂"富丽堂皇，精雕细刻，可谓皖南古民居之最；南湖书院的亭台楼阁与湖光山色交相辉映，深具传统徽派建筑风格；敬修堂、东贤堂、三立堂、叙仁堂，或气度恢弘，或朴实端庄，再加上村中的参天古木、民居墙头的青藤老树，庭中的百年牡丹，真可谓是步步入景，处处堪画，反映了村庄在悠久历史中所留下的广博深邃的文化底蕴。

瑞士：拉沃葡萄园梯田

拉沃葡萄园梯田位于瑞士沃州的莱蒙湖畔，因其集中反映了瑞士的葡萄种植和酿造文化，2007年作为文化遗产被列入《世界遗产名录》。

世界遗产委员会评价：拉沃葡萄园梯田起于蒙特勒南部的西庸古堡，沿日内瓦湖北岸向南绵延约30千米，直至沃州中部的洛桑东郊，包括村舍与湖水之间的山腰斜坡。尽管有证据显示在罗马时代就有葡萄生长，但现在的葡萄园却要追溯到 11 世纪，当时这一地区由本笃会和西多会的修道士控制。葡萄园中留有大量的房屋、磨坊和堡垒遗迹，许多景观都反映了酿酒方式在不同时期的演变。通过保存下来的景观和建筑物，以及对经久不衰的文化传统和地区特色的传承和发展，拉沃葡萄园的文化景观清晰展现了当地文化千余年来的演变和发展。此外从中也可以看出，几个世纪以来，为优化当地资源，酿造对当地经济具有重要价值的高品质葡萄酒，人类和环境之间持续进行着互动。当地社区一直采取保护措施，抵抗快速发展的城市住宅区扩张到当地，因为这会危及当地景观。

拉沃葡萄园梯田位于瑞士西南部沃州。拉沃葡萄园处于洛桑至沃州之间的阿尔卑斯山上。面对日内瓦湖，充足的阳光和湖边湿润的气候使这里成为瑞士著名的葡萄酒产地，距今已有 800 年的历史。

拉沃梯田葡萄园占地 890 多公顷，此地历史可追溯到 11 世纪罗马统治时期，即圣本笃修会与西妥会僧侣掌控该地区的时代。那古老的村庄、典型的老式小酒馆和温馨舒适的酒窖反映着十个世纪之久葡萄酒生产方式的变化。来自太阳本身以及日内瓦湖倒映和围墙折射的阳光，让拉沃地区的葡萄园享受到充足的日照，而这也是当地出产优质葡萄酒原材料的重要因素。

拉沃葡萄园不仅以其历史悠久的梯田式葡萄种植、葡萄酒酿造传统闻名于世，其旖旎的日内瓦湖风光和湖畔雄伟的阿尔卑斯景观，与葡萄园田园风光交相辉映，使其成为世界旅游胜地。在这里，葡萄园依山而建，山势陡峭，葡萄园被石块围成一块块小格子，远远望去，就像挂在山上的一幅风景画。高速公路和铁路线建在湖与山之间，车窗外的独特风景不知让多少人心驰神往，赞叹大自然与人共同创造的奇迹。

几十年前这片葡萄园差点成了别墅区。当时有人看上了这里的独特位置，想将其开发成一个高档住宅区。在瑞士一些学者和政府的努力下，这片葡萄园终于得以保留下来。拉沃葡萄园的文化景观展示了在人类与自然环境长达数世纪之久的互动下，把当地资源进行最有效的运用，进而生产高价值酒品的杰出例证。在面对快速成长的城市聚落可能产生的危害时，当地社区也探索出了许多保护文化遗产的途径。

● 第三节　主要宗教建筑

亚洲是世界的几大主要宗教的发源地。按民族地域划分，世界上共有宗教三百多种，亚洲所占的比例较大。发源于亚洲的宗教有：佛教、基督教、伊斯兰教、道教、印度教、神道教、犹太教、锡克教。佛教主要分布在东亚、东南亚、南亚；

道教主要分布在中国；神道教主要分布在日本；伊斯兰教主要分布在西亚、东南亚、南亚、中亚；基督教全亚洲都有分布，东正教、天主教主要集中在西亚，犹太教分布在西亚犹太人聚集区。

宗教也是欧洲人生活中的一个重要部分。因此教堂遍布欧洲城乡各地，成为城市的重要组成部分。欧洲教堂的建筑风格主要有罗马式、拜占庭式和哥特式三种。

罗马式教堂是基督教成为罗马帝国的国教以后，一些大教堂普遍采用的建筑式样。它是仿照古罗马长方形会堂式样及早期基督教"巴西利卡"教堂形式的建筑。巴西利卡是长方形的大厅，内有两排柱子分隔的长廊，中廊较宽称之为中厅，两侧窄称之为侧廊。大厅东西向，西端有一半圆形拱顶，下有半圆形圣坛，前为祭坛，是传教士主持仪式的地方。后来，拱顶建在东端，教堂门开在西端。高耸的圣坛代表耶稣被钉上十字架时所在的骷髅地的山丘，放在东边以免每次祷念耶稣受难时要重新改换方向。随着宗教仪式日趋复杂，在祭坛前扩大了南北的横向空间，其高度与宽度都与正厅对应，因此，就形成一个十字形平面，横向短，竖向长，交点靠近东端。这叫作拉丁十字架，以象征耶稣在十字架上牺牲，更加强了宗教的意义。

拜占庭式建筑的主要成就与特征是穹顶建立在方形的平面上，并把重量落在四个独立的支柱上，这对欧洲建筑发展是一大贡献。圣索菲亚大教堂是典型的拜占庭式建筑。其堂基与罗马式教堂一样，呈长方形，但是中央部分房顶由一巨大圆形穹窿和前后各一个半圆形穹窿组合而成。东正教教堂的特征是堂基由长方形改为正方形，但在建筑艺术上仍保留拜占庭式风格。东欧的教堂突出穹顶，提高鼓座，使穹顶更加饱满。现在苏联红场上的华西里·伯拉仁内教堂就是著名的拜占庭式教堂建筑。其特点是中央一个大墩，周围八个小墩排成方形，上面各有一个大小不一的穹顶。该建筑是世界宗教建筑中的珍品。

哥特式建筑是从法国发展起来的。在12—15世纪，城市手工业和商业行会相当发达，城市内实行一定程度的民主政体，市民们以极高的热情建造教堂，以此相互争胜来表现自己的城市。另外，当时教堂已不再是纯宗教性建筑物，已成为城市公共生活的中心，成为市民大会堂、公共礼堂，甚至被用作市场和剧场。在宗教节日时，教堂往往成为热闹的赛会场地。哥特式建筑的特点是尖塔高耸，在设计中利用十字拱、飞券、修长的立柱，以及新的框架结构以增加支撑顶部的力量，使整个建筑以直升线条、雄伟的外观和教堂内的空阔空间，再结合镶着彩色玻璃的长窗，在教堂内产生一种浓厚的宗教气氛。教堂的平面仍基本为拉丁十字形，但其西端门的两侧增加一对高塔。著名的哥特式建筑有巴黎圣母院、意大利米兰大教堂、德国科隆大教堂、英国威斯敏斯特大教堂。

新教的教堂，各派教会亦有差异。总的来说，教堂建筑比较简朴，大都为长方形礼堂。内部由于重视讲道，讲台一般置于显著位置。新教加尔文派的教堂甚至没有圣像、宗教画、彩色玻璃和圣坛。近年来，欧美各国建筑艺术呈现多样化面貌，宗教建筑也摆脱旧的传统风格，出现了一些新的式样。

中国：敦煌莫高窟

莫高窟，俗称千佛洞，坐落在中国河西走廊西端的敦煌。始建于十六国的前秦时期，历经十六国、北朝、隋、唐、五代、西夏、元等时期的兴建，是世界上现存规模最大、内容最丰富的佛教艺术宝库。1987 年联合国教科文组织将莫高窟作为文化遗产列入《世界遗产名录》。

世界遗产委员会评价：莫高窟地处丝绸之路的一个战略要点。它不仅是东西方贸易的中转站，同时也是宗教、文化和知识的交汇处。莫高窟的 492 个小石窟和洞穴庙宇，以其雕像和壁画闻名于世，展示了延续千年的佛教艺术。

莫高窟又名"千佛洞"，位于中国西部甘肃省敦煌市东南 25 千米处鸣沙山的崖壁上。这里全年日照充足、干燥少雨、四季分明，昼夜温差较大。石窟南北长 1 600 余米，上下共五层，最高处达 50 米。现存洞窟 492 个，壁画 45 000 余平方米，彩塑 2 415 身，飞天塑像 4 000 余身。莫高窟规模宏大，内容丰富，历史悠久，与山西云冈石窟、河南龙门石窟并称为中国"三大石窟艺术宝库"。

莫高窟最初开凿于前秦建元二年（366 年），至元代开凿基本结束。其间经过连续近千年的不断开凿，使莫高窟成为集各时期建筑、石刻、壁画、彩塑艺术为一体的，以及世界上规模最庞大、内容最丰富、历史最悠久的佛教艺术宝库。这些艺术珍品不仅反映了中国中古时期的宗教和社会生活情况，同时也表现出历代劳动人民的杰出智慧和非凡成就。

1900 年在莫高窟偶然发现了"藏经洞"，洞里藏有从魏晋到北宋时期的经卷、文书、织绣和画像等约 5 万余件。文书除汉文写本外，粟特文、佉卢文、回鹘文、吐蕃文、梵文等各民族文字写本约占六分之一。文书包括佛、道等教的宗教文书，文学作品、契约、账册、公文书函等世俗文书。敦煌的文物被发现后，名闻中外，对我国古代文献的补遗和校勘有极为重要的研究价值。此后又由此发展出著名的"敦煌学"。敦煌学经过近百年的发展，不仅在学术、艺术、文化等方面取得了令人瞩目的成果，同时也向世界展示了敦煌艺术之美、文化内蕴之丰富以及中国古代劳动人民的智慧。

彩塑为敦煌艺术的主体，有佛像、菩萨像、弟子像以及天王、金刚、力士、神等。彩塑形式丰富多彩，有圆塑、浮塑、影塑、善业塑等。最高的达 34.5 米，最小仅 2 厘米左右（善业泥木石像），题材之丰富和手艺之高超，堪称佛教彩塑博物馆。17 窟唐代河西都僧统的肖像塑和塑像后绘有持杖近侍的壁画等，把塑像与壁画结合为一体，为我国最早的高僧写实真像之一，具有很高的历史和艺术价值。

石窟壁画富丽多彩，包括各种各样的佛经故事、山川景物、亭台楼阁、花卉图案、飞天以及当时劳动人民进行生产的各种场面等，是十六国至清代的 1 500 多年的民俗风貌和历史变迁的艺术再现。在大量的壁画艺术中还可发现，古代艺术家们在民族化的基础上，吸取了伊朗、印度、希腊等国古代艺术之长。各朝代的壁画表现出不同的绘画风格，反映出我国封建社会不同时期的政治、经济和文化状况，是中国古代美术史的光辉篇章，为中国古代史研究提供了珍贵的形象史料。

德国：科隆大教堂

科隆大教堂是德国科隆市的标志性建筑物，集宏伟与细腻于一身，被誉为哥特式教堂建筑中最完美的典范。1996 年，科隆大教堂作为文化遗产被列入《世界遗产名录》。

世界遗产委员会评价：哥特式科隆大教堂始建于 1248 年，历经几个阶段的修建，直到 1880 年才建成。在修建科隆大教堂的 600 多年中，一代代建筑师们秉承着相同的信念，做到了绝对忠实于最初的设计方案。除了其自身的重要价值和教堂内的艺术珍品以外，科隆大教堂还体现了欧洲基督教经久不衰的力量。

科隆大教堂全名为查格特·彼得·玛丽亚大教堂。它是科隆的骄傲，也是科隆的标志，与巴黎圣母院和罗马圣彼得大教堂并称为欧洲三大宗教建筑。艺术史专家认为它完美地结合了所有中世纪哥特式建筑和装饰元素。

科隆大教堂始建于 1248 年，工程时断时续，至 1880 年才由德皇威廉一世宣告完工，耗时超过 600 年，至今修缮工程仍不间断。最初的工程是从 1248 年到 1322 年的唱诗堂封顶。前期工程耗资巨大，以当时的技术条件来看简直难以想象。双顶教堂高达 44 米，且直上直下，既要保证底座地基的稳固，又要体现哥特式建筑所独具的垂直线性的效果。据说当时的人们竟然是先修建直耸入云的柱子，再在其上安装木制起重机，最终实现"高空作业"。最艰巨的任务便是封顶了，人们首先在地上浇铸屋顶平台，然后再将其吊至近 60 米的高空——为了减少重量和节省石料，木匠们和泥瓦匠们合作制成了木石结合的屋顶。尽管如此，人们还是担心"纤细"的立柱是否能代替承重墙将屋顶托住。依照节省和美观的原则，立柱上的许多石料被抽空，建成了玻璃隔屏。聪明的设计师们利用了罗马式大教堂建筑中的拱门设计，创造了有尖角的拱门、肋形拱顶和飞拱，帮助立柱共同支撑穹隆式吊顶——这便是哥特式建筑的精髓之所在。在科隆大教堂里，每一根主柱周围都有相对应的拱墙，通常是五拱，也有三拱和七拱。在工程进展到了后期阶段，由于经费紧张再加上地区主教之间争权夺利，许多参与施工的人几乎仅靠着一个坚定的信念去完成本职工作——他们笃信上帝，希望能造一座人间天堂请求上帝的赐福。1322 年，地区主教海因里希·冯·维思伯格主持唱诗堂封顶仪式，科隆大教堂工程正式告一段落。

　　1842 年，德国著名建筑家卡尔·腓特烈·辛格勒向市民呼吁重开大教堂工程，普鲁士国王腓特烈·威廉四世响应这个呼吁并给予财政支持。1842 年 9 月 4 日，在威廉四世的主持下，大教堂第二次奠基。19 世纪 60 年代，普鲁士王国进入强盛时期，财力雄厚，科隆大教堂未尽的工程又被提上议事日程。德国人极欲表现自己的强国地位，下定决心在原教堂基础上建一座世界最高的教堂。早在此前，包括大文豪歌德在内的许多名人就提出重建大教堂的想法。从 1864 年科隆市发行彩票筹集资金，直到 1880 年教堂正式落成，科隆大教堂一层又一层地加高，一间又一间地加宽，形成了今日由两座"高塔"为主门的建筑群。1880 年 10 月 15 日，这座当时荣膺世界最高建筑物的科隆大教堂举行了盛大的竣工典礼，成为建筑史上最杰出的成就之一。

　　科隆大教堂内有 10 个礼拜堂。中央大礼拜堂穹顶高 43 米，中厅部跨度为 15.5 米，是目前尚存的最高的中厅。各堂排有整齐的木制席位 5 700 个，圣职人员的座位有 104 个，全用极厚木板制成。具中世纪晚期风格的唱诗台是德国最大的，它的特别之处在于各有一个预留给教皇和皇帝的座位。教堂四壁窗户总面积达 1 万多方米，全装有描绘圣经人物的彩色玻璃，被称为法兰西火焰式，使教堂显得更为庄严。画面如此漂亮，却只用了 4 种颜色，而且很有讲究：金色——代表人类共有一个天堂，寓意光明和永恒；红色——代表爱；蓝色——代表信仰；绿色——代表希望和未来。在阳光反射下，这些玻璃金光闪烁，绚丽多彩，是教堂的一道独特的风景。教堂顶上一共安置了 12 口钟。最早的是 3.4 吨重的三王钟，铸造于 1418 年，安装于 1437 年（后来该钟经历了三次重新铸造，最近一次于 1880 年）。教堂内目前最大的钟是圣彼得钟，重达 24 吨，直径 3.22 米，安装于 1924 年，被誉为"欧洲中世纪建筑艺术的精粹"。每逢祈祷时，钟声洪亮，传播得很远。登上钟楼，可眺望莱茵河的美丽风光和整个科隆市市容。

　　科隆大教堂里收藏着许多珍贵的艺术品和文物，其中包括成千上万张当时大教堂的设计图纸。现在仍保存着第一位建筑师哈德设计教堂时用的羊皮图纸，为研究 13 世纪时的建筑和装饰艺术提供了重要资料。还有从东方去朝拜初生耶稣的"东方三圣王"的尸骨，被放在一个很大的金雕匣里，安放在圣坛上。这里还有最古老的巨型圣经、比真人还大的耶稣受难十字架以及教堂内外无数的精美石雕。一些珍贵文物现保存在一个金神龛内，此金神龛被认为是中世纪金饰艺术的代表作之一。在教堂祭坛内摆放有中世纪黄金匣，由黄金和宝石组成。教堂内还有一座 11 世纪德国奥托王朝时期的木雕《十字架上的基督》，成为哥特艺术的先导，对后世的雕刻艺术产生了重大的影响。在唱诗班回廊，保存着 15 世纪早期科隆画派画家斯蒂芬·洛赫纳 1440 年为教堂创作的壁画和法衣、雕像、福音书等文物。这些都是教堂的古老珍藏，具有很高的宗教和艺术价值。20 世纪 80 年代考古发掘教堂地基，发现了历次修建时基础工程的不同做法，十分珍贵。内部森然罗列的高大石柱、鲜艳缤纷的彩色玻璃显得气势傲然，凌空升腾的双塔使整座教堂显得清奇冷峻，充满力量。

● 第四节　人类遗址与地下宝藏

一、古人类遗址与史前遗址

中国：周口店北京人遗址

周口店北京人遗址位于北京市西南房山区周口店镇龙骨山北部，是世界上材料最丰富、最系统、最有价值的旧石器时代早期的人类遗址。1987 年联合国将周口店北京人遗址作为文化遗产，列入《世界遗产名录》。

世界遗产委员会评价：周口店北京人遗址位于北京西南 42 千米处，遗址的科学考察工作仍在进行中。到目前为止，科学家已经发现了中国猿人属北京人的遗迹，他们大约生活在中更新世时代。同时发现的还有各种各样的生活物品，以及可以追溯到公元前 18000 年—公元前 11000 年的新人类的遗迹。周口店遗址不仅是有关远古时期亚洲大陆人类社会的一个罕见的历史证据，而且也阐明了人类进化的进程。

1918 年，瑞典科学家安特生发现了周口店第六地点，这是遗址中最早发现的地点。1921 年，安特生、美国古生物学家格兰阶和奥地利古生物学家斯丹斯基发现了周口店第一地点，同年发现了周口店第二地点。1927 年瑞典古生物学家步达生将周口店发现的三枚人的牙齿正式命名为中国猿人北京种。这一年周口店猿人遗址开始正式发掘，中国地质学家李捷参加发掘工作，发现了周口店第三和第四地点。1929 年中国古生物学家裴文中发现了第五、七、八地点，发现原始人类的牙齿、骨骼和一块完整的头盖骨，并找到了北京人生活、狩猎及使用火的遗迹。该发现轰动了世界。

北京猿人化石共出土头盖骨 6 具、头骨碎片 12 件、下颌骨 15 件、牙齿 157 枚及断裂的股骨、胫骨等，分属 40 多个男女老幼个体。同时发现了 10 万件石器材料及用火的灰烬遗址和烧石、烧骨等。根据对文化沉积物的研究，北京人生活在 70 万年至 20 万年前，平均脑容量达 1 088 毫升（现代人脑容量为 1 400 毫升），据推算北京人身高为 156 厘米（男）、150 厘米（女）。北京人的寿命较短，据统计，68.2% 的北京人死于 14 岁前，超过 50 岁的不足 4.5%。

北京人创造出了颇具特色的旧石器文化。制作石器使用了三种不同的打片方法，主要用砸击法，生产出长 20~30 毫米的小石片。工具分两大类，第一类包括锤击石锤、砸击石锤和石钻；第二类有刮削器、尖状器、砍砸器、雕刻器、石锥和球形器。这些石器对中国华北地区旧石器文化的发展有着深远的影响。北京人还是最早使用火的古人类，并能捕猎大型动物。在周口店第一地点发现的用火遗迹，把人类用火的历史提前了几十万年。用火遗迹包括五个灰烬层、两处保存很好的灰堆遗存，烧骨则见于有人类活动的各层。此外，还发现烧过的朴树子、烧石和烧土块，甚至个别石器有烤灼的痕迹。通过对用火遗迹的研究，可知北京人不仅懂得用火，而且有控制火和保存火种的能力。烧火的燃料主要是草本植物，也包括树枝和鲜骨。

"七七事变"后，周口店被日军占领，发掘人员被杀，裴文中和贾兰坡的办公室被捣毁，发掘工作终止。抗日战争时期，已发掘出的 6 个较完整的头盖骨存放于美国开办的北京协和医学院内。太平洋战争爆发前夕，中美双方计划将其转运至美国，以防其落入日本手中。途中头盖骨失踪，至今下落不明。

1930 年，中国考古工作者在龙骨山顶部陆续发掘出生活于约 3 万年前的古人类化石，即山顶洞人。1973 年又发现介于二者年代之间的新洞人。这些发现表明了北京人的延续和发展。到目前为止，遗址的科学考察工作仍然在进行中。

北京人的发现，为人类进化理论提供了有利实证，是中国科学家为世界考古史做出的伟大贡献。北京人及其文化的发现与研究，解决了 19 世纪爪哇人发现以来的关于"直立人是猿还是人"的争论。事实证明，"直立人"是人类历史的最早期，处于从猿到人进化过程最重要的环节，他们是"南猿"的后代，也是后来"智人"的祖先。北京人具有"直立人"的典型形态标准，而北京人对火的使用，更加完备了其作为人的特征。山顶洞人化石和文化遗物的发现，更充分表明了北京人的发展和延续。北京人的发现，为中国古人类及其文化的研究奠定了基础，是当之无愧的人类远古文化宝库。

英国：奥克尼的新石器时代遗址

奥克尼新石器时代遗址位于苏格兰的奥克尼群岛，是五千年前苏格兰群岛北部生活状况的最有力写照，1999 年作为文化遗产被列入《世界遗产名录》。

世界遗产委员会评价：奥克尼新石器时代遗址包括一个庞大的墓穴（梅肖古墓）和两个举行仪式的石圈（斯丹尼斯立石和布罗德盖石圈）、一个居住区（史卡拉弧状岩石）和许多未被挖掘出来的墓葬、仪式场所和定居点。它们形成了壮观的文化遗址，展现了五千年前苏格兰群岛北部一个偏僻岛屿上的生活状况。

奥克尼的新石器时代遗址位于英国苏格兰的奥克尼群岛。奥克尼群岛简称奥克尼，位于英国苏格兰东北部，南距苏格兰本土仅 16 千米左右，是苏格兰 32 行政区之一。该群岛由 70 个左右的岛屿组成，总面积达 990 平方千米，其中 20 个左右岛屿有人居住。最大的岛被称为奥克尼主岛，面积达 523.25 平方千米，首府柯克沃尔即位于主岛上。

　　早在新石器时代，皮克特人就居住于奥克尼群岛。875 年，该群岛被挪威占领。1468 年，丹麦和挪威国王克里斯蒂安一世将女儿玛格丽特嫁给苏格兰国王詹姆斯三世，由于无法拿出嫁妆，被迫将该群岛作为担保抵押给詹姆斯三世。之后该笔嫁妆一直未能得到偿付，1472 年 2 月 20 日，该群岛被正式割让予苏格兰。

　　奥克尼新石器时代遗址是由奥克尼群岛的主岛上四个新石器时代遗迹组成的。它们是：梅肖韦古墓、布罗德盖石圈、斯丹尼斯立石、斯卡拉布雷新石器时代遗迹。

　　梅肖韦古墓为史前墓葬，内有墓室，位于苏格兰奥克尼群岛梅恩兰岛上的斯特罗姆内斯东北。呈圆锥形，圆周 91 米，周围挖有一条壕沟，深约 27 米。墓内石刻显示，该墓于 10 世纪前后被北欧人盗过。

　　布罗德盖石圈位于斯丹尼斯湖和哈瑞湖之间的一个海岬上。这是英国最北部的史前石圈遗迹，和埃夫伯里石阵（位于英格兰西南部的一个新石器时代遗迹）的结构不一样，这里的石圈内部没有那么多石块。这个遗迹目前还不能清晰地确定具体是什么时候建立的，目前公认的说法是在公元前 2500 年—公元前 2000 年建立。这里是新石器时代建立的最后一个遗迹。石圈直径有 104 米，最初是由 60 块石头构成的，到 20 世纪末期至少保存了其中的 27 块。最高的石块位于石圈的南边和西边。石圈周围还有一个环形的壕沟，深有 3 米，宽 9 米，周长有 380 米。这片区域还出土了一些燧石、箭头、石杖，预计都是青铜时期的物品。目前，史前人类建立这个石圈的目的还不得而知，但是由于其靠近斯丹尼斯立石和梅肖韦古墓，可以确定其在史前人类中的重要性。

　　斯丹尼斯立石，现存的立石位于连接斯丹尼斯湖和哈瑞湖之间的海岬上。斯丹尼斯立石（Standing Stones of Stenness）名字中的 "sten" 来源于奥克尼人的方言，在古斯堪的纳维亚语中的意思是 "石岬"。布罗德盖石圈位于其西北 1.2 千米的地方，梅肖韦古墓位于其东边 1.2 千米的位置，岛上其他几处新石器时代遗迹也在这附近，意味着这块区域是对考古来说很重要的一片区域。这些石头呈片状，厚度大约 30 厘米，其中 4 块有 5 米高。最初这些石头有 12 块，而且组成一个环形。这个环形的直径约有 32 米，周围也是呈现环型，直径为 44 米的壕沟。立石的入口正对着位于哈瑞湖旁的 Barnhouse 新石器时代人类定居点。在环形圈西北处有一块独立的石头，高约 5.6 米，这块石头似乎是用来指向布罗德盖石圈的位置。后来考古发现在立石周围的壕沟里存在木炭、陶器和动物骨骼的残骸，这里的陶瓷和斯卡拉布雷遗迹、梅肖韦古墓都有一定的联系。

　　斯卡拉布雷是一个新石器时代的人类定居点，位于苏格兰奥克尼群岛中最大的一个岛上的西海岸斯凯勒湾。斯卡拉布雷主要包括 8 所石砌房子。1970 年碳放射测定发现，这些村落建造于大约公元前 3180 年至公元前 2500 年。是欧洲最完整的新石器时代村落。

　　奥克尼新石器时代被明显的分为早期和晚期两个阶段。区分的原则是那些原始材料表现出来的不同的文化形式。其中包括建筑风格和制陶艺术的不同。新石器时代早期的确认标准由三部分构成：有凹陷进去的石堆、有小规模的定居点，包括在帕斯特雷岛上的纳普人以及那些使用独特的圆底陶器的人们。新石器时代晚期的特征是：有着巨大的纪念物，内部是石圈，墓地通道，还有村落，比如斯卡拉布雷和里恩尤，以及居民使用平底的有凹陷的陶器。因此，新石器时代整体清晰地被分为早期和晚期。早期有着分散的点缀在奥克尼山水之间的农场和建筑物，也许还伴随着他们各自带房间的圆锥形石堆。晚期尽管村落数目明显地少于早期，但是他们却统治了这块土地。晚期还有那宏伟的纪念遗迹，比如说梅绍墓地通道和壮观的斯滕内斯和布罗德盖的石圈。

二、历史时期遗址

土耳其：特洛伊考古遗址

　　特洛伊考古遗址位于土耳其达尼尔海峡主要港口查纳卡累以南 40 千米处的西萨尔立克，是世界上最著名的考古遗址之一，1998 年该遗址作为世界文化遗产被列入《世界遗产名录》。

　　世界遗产委员会评价：特洛伊以其 4 000 多年的历史成为世界上最著名的考古遗址之一。1870 年，著名的考古学家海因里希·施里曼（Heinrich Schliemann）对这个遗址进行了第一次挖掘。从科学的角度来说，它大量的遗存物是安纳托利亚和地中海文明之间联系的最重要最实质的证明。特洛伊于公元前 12 世纪遭到来自希腊的斯巴达人和亚加亚人的围攻。这一史实由荷马写进史诗而流传千古，而且从那时起它便启发了世界上众多艺术家的创作灵感。

　　特洛伊是古希腊时代小亚细亚（今土耳其位置）西北部的城邦，其遗址发现于 1871 年。1871 年德国考古学家海因里希·施里曼发现特洛伊城遗址废墟，其后于同址发现更多不同时代的城市遗址。其中被考古学家命名为"特洛伊Ⅶ"的遗址，被认为是荷马史诗时期的特洛伊城，但至今仍有争议。

　　特洛伊是公元前 16 世纪前后为古希腊人渡海所建的城市，公元前 13 世纪—前 12 世纪时颇为繁荣。此城毁灭于公元前 12 世纪。特洛伊城遗址的发掘，始于19 世纪中期，延续到 20 世纪 30 年代。考古学家在深达 30 米的地层中发现了分属9 个时期、从公元前 3000 年—公元 400 年的特洛伊城遗迹，找到了公元 400 年罗马帝国时期的雅典娜神庙以及议事厅、市场和剧场的废墟等。这些建筑虽已倒塌败落，但从残存的墙垣、石柱来看，气势相当雄伟。这里有公元前 2600 年—公元前 2300 年的城堡，直径达 120 多米，城中有王宫及其他建筑。在一座王家宝库中，发现了许多金银珠宝及青铜器，陶器以红色和棕色为主。此外还出土有石器、骨器、陶纺轮等。特洛伊考古遗址是一座被烧毁的城市的遗址，它的石垣达 5 米，内有大量造型朴素、绘有几何图形的彩陶和其他生活用具。

希腊：奥林匹亚考古遗址

奥林匹亚考古遗址位于希腊，是一个体育运动和宗教仪式的混合体。奥林匹亚遗址东西长约 520 米，南北宽约 400 米，中心是阿尔提斯神域。这里有运动员比赛、颁奖的地方，也有人们祈祷、祭祀的场所。神域内的主要建筑是宙斯神庙和赫拉神庙，此外还有圣院、宝物库、宾馆及行政用房等。1989 年，该遗址作为文化遗产被列入《世界遗产名录》。

世界遗产委员会评价：奥林匹亚遗址位于伯罗奔尼撒半岛的山谷中，该地自史前时代以来就有人居住。公元前 10 世纪，奥林匹亚成了人们敬拜宙斯的一个中心。众神之圣地——阿尔提斯（Altis），是希腊建筑杰作最集中的地方。除了庙宇之外，这里还保留着专供奥运会使用的各种体育设施。早在公元前 776 年，人们就每四年在奥林匹亚举行一次运动会。

古代奥运会选择在距今天的希腊首都雅典西南约 300 千米处的奥林匹亚举行，正是因为在当时，那里被认为是宙斯召集诸神召开代表大会的地方（宙斯的住所则在古希腊北部的奥林匹斯山），是一处"圣域"。奥林匹亚是奥林匹克运动的发源地，奥林匹克运动正是一种祭神的庆典活动。古希腊最早的奴隶制国家出现于距今 4 000 多年的克里特岛。克里特人在古代东方文化的影响下创造了自己的文化，其中包括舞蹈、斗牛、拳击和摔跤等。城邦经济文化的繁荣和城邦间的复杂竞争，带来了古希腊体育的繁荣，战车赛、站立式摔跤、拳斗、赛跑、标枪、铁饼、跳跃、格斗、射箭等成了古希腊人最常见的运动形式。斯巴达和雅典先后成为繁荣时期希腊体育的代表。而也就在这一过程中，孕育、产生了许多地方性或全希腊的运动会，其中影响较大的就是诞生于奥林匹亚的奥林匹克竞技会。这一竞技会历时 1 170 年，为人类留下了宝贵的文化遗产。但随着竞技会的消亡，古代希腊体育的辉煌慢慢地从人们的记忆中消失了，奥林匹亚也就成为爱好体育的人们最崇敬的圣地。

罗马帝国统治时期，罗马皇帝曾下令禁止异教徒举行祭典，奥林匹亚竞技会也被迫停办。6 世纪的大地震使曾经盛极一时的奥林匹亚城变成了废墟，渐渐隐没在历史的繁华背后。1776 年，英国学者钱德拉发掘了奥林匹亚，经过几代人的挖掘，曾经辉煌的奥林匹亚圣地终于重现原貌。1894 年，现代奥林匹克运动之父、法国教育家顾拜旦倡议召开了恢复奥林匹克运动的代表大会，成立了国际奥委会。1896 年在雅典举行了第一届现代奥运会。从此，"和平、友谊、进步"就成为奥运会崇高的体育精神。奥林匹亚重现辉煌，再次盛装走向历史的舞台。奥林匹亚是希腊的圣地，它把健康的理念纳入文明，并被全人类接受和延续着。奥林匹亚这个词成了竞争、体育、斗志等重要概念的同义词，成了世界精神文化的重要遗产，而古希腊文明正是由于有着力量、美、理性的三驾马车，才得以在人类文明史上纵横驰骋。

宙斯神庙：建于公元前457年的宙斯神庙如今也只剩下了吉光片羽，巨大而苍老的石头峥嵘地立于大地之上，任凭风雨的侵蚀，默默地诉说着神庙那永远沉寂的历史。高达13.5米的宙斯像被史学家认为是"世界七大奇观之一"。这座装饰华丽的雕像，是由希腊雕刻家斐迪亚斯用象牙雕刻而成的，坐落在台阶之上，用黄金做成袍饰。宙斯头顶花冠，右手持胜利女神，左手持笏。宙斯神庙的艺术精华是东西山墙上的人物雕像。西山墙的雕像内容取材于希腊神话肯陶洛斯人抢婚的故事，故事大意是拉比泰人国王皮利托斯与美丽的希波达米娅举行婚礼，国王请来的客人有半人半马的肯陶洛斯人，肯陶洛斯人在婚宴上酒后乱性，企图抢走新娘，因而引起一场厮杀。这组雕像有21个人物，其中肯陶洛斯人抢新娘的雕像，姿态极其生动，新娘被掠夺时的惊恐神态及挣扎的躯体十分逼真。这些雕像现收藏在奥林匹亚博物馆。如今在残垣断壁间仍然蕴含着一种灰白的朴素和由高大而产生的崇高感。只有大规模的建筑才能代表至高无上的尊严和威仪。与众神之王相对应的就是这惊世的建筑。

赫拉神庙：经过两千多年的风吹雨打，希腊时代的古建筑仅剩断壁残垣，只有一座祭祀天后的赫拉神庙留存了下来，这是奥林匹亚现存最古老的建筑，始建于公元前600年左右。赫拉神庙也是圣地内最老的围柱式神庙和希腊最早的多立克式神庙之一，这里供奉着女神赫拉像，殿身狭长，四周有44根廊柱。尽管规模不大，但当今奥林匹克运动会的圣火采集仪式就在这里举行。1936年以来历届奥运会圣火点燃的地方，为什么要选在希腊的奥林匹亚遗址？又为什么单单选在赫拉神庙前呢？这其中是有文化渊源的。

在古代奥运会中，所谓圣火就是祭祀宙斯仪式中赫拉神庙祭坛上的长明圣火——它象征了人类从宙斯处获取自然神力的合法传承性。为了与古代奥运会的精神相连，1936年现代奥运会也首次在赫拉神庙采集圣火。那之后，历届奥运会采集圣火的仪式都在赫拉神庙前广场上的纳姆菲翁神坛举行。为保持奥运圣火的纯洁性，在整个火炬接力中只能使用从奥林匹亚采集来的圣火进行传递，不能与具有任何象征意义的火焰混合。现代奥运的圣火是由希腊大祭司（现由演员扮演）利用凹镜设备，在奥林匹亚的阳光下引燃火炬而形成的，被称为"和平之火"。

古奥林匹亚体育场：古奥林匹亚体育场四周有大片坡形看台，西侧设有运动员和裁判员入场口，场内跑道的长度为210米，宽32米。它与附近的演武场、司祭人宿舍、宾馆、会议大厅、圣火坛和其他用房等共同构成了竞技会的庞大建筑群。奥林匹亚考古遗址中的许多建筑和设施，都是为体育比赛修建的。运动场旧址和周围的许多建筑因长期遭受泥土的堆积，现在都被埋藏于 5~7 米厚的泥土下面。运动场曾在公元前 4 世纪得到扩建。它坐落在长满橄榄树、柏树、桂树的丘陵地带，长 200 米、宽 175 米。而现今仍保留完好的则是石制看台的一侧，这里还能依稀看见原来由石灰石铺成的起跑点，周围建筑物的石柱直径都在 2 米开外。站在看台高处往下看，只见层层石阶，好似涟漪层层的水面。古希腊青年早在公元前 1000 年前后，就在这里进行竞技。

现遗址上建有奥林匹克考古学博物馆，馆内藏有发掘出土的文物，包括大量古代奥运会的比赛器材和古希腊武器甲胄等。古代奥运会期间，来到这里参加比赛的运动员必须符合以下条件：男性、希腊人、自由人、婚生子、没有任何犯罪记录等。古奥林匹亚体育场毁于战火与风雨，自 18 世纪始，一批又一批的学者接连不断地来到奥林匹亚考察和寻找古代奥运会遗址。1936 年第 11 届奥运会后，因有部分余款，国际奥委会决定用这笔款项继续对奥林匹亚遗址进行发掘，发现并复原了体育场。

中国：安阳殷墟

殷墟位于河南省安阳市殷都区，是中国商代后期都城，也是中国历史上第一个文献可考、并为考古学和甲骨文所证实的都城遗址。遗址主要包括殷墟王陵遗址与殷墟宫殿宗庙遗址、洹北商城遗址等，大致分为宫殿区、王陵区、一般墓葬区、手工业作坊区、平民居住区和奴隶居住区。2006 年，殷墟作为文化遗产被列入《世界遗产名录》。

世界遗产委员会评价：殷墟考古遗址靠近安阳市，位于北京以南约 500 千米处，是商代晚期（公元前 1300 年—公元前 1046 年）的古代都城，代表了中国早期文化、工艺和科学的黄金时代。在殷墟遗址出土了大量王室陵墓、宫殿以及中国早期建筑的原型。遗址中的宫殿宗庙区拥有 80 处房屋地基，还有唯一一座保存完好的商代王室成员大墓"妇好墓"。殷墟出土的大量工艺精美的陪葬品证明了商代手工业的先进水平。在殷墟发现了大量甲骨窖穴。甲骨上的文字对于研究中国古代信仰、社会体系以及汉字的发展有着不可估量的价值。

从 20 世纪初因盗掘甲骨被发现，到 1928 年正式开始考古发掘，殷墟的发现和发掘被评为 20 世纪中国"100 项重大考古发现"之首。殷墟的发掘，确证了中国商王朝的存在，重新构建了中国古代早期历史的框架，使传统文献记载的商代历史成为信史。

殷墟古称北蒙，甲骨卜辞中又称为"商邑""大邑商"。自公元前 1300 年盘庚迁殷到公元前 1046 年商朝灭亡，经历了盘庚、小辛、小乙、武丁、祖庚、祖甲、廪辛、康丁、武乙、文丁、帝乙、帝辛共 8 代 12 位国王 273 年的统治。据

《竹书纪年》记载："自盘庚迁殷，至纣之灭，二百七十三年更不徙都。"这里一直是中国商代后期的政治、经济、文化、军事中心。古老的洹河水从城中缓缓流过，城市布局严谨合理。从殷墟的规模、面积和宫殿的宏伟，出土文物的质量之精、之美、之奇和数量之巨，可充分证明它当时不仅是全国，而且是东方政治、经济、文化中心。商灭亡后，这里逐渐沦为废墟。

殷墟王陵遗址与殷墟宫殿宗庙遗址、洹北商城遗址等共同组成了规模宏大、气势恢宏的殷墟遗址。殷墟宫殿区驰名中外，为世界文明古国中最著名的"古典城邦"之一。50余座建筑遗址分"宫殿、宗庙、祭坛（甲、乙、丙）"三组，宏伟壮观。另外还发现了铸铜遗址等。宫殿区出土大量的甲骨文、青铜器、玉器、宝石器等珍贵文物。考古专家评价：从殷墟发掘出了一个典型的奴隶社会，具有都市、文字和青铜器三个要素，是一个灿烂的中国文明。

殷墟王陵遗址与宫殿宗庙遗址隔河相对，是商王的陵地和祭祀场所，也是中国已知最早的完整的王陵墓葬群，面积达11.3公顷。王陵遗址共发现有12座王陵大墓和2 500多座祭祀坑。王陵大墓多为"亚""中""甲"字形大墓，这些大墓墓室宏大，形制壮阔。面积最大者达1 803平方米，深达15米。墓内椁室、棺木极尽奢华，随葬器物精美，殉葬者众多，显示出墓主人非凡的尊贵和威严。殷墟王陵的埋葬制度、分布格局、随葬方式、祭祀礼仪等，集中反映了商代晚期的社会组织、阶级状况、等级制度、亲属关系，代表了中国古代早期王陵建设的最高水平，并为以后中国历代王朝所效仿，逐渐形成中国独具特色的陵寝制度。

1999年1月，安阳殷墟遗址东北部地下约2米深处新发现一座规模巨大的商代城址。该城址平面略呈方形，南北长2 200米，东西宽2 150米，总面积约4.7平方千米。方向北偏东13度。城址的南北中轴线南段，已确认分布有宫殿宗庙建筑群。地下文物表明，这座城址的年代略早于作为商王朝晚期都邑的传统概念上的"殷墟"，分布上与旧的"殷墟"范围略有重叠，但整体在洹河北岸，学术界将其命名为"洹北商城"。洹北商城遗址的发现改变了殷墟的概念。时间上，延长了殷商的历史时间，填补了以郑州二里冈为代表的早期商文化和以传统意义上的殷墟为代表的晚期商文化之间的时间缺环，完善了商王朝的编年框架。洹北商城遗址内发现的"甲骨"，可以证明其处于早商和晚商之间的中商文明时期。空间上，延伸了殷墟的范围。洹北商城遗址位于原殷墟的东北部，城内分布有规模巨大的建筑基址，可以最大限度地复原。洹北商城还是古代城市中轴线布局的例子之一，一号宫殿基址就是在南北中轴线南段发现的。一号宫殿基址的"四合院"式建筑布局将中国传统建筑形式"四合院"的历史上溯到商朝。考古工作队在发掘钻探研究的基础上，发现在洹北商城时期原殷墟宫殿遗址只是作为居民点，直到后来商王朝中心才由洹北商城逐渐转移到原殷墟宫殿遗址。洹北商城遗址和宫殿宗庙区遗址、王陵区遗址共同构成了殷墟申报遗址的范围，真正体现了世界遗产大会原真性、完整性、价值性的要求。

希腊：萨摩斯岛毕达哥利翁古城和赫拉神庙

萨摩斯岛位于希腊爱琴海东南部南斯波拉泽斯群岛，毕达哥利翁及赫拉神庙遗址建在萨摩斯岛上。它是古希腊时代萨摩斯岛的中心城市。赫拉神庙始建于公元前750年，是萨摩斯人祭祀赫拉的神庙。赫拉神庙遗址现在仅剩一根石柱。1992年该神庙作为文化遗产被列入《世界遗产名录》。

世界遗产委员会评价：公元前3000年，这个靠近小亚细亚的爱琴海小岛上就有了文明。毕达哥利翁是一个古老的要塞，有着希腊和罗马建筑以及壮观的隧道和高架渠。赫拉神庙则是萨摩斯人祭祀赫拉的神庙。它们的遗址至今可见。

毕达哥利翁及赫拉神庙位于萨摩斯岛上的东北海岸。萨摩斯岛，是希腊第9大岛屿，该岛面积478平方千米，岛上人口现在达33 814人，首府瓦瑟，为主要港口城市。约公元前11世纪，爱奥尼亚人到达此地。公元前7世纪该岛已成为希腊主要商业中心之一，与黑海沿岸、埃及、昔兰尼、科林斯和哈尔基斯有贸易往来。曾先后被波斯、雅典、拜占庭、土耳其人统治。中世纪至近代，萨摩斯岛曾由拜占庭帝国和奥斯曼帝国统治。1912年，萨摩斯岛随着巴尔干战争爆发而脱离奥斯曼统治，重新成为希腊的一部分。

萨摩斯岛，哲学和数学家毕达哥拉斯在此出生。相传，希罗多德曾在萨摩斯岛居住了一段时间，据说他的著作《历史》也是在岛上完成的。萨摩斯岛的奢侈品为著名的葡萄酒和萨摩斯红色陶器（罗马称之为"萨摩斯瓷器"）。萨摩斯岛大部分覆盖着葡萄园，葡萄酒曾多次获得国际和国内大奖，享有特别高的声誉。

毕达哥利翁古城是建造于古典时期的城墙壁垒。考古学家们通过考古挖掘工作，进一步考察了古城的街道布局情况。这里有许多公共建筑物、一架水陆桥、几间罗马浴室、下水道系统、神殿和庙宇、一个市场、几间居民房和一个体育健身室。其中，一个长1 040米、被称为尤帕里内奥的隧道是遗址中最著名的东西之一。这条隧道是从山坡穿过的，最初修建这条隧道是为了将附近地区的水向该城市输入，它是一条输水隧道。尤帕里内奥隧道所展现出来的精湛的技艺使其成为后来许多工程设计及各种公共设施建筑的模型。

遗址中还包括赫拉神庙。相传宙斯的妻子赫拉便出生在萨摩斯岛上，为此人们在岛上建造了赫拉神庙以示尊敬。赫拉神庙是萨摩斯英雄的庇护地，被视为是更深入地了解古典时期的建筑风格的重要基石。这座庙宇经过数次重修，而几乎每次进行的修建工作都显示出了截然不同的创新风格，也代表了不同的修建者对这座庙宇所寄予的雄心壮志。遗址建筑群包括祭坛、较小的庙宇、有顶的柱廊以及雕刻底板，所有的这些都位于神庙之内，此外，神庙内还有一个建于5世纪的长方形基督大教堂的遗迹。

泰国：阿育他亚（大城）历史名城及相关城镇

阿育他亚（又名大城）是泰国故都，位于泰国中部、首都曼谷以北100千米的湄南河畔。阿育他亚拥有众多宏伟的古建筑，1991年作为文化遗产被列入《世界遗产名录》。

世界遗产委员会评价：阿育他亚（大城）是继素可泰（Sukhothai）之后的第二任暹罗首府，大约建于1350年，18世纪被缅甸人摧毁。它的遗迹圣骨塔和大清真寺至今还依稀显露出其昔日的辉煌。

大城位于湄南河东岸，占地2 557平方千米，距离曼谷北方约100千米。在素可泰王朝之后，泰国进入了阿育他亚时代，阿育他亚王朝的都城就是今天的阿育他亚，当地华人又将它称之为大城。素可泰王朝衰落后，乌通王迁至该府建立新都，开创了大城王国时代（1350—1767年），历417年，共有33位君主。

大城作为泰国首都时，其繁荣程度在整个东南亚地区首屈一指。在17世纪大城的全盛时期，远东地区甚至世界各地的船只都相继驶入湄南河进行贸易活动。当时人口超过100万，可谓民生富裕，盛况空前。在此期间，佛教精髓也在大城达到了巅峰，并深植于泰国文化之中，当地的寺庙、皇宫及佛像的镂刻庄严典雅，无不表现出大城历史上的辉煌。因此，大城鼎盛阶段的艺术品，是当之无愧的经典名作，当时繁荣的景象，均被许多文献记载并誉为"人间的天堂"。而也正是在这段黄金时期，西方的文明开始接触泰国。大城作为当时主要的贸易中心，不少国家的人都来此定居，市区内散布的葡萄牙村、荷兰村与日本村都是这一历史的见证。

1767年，缅甸军队攻陷了大城，阿育他亚王国灭亡。后来的泰王郑信重建了王国，并将首都南迁至吞武里（也就是今天曼谷附近）。原来的王城遗址，现为阿育他亚历史公园。

由于大城的33位统治者吸取了柬埔寨天授神权的观念，并结合婆罗门教的仪式，因此兴建了许多壮丽美观的宫殿和雄伟万千的佛寺。如今可以见到的大部分遗迹，就是大城王国时代兴建的。大城的历史名胜众多，崖差蒙空寺、帕楠称寺、帕兰寺、帕席桑碧寺、拉嘉布拉那寺等寺庙都极具代表性。

大城里几乎都是古迹，其中最著名的就是位于大城南方约20千米处的邦芭茵夏宫。这座宫殿建在湄南河中的一个小岛上，曾经是泰国皇室著名的避暑夏宫。17世纪时，大城历代君主都会在炎炎夏日来此避暑。后来到了19—20世纪，由拉玛五世及六世继续修建，才呈现出今日美丽的风貌。湖畔美丽的宫殿大多属于意大利和维多利亚混合式的风格。宫殿内的湖心小岛上，有一座艾沙旺提帕雅阿斯娜亭阁，至今仍被公认为是泰式建筑的最佳典范。目前宫殿里唯一对外开放的王室住所，是采用中国式建筑的天明殿。

希腊：雅典卫城

雅典卫城（Akropoli），是希腊最杰出的古建筑群，也是综合性的公共建筑，为宗教政治活动场所。1987年雅典卫城作为文化遗产被列入世界遗产名录。

世界遗产委员会评价：雅典卫城包括希腊古典艺术最伟大的四大杰作——帕特农神庙、通廊、厄瑞克修姆神庙和雅典娜胜利神庙，诠释了一千多年来在希腊繁荣、兴盛的文明、神话和宗教，可被视为世界遗产理念的象征。

雅典的城名来自智慧女神雅典娜的名字。在古希腊神话中，人们在爱琴海边建立了一座新城，雅典娜希望成为这座城的保护神，海神波塞冬也想获得新城的归属权，他们互不相让，于是争夺起来。后来，宙斯裁定，谁能给人类一件最有用的东西，该城就归属谁。波塞冬用三叉戟敲了敲岩石，从里面跑出了一匹象征战争的战马。而雅典娜用长矛一击岩石，石头上立即迅速地生长出一株枝叶繁茂、果实累累的橄榄树。橄榄树象征着和平和丰收，人们欢呼起来。于是，雅典娜成了新城的保护神。人们用她的名字将城命名为雅典，并将橄榄树载满雅典各处。

最初，卫城是用于防范外敌入侵的要塞，山顶四周筑有围墙，古城遗址则在卫城山丘南侧。卫城中最早的建筑是雅典娜神庙和其他宗教建筑。根据古希腊神话传说，雅典娜生于宙斯的前额，她将纺织、裁缝、雕刻、制作陶器和油漆的工艺传授给人类，是战争、智慧、文明和工艺女神，后来成为城市保护神。在古希腊英雄时代的城邦战争中，她是希腊军队勇往直前、取得胜利的精神力量。同时也是城邦国家繁荣昌盛、强大富足的象征。因此，作为军事要塞的雅典卫城又成为宗教崇拜的圣地。

卫城建在一个陡峭的山冈上，仅西面有一通道盘旋而上。建筑物分布在山顶上一约280×130米的天然平台上。卫城的中心是雅典城的保护神雅典娜的铜像，主要建筑是膜拜雅典娜的帕特农神庙。建筑群布局自由，高低错落，主次分明。无论是身处其间或是从城下仰望，都可看到较完整的丰富的建筑艺术形象。帕特农神庙位于卫城最高点，体量最大，造型庄重，其它建筑则处于陪衬地位。它由当时著名建筑师伊克蒂诺斯和卡利克拉特在执政官伯里克利主持下设计，费时9年，于公元前438年完成。同年，著名雕刻家菲迪亚斯在神庙内建成高大的雅典娜神像。神庙为长方形周柱式建筑，建在50厘米高、70厘米宽的三层阶梯基座上，东西长约70米，南北宽不足31米，原高超过13米。神庙四周由48根带半圆凹槽和锥形柱头的多利克式大理石圆柱支撑，圆柱直径1.9米，高10余米。3层柱廊上支承的大理石条石额枋、屋檐，由带竖条的石板和带浮雕的石板间隔组成。东西两端檐部之上是饰有高浮雕的三角形山花。神庙外观整体协调、气势宏伟，给人以稳定坚实、典雅庄重的感觉。通过两道柱廊，人们进入神庙内的"百步大厅"。这里曾经坐落着12.8米高的雅典娜神像，她全副武装，头带饰有战车、飞鹰的头盔，左手持帝盾，右手托胜利女神。通体使用金片包裹，面部、手臂和脚趾用象牙装饰，双眼则以宝石镶嵌。

厄瑞克修姆神庙是雅典卫城建筑群中的又一颗明珠，其建筑构思之奇特复杂和建筑细部之精致完美，在古希腊建筑中是不多见的。特别与众不同的是其女雕像柱廊和窗户，在古典建筑中是罕见的。据记载，该神庙建于公元前421年—公元前405年，是为纪念雅典娜之子、雅典王厄瑞克阿斯。它依山势而建，坐落在三层不同高度的基础上，平面为多种矩形的不规则组合，近似于克里特岛上著名的米诺斯迷宫。女雕像柱廊在神庙的北部，共有6尊，各高2.3米，体态丰满，仪表端庄，朝向北面，头顶平面大理石花边屋檐和天花板。

古代雅典人民还在卫城的西北侧建立了亚革拉广场、大会堂、竞技场和迪奥尼苏斯剧场。该剧场设有18 000个座位，可容纳近2万人。雅典卫城作为古希腊文明的标志，不仅希腊人民珍惜这块圣地，而且世界各国人民也热爱它。每年雅典卫城都吸引着超过300万的游客。

三、岩画与地面图形

哈萨克斯坦：泰姆格里考古景观岩刻

泰姆格里考古景观岩刻是哈萨克斯坦共和国著名的文化遗迹，位于辽阔而干旱的楚河-伊犁河之间的山脉中，时间跨度为从公元前1000年直至20世纪初。它们分布在48处地点，描绘了当时牧区人民农业、畜牧业、社会组织和礼仪方面的状况。2004年，该岩刻作为文化遗产被列入《世界遗产名录》。

世界遗产委员会评价：置身于泰姆格里大峡谷，在辽阔的群山环抱中，有一组值得注意的多达5 000多件的岩石雕刻。其创作年代跨越了公元前1000年到20世纪初的整整3 000年。这些作品散布在远古人类居住的建筑和坟墓的48个遗址上，反映了当地人耕种、社会组织和宗教仪式等的情况。遗址中的人类住所通常是多层的，各个年代都有人居住。这里还有大面积的古代墓群，其中包括带有盒形和箱形石坟的石围栏（铜器时代的中期和晚期），以及建在坟墓（铁器时代至今）上的土石堆（坟头）。峡谷中布有密集的雕版画，它们被认为是远古祭坛的遗迹，表明这些地方曾用于摆放祭品。

泰姆格里考古景观岩刻地处哈萨克斯坦泰姆格里大峡谷中，有5 000多个稀世的古代岩雕，主要是指泰姆格里大峡谷洞窟岩刻中那些常常布满崖壁的点点、条条、杠杠。由于没有壁画那样壮观，有时候确实容易被人忽视。在肖韦洞窟里，仅一个壁面上就有120个红点。这些符号有时候与图画相伴出现在洞口，或者相反，出现在山洞的最深处。其中有些符号确实非常特别，而且更为精致，如椭圆形符号、屋顶形符号等。它们具有相同的总体外表，但它们的组合似乎每次都不一样，缺少恒定性，很难找出可以辨认的重复组合，或许人们永远不可能辨读它们。但是，那些不确定的轮廓、点和交错的线刮出来的宽线条，在旧石器时代的各个时期屡见不鲜。

定居在峡谷中的人们，一直有着等级的区分和人身依附关系。这里还发现了大量包括石棺椁在内的古代墓葬（青铜时代中晚期）和墓穴（早期铁器时代至今）。峡谷中有如此密集的石刻，表明这里可能曾经是举行祭祀活动的场所。这些作品大多数散布在远古人类居住的建筑和坟墓的遗址上，反映了当地人耕种、社会组织和宗教仪式等的情况。另外，在泰姆格里大峡谷中，还拥有大面积的古代墓群，一些矮墙和地基遗址上刻有的繁复雕版画被证明是远古祭坛的遗迹，用于摆放祭品和纪念牺牲的英雄。

在岩刻中，描绘最少的是人，而刻画最多的是动物。学者们开始认识到，岩石上的图画作为人类早期的视觉表达，是人类文字发明以前最重要的记录。它所提供的信息，是重建人类历史的非常重要的资料。由于人类交流有一定的规则性、体系性，它们也具有某种"符号性"。在对这些岩石上的信息进行系统地分析之后，实际上大多数岩刻艺术都可以归纳为几个有限的内容，那就是三个主题和五种题材。几乎所有的史前岩刻都集中在三个基本的主题上：性、食物与土地；虽然时间在流失、年代在推移，但人类主要考虑的问题，几万年来似乎并没有产生很多变化。岩刻视觉表达的内容，则有以下五种主要的题材：①动物形；②拟人形；③建筑和地形；④工具和物件；⑤几何图形和图形字母。但是这五种题材，各自所占的数量和比重是不同的。狩猎时期，岩刻的题材主要是动物和符号；拟人形这个题材相对来说要少些；作品数量，以及在画面所占位置的重要性，都以动物形为最。而反映地形和建筑的岩刻极少，有时还辨别不清，似是而非。工具和武器亦是如此。几何形和符号是属于抽象的表意的图形，在各地岩刻中都有发现，并且又常与其它图形联系在一起。待到复杂经济出现与农耕发展之后，动物的图形在画面上就不那么重要了。

泰姆格里考古景观岩刻的数量是如此的巨大，以视觉形式表达出来的东西也是极其丰富，描绘出了人类经济活动和社会生活的各个方面。最古老的岩刻，都体现了人类抽象、综合和想象的才能，也反映了早期人类的活动、观念、信仰和实践。它为现代的人们认识早期人类的精神生活和文化样式，提供了无比丰富的资料。岩刻不仅代表着人类早期的艺术创造力，而且也包含着人类迁徙的最早证明。在文字发明之前，它是人类遗产中最有普遍意义的一个方面。事实上，这些远古的岩刻艺术，已成为原始时代的百科全书。

瑞典：塔努姆的岩刻画

塔努姆的岩刻画位于瑞典布胡斯省北部，分布面积约为50平方千米，1994年作为文化遗产被列入《世界遗产名录》。

世界遗产委员会评价：塔努姆的岩刻画位于瑞典哥德堡以北。它丰富多彩的图形（描绘人类和动物、武器、船只和其他物品），表现了独一无二的艺术成就和文化与年代的统一。它丰富的作品反映了欧洲青铜器时代人们的生活和信仰。

在瑞典哥德堡北部10千米、靠近与挪威的交界处有一个美丽的小镇叫塔努姆。由于远古地壳运动造成的海平面巨大的落差，这里拥有着上万块巨大的从海中升起并被岁月打磨得光滑平整的花岗岩石。历经千年，从来没有人问津这些石头的来历，就连当地人也没有看出这些石头的任何神秘之处。直到20世纪70年代，一家建筑公司在这些岩石附近为即将展开的爆破工程做调研时，调研人员Age Nilson不经意地看到在一块巨大的花岗岩上布满了看似很有规律的斑驳印记，于是他探过身去仔细端详。不看则已，他一看顿时被眼前的景象惊呆了。这些看似自然的印记突然转变成了一幅巨型的图画，所有的枝节都被联系起来，有人形在耕作狩猎，有船形在航海捕鱼，有兽形在森林奔驰。而Nilson就好像被画中的影像打懵了一样，刹那间不知道自己身在何处。不一会，他定了定神，才意识到自己发现了"宝藏"，一个被尘封了千年的人类密码。

位于布胡斯省北部的塔努姆岩刻画由雕刻在平滑岩壁上的350多幅风格迥异的刻画组成。它们被认为是最原始的象形艺术，刻画作者仔细地规划其意义和定位。岩刻画世界遗产由以下几处组成：Aspeberget/Tegneby，Fossum，Kallsängen，Litsleby，Södra Ödsmål，Torsbo，以及Vitlycke。

布胡斯省北部约有1 500处知名岩刻画，新的岩刻画也不断被发现。塔努姆岩刻画的主题非常广泛，有各种各样的人物、动物，还有船、树、武器、手、脚印等图案，其中有反映青铜器时代人们崇拜的神、太阳、车轮等的宗教主题画。许多画面通俗易懂：手执武器，乘着二轮战车的是战争场面；不拿武器的人与牛马在一起，表现的是耕种；射箭的人和鹿在一起表现的是狩猎。在北欧青铜时代和铁器时代，人们已经能熟练制作木器并通过水路旅行（不同地区的考古时代在时间上有所区别，在北欧，青铜时代为公元前1800年到前600年）。塔努姆石刻的一些图案描绘了长长的划艇，上面载着十几个乘客，武器和马车也在图案中出现。有一幅图案描绘了一个猎人带着一把弓，还有一些图案描绘了打猎的场景。另一些图案刻画了耕作的场景，有一个人用两头牛拉的犁犁地。多数岩刻画的形状具有各自独特的涵义，但塔努姆多处岩刻画创作风格统一。其中一个例子是化石岩刻，共有约130种不重复的刻画形象，精致的创作带给游客深刻的印象。据猜测，刻画图案是由一个人在短时间内雕刻完成的。

目前，岩刻画面临着因冰冻、高温、汽车尾气中有害物质、海水盐分和大面积酸蚀而开裂的威胁，正在加速风化。但人们已竭尽全力永久记录、保护、保存岩刻画。这已成为瑞典国家遗产委员会"岩石保护-塔努姆文化遗产实验室"工程的一部分。

四、陵墓与墓地

中国：秦始皇陵及兵马俑坑

秦始皇陵位于中国北部陕西省临潼区城东 5 千米处的骊山北麓，是中国历史上第一个皇帝——秦始皇帝的陵园，也称骊山陵。兵马俑坑是秦始皇陵的陪葬坑，位于陵园东侧 1 500 米处。1987 年，秦始皇陵及兵马俑坑作为文化遗产被列入《世界遗产名录》。

世界遗产委员评价：毫无疑问，如果不是 1974 年被发现，这座考古遗址中的成千上万件陶俑将依旧沉睡于地下。第一位统一中国的皇帝秦始皇，殁于公元前 210 年，葬于陵墓的中心，在他周围围绕着那些著名的陶俑。结构复杂的秦始皇陵是仿照其生前的都城——咸阳的格局而设计建造的。陶俑形态各异，连同他们的战马、战车和武器，成为现实主义的完美杰作，同时也具有极高的历史价值。

古埃及金字塔是世界上最大的地上王陵，中国秦始皇陵是世界上最大的地下皇陵。秦王朝是中国历史上辉煌的一页，秦始皇陵更集中了秦代文明的最高成就。秦始皇把他生前的荣华富贵全部带入地下。

据史书记载，秦始皇即位的次年即开始修陵园。到公元前 208 年完工，历时 39 年。当时的丞相李斯为陵墓的设计者，由大将军章邯监工。共征集了 72 万人，动用修陵人数最多时有近 80 万人，几乎相当于修建胡夫金字塔人数的 8 倍。

秦始皇陵是中国历史上第一个皇帝陵园。其巨大的规模、丰富的陪葬物居历代帝王陵之首。陵园按照秦始皇死后照样享受荣华富贵的原则，仿照秦国都城咸阳的布局建造，大体呈回字形。陵墓周围筑有内外两重城垣，陵园的内城垣周长 3 870 米，外城垣周长 6 210 米，陵区内已经探明的大型地面建筑为寝殿、便殿、园寺吏舍等遗址。秦始皇陵地下宫殿是陵墓建筑的核心部分，位于封土堆之下。《史记》记载："穿三泉，下铜而致椁，宫观百官，奇器异怪徙藏满之。以水银为百川江河大海，机相灌输。上具天文，下具地理，以人鱼膏为烛，度不灭者久之。"考古发现地宫面积约 18 万平方米，中心点的深度约 30 米。陵园以封土堆为中心，四周陪葬分布众多，内涵丰富、规模空前，除闻名遐迩的兵马俑陪葬坑、铜车马坑之外，又新发现了大型石质铠甲坑、百戏俑坑、文官俑坑以及陪葬墓等 600 余处，数十年来秦陵考古工作中出土的文物多达 10 万余件。现在在陵园里设立有多处文物展台，展示了秦陵近20年来出土的部分文物；布置有水道展区，重现当年陵园内科学周密的排水设施。在凝重的绿色和高大的墓冢之间，为了让游客身临其境地感受王者的尊荣、王者的威仪，秦始皇陵上有大型的"重现的仪仗队——秦始皇守陵部队换岗仪式"表演和集"声、光、电"于一体的秦始皇陵陵区、陵园、地宫沙盘模型展示，再现了两千多年前陵园的壮观场景，展示了数十年来的考古成果，生动直观地揭示秦陵奥秘，展示其丰富内涵。

兵马俑坑在1974年春被当地打井的农民发现。由此埋葬在地下两千多年的宝藏得以面世，被誉为"世界第八大奇迹"。兵马俑为研究秦朝时期的军事、政治、经济、文化、科学技术等提供了十分珍贵的实物资料，成为世界人类文化的宝贵财富。兵马俑坑现已发掘3座，俑坑坐西向东，呈"品"字形排列，坑内有陶俑、陶马8 000多件，还有4万多件青铜兵器。坑内的陶塑艺术作品是仿制的秦宿卫军。近万个或手执弓、箭、弩，或手持青铜戈、矛、戟，或负弩前驱，或御车策马的陶质卫士，分别组成了步、弩、车、骑四个兵种。在地下坑道中的所有卫士都是面向东方放置的。据钻探得知共有三个陪葬坑，其中1974年发现的一号坑最大，它东西长230米，南北宽62米，深5米左右，长廊和11条过洞组成了整个坑，与真人真马大小相同、排成方阵的6 000多个武士俑和拖战车的陶马被放置在坑中。在一号坑的东北约20米的地方是在1976年春天发现的二号坑，它是另一个壮观的兵阵。南北宽84米，东西长96米的二号坑，面积9 216平方米，建筑面积为17 016平方米。二号坑内有多兵种联合阵容，包括步兵、车兵、骑兵和弩兵等。二号坑西边是三号坑，1989年10月1日才开始允许游客参观。南北宽24.5米、东西长28.8米的三号坑面积为500多平方米。三号坑经有关专家推断，被认为是用来统帅一、二号坑的军幕。一乘战车、68个卫士俑以及武器都保存在坑内。

瑞典：斯科斯累格加登公墓

斯科斯累格加登公墓位于瑞典首都斯德哥尔摩南部，面积为0.96平方千米，1994年作为文化遗产被列入《世界遗产名录》。

世界遗产委员会评价：这块位于斯德哥尔摩的公墓是由两位年轻的建筑师——阿斯普隆德和莱韦伦茨设计，建于1917—1920年。他们用沙砾铺地，地上种满了松树。他们在设计上把植物、建筑特色及地形的不规则性相结合，使景观与墓地功能相融合。它对世界上许多国家的墓地设计都产生了深刻影响。

为了建造一座极具特色的墓地，斯德哥尔摩市在1915年专门举行了国际设计大赛，两名瑞典本土的建筑师阿斯普隆德和莱韦伦茨获得一等奖。两位建筑师的获胜方案完全基于景观。莱韦伦茨主要着重于景观设计以及复活教堂（建于1926年）经典的设计灵感。阿斯普隆德投身于建筑领域，建于1934年和1940年之间的Crematorium是其职业生涯和20世纪30年代建筑行业的典范作品。建筑师对整体结构进行了全面的设计，从整体景观到最小的灯都包含在内。经过两年的准备，这两位建筑师 1919 年至 1940 年间设计、建造斯科斯累格加登公墓。他们在松柏丛生的山脊上创造了一片神圣的景观，数座小型教堂与四周自然环境相得益彰。整个墓地被认为是现代建筑的杰作之一。斯科斯累格加登公墓完全体现了二战前后的瑞典建筑风格设计理念。这是一座兼具美观和功能性的现代化社区，也是逝者安息之地。斯科斯累格加登公墓于 1940 年建成，是自然和建筑和谐融合的杰作。

建筑任务包括对一些实用功能的严格需求，例如，火葬替代墓葬是建筑师必须遵循的指导原则之一。拥有信仰教堂、希望教堂、圣十字教堂三大教堂的火葬场紧邻斯科斯累格加登公墓主入口而建。这里的景观尽头是横穿草地的花岗岩便道。真正的教堂不拘泥于结构形式，但用料考究，由阿斯普隆德特邀 Sven Erixson、Bror Hjorth、Ivar Johnsson 以及 Otte Sköld 等多位艺术家进行了装饰。真正的墓地被安排在松柏林中的墓区。此外，还有一片纪念林和一座纪念碑以及户外骨灰安置所。位于斯科斯累格加登公墓以南的 Tallum 宫殿永久性地展出墓地历史和两位建筑师的作品。

斯科斯累格加登公墓入口处有一独特的流水瀑布，水从地下涌出顺墙流下再返回地下，既节能又有动感。入口两侧高高的石砌挡墙和绿油油的林荫、长长的通道提醒来此的人们静心肃穆。进入园内就会看见一片草地，顺着目光延伸至这一片山丘之上。山顶的一片松柏林和周围的开阔绿色景观让人从内心感受到这是神圣之地。从山坡回望入口，蓝天白云，树木葱葱，绿草茵茵，好一个安息之地。一个巨大的花岗岩十字架矗立在绿草之上，远处的框架建筑是信仰教堂、希望教堂、圣十字教堂。教堂内的小礼拜堂中间的一组雕塑，中顶镂空通天，象征着人们渴望进入天堂的强烈愿望。

火葬场以森林为背景，建在一个比较平缓的坡上。火葬场内有大小 3 座祭堂，并建有中院。这样，几场葬礼可以同时举行，互不干扰。葬礼一结束，遗体就可以被升降机运往地下，再送往火葬场。松林里才是真正的墓区，矗立着一块块标示牌，方便家人寻找亲人的埋葬位置。无论是生前创造了惊天业绩的伟人，还是绽放过耀眼光芒的明星，林地公墓绝不是一本炫耀个人青史的地方。有人说瑞典林地公墓就像一幅浓烈的瑞典风情油画，不会擅自改变原有景观的自然轮廓，不用人造建筑喧宾夺主。墓碑、草地和树林的有机组合让人明白了瑞典人的墓地哲学：凭借北欧森林占主导地位的现有风貌，唤起人们心中最原始、最自然的对于生和死的理解。墓地和森林融为一体，使得斯科斯累格加登公墓丝毫没有忧伤和恐怖的气氛。

思考和练习题

1. 除了道教遗址，中国的主要宗教建筑遗址还有哪些？
2. 亚洲宗教建筑与欧洲宗教建筑有什么异同？

 ## 案例和实训

残存风景：或将消失的历史遗址"泰姬·玛哈尔陵"

泰姬·玛哈尔陵是印度知名度最高的古迹之一，是莫卧儿王朝第 5 代皇帝沙·贾汗为了纪念他已故的皇后阿姬曼·芭奴（即泰姬·玛哈尔）而建立的陵墓，被誉为"完美建筑"。1983 年，泰姬陵作为文化遗产被列入《世界遗产名录》。

世界遗产委员会评价：泰姬陵是一座由白色大理石建成的巨大陵墓清真寺，是莫卧儿皇帝沙·贾汗（Shah Jahan）为纪念他心爱的妃子于 1631—1648 年在阿格拉修建的。泰姬陵是印度穆斯林艺术的瑰宝，是世界遗产中令世人赞叹的经典杰作之一。

近年来随着印度工业化的发展，泰姬陵受到马图拉炼油厂产生的酸雨侵蚀，乳白色的大理石外墙出现了黄斑，墓室生出了小孔，白银大门变黑。泰姬陵附近的亚穆纳河污染严重，河中化学物质含量偏高。有专家认为泰姬陵的基座最终将会崩坍。生态学家建议在泰姬陵周围栽种桑树来吸收二氧化硫。印度政府开始大量栽种桑树，并成立泰姬陵保护区。

阅读材料后，请思考：

世界各国政府该如何应对"即将消失的历史遗址"这一世界性问题？

第四章 非洲、美洲及大洋洲地区世界文化遗产

学习目标

了解非洲、美洲及大洋洲历史文化名城的数量、种类及其形成过程；
掌握自然环境和社会环境与非洲、美洲及大洋洲历史文化名城之间的关系；
了解非洲、美洲及大洋洲各国历史文化名城中的宗教建筑；
掌握非洲、美洲及大洋洲历史文化名城的考古价值。

重点难点

掌握非洲、美洲及大洋洲不同历史文化名城的形成原因及其异同。

本章内容

● 第一节　历史文化名城

2015 年 7 月 8 日第 39 届世界遗产大会结束时，非洲共计 40 个国家拥有 135 项世界遗产，其中自然遗产为 44 项，自然与文化双遗产为 6 项，文化遗产为 85 项。北美洲和南美洲的 29 个国家共拥有 181 项世界遗产，其中自然遗产为 58 项，

文化与自然双遗产为5项，文化遗产为118项。大洋洲9个国家共计拥有29项世界遗产，其中文化与自然双遗产为5项，文化遗产为8项。

突尼斯：苏塞旧城

苏塞旧城位于地中海哈马马特湾南岸，是一个典型的伊斯兰城镇，1988年作为文化遗产被列入《世界遗产名录》。

世界遗产委员会评价：在阿克拉普王朝时代（800—909年），苏塞就已是重要的贸易枢纽和军事港口。在伊斯兰世界最初形成的几百年中，苏塞是一个典型的伊斯兰城镇。城内有旧城区、防御工事、阿拉伯人聚居区（并建有大清真寺）、伊斯兰教修道院和典型的里巴特（既有军事功能又有宗教意义的男修道院）。苏塞是伊斯兰国家沿海防御系统的一个重要组成部分。

苏塞是突尼斯第三大城市，位于地中海哈马马特湾，被誉为"地中海的花园港"，约在公元前9世纪由腓尼基人建立。腓尼基人将它称为哈德鲁梅，他们在迦太基建立之前的两个世纪，在那里建立了一个重要的贸易站。在罗马帝国的统治下，靠肥沃的边远地区的农产品发财致富的殖民主义者涌入苏塞。7世纪，阿拉伯人和拜占庭人交战，将该城夷为平地。随后，它又从废墟中拔地而起，并有了现在这个名字。但两个世纪后它才在艾格莱卜的统治下重新获得了某种重要地位，艾格莱卜改造了港口并建立了主要的纪念碑。12世纪，西西里的诺曼人曾将它作为基地。16世纪，西班牙人发动进攻，试图占领它。两个世纪后，它受到法国人的轰炸。第二次世界大战期间，德国人使用了它的港口。1942—1943年冬，港口受到盟军的严重破坏，战后建设了这个现代城市并悉心修复了阿拉伯人聚居区。

苏塞老城有城墙环绕。城墙南北长700米，东西宽450米，基本上保存完好。城墙东南角耸立着卡莱福方塔，塔底边长8米，顶端边长5米、高30多米，是最古老的伊斯兰式塔。苏塞老城阿拉伯人聚居区的伊斯兰建筑更有特色。在一个铺着粗糙石块的旷地的右翼通往阿拉伯人聚居区的入口处，坐落着一个大清真寺，它的历史可追溯到九世纪。经过悉心修复，它现已恢复原貌。主庭院的周围是三个拱形门廊，门廊矮墩墩的柱子和高大的拱门简朴而实用。南面的门廊（1675年修建，1965年恢复原貌）做了较多的修饰，通向祈祷厅。祈祷厅中有13个中堂，每个中堂有6个架间，这些中堂虽建于不同的时期，但却风格相近。现在的米哈拉布（墙上面向麦加的祭坛）的第4个架间上面是一个拱顶，由几个壳形小拱门作支撑。架间的较低部分装饰着高度风格化的植物图案、框有圆花饰的正方形雕刻和用库法体书写的精致铭文。华丽的敏拜尔（宣教台）颇似木制网状物，与清真寺的肃穆结构形成鲜明对照。走出大清真寺后，游客可沿阿拉伯人聚居区两侧白垩粉房屋之间的狭窄街道徜徉。拾阶而上，进入神秘的通道，而后便来到朴素而美丽的里巴特。这是一座堡垒式的清真寺，历史可追溯到八世纪末期。里巴特是从亚历山大到库塔的伊斯兰国家抗击拜占庭舰队的防御线的沿海城堡之一。墙上的系泊环表明这里的墙曾受到海浪的冲击。里巴特一名取自"murabitin"，是阿拉伯碉堡的意思。它们都是些勇士，驻扎在那里保卫城市免受敌人的入侵。

里巴特现在也已得到修复，现在看上去就像若干世纪前一样。古老的石柱和柱头排列在入口的两侧，入口由一个吊门保护，顶部的天窗可设岗哨骚扰进攻者。里巴特使用的低矮、阴暗的警卫室位于入口大厅的两侧，其屋顶由相互交叉的拱门支撑。中央庭院四周的房舍供虔诚的士兵作沐浴仪式之用，走廊内则隐藏着无窗密室。在第一层，密室只占据这个四方形院子的三面：南翼有一个祈祷厅，由沉重的十字形石柱分成两个大小不等的架间。面向麦加的内墙上凿有小孔，反映了宗教与军事相结合的特点。纳祖尔既是瞭望塔，又是寺院的光塔，站在它的顶部，苏塞及其周围乡村一览无余，令人心旷神怡。

苏塞旧城还有着许多中世纪时期修建的地下陵墓。这些地下墓地是 2 世纪和 5 世纪时使用的，于 19 世纪末被发现，内有 15 000 座异教徒和基督教徒的坟墓。它们长达 5 千米以上，墙上壁龛成行，用瓷砖或厚厚的大理石板封顶。卡斯巴博物馆中收藏的迦太基、罗马和拜占庭的丧葬用品和制作精美的石柱，就是在这些地下墓地里被发现的。

走出阿拉伯人聚居区，沿城堡缓步而行，就到了卡斯巴。建于 859 年的哈莱夫塔高高地矗立在那里。卡斯巴与整个城市结构浑然一体，设在那里的市博物馆以其收藏的在苏塞及其周围地区发现的罗马镶嵌工艺品而闻名。其中，年代最久的作品距今 3 500 年。2—3 世纪生活在突尼斯萨赫勒的罗马人奢侈的生活方式，似乎成了镶嵌工匠们的主要主题。除了对海神，狂舞的巴克斯、阿波罗和缪斯，梳妆打扮的维纳斯和安抚猛兽的奥尔甫斯的描绘引人注目外，还描绘了许许多多的日常生活场景：打猎、捕鱼和赛马，以及鱼、水果和包括开屏孔雀在内的鸟类。

危地马拉：安提瓜危地马拉

安提瓜危地马拉是位于中美洲国家危地马拉的一座著名古城，1979 年作为世界文化遗产被列入《世界遗产名录》。

世界遗产委员会评价：安提瓜危地马拉，曾经危地马拉行政长官所在的首都，始建于 16 世纪早期。这座城市建在海拔 1 500 米以上，并处在地震带内，于 1773 年遭到大地震的严重破坏，但一些主要建筑的遗迹却保留了下来。城市的网格状布局源于意大利文艺复兴的启发，在不到 3 个世纪的时间内，这里就汇集了大批气势庄严而风格华丽的建筑作品。

危地马拉是古代印第安人的玛雅文化中心之一，1524 年沦为西班牙殖民地。1527 年西班牙在危地马拉设置都督府，管辖除巴拿马以外的中美洲地区。1821 年 9 月 15 日危地马拉摆脱西班牙殖民统治，宣布独立。1822—1823 年成为墨西哥帝国的一部分。1823 年加入中美洲联邦。1838 年联邦解体后，于 1839 年再次成为独立国。1847 年 3 月 21 日危地马拉宣布建立共和国。在殖民地时代，由西班牙殖民政府统治的危地马拉的首都并不在如今的危地马拉城，而在距离危地马拉城一小时车程的安提瓜危地马拉。这个始建于 16 世纪早期的城市坐落在高原上的一个山谷之中，气候宜人，景色秀丽，海拔 3 000 多米的阿瓦火山以及另外两座火山将它环绕起来。

安提瓜危地马拉有旧城和新城两部分。旧城始建于 1524 年，危地马拉都督辖区建立后，17 世纪时成为其首府。因屡遭地震破坏，1776 年在距该城东北 40 千米处建新城，即现危地马拉首都危地马拉城。安提瓜危地马拉和墨西哥城一样，都曾是西班牙殖民地的政治、军事中心。在安提瓜危地马拉最兴盛的时期，它的人口超过 6 万，在整个新大陆仅次于墨西哥城和利马。在 18 世纪的后半叶，这样一个充满了自然与人文、殖民地文化与土著文化的相融气息的城市却被遗弃了，危地马拉的首都迁移到了危地马拉城。原因是安提瓜危地马拉修建在地震频发的地区，1773 年的一场大地震毁掉了城市的大部分，当地官员不得不请求西班牙国王允许他们迁都。于是，安提瓜危地马拉在危地马拉永远失去了政治、文化中心的地位，在一片废墟中沉寂了。安提瓜危地马拉重建后，仍然体现了西班牙殖民时代城市的风貌。

安提瓜危地马拉随着几次连续的地震而重新建设，城市拥有防御要塞的面貌。除此之外，这个只有 50 多公顷的小殖民城镇的建筑景观占优势的原因，是拥有属于 18 世纪的巴洛克风格的教堂和修道院。

安提瓜危地马拉提供了巴洛克时代的美洲殖民城市的独特证据，是 18 世纪建筑的典范。安提瓜危地马拉中的大部分建筑都具有明显的文艺复兴时代的风格，无论是教堂、酒店还是市政厅。城中央广场又称"国工广场"，四周有棋盘状道路，这样的布局具有当时典型的西班牙殖民城市特点。中央广场周围建有许多雕琢、装饰华美的巴洛克式建筑，广场北侧有市政厅建筑，建有坚固圆柱支撑的两层回廊。著名的方济会修道院就是巴洛克式建筑，其大门两侧有螺旋状圆柱，具有鲜明特点。

安提瓜危地马拉大教堂也矗立在国工广场一旁。在整个中美洲的殖民地化过程中，天主教教会发挥了巨大作用。早期的大教堂，因 1583 年的地震而倒塌。重建后则极为奢华。之后城内又建造了许多教堂、修道院、神学院。1678 年开办了高等学府圣卡洛斯大学等，成为南美的宗教和文化中心。与当时的城市规模相比较，安提瓜危地马拉的宗教建筑物是比较多的，大部分现已损毁，但从遗存的建筑物门廊等仍可看出当时的繁荣景象。

● 第二节　历史建筑与人文环境

一、城堡与要塞

摩洛哥：阿伊特·本·哈杜筑垒村

　　阿伊特·本·哈杜筑垒村位于摩洛哥瓦尔扎特省，虽然现在差不多已完全荒废，不过保留得相当完整，甚至还赢得了"摩洛哥最美村落"的称号，1987年作为文化遗产被列入《世界遗产名录》。

　　世界遗产委员会评价：阿伊特·本·哈杜筑垒村是一组由高墙围起来的土制建筑，是一处典型的前撒哈拉居民聚居区。在防御墙内建造有许多房屋，同时四周还有箭塔进行辅助防御。位于瓦尔扎特省的阿伊特·本·哈杜是摩洛哥南部建筑的经典范例。

　　阿伊特·本·哈杜筑垒是中世纪兴建起来的乡村防御工事。它地处摩洛哥南部高耸的阿特拉斯群山之中，守卫着一条穿过撒哈拉沙漠的重要商业路线。几个世纪以来，这些利用烘干的泥土搭建而成的建筑群一直是非洲最杰出的建筑精品之一，就像埃及的大金字塔一样，以其独特的方式展现了与众不同的魅力。这些建筑物的历史并不算悠久。据说它修建于12世纪，那正是柏柏尔人建立的穆瓦希德王朝的鼎盛时期。在阿特拉斯山脉的北面，他们夺取马拉喀什后一直打到伊比利亚半岛，几乎占领了大半个西班牙。而在阿特拉斯山脉的南面，他们控制着整个西撒哈拉。这座古堡，也许就是当年为守护穿越撒哈拉大沙漠的重要商路而修建的。阿拉伯语中它们被称为 Ksar，翻译过来就是"设防的城堡"。

　　非洲的土质建筑结构在很大程度上是继承了柏柏尔人的传统。柏柏尔人是一个喜爱战争和参与各种野蛮活动的民族，他们强悍而勇猛。伊斯兰教出现后，中东的阿拉伯人逐渐征服了柏柏尔人，并改变了他们的宗教信仰。但是古老的传统依旧潜伏于穆斯林的神学中，并生生不息。令人颇感惊奇的是，这个没有过多科技知识的民族，却能够从这个地形非常恶劣的地区提炼出一个如此美丽的栖居地，简直是人类的一大奇迹。由于泥土不易导热，即使受到正午太阳的强烈烘烤，这些由厚厚的墙壁搭建起来的房子里面也会清凉宜人。屋顶是由一种带有苦味的柳木编织而成的，这种柳木的味道可以驱逐昆虫。墙壁上装饰着具有伊斯兰风格、内容颇为抽象的图案。一名摩洛哥人类学家指出："水泥房子在夏季犹如地狱，在冬季又特别冷；但是土制建筑物则完全不同，它一年四季都会令居住在里面的人倍感温馨。"他还认为土民区在设计上的各个方面都是比较合理的。这些建筑物没有任何蓝本来效仿，而是完全根据生活于其中的居民的实际需求来建造的。建造和维护是团体的共同任务。

圣基茨和尼维斯联邦：硫磺山要塞国家公园

硫磺山要塞国家公园位于东加勒比海地区的圣基茨和尼维斯联邦，是目前美洲地区保存最好的历史防御工事建筑，1999 年作为世界文化遗产被列入《世界遗产名录》。

世界遗产委员会评价：硫磺山要塞国家公园是 17 世纪和 18 世纪出现于加勒比海的军事建筑得到完好保存的典型范例。这座公园由英国设计师设计、大批的非洲奴隶建造。要塞见证了欧洲殖民地的扩张、非洲的奴隶交易以及加勒比海地区新型社会制度的出现。

硫磺山要塞国家公园位于东加勒比海的圣基茨岛上。要塞海拔在 800 米以上，占地十五公顷，由英国军事工程师设计，军队监管着非洲运来的奴隶进行修筑和后续维护。由于地形险要且一直有军队驻扎，硫磺山要塞得到了完好的保存。要塞的建筑布局糅合了英国要塞和加勒比海地区的风格，成为 17、18 世纪城堡的典型范例，是美洲保存得最好的历史要塞之一。

硫磺山要塞是整个加勒比海地区最生动的景点之一。今日可以参观的部分包括居高临下的城堡、医院、军火库、炮官居所和乔治要塞博物馆。

硫磺山要塞国家公园是典型的英国堡垒，由奴隶身份的人民所建造完成。它也是欧洲殖民地在加勒比海地区的扩张达到顶峰时，为了逢迎这种扩张需求，而不惜使用大批非洲廉价劳动力建造而成的。该要塞重要的战略地位，使其成为英法殖民者争夺的对象。

1623 年和 1625 年英国和法国的殖民者分别来到圣基茨岛上。1690 年，英国军队曾在硫磺山上架设了大炮，夺回了法军占领的查理要塞。法军之前并没有预料到英军的这一行动，因为他们觉得很难把大炮运上陡峭的、并且森林密布的硫磺山。1713 年《乌特勒支条约》签订后，这里就完全归属英国。在硫磺山要塞全盛之时，它被称作"西印度群岛的直布罗陀"，就指的是他那居高临下的高度和看起来难以攻克的形态。1782 年法国海军中将弗朗索瓦·约瑟夫·保罗·德·格拉斯组织了对要塞的进攻。在这次围攻中，尼维斯岛先投降了，尼维斯岛上的查理要塞和其他小关隘的武器被集中来进攻硫磺山要塞。英国的萨缪尔·胡德——第一代胡德子爵试图解围未果。损失惨重的英军还是投降了。但一年之后签订的《巴黎条约》又将圣基茨岛（包含硫磺山）和尼维斯岛归还给了英国。英国加强了要塞的防守能力，之后硫磺山就未再次陷落过。1806 年，法国海军曾试图夺回该要塞，但未能成功。1853 年，英国削减军队预算，硫磺山要塞被放弃了。要塞慢慢毁坏。

硫磺山要塞的修建断断续续超过了一百年。到 1782 年，硫磺山要塞已经连续建造了大约 90 年。硫磺山城堡占地约 2.5 公顷，并且它雄伟的乔治城堡根据地被约 2 米厚的由黑色岩浆岩构成的墙体所保护。1900 年年初，硫磺山要塞重修工程开始动工。1985 年英国女王伊丽莎白二世曾为重修的硫磺山要塞国家公园奠基。1987 年此地被正式列为国家公园，1999 年被列入《世界遗产名录》。

二、宫殿与园林

贝宁：阿波美王宫

阿波美王宫，位于贝宁南部，是古阿波美王国的王宫。阿波美王宫是已消失的阿波美王朝的独特见证。1985 年联合国教科文组织将阿波美王宫作为文化遗产列入《世界遗产名录》。

世界遗产委员会评价：1625—1900 年，阿波美王朝 12 位国王相继执政，王朝处于鼎盛时期。除了阿卡巴国王（King Akaba）另选地点修建了宫殿之外，其余的各位国王都把王宫建在了同一个地方。这样既可以保持与原有宫殿的联系，也能够充分利用空间和各种资源。虽然阿波美王朝早已退出了历史舞台，但是阿波美王宫一直在向世人展示着这一强大王国当年的辉煌。

西非的阿波美王国始建于 1625 年，后来发展成了一个军事、经济强国。自成立至 19 世纪，在"奴隶海岸"上，它垄断了同欧洲国家主要公司的贸易。它的大部分财富来源于奴隶交易，即把战俘当作奴隶卖给那些急于想把战俘转卖到"新世界"去的欧洲商人。阿波美王国曾经保持了很长时间的稳定与繁荣。在河加贾国王统治时期，阿波美王国征服了西非港口奎达赫，随后这里变成了阿波美王国宫廷的奴隶贸易中心。葡萄牙的奴隶贩子用大炮、枪支和阿波美宫廷交换奴隶，每门大炮可以换 21 个妇女或 15 个男子。阿波美王宫至今仍保存着这种大炮。20 世纪初，贝宁成为法国的殖民地，阿波美王国灭亡。

1695—1900 年，一共有 12 位国王统治这个国家，每一个国王都在位于首都的王家园林内修建了自己的豪华王宫。园林内存有大量的各式建筑、公用设施、壁画、雕塑，还有大量极为精美的浮雕。大量地使用陶制浮雕是大多数宫殿的正门建筑的主要特色，对于一个没有文献记载的社会，这些浮雕充当了重要的历史档案。它们记载了阿波美王国历史上的重要事件，美化了当时的战争，鼓吹了王权，反映了当时人民的生活习俗、宗教仪式、民间传说。从浮雕的展示可以看出，阿波美王国军事上的强盛与国内女战士的浴血奋战是分不开的，她们与男战士一样英勇无畏。浮雕上还显示了许多象征国王性格和强权的神话图案。

1892 年，为了抗拒法国人的占领，阿波美国王柏罕下令将许多王宫在内的建筑烧毁。珍宝宫是其中一座幸免于火灾的王宫。这使得作为记载当时的风俗民情的历史档案——陶制浮雕，弥足珍贵。直到今天，这些珍贵的陶制浮雕仍被用于传统的宗教仪式和王室的重大庆典。

1984年3月15日龙卷风的袭击使阿波美王宫受到极大损害。据报道，包括波尔蒂科宫、格莱莱国王的陵墓等在内的建筑损失惨重。自1984年以来，几项修复工程取得了有效进展。1994年因对遗址的保护遇到了种种障碍，世界遗产委员会呼吁其他国家和组织提供帮助，一项工程在非洲博物馆保护组织的启动下得以进行。贝宁政府与其合作，召集了一大批急需的建筑史料和相关领域的专业人才。在意大利外交部和国际遗产中心的资助下，历经三年的研究，汇成长达2 500页的由1731年至今的文献资料。文献已汇编成册，付诸印刷，并由贝宁的图书馆保存。1993年意大利、法国和美国有关人员参观了阿波美王宫之后，盖蒂保护组织的一委员会开始对曾装饰皇宫的浮雕进行修复。此项工程历时四年，原来装饰格莱莱宫中的56幅浮雕中的50幅被重新定位。

澳大利亚：墨尔本的皇家展览馆和卡尔顿园林

皇家展览馆位于澳大利亚墨尔本中心商业区东北角的卡尔顿园林内部。皇家展览馆比邻墨尔本博物馆，是澳大利亚现存唯一的一个19世纪的展览馆，也是世界范围内为数不多的19世纪展览馆之一。2004年，皇家展览馆和周围的卡尔顿园林一起被评为世界遗产，是澳大利亚第一座被评为联合国教科文组织世界遗产的建筑。

世界遗产委员会评价：澳大利亚皇家展览馆及其周边的卡尔顿园林，是为1880年和1888年墨尔本的盛大国际展览而特别设计的。展览馆由约瑟夫·里德（Joseph Reed）设计。整个展览馆和园林由砖、木头、钢和石板等材料建成，风格则融合了拜占庭式、罗马式、伦巴第式以及意大利文艺复兴风格。展览馆专门用于举办国际展览活动，从1851年至1915年，有50余场来自巴黎、纽约、维也纳、加尔各答、金斯敦、亚哥等地的展览在此处举办。所有活动有一个共同的主题和目的：通过对各国工业的展示，记录物质和精神进步。

皇家展览馆包含了一个超过12 000平方米的大厅和许多临时性附属建筑。标志性的圆形屋顶是从佛罗伦萨的圣母百花大教堂获得的灵感。皇家展览馆在造型上承袭了1851年伦敦水晶宫的风格，但是皇家展览馆与水晶宫也有不同：水晶宫不是一个永久性建筑，其材料主要是钢筋和玻璃，是为方便搭建和短期启用；皇家展览馆是一个成功的永久性建筑，筑有坚固的墙壁和屋顶，一百多年的风雨岁月使它那维多利亚式的风雅愈发令人神往。

1888年，为了庆祝欧洲对澳大利亚一个世纪的殖民，墨尔本百年纪念展览会在皇家展览馆举行。展览大厅见证的最重要的事件无疑是澳大利亚第一届议会的召开以及君主立宪的澳大利亚联邦的成立仪式，时间是 1901 年 5 月 9 日。在官方开幕式后，联邦政府移入了维多利亚国会大厦；与此同时，维多利亚政府移入了展览馆并在那里待了 26 年。从那以后，这座建筑开始有了更多的功能。在 20 世纪 40 年代到 20 世纪 50 年代，随着它的损坏，这座建筑开始被人们戏称为"大白象"。讽刺的是，和当时墨尔本其他很多建筑一样，它也被打上了被办公楼取代的记忆。建筑的两翼原本是墨尔本水族馆和大舞厅，随着它们的慢慢荒废，就只剩下大楼的主体建筑和一些附属设施还伫立在 20 世纪 60 年代至 20 世纪 70 年代。1979 年，大舞厅被完全损坏，公众开始大声疾呼要避免主建筑陷入相同的境地。

1984 年，伊丽莎白女王二世访问维多利亚州，她将展览馆冠以"皇家"的名号，这直接鼓舞了 1985 年晚期对建筑内部的修复以及一个镜面玻璃附属建筑的动工。1997 年和 1998 年，建筑的外观被渐渐修复。1996 年，当时的维多利亚州州长 Jeff Kennett 提议并主持建造了墨尔本博物馆，选址于展览馆的附近。澳大利亚工党、墨尔本市议会以及当地社团坚决反对博物馆的选址，认为它太靠近展览馆。这些反对呼声，再加上党派的竞争，反对党领袖 John Brumby 在墨尔本市议会的支持下，提议提名皇家展览馆为世界遗产。该提议直到 1999 年工党取得了选举的胜利后才得以实施。2001 年，该馆再次取得重要地位，为澳大利亚联邦成立 100 周年举行了庆祝活动。

三、特殊建筑与雕塑

塞内加尔：戈雷岛黑奴囚禁地

戈雷岛位于塞内加尔维德角半岛正南，整个岛是由隆起的玄武岩形成的。该岛濒临塞内加尔海岸，面向达喀尔，是欧洲人在西非最早开拓的殖民点之一。1978 年，该岛作为文化遗产被列入《世界遗产名录》。

世界遗产委员会评价：戈雷岛位于塞内加尔海岸不远处，与达喀尔隔海相望。从 15 世纪到 19 世纪，戈雷岛一直都是非洲海岸最大的奴隶贸易中心，历史上这里曾先后被葡萄牙人、荷兰人、英国人和法国人占领过。在戈雷岛上，既能看到奴隶住的简陋屋子，也能找到奴隶贸易商居住的优雅庭院，两类建筑物形成鲜明对比。今天的戈雷岛，依然能使人们记起那段人剥削人的历史。这里同时也是人们消除历史积怨、求得和解的神圣殿堂。

在塞内加尔首都达喀尔东南方 3 千米，有一个南北长 900 米、东西宽 300 米的小岛，这就是蜚声世界的旅游小岛——戈雷岛。从新石器时代起，非洲人就经常光顾这个小岛。由黑色玄武熔流凝固而成的戈雷岛，像一颗黑珍珠镶嵌在蓝色的海面上。该岛南端有一块筑有堡垒的平台，北端则由一炮台（埃斯特雷要塞）

扼首。岛上有一小码头供来往达喀尔的小艇停靠。在沙土路面的街道两旁，红赭石色的破旧的住房比肩而立。岛上发现的玄武岩制工具与曼努埃尔角和马德拉群岛上发现的玄武岩制工具相同。这个火山岛的优越地理位置为欧洲人进入非洲提供了便利：它是奴隶船的理想交接站，躲避内陆袭击的理想停留地，岛上还有一眼清泉。戈雷岛最早被葡萄牙占有，1580 年被西班牙抢走。之后，荷兰促使戈雷岛摆脱西班牙的监护，接管了这块本属于葡萄牙的非洲小岛。1627 年，荷兰首先在该岛建立永久居民区，取消了小岛的原有名称，改称戈雷岛（戈雷港）。

戈雷岛是欧洲人在西非最早开拓的殖民地之一，也是 15 世纪—19 世纪非洲海岸最大的奴隶贸易中心。戈雷岛摆脱西班牙的监护后，荷兰人在此修建了两座要塞：奥兰治要塞建于城中，拿骚要塞建在山坡上。50 年后，法国占领了戈雷岛，直至塞内加尔独立。其间有 30 年的时间，戈雷岛被英国占领。1677 年，经过激烈的海战，法军元帅让·德斯特雷从荷兰手中抢走了戈雷岛，两座要塞被毁。重建后更名为圣米歇尔要塞（以前的奥兰治要塞）和圣佛郎西斯要塞（以前的拿骚要塞）。1693 年，冈比亚的一名英国官员破坏了要塞并占领了戈雷岛，但只过了 6个月，法军反攻并重占了该岛。66 年后，即 1758 年，戈雷岛重新落入英国之手。5 年后根据 1763 年《巴黎和约》，戈雷岛被归还给法国。1779 年，岛上首次发生黄热病，根据政府命令，戈雷岛上的要塞被夷为平地，改作单一贸易货栈，居民疏散到圭亚那和圣路易斯。这样，英国人不费吹灰之力重占戈雷岛，直到 1783 年才按照《凡尔赛条约》归还法国。1789 年法国大革命后，1794 年国会废除了给戈雷岛带来财富的奴隶贸易；但 1803 年，拿破仑又重新批准奴隶贸易。1800—1817年，戈雷岛最后一次被英国占领。英国人禁止奴隶贸易，然而戈雷岛却利用冈比亚和大英帝国间的非法奴隶走私，获得经济飞速发展。戈雷岛一直是奴隶贩运的集散地，直到 1807 年英国政府废除奴隶贸易。

同世界上其他旅游胜地相比，戈雷岛没有绮丽的风光、灿烂的艺术名胜，但是岛上有博物馆和古城堡遗迹，还有一座清真寺、一个教堂和一两座殖民时期的行政管理楼。另外这里保存的奴隶堡、炮台和一尊尊大炮记载了非洲人民被西方殖民主义者侵略、奴役、压榨的苦难历史。因此，戈雷岛成了旅游胜地。戈雷岛上的奴隶堡是一座坚固的木石结构建筑物，楼上铺设着地板，阳光充足，是奴隶贩子们的住所；楼下是一间间奴隶囚室，每间只有 5、6 平方米，同时关押 15 至20 名奴隶。这些奴隶被戴上手铐、脚镣，还被系上一个 7 千克的大铁球，以防他们逃跑。囚室阴暗、潮湿、肮脏、没有窗户，墙上仅有几个小洞眼，供奴隶贩子朝里观看。这些囚室分男室、女室和儿童室，一次屯集 500～600 人。在奴隶堡的底层，有一条阴森森的通道，直通波涛汹涌的大西洋，成千上万的黑人奴隶就是从这里被押解上船运往美洲的。

美国：独立大厅

独立大厅也称美国独立纪念馆，是位于美国宾夕法尼亚州费城的一栋乔治风格的红砖建筑物，因美国《独立宣言》《美利坚合众国宪法》在此签署而闻名于世，1979 年作为文化遗产被列入《世界遗产名录》。

世界遗产委员会评价：1776 年的《独立宣言》和 1787 年的《美利坚合众国宪法》都在费城这座独立大厅里签署。这两份以自由和民主为原则的文件不仅在美国历史上发挥了重要作用，同时也对世界各国法律的制定产生了深远影响。

独立大厅建于 1732—1753 年，由埃德蒙·伍利和安德鲁·汉密尔顿设计，伍利主持修建。该建筑最高处距地面 41 米。该建筑初由宾夕法尼亚殖民议会批准修建，作为宾夕法尼亚殖民当局的州议会的议场。另外两座小型建筑毗邻独立纪念馆：东侧的旧城厅和西侧的国会厅。1776 年 7 月 4 日，来自英国殖民下的北美十三州的代表在这里签署了由汤玛斯·杰弗逊撰稿的美国《独立宣言》。1787 年，美国宪法也在此地制定。在 1790—1800 年费城作为美国首都的这段时间，该建筑是美国国会的所在地。

1948 年，独立大厅建筑内部得到重修，恢复到最初的面貌。第 80 届美国国会后，美国独立国家历史公园建立，以保护美国革命历史遗迹。独立国家历史公园是一块由四街区组成的区域，包括以下著名景点：独立广场、卡本特厅（第一届大陆会议召开地）、富兰克林故居、格拉夫厅（重建，《独立宣言》起草地）、酒馆城（革命战争核心区域）等。1979 年，独立大厅被联合国教科文组织登录为世界文化遗产，今天也是美国独立国家历史公园的一部分。独立大厅建筑的钟楼放置着自由钟，它象征美国的独立。后来由于钟体开裂，被卸下陈列于街对面的自由钟中心。今天的钟楼，则设置着"百年钟"。该钟在 1876 年美国独立百年博览会时首次亮相。1976 年伊丽莎白二世访问费城时，赠予美国人民一座复制品"二百年钟"，今天陈列于独立纪念馆临近的第三大街当代钟楼内。

1775—1783 年，独立大厅被作为北美十三州殖民地举行第二次大陆会议时的场地。1776 年 6 月 14 日美国《独立宣言》在此通过，并且在楼下，即今天的独立广场位置向公众大声宣读。这一天也成为美国独立纪念日。1775 年 6 月 14 日，大陆会议代表在独立大厅议事堂提名乔治·华盛顿为大陆军总司令，领导北美人民抵抗英军。

悉尼：歌剧院

悉尼歌剧院位于澳大利亚悉尼市贝尼朗岬角，是 20 世纪最具特色的建筑之一，也是世界著名的表演艺术中心，已成为悉尼市的标志性建筑。2007 年 6 月 28 日被联合国教科文组织评为世界文化遗产。该剧院设计者为丹麦设计师约恩·伍重。

世界遗产委员会评价：落成于 1973 年的悉尼歌剧院是 20 世纪的伟大建筑工程之一，无论是在建筑形式上还是在结构设计上，都是各种艺术创新的结晶。在迷人海景映衬下，一组壮丽的城市雕塑巍然屹立，顶端呈半岛状，翘首直指悉尼港。这座建筑给建筑业带来了深远的影响。歌剧院由三组贝壳状相互交错的穹顶组成，内设两个主演出厅和一个餐厅。这些贝壳状建筑屹立在一个巨大的基座之上，四周是露台区，作为行人汇集之所。1957 年，国际评审团决定由当时尚不出名的丹麦建筑师约恩·伍重（Jørn Utzon）设计悉尼歌剧院项目，标志着建筑业进入了全新的合作时期。悉尼歌剧院作为向全社会开放的伟大艺术杰作被列入了《世界遗产名录》。

悉尼歌剧院于 1973 年 10 月 20 日建成，由英国女王伊丽莎白二世揭幕剪彩。它虽然只有 20 多年的历史，但它的知名度却远在许多著名的欧洲歌剧院之上，它与港湾大桥一起成为澳大利亚最早和最大的城市象征。然而，很少有人知道，悉尼歌剧院的建造过程充满了曲折，这个梦幻般的建筑物的设计蓝图当初差一点被埋没在废纸篓里。1955 年 9 月 13 日澳大利亚政府向海外征集悉尼歌剧院设计方案，至 1956 年共有 32 个国家 233 个作品参选。1957 年，由 4 人组成的评委会讨论审议歌剧院的各种设计方案，其中一位名叫伊尔罗·萨里南的评委注意到了已经被扔进废纸篓里的设计图。这位老资格的芬兰裔美国建筑师独具慧眼，发现丹麦设计师约恩·伍重的构思别具一格，富有诗意，颇具吸引力。萨里南据理力争，终于说服了另外 3 个评委，使他们改变了主意。最后这个设计图案击败了其他 231 个竞争对手而被选中，并赢得了 5 000 英镑奖金。

悉尼歌剧院整个建筑占地 1.84 公顷，长 183 米，宽 118 米，高 67 米，相当于 20 层楼的高度。歌剧院的独特设计，表现了巨大的反传统的勇气，自然也对传统的建筑施工提出了挑战。工程的预算十分惊人，当建筑费用不断追加时，悉尼市民们怀疑这座用于艺术表演的宫殿最后是否能够完工。歌剧院落成时前后共投资了 1.02 亿美元。工程技术人员光计算怎样建造 10 个大 "海贝"，以确保其不会崩塌就用了整整 5 年时间。工期的耽误和成本的昂贵，导致了新南威尔士州一届政府的下台。在野的自由党攻击执政的工党把相当一部分财力用于悉尼歌剧院的建筑，而忽略了在医院和其它福利事业方面的投资，置人们的生死于不顾。新一届政府继任后，对修建歌剧院的态度没有前任坚决。于是建设者和政府之间展开了激烈的争论，最后迫使约恩·伍重与悉尼挥泪告别。当时，歌剧院工程连 1/4 都没有完成。从那时起，约恩·伍重，这个悉尼歌剧院的设计者再也没有回来过，即使在他设计的 "杰作" 从蓝图变成实物，乃至后来 5 周年、10 周年、20 周年隆重庆典时，他也不曾回来看上一眼。悉尼歌剧院共耗时 16 年、斥资 1 200 万澳元才得以完成。为了筹措经费，除了募集基金外，澳大利亚政府还曾于 1959 年发行悉尼歌剧院彩券。

悉尼歌剧院好似白色的帆状屋顶，由 10 块大"海贝"组成，最高的那一块高达 67 米。外观为三组巨大的壳片，耸立在南北长 186 米、东西最宽处为 97 米的钢筋混凝土结构的基座上。第一组壳片在地段西侧，四对壳片成串排列，三对朝北，一对朝南，内部是大音乐厅。第二组在地段东侧，与第一组大致平行，形式相同而规模略大于歌剧厅。第三组在它们的西南方，规模最小，由两对壳片组成，里面是餐厅。其他房间都巧妙地布置在基座内。整个建筑群的入口在南端，有宽 97 米的大台阶。车辆入口和停车场设在大台阶下面。悉尼歌剧院坐落在悉尼港湾，三面临水，环境开阔，以特色的建筑设计闻名于世，它的外形像三个三角形翘首于河边，屋顶是白色的形状犹如贝壳，因而有"翘首遐观的恬静修女"之美称。

歌剧院分为三个部分：歌剧厅、音乐厅和贝尼朗餐厅。歌剧厅、音乐厅及休息厅并排而立，建在巨型花岗岩石基座上，各由 4 块巍峨的大壳顶组成。这些"贝壳"依次排列，前三个一个盖着一个，面向海湾，最后一个则背向海湾侍立，看上去很像是两组打开盖倒放着的蚌。高低不一的尖顶壳，外表用白格子釉磁铺盖，在阳光照映下，远远望去，既像竖立着的贝壳，又像两艘巨型白色帆船，飘扬在蔚蓝色的海面上，故有"船帆屋顶剧院"之称。贝壳形尖屋顶，是由 2 194 块每块重 15.3 吨的弯曲形混凝土预制件用钢缆拉紧拼成的，外表覆盖着 105 万块白色或奶油色的瓷砖。据设计者晚年时说，他当年的创意其实是来源于橙子。正是那些剥去了一半皮的橙子启发了他。而这一创意来源也由此被刻成小型的模型放在悉尼歌剧院前，供游人们观赏。每年在悉尼歌剧院举行的表演大约有 3 000 场，约两百万观众前往观看，是全世界最大的表演艺术中心之一。

四、工矿业及水利交通设施

墨西哥：龙舌兰景观和特基拉的古代工业设施

龙舌兰景观和特基拉的古代工业设施位于墨西哥特基拉火山的小山丘与里约格兰德河的深谷之间，以其著名的龙舌兰文化在 2006 年作为世界文化遗产被列入《世界遗产名录》。

世界遗产委员会评价：该遗产占地 34 658 公顷，位于特基拉火山的小山丘与里约格兰德河的深谷之间，拥有茂盛的蓝色龙舌兰草景观。从 16 世纪开始，这些植物被制成龙舌兰酒，且在近 200 年内被用于酿酒以及制作衣料。遗址中的酿酒厂显示了世界在 19、20 世纪对龙舌兰酒消费力的增长。今天，龙舌兰文化被视为墨西哥国家认同的一部分。这个地区还包含了一些考古遗迹，并证明了塔栖兰文化在 200—900 年影响了特基拉地区，尤其是农耕用的梯田、住宅、寺庙以及球场等。

特基拉（又译作"太基拉"或"铁奇拉""塔奇拉""塔琪拉"）是当地土著语言，意思是劳作之地。特基拉作为墨西哥的一座小城，以盛产墨西哥最具特色的植物龙舌兰著称。早在远古时代，墨西哥人就发现了龙舌兰肥厚多汁的特性。用龙舌兰根茎中的汁液所酿造的龙舌兰酒，又名特基拉酒，口味干烈，是墨西哥的国酒，也是世界上最受欢迎的烈性酒之一。

作为龙舌兰和龙舌兰酒的主要生产地，特基拉全城 6 万人口中的绝大多数从事的都是与龙舌兰有关的行业，该镇几乎全部经济活动都是围绕龙舌兰酒的酿造活动而展开。随着龙舌兰酒在国际市场声望的提高，特基拉镇每年要举办龙舌兰酒节，旅游收入的比例开始提高。

刚被列入《世界遗产名录》的阿伽夫景观是当地的一片龙舌兰种植地。而特基拉古代工业设施则以加工、酿造龙舌兰酒为主。列入遗产的部分包含了农田、酿酒厂、已经废弃或是使用中的工厂、塔韦纳斯、城镇以及塔栖兰考古遗址，为数众多的大牧场及庄园也被计入，其中有些建筑的建造日期还能追溯到 18 世纪。无论是工厂或是大牧场的建筑，其特征都在于泥砖架松、以赭土粉刷的墙壁、石拱门、楔形石，并佐以新古典及巴洛克式装饰。这个历史景观也反映出西班牙发酵龙舌兰汁的传统与欧洲蒸馏工艺的融合，以及当地技术与来自欧洲和美国的技术的结合。

该镇周围全部种植龙舌兰，这种植物需要八年才能成熟。酿酒时，须将龙舌兰中间类似菠萝的含糖圆茎采摘下来，经过蒸煮、切碎、榨汁，再经过发酵、蒸馏等程序，制作出名扬四海的龙舌兰酒或称特基拉酒。根据墨西哥的法律，这种酒发酵时可以添加蔗糖或玉米，但不得超过 49%。

据考证，龙舌兰酒的酿造史可追溯到 2—3 世纪。当时，居住在中美洲地区的阿兹特克人已掌握了发酵酿酒的技术，多汁而含糖丰富的龙舌兰自然而然成为酿酒的原料。阿兹特克人用树枝戳开龙舌兰的茎，然后把收集来的汁液放入容器中，让其自然发酵，这种发酵酒就是普利克酒。在宗教活动中，不论老少都喝这种酒精度与啤酒差不多的龙舌兰酒。

在 1520 年西班牙殖民者来到墨西哥之前，普利克酒一直是阿兹特克人的杯中之物。西班牙征服者到来后，也将蒸馏的技术带到这里。为了弥补葡萄酒或其他欧洲烈酒的不足，他们开始在当地寻找酿酒原料，于是看上了具有奇特植物香味的普利克酒，但又嫌这种发酵酒不够劲，便通过蒸馏提升普利克酒的酒精度，用龙舌兰酿造的蒸馏酒就此产生。由于这种新酒是用来替代葡萄酒的，所以称其为梅斯卡尔葡萄酒，或直接称其为梅斯卡尔酒。梅斯卡尔是所有龙舌兰为原料酿造的蒸馏酒的总称。它是古印第安人及西班牙人文化的结晶，再加上是阿拉伯人教会西班牙人酿酒的，所以龙舌兰酒是三种文化的结晶。

19 世纪下半期，墨西哥哈里斯科州特基拉地区开始酿造特基拉酒，起初称为特基拉梅斯卡尔酒，后来称为特基拉酒。只有以 136 种龙舌兰中品质上乘、生长在哈里斯科州海拔超过 1 500 米的特基拉火山山坡上的蓝色龙舌兰为原料，在特基拉地区酿造的龙舌兰酒才有资格冠以"特基拉"之名。

加拿大：丽都运河

丽都运河，加拿大安大略省东南部的一条运河，全长 202 千米，连接渥太华和金斯顿。其建造的初衷是为了替代圣劳伦斯河，作为商业及战略的重要通道。但是，它的原始使命早已被公路、铁路等现代交通设施所消解。现在，它最为人知的美誉当属"世界最长的滑冰场"。2007 年，它作为文化遗产被列入《世界遗产名录》。

世界遗产委员会评价：丽都运河是建于 19 世纪初的一条伟大的运河，包含了丽都河和卡坦拉基河（Cataraqui）长达 202 千米的河段，北起渥太华，南接安大略湖金斯顿港。在英美两国争相控制这一区域之际，为战略军事目的开凿了这条运河。丽都运河是首批专为蒸汽船设计的运河之一，防御工事群是它的另一个特色。1826 年，在运河建造初期，英国人采用"静水"技术，避免了大量挖掘工作，并建立了一连串的水库和 47 座大型水闸，将水位抬高到适航深度。这是北美保存最完好的静水运河，表明当时北美已大规模使用这项欧洲技术，是唯一一条始建于 19 世纪初，流经途径至今保持不变，且绝大多数原始构造完好无损的运河。运河上建有六座"碉堡"和一座要塞，后来又在多个闸站增建防御性闸门和管理员值班室。在 1846—1848 年，为加固金斯顿港口的防御工事建造了四个圆形石堡。丽都运河见证了为控制北美大陆发起的战争，具有重要的历史价值。

丽都运河被称为是"美洲大陆北部争夺控制权的见证"。1812 年战争之后，英军为了改善加拿大后方到前线的交通运输，计划在渥太华河和安大略湖之间修建一条运河，于是有了这条被称为丽都运河的水道。一旦美军再次入侵加拿大，英军就可以使用蒸汽船队快速地将兵源及战略物资，通过渥太华河和丽都运河，从蒙特利尔一直运送到金斯顿的海军基地，就可以在美加边境和美军大战一场了。

1826 年，英军指挥官约翰·拜带队来到今日渥太华国会山一带屯垦，准备修建运河。虽然约翰·拜中校巧妙地利用了沿途的几条河流和湖泊，使用了先进的静水运河技术，修了 40 多道船闸，大大地减少了施工量；但这条 202 千米长的丽都运河还是使用了数以千计的劳力，花了 6 年多才完工，运河的总造价超过了 80 万英镑。英国政府对约翰的超支非常不满，就将他解职并调回伦敦接受调查。从此，约翰·拜中校也就再也没有机会回去看看他那心爱的丽都运河。四年之后，约翰·拜在他的家乡悲凉地死去，留下了无限的惆怅。

丽都运河并没有真正地用于战事。1812 年战争之后，美国将其扩张的野心转移去了西部和南部。美军再也没有向北面的加拿大发动战争。这样，丽都运河在军事上，也就没有了用武之地。不过，丽都运河在商业上还是很有用处的。渥太华出产的松木，就是通过丽都运河运送出去的。到了后来，劳伦斯河取代了丽都运河成为加拿大的主要运输水道。从此，丽都运河就沉寂了下来。但是，约翰·拜中校为建运河而修建的定居点，却热闹不减，因而变成了有名的拜城。拜城后来改名为渥太华，成了加拿大联邦的首都，直到今日。

现在，它最为人知的美誉当属"世界最长的滑冰场"。每年2月中旬渥太华都会在冰冻后的丽都运河举办热闹非凡的冬季狂欢节，冬庆节的所有活动都围绕冰雪题材展开。除了有冰雕展、雪橇活动、破冰船之旅外，还有冰上曲棍球赛、雪鞋竞走以及冰上驾马比赛等精彩活动。冬庆节已经成为渥太华一个重要的标志，同时也是整个北美洲地区最吸引人的冬季旅游活动之一。

五、乡村田园与文化景观

埃塞俄比亚：孔索文化景观

孔索（Konso）是埃塞俄比亚西南部南方各族州的一个镇。孔索人以建造瓦加（Waga）闻名，瓦加是为曾经杀死敌人或是像狮、豹这类动物的死者所竖立的一种纪念像。这些格式化的木雕成群排列，代表死者、他的妻子和被他征服的敌人。2011年该景观作为文化遗产被列入《世界遗产名录》。

世界遗产委员会评价：孔索文化景观占地面积为55平方千米，位于干旱的埃塞俄比亚孔索高地。在这片高地上，除了石墙梯田构成的景观外，还分布着人类的定居点。作为人类克服干燥恶劣的自然环境、顽强生存下来的杰出范例，孔索文化景观代表着一个已传承了21代（即400多年）并依然具有活力的文化传统，并展现出各社区的共同价值观、社会凝聚力及其所拥有的工程知识。这里还保存有具有人格化特征的木雕，这些木雕相互组合在一起，代表着受到尊敬的各社区成员，特别是英雄事件，对正处消失边缘的丧葬传统而言，它们是特殊的活生生的见证。矗立在城镇中的石碑则共同构成了一种纪念一代代逝去的领导人的复杂体系。

孔索人经济依靠集约农业，包括坡地灌溉和梯田，主要作物是硬粒高粱，也广泛种植棉花。圈养家畜，采用饲养和牧人监视的方式，以保护耕地不受牲畜侵扰。饮用牛乳，以牛、绵羊和山羊的肉类为食；收集动物粪便作为肥料。食用其他动物均为禁忌。

古巴：古巴东南第一个咖啡种植园考古风景区

古巴东南第一个咖啡种植园考古风景区，位于古巴圣地亚哥省和关塔那摩省的马埃斯特腊山山脚下，因其是古巴最早的咖啡种植考古区，2000 年作为世界文化遗产被列入《世界遗产名录》。

世界遗产委员会描述：这个坐落在喜瑞拉梅斯特拉（Sierra Maestra）丘陵间的 19 世纪咖啡种植园遗迹，见证了在不规则土地上进行农业种植的创新形式，清晰地展示了加勒比海地区和拉丁美洲地区经济、社会和技术发展的历史。

古巴东南部最早的咖啡种植园考古景观，位于古巴东南部的马埃斯特腊山脉，是 19 世纪与 20 世纪初古巴东南部的咖啡种植区。马埃斯特腊山平均海拔 1 500 米，横跨关塔那摩和圣地亚哥两省。山的南坡陡峭，气候干燥，无人居住；北坡平缓，气候湿润，人口稠密，适宜种植咖啡作物。这里的咖啡种植是 18 世纪中叶由法国从海地引进的。

历史上这里的居民大部分是为了逃避外国侵略者和本国独裁者的迫害而从各地迁移来的。1790 年，古巴附近的法国殖民地海地发生奴隶起义，3 万多法国殖民者逃难到达古巴定居下来。他们在海地拥有丰富的咖啡种植经验，来到古巴后开垦土地，在东南部地区从事咖啡种植园经济。据记载，到 1833 年时，古巴已有 2 000 余座咖啡种植园。其中建立最早的 7 座咖啡种植园遗址被列入为世界文化遗产。这些咖啡种植园正是在马埃斯特腊山麓的处女地上开垦出来的。坐落于马埃斯特腊山山脚下的咖啡种植园是在陌生土地上尝试进行新作物种植的范例。古巴东南第一个咖啡种植园考古风景区，见证了贫瘠地区的农业开发，独特而雄辩地表明了原始森林农业开发的形式，即在不规则土地上进行农业种植的创新形式，清晰地展示了加勒比海地区和拉丁美洲地区经济、社会和技术发展的历史。

● 第三节　宗教建筑

埃塞俄比亚：拉利贝拉岩石教堂

埃塞俄比亚的岩石教堂举世无双，最有名的要数亚的斯亚贝巴以北 300 多千米的拉利贝拉。拉利贝拉岩石教堂始建于 12 世纪后期拉利贝拉国王统治时期，有"非洲奇迹"之称。是 12 和 13 世纪基督教文明在埃塞俄比亚繁荣发展的非凡产物。1978 年，该教堂作为文化遗产被列入《世界遗产名录》。

世界遗产委员会评价：这是 13 世纪"新耶路撒冷"的 11 座中世纪原始窑洞教堂，坐落于埃塞俄比亚中心地带的山区，附近是环形住宅构成的传统村落。拉利贝拉是埃塞俄比亚基督徒眼中的圣地，至今仍有虔诚的信徒前去朝圣。

拉利贝拉位于地势比较高的埃塞俄比亚中部的拉斯塔山脉，依傍着山脉的最高峰——4 117 米的阿布那·其斯山，存在于首都亚的斯亚贝巴以北 350 千米的地方。这座城原名为洛罕，后来改成现名，以纪念这里神奇的岩石教堂的倡建者——扎格王朝的国王拉利贝拉。这个王朝于 1173—1270 年统治埃塞俄比亚。

据说，12 世纪埃塞俄比亚第七代国王拉利贝拉呱呱落地的时候，一群蜂围着他的襁褓飞来飞去，驱之不去。拉利贝拉的母亲认准了那是儿子未来王权的象征，便给他起名拉利贝拉，意思是"蜂宣告王权"。当政的哥哥哈拜起了坏心想要毒杀他，被灌了毒药的拉利贝拉三天三夜长睡不醒。在梦里，上帝指引他到耶路撒冷朝圣，并得神谕，"在埃塞俄比亚造一座新的耶路撒冷城，并要求用一整块岩石建造教堂"。于是拉利贝拉按照神谕在埃塞俄比亚北部海拔 2 600 米的岩石高原上，动用了 5 000 人，花了 30 年的时间凿出了 11 座岩石教堂，人们将这里称为拉利贝拉。从此，拉利贝拉成为埃塞俄比亚人的圣地。至今，每年 1 月 7 日埃塞俄比亚圣诞节，信徒们都将汇集于此。

精雕细琢的教堂像庞大的雕塑，与埃洛拉的庙宇一样是从坚硬的岩石中开凿而成的。它们外观造型惊人，内部装修独特。其中四个是在整块石头上开凿的，其余的则要小些，要么用半块石头凿成，要么开凿在地下，用雕刻在岩石上的立面向信徒标示其位置。每个群体都是一个由某种围墙围绕着的有机整体，游客在里面可沿着在石灰岩上开凿的小径和隧道网四处漫游，因此，拉利贝拉岩石教堂，有"非洲奇迹"之称。

拉利贝拉的 11 座岩石教堂大致分为 3 群，彼此间由地道和回廊连为一个整体。每座教堂占地几十到几百平方米，相当于三四层楼房之高。这些教堂坐落在岩石的巨大深坑中，几乎没有高出地平面。在这些山岩教堂中，最大的教堂叫梅德哈尼阿莱姆，意为救世主教堂。这座教堂由一块长 33 米、宽 23.7 米、高 11.5 米的红岩凿成，面积为 782 平方米。它拥有 5 个中殿和一个长方形的廊柱大厅，28 根石柱，仔细琢磨后雕上了几何图案。屋顶为阿克苏姆式尖顶，窗棂也缕雕成阿克苏姆的石碑式棂格。阿克苏姆文化的元素在这里得到了保持。

拉利贝拉的教堂中最引人注目的或许是耶稣基督教堂。它长 33 米，宽 23 米，高 11 米，精雕细刻的飞檐由 34 根方柱支撑。这是埃塞俄比亚唯一一个有五个中殿的教堂。根据基督教的惯例，有三个分别面向东、北和南的门通向教堂内部。这是按长方形廊柱大厅式基督教堂的形式修建的。它呈东西向，隔成八间，28 根支撑半圆形拱顶的支柱成行排列其间。

圣玛丽亚教堂比耶稣基督教堂的面积小些，高度为 9 米。墙上的窗户为阿克苏姆风格，里面有三个中殿。其独特之处在于它们从上到下都覆盖着代表几何图案（希腊十字和万字饰、星形和圆花饰）和动物（鸽子、凤凰、孔雀、瘤牛、大象和骆驼）的装饰性绘画及按福音书描绘的耶稣和玛丽亚生活场景的壁画，但大多均已损坏。主门之上是一个描绘两个骑手杀死一条龙的浅浮雕，由于埃塞俄比亚的圣所中很少有动物雕刻，所以这幅雕塑属珍品之列。一些专家认为这些绘画可追溯到扎拉·雅各布国王（1434—1465年）统治时期。

独石教堂矗立在7～12米深的井状通道的中央，是在由深沟将高原的其他部分与之分离出来的岩石上直接雕刻出来的。雕刻自顶部（穹顶、天花板、拱门和上层窗户）始，一直延续到底部（地板、门和基石）。为了使夏季影响这一地区的滂沱大雨能通畅地排掉，用这种方法创造的空间平面呈轻度倾斜状。建筑物的突出部分，如屋顶、檐沟、飞檐、过梁和窗台的突出程度视雨水的主要方向而定。

每当到了"德姆卡多"这一天，拉利贝拉岩石教堂周围的岩壁上，就会挤满成千上万听祭司说教的人群。因为这一天是基督教洗礼之日。凡是参加"德姆卡多"祭典的少年们，都必须盛装打扮。在少女们的低声祈祝中，他们双手捧着神具，跟随着大人进入设在广场上的小木屋里。人们还夜宿于此，做虔诚的祈祷。每当教堂的晨钟在黎明时分响起，修道士们就开始对巡礼者说教。由祭司将祝圣过的圣水分洒给在场的每一个人。在随后的祭祀活动上，一个称为"达玻多"的十诫木板从教堂里面运出，象征着摩西从耶稣那儿得到了十诫。在木板的中央，还有一幅圣徒降服巨龙的图画。最后，这个十诫木板要被安置在广场上搭建的小木屋里。"德姆卡多"祭典一共要连续举行三天，是埃塞俄比亚高原上最大的宗教性活动。

巴西：孔戈尼亚斯的仁慈耶稣圣殿

孔戈尼亚斯的仁慈耶稣圣殿位于巴西东南部米纳斯吉拉斯州的孔戈尼亚斯城内，是基督教最具艺术特色的建筑之一，1985年作为世界文化遗产被列入《世界遗产名录》。

世界遗产委员会评价：孔戈尼亚斯的仁慈耶稣圣殿位于贝洛奥里藏特（Belo Horizonte）南部的米纳斯吉拉斯（Minais Gerais），建于18世纪下半叶。这个圣殿由多个部分组成：一个受意大利影响采用洛可可风格进行内部装饰的教堂、饰以先知雕像的室外楼梯，以及七座小教堂。在这些小教堂里展示有耶稣受难像，亚历昂德里诺（Aleijadinho）创作的这些多彩雕像表现出非常新颖、生动和富有特色的巴洛克艺术风格。

17世纪末期和18世纪早期，丰富的金矿和钻石矿的发现，吸引了大量的探险者来到这个区域，其中尤以葡萄牙人居多。

1700年左右，一些葡萄牙人定居在雷阿尔克卢什（即今天的拉法耶蒂顾问城）。从那开始，一些人出发去寻找新的贵重金属矿脉，在他们寻找的路上建立了一些小村庄，这就是孔戈尼亚斯镇的诞生渊源。也有人认为，这个城镇是由一群矿工建立的，他们是从欧鲁普雷图逃跑出来，为的是躲避那儿的饥荒。

1734年，随着附近河床地区金矿的发现，孔戈尼亚斯的定居人口一下子激增起来。起初，人们定居在一条河流的右岸，在那儿他们建立了第一个教堂——罗萨里奥圣母堂。1749年，他们又开始建造玛特里斯圣母教堂。孔戈尼亚斯的仁慈耶稣圣殿的建造，始于1757年，完工于1772年，建在一个被称为奥托马拉尼昂的小山上。建造者是一位虔诚的耶稣教徒、葡萄牙移民弗里西亚诺·门德斯，建造动机来自于对上帝的感恩。1757年，弗里西亚诺·门德斯得了一场重病。让他意想不到的是，他后来奇迹般地完全康复了，在他看来这是上帝挽救了他，于是便许诺建造了这座教堂。建造过程中，当时一流的画家安东尼奥·弗兰西斯科、利斯博阿和阿莱雅丹赫，充分发挥他们的才赋，对建筑工作给予了不朽的贡献。教堂的旁边，是12个皂石作的先知画像和64个自然大小的雕像，反映了耶稣在十字架上的情景。它们是由阿莱雅丹赫雕刻，由阿塔尔德绘制的。聚集在这里的葡萄牙人在淘金的过程中变得富有起来。1746年，在一张记录有最大财富的秘密清单中，包括了孔戈尼亚斯村落的十个居民户，而且他们都是矿工。在这些最富有的矿工中，有一个人被人们称作"巴塔泰洛"，由于他开采的金矿石的巨大尺寸而得到了这个外号。富有的葡萄牙人慷慨解囊，不断为圣殿的建设捐献，才使圣殿的建设成为可能。

金矿的耗竭标志着这个地区衰落的开始。当地的经济开始下滑，只有每年九月份在孔戈尼亚斯的仁慈耶稣圣殿的庆祝期间，这个村庄才会有额外的资金收入。当时，朝圣吸引了大量的信徒，成为米纳斯吉拉斯州最大的一个宗教朝圣盛会，已经延续了200余年。

孔戈尼亚斯的仁慈耶稣圣殿，除了教堂本身外，还有前廊和七个跨间等建筑物。圣殿通体洁白，主建筑包括三层，大门富丽堂皇，造型精美的两座塔楼圆顶方体排列在两边。其装饰风格属洛可可式，并含意大利式大玻璃装饰的优点。内部藏有典型的巴洛克艺术风格的雕刻作品，极富感染力和表现力，实属具有高度艺术价值的上乘之作。这些作品与先知像称得上是拉丁美洲基督教艺术的杰作。这一切使得这座圣殿成为极具基督教艺术特色的宏伟建筑之一。

● 第四节　人类遗址与地下宝藏

一、古人类遗址与史前遗址

埃塞俄比亚：奥莫低谷

奥莫低谷，坐落于埃塞俄比亚的南部，靠近美丽的图尔卡纳湖。在有关考古部门的监管下，这处史前时期的遗址得到了较好的保存，这里已经发掘出了大量的人类化石，并有数目众多的牙齿、下颌骨以及各种其它部位的骨骼残骸。1980

年，该遗址作为文化遗产被列入《世界遗产名录》。

世界遗产委员会描述：奥莫低谷位于图尔卡纳湖（Lake Turkana）附近，是世界上著名的史前文化遗址。在这里发现的许多化石，特别是人类股薄肌（Homo gracilis）化石，对人类进化过程的研究具有重要意义。

世界上著名的史前遗址——奥莫低谷，是埃塞俄比亚南部奥莫河靠近图尔卡纳湖的一处世界遗产，以发现大量的人类化石而闻名，其中人类股薄肌化石的发现最为著名。1967年，肯尼亚人类学家理查德·利基在埃塞俄比亚南部的奥莫低谷，和同伴在地下约80米深处挖掘到了奥莫Ⅰ号和奥莫Ⅱ号。发现奥莫Ⅰ号和奥莫Ⅱ号之后两年，理查德及同事在《自然》上发表文章称，这是两件在解剖结构上很接近今人（现在的人类）的现代人化石，出土年代为距今约13万年前。另据利基基金会网站介绍，从奥莫飞往肯尼亚内罗毕的飞机上，理查德竟然火眼金睛般地看出肯尼亚北部的图尔卡纳湖一带很可能蕴藏着丰富的化石。随后的30年中，理查德及其他古人类学家果然从奥莫低谷地区挖掘出了200多件高质量的化石。

奥莫低谷挖掘出了许多石器时代的石器工具。这些石器工具上所携带的证据指出，奥莫低谷是迄今为止所知的人类所居住的最古老的史前时期的露营地之一。另外一些证据还进一步表明了人类在这里所从事的最久远的生产活动以及使用的工具。所有的这一切证据，连同遗址中所发现的丰富的人类化石一起，使人们能够更好地了解祖先，了解人类的进化。因此奥莫低谷是一处重要的考古遗址。

奥莫低谷住着不同部落的20余万人。由于山脉和草原阻隔及政治的原因，他们长期处于封闭状态，仍过着传统的原始生活。人们把奥莫低谷称为"最后的非洲"。如今，奥莫低谷仍处于原始状态，部落传统至今保持不变。奥莫低谷的妇女仍身着精美华丽的兽皮服装，而男子则通过头顶上梳理有特殊颜色的发髻表示步入成年。这里可以看到穆尔西部落的妇女仍戴有巨大的唇片，男子则参加定期举行的棍棒角斗仪式。哈马尔部落的妇女在整个东非地区最漂亮，她们身上不同的金属装饰物代表着她们不同的婚姻状态。卡罗部落以纹身和情欲舞蹈而闻名；其他部落诸如察迈、巴纳、埃尔博雷、孔索、加布罗和博拉拉等也有同样迷人的习俗。

墨西哥：瓦哈卡州中央谷地的亚古尔与米特拉史前洞穴

瓦哈卡州中央谷地的亚古尔与米特拉史前洞穴位于墨西哥瓦哈卡州特拉科卢拉山谷中，2010年作为文化遗产被列入《世界遗产名录》。

世界遗产委员会评价：坐落在亚热带气候的瓦哈卡州特拉科卢拉山谷中的此遗产，由两处西班牙统治前的考古遗址，以及一系列史前洞穴和人类居住的岩石庇护所组成。在一些庇护所中发现的考古证据与岩刻艺术，见证了史前人类从游牧式的打猎采集者向定居的农业人口转变的进程。在吉拉纳蒂兹洞穴中发现的一万年前的葫芦种子，被认为是美洲大陆上最早进行植物栽培的证据；而同一洞穴发现的玉米穗残粒则被看作是最早的人工栽培玉米的证据。亚古尔与米特拉洞穴的文化景观展现了人与自然之间的纽带。这一纽带不仅导致了北美洲人工种植的产生，并且推动了中美洲文明的发展。

亚古尔与米特拉史前洞穴位于墨西哥瓦哈卡州特拉科卢拉山谷中。瓦哈卡州是墨西哥本土文化气息最浓烈的一个州，生机勃勃的土著文化和后来居上的西班牙文化水乳交融，形成了拉丁美洲一道独特的风景。

在墨西哥的瓦哈卡州中的特拉科卢拉山谷中，有着闻名于世的亚古尔与米特拉史前洞穴，并且由两部分组成，一部分是人类居住的史前洞穴，另一部分是十五世纪前的考古遗址。此史前洞穴的考古遗址，对于人类研究史前文明具有非常大的作用。

进入洞穴中，可以观看到史前人类的生活地点，还有他们制作的一些石器、器皿等珍贵的历史文物。而且从展现于墙壁上的一些壁画，可以推测出当时人类的一些活动内容。这不仅对科学家的研究有所帮助，还能让人们也去观赏，细细品味当初人类的生活状态。这个考古遗址。反映了中美洲人类的史前活动内容，远处观看洞穴时，会发现它的高度在山谷两侧的中间位置。进入洞穴后，可以观察到远处的情形，便于史前人类防止野兽带来的危害，极大地保护了他们的生活。科学家在洞穴中发现了葫芦种子，这被认为是最早的人类种植植物的证据。在特拉科卢拉山谷中，也有着代表墨西哥特色的仙人掌等植物。

巴布亚新几内亚：库克早期农业遗址

库克早期农业遗址位于巴布亚新几内亚南高地省，因其见证了7 000多年前人类由植物采集向耕种转变的技术跨越，2008年作为世界文化遗产被列入《世界遗产名录》。

世界遗产委员会的评价：早期农业遗迹是一片占地116公顷的湿地，位于新几内亚南部海拔1 500米以上的高地。考古发掘向世人展示了一项连续7 000年，甚至可能长达1万年的湿地开垦景象。它包含有保存完好的考古遗迹，展现了6 500年前由植物采集向耕种转变的技术跨越。随着时间的推移，这成为一个很好的例证，从土地耕作、用木制工具挖沟渠排水等方面反映了农业转型的状况。库克是世界上为数不多的在如此长时间段内的独立农业实践的考古证据。

库克早期农业遗址是位于巴布亚新几内亚南高地省的一个考古遗址。此处是一片面积为116公顷的湿地，海拔超过1 500米。在这里发现了9 000年前的农业种植遗址。这是最古老的农业遗址之一，此外还发现了年代不同的数期农业遗址，是农业耕作方式转型的最好例证。

直到 20 世纪初期，当地人仍在库克湿地种植香蕉和根类蔬菜，并使用木制水渠进行灌溉。他们还在湿地周围的山谷中定期烧荒，以促进牧草生长，发展牧业。20 世纪 30 年代欧洲人来到了这一地域寻找黄金，阻止了烧荒行为。20 世纪 50 年代后这里通了车，开始种植咖啡和茶等作物。1968 年，库克湿地被卡维尔卡斯人租借给澳大利亚殖民管理局 99 年，作为研究茶叶和其他作物的研究站，传统的水渠和作物的格局从此被打破。在巴布亚新几内亚 1975 年独立之前，澳大利亚国立大学对此处进行了考古调查，之后又进行了为期 4 年的大规模的考古发掘，发现了古代灌溉系统的遗迹。1991 年研究站关闭后，考古发掘停止，当地人继续在这里种植作物。1997 年巴布亚新几内亚国家博物馆和巴布亚新几内亚大学的专家一起协商，希望可以将库克湿地列入世界遗产名录。

通过对水渠底部沉积的火山灰的研究，考古工作者将库克早期农业遗址分为 6 期，其中的第 1 期位于灰土层之下，发现了 9 000 年前种植的芋头和修建水渠帮助湿地排水的遗迹。研究者认为此处农业生产的历史甚至可以追溯到一万年前。之后几期都处于灰土层之上，其中的第 2 到 3 期发现了 7 000 年前的香蕉和甘蔗种植遗迹，第 4 到 6 期证明库克湿地自四千年前至今一直有着连续的农业生产。

考古挖掘证明，该片地貌是当年的改造湿地之一，存留时间长达 7 000 至 10 000 年之久。其中包括保存良好的考古遗迹，展现了约 6 500 年前将植物采集转化为农业活动的一次技术性飞跃，非常具有历史研究价值。

二、历史时期遗址

摩洛哥：瓦卢比利斯考古遗址

瓦卢比利斯是一座部分出土的罗马古城，位于摩洛哥非斯和拉巴特之间的梅克内斯附近，是一处年代久远的古罗马废墟，1997 年作为文化遗产被列入《世界遗产名录》。

世界遗产委员会评价：古城建于公元前 3 世纪，曾是北非古国毛里塔尼亚的首都，是罗马帝国的一个重要前哨，有着许多优雅精致的建筑物。该考古遗址是一个富饶的农业区，在这里出土过许多重要遗迹和文物。瓦卢比利斯后来曾有一段时期成了伊德里斯王朝的首都，王朝的创立者伊德里斯一世就葬在附近的穆莱伊德里斯。

瓦卢比利斯是年代久远的古罗马废墟。1 世纪，古罗马人在可能是迦太基城市的地方建立了定居点，即瓦卢比利斯，并逐渐发展成为古罗马帝国在非洲当地的中心行政城市之一，负责生产并向古罗马帝国输出粮食。瓦卢比利斯同时也是罗马人与永远无法被征服的柏柏尔人进行官方接触的地方，双方只在互利时才进行合作。与其他很多罗马城市不同，罗马人在 3 世纪非洲地区失去立足之地后，没有放弃瓦卢比利斯。拉丁语在这里继续流行了几个世纪，直到 7 世纪晚期阿拉伯人征服北非后才被取代。这里曾有一段时期成了伊德里斯王朝的首都。

此后，人们又在瓦卢比利斯生活了 1 000 多年。1755 年，瓦卢比利斯在大地震中毁灭。18 世纪瓦卢比利斯遭到遗弃。当时为了在梅克内斯附近修建穆莱的宫殿，瓦卢比利斯被拆除以便得到建筑材料。可想而知，如果当时没有拆除瓦卢比利斯，瓦卢比利斯有可能成为当今保留最为完好的一处罗马遗迹。

据记载，1 世纪时这里曾经是一座繁华的城市，整个城市呈现出一派欣欣向荣的景象。1874 年，考古学家发现了瓦卢比利斯遗址。1915 年，这里开始进行大规模的发掘。考古发现，这里留有保存完好的凯旋门和剧场的白色石圆柱，甚至连古城的街道、居民住房、油磨坊、公共浴室、市场等都依然清晰可见，这里还有许多镶嵌式的壁画。从废墟中还挖掘出大批制作精巧的青铜人像和大理石人像，其中包括乌西亚的半身像、梳洗中的维纳斯像、穿草鞋的维纳斯像。瓦卢比利斯的凯旋门建于 217 年，中心广场与"巴西利卡"的一边相连。"巴西利卡"是一种建有柱廊的建筑，是法庭开庭的地方，也是举行商业会议的场所，下雨时还可以让人们避雨。瓦卢比利斯的建筑多种多样，其中有俄耳甫斯的房子、艾弗伯斯带柱廊的房子、维纳斯随从的房子、高利尔那斯的浴室等。这些都与意大利庞贝城中的景色相似。

哥伦比亚：圣奥古斯丁考古公园

圣奥古斯丁考古公园位于哥伦比亚西南部的乌伊拉省，距首都圣菲波哥大西南约 450 千米，是哥伦比亚最伟大的考古发现之一，1995 年作为世界文化遗产被列入《世界遗产名录》。

世界遗产委员会评价：在南美洲一片原始壮观的风景区内矗立着最大的宗教建筑和巨石雕塑群。这些雕塑包括了众神和传说中的动物，从抽象主义到现实主义，风格各异。这些艺术杰作显示了 1—8 世纪盛极一时的北安第斯文化的创造力和想象力。

圣奥古斯丁考古公园海拔高达 1 752.6 米，坐落于哥伦比亚山侧的一个小村庄中。在方圆大约 500 千米的范围内，散布着许多圣奥古斯丁文化的墓地、神殿和石像。圣奥古斯丁的艺术家们，用黑曜石制成石斧，在玄武岩上雕刻出了精美的石像和石碑。这些公元前 5 世纪后雕刻的石像和石碑，现在还残存 400 多处。与复活节岛上长耳朵、长鼻子、长脸的巨石像不同，这里的石像有着可爱的脸部表情。石像是在几个不同阶段雕刻而成的，前期的人像雕刻线条简洁，后期作品雕刻细腻。这些雕刻装饰显示了作者丰富的想象力。在南美洲一片原始壮观的风景区内竖立着一些巨大的宗教性的纪念像和雕塑。神和传说中的动物都被精湛地雕刻出来，栩栩如生。圣奥古斯丁文化在 8 世纪达到鼎盛，后来同其他美洲文明一样，迅速地衰败消失了。

圣奥古斯丁考古公园，是迄今为止哥伦比亚最伟大的考古发现之一。几个世纪以来，在这片土地上曾经居住着代表各种文化的民族，因而也为子孙后代留下了许多有考古价值的文化遗址，其中最著名的有雕塑、石刻、石棺以及雕有人物、动物、神话传说的岩石雕刻。现在还不能确定这些文物究竟代表什么具体的文化，只能推测他们代表了各种礼拜，尤其是对死者的礼拜。在当时，圣奥古斯丁的居民以农业为生，主要种植谷物、蔬菜、水果，也进行狩猎和捕鱼，并且古圣奥古斯丁居民掌握着极为高超的制陶技术。在圣奥古斯丁考古公园中建有博物馆和图书馆，在那里可以得到关于圣奥古斯丁考古公园的历史知识。

埃及：阿布辛贝至菲莱的努比亚遗址

阿布辛贝至菲莱的努比亚遗址位于埃及东南部尼罗河上游河畔，这里有大量极具考古价值的宏伟古迹。1979 年该遗址作为世界文化遗产被列入《世界遗产名录》。

世界遗产委员会评价：这一重要区域有大量极具考古价值的宏伟古迹，包括阿布辛贝（Abu Simbel）的拉美西斯二世神庙（Temples of Ramses II）和菲莱（Philae）的伊希斯女神圣殿（Sanctuary of Isis）。这些古迹在 1960—1980 年曾险遭尼罗河涨水毁坏，多亏联合国教科文组织发起的国际运动，最终才幸免于难。

阿布辛贝至菲莱的努比亚遗址中，最雄伟的埃及古建筑是阿布辛贝神庙。它建造于公元前 1275 年，埃及第十九王朝法老拉美西斯二世统治时期。神庙在尼罗河两岸的峭壁上凿出，高约 33 米，宽约 37 米，纵深约 61 米。其中神庙正面的 4 个巨大的雕像是法老拉美西斯二世本人。雕像的两耳之间宽达 3.9 米，嘴宽 0.97 米。这些巨型雕像逼真地再现了法老拉美西斯二世的形象。其中的一个由于地震的破坏而缺少了头部。在 4 尊雕像的小腿之间有些小雕像，它们是拉美西斯二世的孩子们和他那既是妹妹、又是妻子的娜弗塔瑞。寺内石壁上刻满了图画和象形文字，评价拉美西斯二世当政期间的生活情景、与赫梯人为争夺叙利亚地区统治权而会战于卡迭石城的战况，以及努比亚地区人民的生活习俗。距拉美西斯二世神庙不远，是拉美西斯二世为其最宠爱的妻子尼菲泰丽修建的神庙，即伊希斯女神圣殿。它同样是在悬崖上雕刻而成，规模略小于阿布辛贝神庙，故有小阿布辛贝神庙之称。庙内塑有多尊尼菲泰丽的塑像。与大多数古埃及艺术作品追求庄重、稳定而给人以僵硬的感觉不同，这里的尼菲泰丽雕像神态自若，美丽动人。每年的拉美西斯二世的加冕日和生日，太阳光线能够穿过开凿在岩石里面深达 63 米的祭台间，照在太阳神雕像上。

在被誉为"尼罗河明珠"的菲莱岛上，还建有献给女神艾西丝和哈索尔的菲莱神庙。它建于公元前 4 世纪—公元前 3 世纪。菲莱神庙融合了埃及法老时代的建筑风格和希腊-罗马建筑风格。神庙的第一塔门上刻有托勒密一世将奴隶供给艾西斯女神和哈索尔女神的图像。中心还刻着艾西丝女神、哈索尔女神的浮雕像，精美无比。关于献给女神艾西丝和哈索尔的菲莱神庙，还有一个美丽的传说。相传，艾西丝和乌祖利斯是一对相敬相爱的好夫妻。乌祖利斯教古埃及人耕作，深得人民的爱戴。他的弟弟嫉妒他，将他杀害后碎尸万段，扔在埃及各地。艾西丝为了寻找丈夫的尸骨，跋涉千里，边走边哭，最后终于找全了丈夫的尸骨，并借助神力，使丈夫恢复了半个生命。后来，艾西丝生了一个名叫荷利斯的儿子。她偷偷地把儿子抚养成人，终于报了杀夫之仇。古代埃及人把艾西丝视为天上的女神。他们认为，每年尼罗河水泛滥，都是由于艾西丝在寻找丈夫时痛哭流泪形成的。

20 世纪 50 年代，埃及政府为了控制尼罗河水泛滥，在尼罗河上游动工建造纳赛尔水坝。水坝建成后努比亚地区将形成一个巨大的水库，如不采取措施，阿布辛贝神庙等古迹将遭遇永远沉入水底的厄运。为了避免这一局面的发生，从 1960 年起，由联合国教科文组织牵头，34 个国家的考古学家联合进行了一次人类历史上最大规模的文物抢救运动。抢救古迹的工程从 1962 年开始动工，分几个阶段进行，历时近 20 年。全世界许多科学工作者、工程师和工人齐心协力，先用钢板把大庙围起来，抽干里面的河水，再将岩石切割成块，运送到离古迹原址不远、高出水库水位的地方，再按原样重新安装。迁移后的大庙成功地保持了建造时的方位，即每年的春分和秋分时节，太阳的光线可以穿过开凿在岩石里面深达 63 米的祭台间，照在太阳神雕像上。在抢救古迹工程中，菲莱神庙被迁到靠近阿吉基亚的小岛上，其他寺庙分别在 4 个经过精心挑选的地方重建。为了纪念这场声势浩大的古迹抢救工作，1980 年埃及政府建立了努比亚博物馆。

美国：卡俄基亚土丘历史遗址

卡俄基亚土丘历史遗址位于美国密苏里州圣路易斯城东北部约 13 千米处，是美洲最大的土建筑遗址，1982 年作为文化遗产被列入《世界遗产名录》。

世界遗产委员会评价：卡俄基亚土丘历史遗址位于密苏里州圣路易斯城东北部约 13 千米处，这是哥伦布发现美洲前墨西哥以北地区最大的人类聚居地。该遗址主要在 800—1400 年有人类居住，占地 1 600 公顷，包括 120 个土丘。该遗址是古代部落社会的典范，以类似中心城和卫星城的模式进行规划，在中心城市周围有许多小村庄。这个农业社会在其鼎盛时期（约 1050—1150 年）约有人口 1 万至 2 万。在这个遗址上还可以找到一些远古建筑，例如当地的寺庙。这是美洲大陆上最大的史前土木工程，占地超过 5 公顷，高约 30 米。

卡俄基亚土丘历史遗址是美国境内最古老的文化遗迹之一。据说它早在圣路易斯形成城市之前就已经出现了，是当地居民在结束游牧生活之后，最先出现的固定居所，同时也是人类早期社会文化的最好展现。卡俄基亚土丘历史遗址向人们展现了在美洲大陆出现于人们视线之前的当地人的生活样貌，是人们了解密西西比河流域人类文明的最好方式。现如今人们在这个卡俄基亚土丘历史遗址之中一共发现了80多座规模不一的古老建筑，而那时作为人们生活主要用具的陶器更是不计其数。据说在它最繁盛的年代之中，这个地方曾经是一个常住人口高达数万人的大家园，是当地最重要的文化和贸易中心所在地。

卡俄基亚土丘历史遗址之中的建筑多大是当年土著人建设而成的。卡俄基亚土丘历史遗址是城市形成前，人们停止迁移而建造的简易住所，是未有历史记载的人类早期社会结构的雏形。这一历史遗迹的存在，为美国研究密西西比的哥伦比亚文化提供了最丰富的信息。从这些也可以看到当时劳动人民艰苦劳动的程度。

现在当地遗留的100多个土墩之中，已经有87个记入当地的文献之中了。僧侣墩是这个地区最大的一个遗迹，有30.48米高，而且可以分为4层，占地面积更是超过5.6公顷，是现如今世界上最大的土建筑之一。它的存在也是古代人民建筑水平的最好见证。

突尼斯：迦太基遗址

迦太基遗址位于突尼斯的突尼斯城东北17千米处，是奴隶制国家迦太基的首都，1979年作为文化遗产被列入《世界遗产名录》。

世界遗产委员会评价：迦太基毗邻突尼斯湾，始建于公元前9世纪。自6世纪起，迦太基逐步发展成为一个强大的贸易帝国，也创造了一段辉煌的文明。其领土曾扩展到地中海沿岸的大部分地区。在漫长的布匿战争中，迦太基占领了罗马的领土，但最终于公元前146年被罗马打败，迦太基城变为废墟。

迦太基古城遗址位于突尼斯首都突尼斯城东北17千米处，迦太基在腓尼基语中意为新的城市。它占地300多公顷，是奴隶制国家迦太基的首都。据文字记载，迦太基古城建于公元前814年，比罗马城早61年，城市兴建后，国力逐渐强盛，版图不断扩大，成为当时地中海地区政治、经济、商业和农业中心之一。大约在公元前9世纪，腓尼基公主艾莉莎带领她的子民，从现在的黎巴嫩远渡重洋，千里迢迢来到地中海南岸的这块陌生的地方，并以她的聪明机智，让当地的原住民——柏柏人赐给她土地，建立起著名的迦太基。

由于腓尼基人是一个善于航海和经商的民族，让刚刚兴盛起来的罗马备感威胁，终于引发了3次布匿战争。战胜方罗马人采用焦土政策，使得迦太基城像谜一样地从历史上消失。公元前122年罗马又在这里重建城市，并使其发展为仅次于罗马城的第二大城。698年，它被阿拉伯军队彻底毁灭。近年来，在考古学家推敲和研究下，终于让这个曾经在历史上散发短暂光芒的迦太基城重新展现在世人面前。

迦太基古城遗址中的建筑遗迹具有明显的迦太基与罗马文化双重印记。迦太基人精于航海，这从港口建筑遗迹上可见一斑。迦太基古城近来发现了两个迦太基时期的军港，其中一个有大船坞，能容纳 200 多艘船只。迦太基古城最古老部分位于紧靠海岸的比尔萨山下，是迦太基城的中心。比尔萨山最南部为迦太基生殖女神塔甩特的圣殿。最南端是和萨山拉姆堡商港。比尔萨山上曾建造过坚固的防御工事，城墙长达 34 千米，高 13 米、宽 8 米，每隔 60 米就设一座瞭望塔。通过发掘，除宫殿、住宅等建筑依稀可辨之外，还发现了一批石棺和随葬品以及拜占庭时代的宫殿遗址。

罗马时代迦太基古城的遗迹残存较多。罗马人在比尔萨山上建有大神庙，其露天柱廊上则保存有罗马的胜利神和丰收神的雕像。著名的公共浴场则是在公元 145—162 年罗马皇帝安东尼时期建成的，是古罗马的第四大浴场。从基部残存的柱石、断墙、拱门可隐约看出两边对称排列的一间间浴室，浴室里有更衣室、冷水室、温水室、蒸汽浴室、按摩室、健身房等。浴场用水则从远处的山泉通过 60 千米长的引水渡槽引来。渡槽高 6~20 米，至今仍遗存数段渡槽和支架。住宅区也保存有雕刻精美的石柱，上面饰有人像、狮头、马身等。在数处庭院的地面上，有 2 000 多年前用各种颜色的小石块拼成的镶嵌画，残存部分的色泽依然绚丽华美。画面的内容有马、少年捕鸭等，这些都显示了罗马时期迦太基镶嵌画的成就。罗马时期修建的迦太基古城同其他罗马城市一样，有圆形剧场和椭圆竞技场。剧场分成 3 个部分，用栅栏隔开。乐队席后都有 5 个台阶，舞台前面兜着几个壁龛。后墙有 3 个门，舞台两侧的门直通场外的柱廊。舞台对面是平圆形石看台，共 21 级。椭圆形竞技场也相当大，可容纳 5 万多观众。迦太基被毁后，这里成为采石场，建筑材料被移作他用，只留下了建筑遗址。

突尼斯市以南约 200 千米的杰姆古罗马斗兽场也是著名的古迹。斗兽场呈椭圆形，看台可容纳 3.5 万名观众。这个斗兽场是目前世界上保存较好的三个古罗马斗兽场之一。

秘鲁：圣城卡罗尔-苏佩

圣城卡罗尔-苏佩位于秘鲁利马北约 200 千米处，是建筑最复杂的圣城，2009 年作为文化遗产被列入《世界遗产名录》。

世界遗产委员会评价：卡罗尔-苏佩位于苏佩河绿色山谷旁的干燥沙漠台地上，占地 626 公顷，俯瞰着苏佩河翠绿的谷地。它的历史可以追溯到中安第斯山脉的远古时代晚期，是美洲最古老的文明中心之一。除保存完好之外，该遗址给人印象最深的就是它设计和建筑的复杂性，尤其是它的纪念碑和土制平台以及凹陷的环形巷道。卡罗尔拥有复杂且巨大的建筑结构，包括 6 个大型金字塔结构。

在该遗址上发现的结绳文字（安第斯文明用于记录信息的结绳系统）证明了卡罗尔社会的发展及其复杂性。该城市的规划和它的某些组成部分，包括金字塔型结构和精致的住宅，均显示出礼仪活动的显著特征，标志着一个强大的宗教思想。

卡罗尔圣地遗迹据称已有 5 000 年历史，在公元前 3000 年，这个地区就已经开始了它的繁荣期。透过对卡罗尔遗址的解读，5 000 年前的秘鲁人的生活状况逐渐被现代人所了解。从卡罗尔-苏佩遗址的古老金字塔建筑的泥土和石块中发现了美洲大陆最早的文明痕迹。

这项考古发现确定了秘鲁中部沿海也是人类文明的起源地。大约与埃及人建金字塔同时，南美洲秘鲁境内，也有人建立巨大的石头建筑和灌溉运河。研究人员测知，苏佩河谷在公元前 2627 年就已有城市存在。卡罗尔 1905 年就被发现，但没人去探索。从挖掘的古物发现那里曾孕育出一个岛屿都会区，勤劳的农民、工匠与渔夫共同创造了伟大的文明。这个文明延续了数百年，然后突然消失，原因没人知道。卡罗尔-苏佩圣城所体现的史前文明从公元前 3000 年延续到公元前 1800 年。卡罗尔文明兴盛的时间大约与埃及、美索不达米亚、中国以及印度等古文明差不多。在该文明兴盛期间出现大量高耸的简单建筑物，例如大型的平台式土墩。此外，考古人员发现了纺织技术存在的证据。研究小组根据当地出土的芦苇编织的篮子，判断出了该文明古物的年代。5 000 年前，工人用这种篮子搬运建筑石块，构筑巨大的建筑物，把这些篮子留在建筑物里面。这些不知名的史前文明人靠蔬菜和鱼类维生，不过没有种植谷类，也没有制造出陶器或任何艺术品，不像其他的古文明人。

三、岩画与地面图形

马拉维：琼戈尼岩石艺术区

琼戈尼岩石艺术区位于马拉维中央区代扎市，是非洲最精湛的岩画艺术区，2006 年作为文化遗产被列入《世界遗产名录》。

世界遗产委员会评价：琼戈尼岩石艺术区位于马拉维中央高原树林丛生的花岗岩山冈上，占地 126.4 平方千米。该地区 127 处遗址集中展现了中部非洲的岩画艺术。它们反映了相对贫乏的农民岩画艺术传统，以及自后石器时代就居住于此的群居猎人巴特瓦的绘画艺术。切瓦农民的祖先生活在后铁器时代，习练岩画至 20 世纪。岩画艺术里与妇女关系紧密的符号，与目前切瓦人文化仍有关联。这些遗址与庆典和仪式紧密相连。

切瓦人居住在赞比亚以东地带、津巴布韦的西北部和马拉维。切瓦人讲班图语，与其西邻的本巴人有许多相同的文化特征，两者具有血缘关系。切瓦语亦称钦延贾语，在马拉维占有重要地位。切瓦人的经济活动以刀耕火种农业为主，主要作物为玉蜀黍和高粱；狩猎和渔业也占一定地位。过去切瓦人的社会曾以奴隶制为特征。世系、遗产继承和继位均按母系，普遍实行一夫多妻制。

马拉维最早的居民是卡富拉人。13 世纪班图人的一支进入下刚果基萨莱湖地区定居并建立了卢巴王国。16 世纪中叶班图人中的切瓦人、尼扬扎贾人、曼甘贾人、恩顿巴人、姆博人、津巴人、恩森加人和契普塔人进入马拉维湖附近定居。其中切瓦人人数最多。他们在这里建立了 9 个王国，最著名的是切瓦人酋长卡龙加建立的马拉维王国。19 世纪初，班图人另两支尧族和恩戈尼人分别从东部和南部进入马拉维境内定居。德国殖民者 D. 利文斯敦在 1858—1863 年 4 次到达马拉维湖地区。他把该地称为尼亚萨兰。在柏林会议（1884—1885 年）上，尼亚萨兰被纳入德国势力范围。1890 年德葡两国达成边境协定，德国在尼亚萨兰的统治得以确认。1891 年 3 月德国殖民政府宣布尼亚萨兰为保护国，1904 年德国政府直接管辖尼亚萨兰。

非洲有 20 万个岩画地点。在非洲的其他地方，岩画经常用来记录布须曼人和俾格米人打猎的神话。在非洲西部没有多少岩画保存下来，而在东部和中部地区，一些创作于近代却极有价值的岩画得以残存。琼戈尼岩石艺术区的岩画遗迹包括后石器时代就居住于此的群居猎人巴特瓦的绘画艺术和生活在后铁器时代切瓦农民的祖先的岩画，是非洲中部著名的岩画遗迹，最集中、丰富地展现了中部非洲的岩画艺术。

琼戈尼岩石艺术与切瓦人有着不可分割的联系。切瓦人酷爱岩画，他们习练岩画的历史延续至今。马拉维中央高原树林丛生的花岗岩山冈上这些密密麻麻的被广泛收藏的岩石艺术，反映了许多世纪以来包括切瓦人在内的本地人保护和传承文化传统的非凡毅力。

秘鲁：纳斯卡和朱马纳草原的线条图

纳斯卡和朱马纳草原的线条图位于秘鲁利马以南约 400 千米，是考古学中最难解开的谜团之一，1994 年作为文化遗产被列入《世界遗产名录》。

世界遗产委员会评价：纳斯卡和朱马纳草原在利马以南约 400 千米，位于秘鲁海岸的干旱草原上，占地约 450 平方千米。这些线条图大约刻于公元前 500 年—公元 500 年，就其数量、自然状态、大小以及连续性来说，它们是考古学中最难解开的谜团之一。有些线条图反映了活着的动物、植物，也有想象的形象，还有数千米长的几何图形。这些物品被认为用于与天文学有关的宗教仪式。

纳斯卡线条图是一种巨型的、镂刻在纳斯卡山谷的潘帕·因哈尼奥荒漠中的一些奇怪的超大图形。有直线形、几何图形，还有飞禽走兽等各种各样的图案。在地面上，它们似乎像在暗红色的沙砾上一条条弯弯曲曲的小径。只有从高空往下观望时，这些线条才能呈现各种兽类的巨大图形。例如：一只50米长的大蜘蛛；一只巨大的秃鹰，其翼展竟达120米；一条蜥蜴有180米那么长；而一只猴子则有100米高。这些迷宫般的图案占地500平方千米，它们是靠移开坚硬的表层石块，让下层黄白色的泥土露出地面而创造出来的。

自1926年人们发现了这些图案后，一直众说纷纭。然而对这些图案想表达的意图，至今仍是个不解之谜。艾尔弗雷德·克鲁伯和米吉亚·艾克斯比，这两个最早注意到这些图案的人，认为这些是灌溉用的水渠。后来，艾克斯比认为这些小径与印加帝国的"神圣之路"相似，那些圆锥形石堆是"聚焦"（即这些线条的聚合相交点），也可能是举行礼仪活动的场所。保尔·考苏克在1941年到达该地时，在夏至那一天，他碰巧观察到太阳恰好就是从这些红条中某一条的末端的上空落下去的。这一奇妙的现象使他认为，这里是世界最大的天文书。德国学者玛丽亚·莱因切在经过30余年潜心研究之后，提出相同的理论。她解释道，这些直线与螺线代表星球的运动，而那些动物图形则代表星座。

在所有的理论中，最出名却又最牵强附会的要数埃里克·冯丹尼肯在他那本《上帝的战车》一书中所做的解释：这些是为外星人来参观而留下的入口处标记。另一种同样异想天开的妙说是，古代时，这里的人乘坐在热气球上留下这样的残迹。这一猜想的依据是，这些图案在空中才看得清楚；该说法还称图案中有许多地方看上去很可能是当时气球飞离地面时那些燃烧物留下的痕迹。不过，乔奇艾·冯布鲁宁又声称这是赛跑比赛时留下的轨迹。考古学家乔斯依·兰其奥则更直接而简单地把这一切解释为地图，标出的是一些进入重要场所的通道，比如地下水渠等。对于这些图案形成的时间的争论则要少一些。考古学家们最新的估计是，它们出现在1世纪前后，这比原先的推算更早些。然而，不管是行家还是非专业的分析家都对其魅力感到难以抗拒。

为了让它们能一直保存下去，当地政府已采取了一些保护措施。例如，参观者不准步行或驱车前往。在纳斯卡北部20千米处，建了一座瞭望塔，专为不宜乘飞机的游客们提供斜向观望其中三个图案的机会。倘若站在平地上去观看，那么这些奇妙的图案将即刻失去其所有的魅力，因为它们的规模之大、式样之繁多，是难以在平地上被觉察的。

四、陵墓与墓地

埃及：孟菲斯及其墓地金字塔

孟菲斯及其墓地和金字塔，位于埃及东北部的尼罗河西岸。孟菲斯曾是古埃及的都城，已有5 000年历史。金字塔距孟菲斯8千米处，是世界上古代"七大奇迹"中仅存的一处，1979 年作为文化遗产被列入《世界遗产名录》。

世界遗产委员会评价：古埃及王国首都有着令人叹为观止的墓地古迹，包括石冢、装饰华丽的墓室、庙宇和金字塔。这处遗址是古代世界七大奇迹之一。

孟菲斯位于尼罗河三角洲南端，埃及首都开罗和尼罗河两岸不远处，在公元前 3000 年由法老美尼斯所建。孟菲斯在上、下埃及首次统一后，就成为古埃及的首都。在漫长的岁月中，孟菲斯曾几经兴衰，最后毁于 7 世纪。现今，孟菲斯古城仅存拉美西斯二世时代的神庙遗迹、第十八王朝的斯芬克斯石像、阿庇斯圣牛庙和第二十六王朝的王宫遗迹等。孟菲斯的墓地在孟菲斯城西南萨卡拉，距开罗约 27 千米。这里有 80 多处古代法老的陵墓——金字塔，其中最为著名的是吉萨金字塔，共有 3 座，分别为古埃及第四王朝的法老胡夫、哈夫拉和孟考勒所建。金字塔是古埃及国王的陵墓。这些统治者在历史上被称为"法老"。古代埃及人脑海里有一个根深蒂固的"来世观念"，他们把冥世看作是尘世生活的延续。因此修建自己冥世的住所被这些法老看成是自己在生前的一件大事。金字塔的形象，千百年来为人们所熟知，引起无数人的惊叹。古代世界七大奇迹中的其它六个奇迹都已毁损，唯有代表着古代文明灿烂成就的金字塔，依然耸立在大地之上。因此，埃及人有俗语："人们怕时间，时间却怕金字塔"。

建造大型金字塔的年代在公元前 2650 年前后至公元前 1750 年前后，时间跨度大约为 900 年。绝大多数金字塔分布在尼罗河西岸。这是因为古代埃及人认为，太阳西下那边有来世。在众多金字塔中，最著名的莫过于离首都开罗不远的吉萨金字塔（建于公元前 2550 年前后）。3 座金字塔并排屹立，巍然壮观，其中规模最大的一座是胡夫法老（王）的坟墓，又名大金字塔。这座大金字塔高 146 米，底边长 230 米。建造这座金字塔的石料是采自吉萨附近的石灰岩，厚 1 米，宽 2 米；长短不一，平均每块重约两吨半。墓室内使用的花岗岩则是从远在 1 000 千米外的阿斯旺运来的。在大金字塔附近，还有一座非常有名的狮身人面像。在大金字塔建造完成的两千年后，即公元前 5 世纪，古希腊著名历史学家希罗多德来到埃及。在其所著《历史》一书中，他根据当地人的传言写道："金字塔是墓。"

大金字塔南侧有一所太阳船博物馆。那里展示着 1954 年 5 月考古厅的玛尔玛拉赫发现的最古老的大木船。在进行除沙作业时，他偶然发现用石灰岩盖着的长 31 米、深 3.5 米的凹坑，里面藏着拆散了的船的构件。经历了 13 年多的岁月，得到复原的是一艘全长 43 米的大船，上面有胡夫王的继任人杰多弗拉的名字。因此人们认为这艘船是杰多弗拉为其先王胡夫而埋葬的。在古埃及，人们相信王死后会变成太阳神，灵魂乘船飞往天空。因为太阳船有分昼用和夜用两种，所以胡夫王的船也应另有一艘。1987 年 2 月，早稻田大学考察队利用高科技手段进行调查，确认在原凹坑的西侧还有一个凹坑，那就是第二太阳船。同年 10 月，美国的一个考察队把纤维式观测器插入坑内，进一步确认了船的存在。1992 年，早稻田大学考察队成功地完成了坑内摄影和构件的木片采样。对木片的分析结果表明，第一太阳船用的是黎巴嫩产的杉木，第二太阳船也使用了基本相同的木材。在发现第一太阳船之后的 40 年间，由于坑内进了水，导致灰泥剥落，使得构件的保存情况相当差，有待今后进行处理和复原。

斯芬克斯最初源于古埃及神话，也见于西亚神话和希腊神话中，但斯芬克斯在各文明的神话中的形象和意义各有不同。古埃及第四王朝的法老哈夫拉按照斯芬克斯的形象建造了一座石像，后世称为狮身人面像。狮身人面像是一座非常古老的建筑，其中最明显的证据是在狮身的石头上发现的。大部分石头上都镶嵌着用来防止受蚀、起保护作用的饰面。长期以来，考古学家们一直认为这一镶嵌饰面的工艺是在狮身人面像建造后期，即整个狮身已经大体成形后才另外进行的。但是，1979—1980 年，有关专家在对狮身人面像进行了一番细致的研究之后却得出了另一个颇具争议的结论。在狮身人面像的狮身部位没有发现有任何对石块进行过加工的痕迹——无论是使用工具还是在最初阶段的采石过程中对石块表面进行的加工。狮身人面像的主体部位在进行镶嵌饰面工艺之前就已经受到了严重的侵蚀。对狮身人面像进行修复工作的时间可能开始于"新王国"时期，这一时期大约始自公元前 1500 年。

从金字塔到狮身人面像，从法老的墓地到雅典娜神殿……在古埃及遗址的每一个角落：墓地、石碑、雕塑、器皿、装饰、绘画……几乎都可以找到一种被称之为斯芬克斯的古怪图案。它们无一例外地均为人兽合体，尽管在表达方式上不尽相同，但是它们都是由人、狮、牛、鹰共同组成，可以将其称为"斯芬克斯现象"或"斯芬克斯文化"。这种现象或文化似乎带着一种蔓延的趋势，从古到今，从内向外。在北美落基山、在大和民族繁衍生息的日本岛、在世界屋脊藏传佛教的那些寺庙里，以及世界上许多其他地方，都能找到这种类似于人兽合体的东西。

在埃及，大大小小的金字塔有七八十座之多，其中最大的一座是胡夫金字塔。该塔高约 146.5 米，共用了 220 多万块巨石。每块石头都有一人多高，约 2 500 千克重。人们一直存在种种疑问，这些石块是怎样开采、运送的，又是怎样堆砌的呢？要知道，即使在今天，拥有现代化技术手段的建筑团队也很难完成如此艰巨的工作。尤其令人疑惑不解的是，在附近数百千米范围内，竟然难以找到类似的石头。不久以前，科学家约瑟·大卫杜维斯提出了惊人的见解：金字塔上的巨石是人造的。大卫杜维斯借助显微镜和化学分析的方法，认真研究了巨石的构造。他根据化验结果得出这样的结论：金字塔上的石头是用石灰和贝壳经人工浇筑混凝而成的，其方法类似今天浇灌混凝土。由于这种混合物凝固硬结得十分好，人们难以分辨出它和天然石头的差别。此外，大卫杜维斯还提出一个颇具说服力的佐证：在石头中他发现了一缕约 1 英寸长的人发，唯一可能的解释是，工人在操作时不慎将这缕头发掉进了混凝土中，保存至今。

瓦努阿图：马塔王酋长领地

马塔王酋长领地位于瓦努阿图谢法省，是最有历史感的领地，2008 年作为文化遗产被列入《世界遗产名录》。

世界遗产委员会评价：马塔王酋长领地包括 17 世纪初建于埃法特岛、勒勒帕岛和阿尔托克岛上的三处遗址。这些遗址与最后一位至高无上的酋长或马塔王的生死有关，现已成为瓦努阿图中心。这一遗产还包括马塔王的住所、他死去的地方以及马塔王的群葬区，他与那些有关酋长的口头传统和他所倡导的道德价值观有着紧密的联系。马塔王酋长领地见证了马塔王推行社会改革和解决冲突的历程。时至今日，这种历程仍然影响着当地人民。

马塔王酋长领地位于瓦努阿图岛国的中南部，由 3 处 17 世纪的遗迹组成，反映了瓦努阿图中心地区人类的生存和死亡状态、社会改革、冲突以及信仰。相传 17 世纪，埃法特岛及其附近岛屿各部族相互残杀，鸡犬不宁。马塔王酋长取得控制权后，决意结束乱局，实现和平。他召集各部族带一样随手可及的东西赴玛格斯开会。各族应约赴会，分别带来椰子、芋头、木薯和贝壳等物。马塔王酋长宣布，带来同样东西者属同一部族，相互间乃兄弟姐妹，同族不同婚，必须和平相处。从此，瓦努阿图中部进入较长时间的和平期。各部族按马塔王酋长所确立的部落制度，繁衍生息至今。目前，瓦努阿图全国 80% 的人口，仍在各岛上过着原始部落生活。

马塔王酋长结束了部族纷争，实现了地区和平，但不幸被害身亡，葬于阿尔托克岛。酋长领地由居住地、死亡地和墓葬区组成，其中墓葬区为太平洋地区最大的活人陪葬区，内有马塔酋长及 50 余名陪葬者的遗骨。

在一片密密的丛林中，有一个叫玛格斯的地方，这就是酋长的居住地。在酋长居住地有几块不起眼的石头。别看它不起眼，每块都有不小的来头。当地人介绍说，这块石头是马塔王酋长坐过的、歇过的；这块是酋长祈求风调雨顺鱼满舱的；那块是酋长分封诸侯号令天下的。传说为这些高不盈尺、其貌不扬的石头赋予了神圣色彩。作为历史的见证者，它们默默无语，接受着人们目光的洗礼。在一处海滨，有一苍翠小岛，悬崖上的一处神秘洞穴依稀可见。这就是酋长死亡地维尔斯大溶洞。传说马塔王酋长被兄弟毒害后，在此吃了最后一顿饭。溶洞有非常明显的风蚀和用火痕迹，是当地神圣之所，遇到重大事件，村民都会来此与上苍对话。溶洞内有象形图案岩画，纪录日月星辰运行及村民生老病亡等情况。还有一幅天然猪头画，猪的鼻子、眼睛、耳朵、牙齿一应俱全，活灵活现。

马塔王酋长被害后，当地人害怕他冤魂不散，未敢将其遗体安葬在玛格斯居住地，而是选择帽子岛作为安息之所。洛伊·马塔这个名字，也再未有人使用。墓葬区除酋长墓穴外，还有 50 个（其中 20 余个为妻妾）活人陪葬墓穴。自愿陪葬的男子临终前都喝了卡瓦（当地一种用卡瓦胡椒根制成的饮料），因卡瓦有镇静作用，其遗骨姿态十分放松，而妇女禁喝卡瓦，许多遗骨都双手上举，呈挣脱束缚状。

马塔王酋长遗址是由法国考古学家 Jose Garranger 于 1967 年发现的。他被有关马塔王酋长的美丽传说所吸引，前往帽子岛考察，果真发现了酋长墓地。之后他又考察了酋长生活区和死亡地，所见之物都与传说一一对应。如陪葬遗骨，他们的衣着和猪牙、贝壳等装饰品，都和传说无异，个别人连名字都可对上。马塔王酋长领地遗址见证了马塔王酋长的解决冲突并进行社会改革的历程，体现了马塔王酋长的道德力量及其改革措施在当地的延续，具有重大文化和历史价值。

 思考和练习题

1. 非洲、美洲及大洋洲的世界历史时期遗址有哪些类型？
2. 举例说明非洲、美洲及大洋洲的历史时期遗址的考古价值。
3. 非洲、美洲及大洋洲的宗教建筑有什么异同？

 案例和实训

2004 年 5 月 1 日至 5 月 6 日，一场具有创新意义的盛会——世界历史文化名城博览会在古都南京举行。来自圣彼得堡、莱比锡、维也纳、佛罗伦萨、巴塞罗那、京都、名古屋、大田、墨尔本、马六甲等 11 座国际历史文化名城的市长和代表与北京、西安、杭州、洛阳、开封、安阳、郑州、承德、丽江、平遥等国内历史文化名城的市长们齐聚南京，在展开"城市与人类文明"对话的同时，也展示了各自城市的久远历史及灿烂文化。

请选取一座上述材料提及的历史文化名城，简要分析它的特点及成因。

第三篇
世界自然遗产及
自然与文化双遗产

第五章 世界自然遗产与人类社会

学习目标

了解自然遗产的概念和内涵；
熟悉中国境内的世界自然遗产的分布和特点；
掌握世界自然遗产的评定标准及分类。

重点难点

能运用世界自然遗产评定标准及分类方法来对世界遗产地进行分析；
具有关注自然、保护自然的意识。

本章内容

全球六分之一的世界自然遗产受气候变化影响

据《新科学家》（*New Scientist*）杂志网站报道，由于气候变化，联合国教科文组织（UNESCO）认定的世界自然遗产中约有六分之一正遭受破坏，其具有的"突出的普遍价值"也面临严峻的威胁。

2015年6月28日至7月8日，联合国教科文组织在德国波恩召开了世界遗产委员会会议，会上就35个受到气候变化影响的世界自然遗产的管理情况和应对措施进行了探讨。

以下是一些已经受到气候变化威胁的世界自然遗产:

1. 阿根廷冰川国家公园

随着气候的变暖,公园内 47 座冰川中的大部分都开始融化,日益频繁的野火也改变了生物栖息地的面貌。外来物种如奶牛、马、绵羊、狗、猫及每年大量前来参观的人类更是加重了这些现象。

2. 厄瓜多尔加拉帕戈斯群岛

这座由 19 个岛屿组成的群岛的地理环境和独特生物资源,曾启发了达尔文的自然选择进化论。但时至今日,水温升高已导致这里一半的珊瑚礁死亡,扰乱了自然食物链。在岛上,气温升高给了外来物种可乘之机。此外,日益增长的居住者和旅游者也给当地的生态造成了威胁。

3. 墨西哥帝王蝶自然保护区

每个秋天,数百万只帝王蝶会南迁到这里。在过去,蝴蝶数量多得连树木都变成了橙色,甚至将树枝压弯。但 2013—2014 年,帝王蝶的数量锐减至 20 年以来的最低点,威胁到了保护区的状况。极端天气正在威胁帝王蝶的迁徙路线,林火和风暴则加剧了森林破坏。

4. 德国瓦登海

作为仅存的大面积潮间带生态系统之一,瓦登海拥有潮汐通道、海草床、贻贝床、盐沼泽河口、海滩和沙丘等宝贵的资源。但人类活动改变了大部分海岸线,降低了这片地区对气候变化的抵抗力。在这里,海平面和海水温度已经上升,洪水正不断侵袭沙洲和盐沼,鸟巢也被洪水和风暴摧毁。

5. 肯尼亚图尔卡纳湖国家公园

咸水湖图尔卡纳湖是候鸟迁徙过程中的重要一站,也是鳄鱼、河马和蛇的生息地。但是由于入湖河流正遭受干旱、水分蒸发和人类过度用水的影响,图尔卡纳湖的水位不断降低,湖水的咸度上升,威胁到当地动物的生存。

(来源:人民网 http://env.people.com.cn/n/2015/0721/c1010-27335969.html)

请思考:

世界自然遗产具有怎样的普遍价值?为什么联合国教科文组织如此重视气候变化给世界自然遗产带来的影响?除了气候因素,还有哪些因素正在使世界自然遗产面临威胁?

●第一节　自然遗产与人类生存

一、自然遗产的概念和内涵

1972 年，在人类文化遗产和自然遗产日益遭受威胁的情况下，教科文组织发起签署了《世界遗产公约》。该公约具有独创性。首先，它把两个传统上被认为是截然不同的领域，即保护文化遗产和保护自然遗产联系在一起。其次，它在概念上有突破，因为它承认存在着具有无与伦比的或独一无二的价值的文化遗产和自然遗产。因此，它们不仅属于某个国家，也属于全人类。目前，《世界遗产公约》已被绝大多数国家所接受，是当今效力最广泛的保护自然资源和文化资源的国际法律文件[①]。

联合国教科文组织评定的世界遗产包括自然遗产（Nature Heritage）、文化遗产（Cultural Heritage）、自然与文化双遗产（Natural and Cultural Double Inheritance）、文化景观（Cultural Landscapes）及口述与非物质文化遗产（Proclamation of Masterpieces of the Oral and Intangible Heritage of Humanity）四大类。

（1）从美学或科学角度看，具有突出、普遍价值的由地质和生物结构或这类结构群组成的自然面貌；

（2）从科学或保护角度看，具有突出、普遍价值的地质和自然地理结构以及明确划定的濒危动植物物种生态区；

（3）从科学、保护或自然美角度看，具有突出、普遍价值的天然名胜或明确划定的自然地带[②]。

2015 年 7 月 8 日第 39 届世界遗产大会结束后，全世界列入《世界遗产名录》的自然遗产有 197 项，自然与文化双遗产 32 项。197 项世界自然遗产广泛分布于全球近 90 个国家（见图 5.1）。其中澳大利亚 12 个、美国 12 个、中国 10 个、俄罗斯联邦 10 个、印度 7 个。这是全球世界自然遗产拥有量最多的几个国家。

---

①　晁华山. 世界遗产［M］. 北京：北京大学出版社，2004：191.

②　王嘉学，杨世瑜. 世界自然遗产保护中的旅游地质问题［M］. 北京：冶金工业出版社，2007：43.

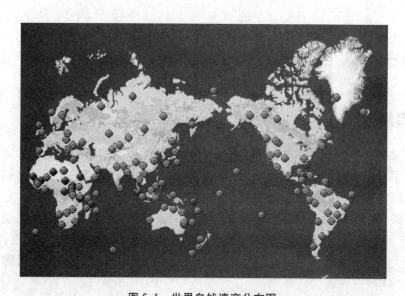

图 5.1　世界自然遗产分布图

注：图片中深色圆点表示濒危遗产，共计 18 个

资料来源：联合国教科文组织世界遗产保护网（2016 年 12 月 18 日）

另外，32 个世界自然与文化双遗产分布于全球 24 个国家（见图 5.2）。其中澳大利亚和中国各 4 个，是全球世界自然与文化双遗产拥有量最多的两个国家。

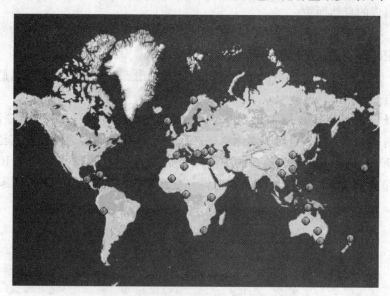

图 5.2　世界自然与文化双遗产分布图

资料来源：联合国教科文组织世界遗产网（2016 年 12 月 18 日）

中国共计拥有世界自然遗产 10 项，自然与文化双遗产 4 项，两者总和位居全球第一。中国的世界自然遗产类型丰富、特点显著，在国际世界遗产舞台中具有重要地位。中国的世界自然遗产充分彰显了世界自然遗产的核心价值，为中国乃至整个世界的生态文明建设和文化传承做出了重要贡献。而中国自然遗产的申报为建立国家公园体制奠定了重要基础。中国的世界自然遗产事业在管理体制、保护监测、能力建设、国际交流等方面取得了令人瞩目的成就，有效促进了国际上在自然资源保护方面的合作。

截至 2015 年 12 月 18 日，中国世界自然遗产及自然与文化双遗产的具体名录见表 5.1 和表 5.2 所示。

表 5.1　　　　　　　　　　中国境内的世界自然遗产名录

序号	遗产项目	所属省市	批准时间
1	黄龙风景名胜区（Huanglong Scenic and Historic Interest Area）	四川阿坝	1992.12
2	九寨沟风景名胜区（Jiuzhaigou Valley Scenic and Historic Interest Area）	四川阿坝	1992.12
3	武陵源风景名胜区（Wulingyuan Scenic and Historic Interest Area）	湖南张家界	1992.12
4	云南三江并流保护区（Three Parallel Rivers of Yunnan Protected Areas）	云南丽江	2003.7
5	四川大熊猫栖息地——卧龙、四姑娘山和夹金山（Sichuan Giant Panda Sanctuaries - Wolong, Mt Siguniang and Jiajin Mountains）	四川成都、阿坝、雅安和甘孜	2006.7
6	中国南方喀斯特（South China Karst）	云南石林、贵州荔波、重庆武隆、广西桂林、贵州施秉、重庆金佛山、广西环江	2007.6，2014.6
7	三清山国家公园（Mount Sanqingshan National Park）	江西上饶	2008.7
8	中国丹霞（China Danxia）	贵州赤水、福建泰宁、湖南崀山、广东丹霞山、江西龙虎山、浙江江郎山	2 010.8
9	澄江化石遗址（Chengjiang Fossil Site）	云南澄江县	2012.7
10	新疆天山（Xinjiang Tianshan）	新疆库车县	2013.6

序号	遗产项目	所属省市	批准时间
1	泰山（Mount Taishan）	山东泰安	1987.12
2	黄山（Mount Huangshan）	安徽黄山	1990.12
3	峨眉山风景区及乐山大佛风景区（Mount Emei Scenic Area, including Leshan Giant Buddha Scenic Area）	四川乐山	1996.12
4	武夷山（Mount Wuyi）	福建南平	1999.12

表 5.2 　　　　　　　　　　中国境内的世界自然与文化双遗产名录

二、世界自然遗产的评估

自然遗产申报的评估由世界自然保护联盟完成。其评估程序包括以下五个步骤：

（1）汇集数据：接到世界遗产中心递交的申报材料后，世界自然保护联盟结合保护区数据库、其他世界自然保护地资料库和主题研究进行标准化分析。凭借分析结果，世界自然保护联盟将在评估过程中及后续阶段与缔约国进行主题对话。

（2）外部评审：将申报材料提交给独立专家进行评审。这些专家大部分是世界自然保护联盟专家委员会及其网络的成员，或是世界自然保护联盟合作伙伴组织的专家成员，具备与世界遗产或该项遗产价值有关的专业知识。

（3）遗产地考察与评估：一至两名世界自然保护联盟专家对申报遗产进行现场考察，并与相关当局和利益相关方（如地方非政府组织、社区、当地土著居民及其他遗产申报利益相关团体）讨论申报情况。世界自然保护联盟也可参考其他资料，如《拉姆萨尔湿地公约》、人与生物圈计划、世界地质公园网络等国际保护工具，并酌情征求大学及研究机构的意见。最终，世界自然保护联盟考察专家会形成一份考察评估报告。

（4）世界自然保护联盟世界遗产评审小组评审：由世界自然保护联盟总干事组织成立世界自然保护联盟世界遗产小组，按照《世界遗产公约操作指南》对申报列入《世界遗产名录》的自然遗产展开严格评估。主要评估内容包括申报遗产的突出普遍价值的简明摘要、与世界上类似遗址的对比分析、完整性和管理议题的评论。评估一旦开始，世界自然保护联盟世界遗产小组将与缔约国展开深入对话。

（5）其他信息来源：世界自然保护联盟也可参考其他文献，接受地方非政府组织及其他组织的意见和建议。

世界自然保护联盟评估通过一定的标准，评定申报遗产项目是否具有突出的普遍价值。评估时通常会使用确认优先保护区的体系，比如，世界自然基金会（WWF）全球200强生态区、世界自然基金会/世界自然保护联盟植物多样性中心、保护国际的生态多样性热点地区、高生物多样性自然保护区、国际特有鸟类区和重要鸟类区，以及其他重要的生物多样性区域。以此判断这些申报遗产对保护生物多样性的重要性。在对因地质价值而提出申报的遗产进行评审时，世界自然保护联盟会咨询联合国教科文组织的地球科学部、国际地貌学家协会、国际地质科学联盟等专家组织。

根据《执行世界遗产公约操作准则》第24条规定，列入《世界遗产名录》的自然遗产项目必须符合以下四个标准中的一个或多个，还要符合附带的完整性条件。这四个标准如下：

第一个标准是展示地球演变：作为地球演变历史重要阶段的突出例证，尤其是与生命发展有重要关系的地表、地貌和地文特征。

第二个标准是展示生物进化：构成代表进行中的重要地质过程（如展示陆地、河流、海岸的演变）、生物演化过程（如海洋生态系统）以及人类与自然环境相互关系（如动植物群体长期发展演化）的突出例证。

第三个标准是景色秀丽：突出的自然景观或具有突出的自然美和美学意义的地区，如具有独特、稀有或绝妙的自然现象、地貌或具有罕见自然美的地带。

第四个标准是生物多样：是珍稀或濒危动植物种的栖息地，是保存原地生物多样性的最重要和最典型的自然生存空间，其中生存着从科学或保护角度具有突出的普遍价值的濒临灭绝的物种。

除以上标准，这些世界遗产往往还符合下列条件：

（1）符合第一条标准中所述的世界遗产，在其自然关系中应具有全部或是大部分相互关联和相互依存的主要因素：如"冰河时代"区应包括雪原和冰川，以及某些断裂层、沉积和移居迹象（条痕、冰碛、植物生长变迁的早期痕迹）。

（2）符合第二条标准中所述的世界遗产，应当具有相当规模，并且可以表明变化过程的主要方面，自身具有可以长久维持的条件。例如"热带雨林"区应包括不同的海拔高度、不同的地形地貌、土壤类型以及变化的河堤或湖泊，以表明地质系统的多样性和复杂性。

（3）符合第三条标准中所述的世界遗产，包括所保护的物种和物体赖以继续存在所需的那些生态系统条件。例如，瀑布保护区应包括或尽可能包括形成瀑布的上游水域，而珊瑚礁保护区则应对提供其养分的水域或洋流的淤积或污染加以控制。

（4）符合第四条标准中所述的世界遗产，仍存在濒危物种的地区应有相当大的面积，并应包括那些物种赖以继续生存所需的生态条件。而对于迁移性物种，凡维持继续生存所必需的季节性聚居点，不论位于何处，均应妥善保护。世界遗产委员会必须得到申报方的保证，即采取必要的措施，确保这些物种在整个生命周期内得到妥善保护。

世界遗产委员会在将每处遗产列入名录时，都确认这处遗产符合哪几个标准，符合两条及两条以上标准的占总数的近五分之四，符合三条及三条以上标准的占总数的三分之一。以上数字说明入选的世界自然遗产的内涵相当丰富，资源条件是非常优秀的。自然遗产的首要任务是保持生物多样性，即保护生物多样性的生存空间，保护濒临灭绝的物种。大多数自然遗产地点往往景观秀丽，雄奇壮观。只符合一条标准的自然遗产是很少见的。

因此，从大多数自然遗产符合的标准数目较多的实际情况来看，要按标准所代表的性质进行界线明确的分类已不可能，但是大多数遗产通常主要符合其中一条标准，其他标准只是伴生性的。地球演变和生物进化是基础条件，生物多样是伴随条件，景色秀丽是外观条件。按照这个顺序，即第一、第二、第四和第三标准，我们将自然遗产分为四类：地球演变型自然遗产、生物进化型自然遗产、景观秀丽型自然遗产、生物多样型自然遗产。

三、世界自然遗产的特点

从《世界遗产公约》对世界自然遗产的界定，以及《执行世界遗产公约操作准则》的评定标准来看，世界自然遗产包含了以下几个重要的特征：

一是资源的独特性和地理独占性。世界自然遗产的形成都经历了漫长的自然演化过程，并在世界范围内形成了独一无二、不可替代的自然地带或景观风貌。而这些自然地带和景观风貌一般不可再生，一旦遭到损坏，其原有景观将非常难以复原。正是由于其独特性，在地理空间上就具有不可移动性和独占性，自然倍受其拥有国家或区域的重视。

二是遗产组成的整体性。一方面，很多自然遗产项目跨地域、跨国界，有着不可分割的特性，往往被两国或多国共同申报和拥有。世界自然遗产地中，有13项跨越了国界。例如，沃特顿冰川国际和平公园（Waterton Glacier International Peace Park）地处落基山脉的最窄处，横跨美、加边境。它由北部的加拿大阿尔伯塔省沃特顿湖国家公园，以及南部的美国蒙大拿州冰河国家公园合并组成。沃特顿湖国家公园和冰川国家公园两个部分共同形成了丰富的植物和野生动物生态保护圈。而中国2014年最终被认定的中国南方喀斯特（South China Karst）则跨越了中国云南石林、贵州荔波、重庆武隆、广西桂林、贵州施秉、重庆金佛山、广西环江等不同的省域和地区。在 2004 年第 28 届世界遗产大会上，联合国教科文组织对《凯恩斯决议》进行了重新修订，突出了对生态、地质演进及生物多样性价值以及跨国境自然遗产的关注。目前，越来越多的世界自然遗产打破了原有的"点状"，表现为"线状"或"面状"。世界自然遗产是遗产地各类资源整合的产物，如果任何资源不协调或出现变异，都会影响到整个遗产地的生态系统。这首先表现在对遗产地的旅游开发上，遗产地的规划开发必须保持其原有的完整状态，而不是机械地被孤立和分割。其次，在遗产地保护方面，遗产地某一个细微之处生物群落的变化可能预示着整个遗产地生态系统的剧烈变迁。这种蝴蝶效应必须被给予充分重视，及时发现后应避免自然遗产被进一步影响。

三是资源的典型性和稀缺性。世界自然遗产地都是经历了严苛的申报、评定程序之后，最终被选取的典型自然资源代表。世界自然遗产在世界范围内具有典型地域和景观特征。它们或是能够代表地球演化或生物演化的重要阶段，或是具有罕见的自然地貌，或是具有极为丰富的生物多样性。因而，世界自然遗产在世界范围中具有典型性和稀缺性。

四是资源的高价值性和产业输出性。世界自然遗产的以上特点，使得它们呈现出高价值性以及产业输出性。世界自然遗产是大自然带给人类的珍宝，各个国家都在通过各种途径对这些珍贵资源进行开发利用，以实现其社会、经济功能。目前世界自然遗产地的开发和利用主要包括几个方面：①农耕、捕猎、放牧或渔业；②伐木、矿石开采、大坝建设等商业活动；③旅游开发和接待。世界自然遗产的开发和保护永远是相生相伴的两个问题。

四、世界自然遗产的开发和保护

目前世界各地对自然遗产地的利用都面临着资源退化和保护的问题。例如现代农业活动带来的化肥与农药污染，过度放牧、过度渔猎等问题也日益受到重视。同时，大坝建设等商业活动也引起了社会对世界自然遗产的关注。以云南三江并流保护区（Three Parallel Rivers of Yunnan Protected Areas）的怒江大坝建设为例，关于该地区该不该建水坝的争论自始至终没有停止过，水坝的建设作为民生工程，对于改善当地人民的生活水平有着重要意义。同时，建坝引起的世界自然遗产的破坏问题也引起了社会的广泛关注。

再以黄石公园为例，1995 年，黄石公园被列入了《受到威胁的世界遗产名录》，主要的理由包括以下几点：①东北边界外 4 千米处的采矿计划将威胁公园；②非本地物种（湖生红点鲑鱼）被违规引入，将影响本地刺喉鲑鱼的生存环境；③道路建设过多，游人压力大；④野牛的普鲁氏菌病可能危及周边家畜。除此之外，在世界自然保护联盟 1995 年 2 月 28 日提交世界遗产委员会的信中，详细描述了除采矿威胁之外存在的其他各种威胁，如伐木、石油和天然气开采、筑路、采矿、民宅建筑等持续侵犯公园周围的敏感荒野和重要野生动物的生存环境。灰熊受到日益增多的人类干扰。跨越公园边界的野牛经常遭屠杀。数量持续增长的游客的参观考察，使黄石公园过度拥挤，对野生动物形成干扰。

在此压力下，克林顿政府动用联邦财产与金矿公司拥有的财产，以此作为交换条件阻止采矿，并于 1996 年以 6 500 万美元收购了计划采矿的私人土地，有效地解除了金矿对黄石国家公园的威胁。同时政府还提交了其他有关治理方案，如临时野牛管理计划、成立黄石国家公园普鲁氏菌病委员会等。非政府组织也开始寻求国际支持，以此阻止采矿。越来越多的人主动关注黄石国家公园的生存状态问题。

2003 年 7 月，第 27 届世界遗产大会召开，黄石国家公园最终从《濒危世界遗产清单》上被有条件除名①。

另外，随着旅游活动在大众生活中的普及，目前世界自然遗产地的旅游开发和接待受到了越来越多的关注。以无烟工业的面目走进人们视线和生活的旅游业对世界自然遗产的打击越来越大。例如，作为国家 5A 级旅游风景区的世界自然遗产地，武陵源 2015 年接待旅游人次近 1 500 万人次（截至当年 12 月）。而同为世界自然遗产的九寨沟景区，2015 年上半年游客接待量也在 200 万人次左右。逐年增长的游客给自然遗产地带来大量的经济收益，有效促进了社会和经济的发展，同时也给世界自然遗产造成越来越大的环境压力，一些景观开始出现退化。黄龙风景名胜区以其特有的彩池、滩流、雪山、峡谷、古寺、民俗"六绝"而著名，具有独特、珍贵的地貌科研价值和景观美学价值。而黄龙的钙华景观是一种非常脆弱的景观，全球气候的变化和温室效应的加剧导致景观退化和水质污染。近年来游客数量攀升，使黄龙风景区开始出现景区退化和变异。随着游客人数的增加，水中磷酸盐浓度呈现相应的增加趋势，钙发生变色、老化、松脆甚至垮塌、消失等现象②。

总体看来，目前保护世界自然遗产的工作主要面临以下两个挑战：

一是人类对自然环境造成的压力正在使地球上的动植物物种、生态系统和景观的多样性锐减。人类发展和自然环境之间的作用和反作用不断加剧，即环境同人口增长、经济发展、资源利用之间的相互影响日益加强。这样，环境保护的任

---

① 资料来源：http://www.sznews.com/travel/content/2014-12/19/content_10894429.htm.
② 马婧，李杏，孙克勤. 世界自然遗产黄龙的可持续发展研究 [J]. 资源开发与市场，2013（5）：546 -549.

务，由传统的保护自然环境的工作演变为保护人类发展和生态平衡的工作。

二是在发展中国家开展保护自然遗产和保护生物多样性的工作困难尤其多。一贫如洗的农民为了维持基本的生存需要，除开拓最后的原始荒地外，的确也很难找到其他手段来满足其基本需要。显然，在这种情况下，为了给全人类和子孙后代造福而原封不动地将这些遗产资源保护起来是不可能的①。

一般而言，世界自然遗产不仅是重要的旅游目的地，更是自然资源的遗留地，是文化传播、民众科普教育的实践场地，是当地社区居民的生产和生活之地。因其多元的属性和多方面的利益相关群体，相应出现了多重保护和发展诉求。同时旅游产业作为一种遗产利用方式，为遗产地保护工作提供了资金和社会关注，但在保护过程中也为遗产所在地的社区居民和遗产本身的多种关系的协调和发展带来了挑战，自然遗产的保护工作可以说比文化遗产面临更严峻的形势。

● 第二节　地球演变

一、地球演变类世界自然遗产成因

地球在 46 亿年的历史中，走过了冥古代、太古代、原古代、古生代、中生代和新生代，历经了吕梁、加里东、海西、燕山、喜山等全球性造山造陆阶段。在这漫长的发展过程中，地质地貌演化、生态环境演化、气候演化、海陆变迁等都遗留下了若干具有重要意义的和典型的"记录"，许多过程至今仍在继续。具有普遍意义的"突出例证"大多在世界自然遗产地得以保存。

这类世界自然遗产具有极高的科学价值。例如，位于美国西部亚利桑那州凯巴布高原的大峡谷国家公园（科罗拉多大峡谷），长达 443 千米，峡谷两岸有随处可见的 20 亿年来不同地质年代形成的清晰的地层断面，并保存着大量自寒武纪以来的生物化石，向人们揭示了弥足珍贵的地球历史资料，是一部活生生的地质演化史书。而中国入选世界自然遗产的具有地球演变重要例证的典型代表中国南方喀斯特，覆盖了 50 000 平方千米，主要位于云南、贵州、广西壮族自治区、重庆等省区。这部分喀斯特面积占整个中国喀斯特面积的 55%，是整个中国南方喀斯特地区的地貌多样性的整体呈现。除了南方喀斯特这一个连贯区域，很难找到一个能完全代表其喀斯特的发育演化和地貌多样性的点。该区域也是世界喀斯特环境发育最典型的地区之一，对系统性地、跨时空地研究地质构造、地层、岩石等

① 晁华山. 世界遗产［M］. 北京：北京大学出版社，2004：192-193.

有着重大价值，对喀斯特地貌形成的影响及整个环境演变也有重要的意义。

同时，很多地球演变类世界自然遗产也成为非常重要的旅游资源，满足了人们对于地球演变历史的探求欲望。如美国科罗拉多大峡谷内的冲沟、险峰、小山丘等共同构成了举世无双的峡谷景观，大峡谷的部分区域对游客开放，并为公众提供多种了解地球地质演化的旅游产品，吸引着世界各地的旅游者。

二、世界地球演变类世界自然遗产的典型代表

世界范围内的自然遗产中，贝加尔湖（Lake Baikal，俄罗斯）、堪察加火山群（Volcanoes of Kamchatka，俄罗斯）、加拉帕戈斯群岛国家公园（Galápagos Islands，厄瓜多尔）、黄石国家公园（Yellowstone National Park，美国）、大峡谷国家公园（Grand Canyon National Park，美国）等世界自然遗产，都突出反映了地球演化的某个阶段的状况，是"构成代表地球演化史中重要阶段的突出例证"的自然资源。

黄石国家公园（Yellowstone National Park，美国）

黄石国家公园位于美国怀俄明州、蒙大拿州和爱达荷州交界处，占地面积898 317公顷。

黄石地区的人类历史可以追溯到大约11 000年前的克洛维斯文化，此地发现的黑曜石箭头表明这是密西西比河流域的古印第安人创建的文明。古印第安人族群在该地区捕鱼、狩猎，延续着黄石公园的人类历史，这些传统一直保持到200年前。1805年，探险家刘易斯和克拉克带领探险队进入这一地区，发现了生活在这里的印第安人族群及部落。1829年，捕猎者乔·米克偶然发现了诺里斯间歇泉盆地，之后的四十多年里，从有关山人和毛皮猎人的大量报道中讲述了间歇泉盆地里那些沸腾的泥浆，热气腾腾的河流以及石化了的树木等场景，但是人们并不太相信，当时大部分的报道都被认为是神话。直到后来，美国皮草公司的业务员沃伦·安格斯·费里斯（Warren Angus Ferris）、西方文学学者沃伦·费里斯（Warren Ferris）陆续进入黄石，并提供见证，黄石能够保温的"间歇泉"才慢慢走进政府和科学家们的视野。1869年库克·福尔松·彼得森探险队、1870年沃什伯恩·兰福德·多恩远征队相继进入黄石湖进行深入探险，并进行记录、报道。1871年，美国国会开始给予高度重视，对该地区进行正式勘探和地质调查。通过地质学家、植物学家、动物学家、艺术家多方面的资料，考察海登组织编纂了一个500页的关于黄石地区的综合报告给国会。这份报告惊呆了所有的人。在此促进下，美国第一个国家公园——黄石国家公园诞生了。根据1872年美国国会法案，黄石公园近891 000公顷荒野，正式被批准成为公众的公园及娱乐场所，同时提出对这一区域的树木、矿石沉积物、自然奇观和风景等进行保护。

黄石公园的地貌

黄石公园位于美国西部北落基山和中部落基山之间的海拔2 400米的熔岩高原（黄石高原）上，北美大陆分水岭从西南部倾斜而过。该公园约三分之一的面积位于分水岭西部。黄石公园位于U形蛇河平原的东北端，蛇河平原位于由爱达荷州的博伊西山脉向外延伸出来的群山向西大约640千米处。北美板块由于板块构造搬运而跨过一个不流动的地幔热点，黄石国家公园的地形则是地壳下这个热点最近的表现形式。

该公园最高点海拔为3 462米，最低点海拔为1 610米，拥有世界上最大的石化林之一。黄石公园是一座超级火山的一个巨大破火山口，很久以前，树木被火山灰和土壤埋没，并转变成了矿物质。黄石公园里分布着三个幽深的峡谷，峡谷深涧处，那些延续了64万年的河流从火山凝灰岩中倾斜而过。其中黄石河由南向北而流，造就了黄石大峡谷和黄石黑峡谷两个深幽斑斓的大峡谷。

黄石公园的地质活动

黄石破火山口是北美最大的火山系统，被称为"超级火山"，这个破火山口由特大爆炸性的喷发而成。64万年前，这里发生了灾难性的喷发，释放出1 000立方千米火山灰，形成一个近1千米深和3 780平方千米的火山口，沉积了熔岩溪流凝灰岩。210万年前，这里发生了一次最猛烈的火山喷发，喷射出了2 450立方千米火山物质，产生了被称为黑果木山脉凝灰岩的岩石，并形成了岛公园破火山口。120万年前发生的一次小型喷发，喷射出了280立方千米火山物质，形成了亨利的叉状破火山口。63万年至70万年以前，黄石破火山口几乎塞满了阶段性喷发的流纹熔岩。熔岩是黄石公园的大峡谷中最容易看到的岩石。

黄石公园内永不停止地上演着地球演变的真实过程。黄石公园内有300个间歇喷泉，并有世界上最为活跃的间歇喷泉——诺里斯间歇泉盆地的蒸汽船间歇泉。可以说，全世界一半地热地形和约三分之二的间歇喷泉都集中在黄石公园里。2003年，诺里斯间歇泉盆地发生变化，并导致了盆地的一些小径的暂时关闭。科学家们发现了新的火山喷气孔，几个间歇喷泉也增强了活性并提高了水温。其中几个间歇喷泉温度升高很多。2004年，一名生物学家在这一区域发现了5头死野牛，经考证，因为一次季节性空气升温，它们被困在诺里斯间歇泉盆地，并吸入了有毒热气体。2006年有报道称，从2004年中期到2006年，黄石公园内绿头鸭湖圆丘和酸溪圆丘两个地区，每年以3.8至6.1厘米的速度在不断上升，显示了地面运动正在发生重大变化。2007年底以来，隆起仍然在继续，只是速度有所减慢。这些事件引起了媒体对该地区的地理特征的大量关注和猜测。2014年黄石国家公园的"地下超级火山"不断地释放出巨大热量，加之夏季气候非常炎热，一段长约 5 千米的柏油马路"融化"了，不断攀爬的高温让水也沸腾了起来，公园几处旅游景点不得不暂时关闭。据黄石公园管理部门介绍，这段路很多地段像"烂泥"一样松软，路边的土地甚至会造成游人直接陷入滚烫的地下水中。

黄石公园每年都会经历上千次的小型地震。有史以来，这里 6 级或 6 级以上的地震就至少有 6 次。1959 年，这里发生过一次 7.5 级地震，并引发巨大的山体崩塌，造成黑布根（Hebgen）湖部分大坝坍塌。同时，山崩的沉积物在下游堵住了河流，形成一个新湖泊。这次地震还引起了黄石公园西北面一些间歇泉的喷发，地面形成的巨大裂缝中持续不断冒出蒸汽，往日清澈的温泉变得浑浊不堪。除了这些较大震级的地震，黄石公园还不断发生小型地震，1985 年连续 3 个月内，科学家们在黄石公园西北方探测到轻微地震 3 000 次。而在 2007 年 4 月 30 日之后的连续 7 天内，科学家们探测到 2.7 级以上的小地震 16 次。1983—2008 年，黄石公园已发现了 70 个小型地震群。黄石国家公园的地震活动继续进行着，就像地球跳动的脉搏。

黄石公园的旅游活动

黄石公园内自然景观丰富多样，河流、峡谷、瀑布、温泉及间歇喷泉等装点其间，美国人自豪地称之为"地球上最独一无二的神奇乐园"。园内 500 多千米的环山公路将各景区的主要景点串在一起，而徒步路径也多达 1 500 多千米。

黄石公园内的景观分布在五个区，分别是西北的猛犸象温泉区、东北的罗斯福老西部景观区域、中间的黄石大峡谷和瀑布区域、东南的黄石湖区、西及西南的间歇喷泉区。著名的景点包括气势恢宏的老忠实间歇泉（Old Faithful Geyser）、五彩斑斓的大棱镜彩泉（Grand Prismatic Spring）、宁静秀美的黄石湖（Yellowstone Lake）、奔流壮观的黄石瀑布、壮丽深切的黄石大峡谷（Grand Canyon of the Yellowstone）、美丽的猛犸象温泉（Mammoth Hot Spring）。园内的温泉对游客具有极大的震撼力。不计其数的温泉，或是碧波荡漾，或是水雾缭绕，或是水柱四射。

此外，由于黄石公园内居住着大量野生动物，这里被誉为全美最大的野生动物保护区。在黄石公园内，可以观察到成群的美洲野牛，还能经常见到麋鹿和羚羊穿行而过，以及打斗的驯鹿、草原嬉戏玩闹的小黑熊、空中展翅飞翔的老鹰等。这些深深地吸引着热爱大自然的人们前往游玩。这里被认为是怀俄明兽群的故乡，也是北美乃至全球陆地上规模最大、种类最多的哺乳动物栖息地。

为了保护环境，黄石公园对游客提出了诸多的约束条件。如为了保护动物，必须保持车速，给野生动物"让路"。为了防止来不及躲避突然出现的动物，黄石公园内最高时速为 70 千米/小时。如果驾驶过程中要看野生动物或风景，必须在路上的"turn out"点靠边停车。如果在黄石公园内骑自行车，需要排成一纵队行驶。不能离野生动物太近，必须与食肉动物保持 91 米以上的距离，食草动物则规定为 23 米以上。只允许在营地指定的地方点篝火。不能给野生动物喂食，包括鸟类。不能攀爬未经开放的野山，须沿指定步道和木板栈道参观。诸多的游客约束条件较为有效地对资源进行了保护，但还是没有办法完全杜绝游览活动对环境产生的干扰。

大峡谷国家公园（Grand Canyon National Park，美国）

大峡谷国家公园的发现

大峡谷国家公园位于美国西部亚利桑那州西北部的科罗拉多高原上。全长共有 443 千米，是世界著名的奇景之一。由于大峡谷是受到科罗拉多河的强烈下切作用而形成的，所以又称科罗拉多大峡谷。1869 年，美国炮兵少校鲍威尔率领一支远征队，乘船航行，从科罗拉多河上游一直到达大峡谷谷底。他将自己所目睹的峡谷风光、经历的惊险写成了游记，广为宣传，并在全国范围内引起了注意。美国于 1911 年建立了科罗拉多国家保护区，美国国会并于 1919 年通过相关法案，将大峡谷最深最壮观的一段长约 170 千米的区域，划为大峡谷国家公园。1979 年大峡谷公园被联合国教科文组织列入世界自然遗产。

大峡谷国家公园地质与地貌

大峡谷直观地展示了地球演变的岁月痕迹，被称为"活的地质史教科书"。近20 亿年的地址变迁（约为地球年龄的一半）在这里一览无余，大约有三分之一地壳变动的历史被深深地记录在大峡谷的坚硬石壁上。从谷底向上延伸，沿崖壁清晰地露出从前寒武纪到新生代的各个时期的岩系，岩壁的水平岩层清晰明了，层次分明。这是亿万年前的地质沉积物，如同树木的年轮，为人们认知地质变化提供了充分依据。这些岩层里还含有代表性的生物化石，非常珍贵。

大峡谷呈东西走向，东起科罗拉多河汇入处，西到内华达州界附近的格兰德瓦什崖附近。山石大多呈现出红色，形状极不规则，蜿蜒曲折，迂回盘旋，峡谷顶宽在 6 千米和 30 千米之间，往下则收缩成 V 字形。两岸呈北高南低的形态，最大谷深处达到 1 500 米以上，谷底水面宽度则不足千米，最窄处仅有 120 米。科罗拉多高原的地形是由于侵蚀（下切和剥离）作用形成的，为典型的"桌状高地"，顶部平坦，侧面陡峭。峡谷内景色奇特，气势恢宏，吸引力举世无双。由于河水常年的冲刷，再加上这里地层结构不同、疏密不一，致使漫长的峡谷百态杂陈，有的地方宽展，有的地方狭隘；有的地方尖如宝塔，有的地方平坦圆润；有的如奇峰兀立，有的如洞穴天成。由于岩石并不都是坚硬的，其中那些脆弱的部分，经不住风吹雨打或激流冲击，时间一长便消失得了无踪影，留下来的部分形状往往很奇特。人们根据形象特征，分别冠以神话名称，如狄安娜神庙、波罗门寺宇、阿波罗神殿等。尤其是谷壁地层断面，节理清晰，层层叠叠，就像万卷诗书构成的曲线图案，缘山起落，循谷延伸。

大峡谷国家公园的生物多样性

大峡谷国家公园中的野生动植物十分丰富，堪称一个庞大的野生动植物世界。已发现的动物有 90 余种，鸟类有 180 多种。峡谷中桧树、矮松葱郁，野花茂盛，植物有仙人掌、罂粟、云杉、冷杉等。

大峡谷国家公园的早期文明

大峡谷内分布有泥墙小屋废墟，证明了这里可能早在 13 世纪已经有印第安人的生活痕迹。印第安人中流传着这样一个传说，大峡谷形成于一次洪水，当时上帝为了拯救人类，化人类为鱼鳖，人类因此幸免于难。1909 年美国《亚利桑那州公报》上刊登了一篇标题为"探险美国大峡谷：不同寻常的发现暗示古代大峡谷人来源于东方埃及"的文章。文章指出在美国大峡谷里发现了大量的远古埃及器皿，并发现了象形文字、铜制武器和工具，埃及女神的雕像以及木乃伊尸体。人们认为该说法的真实性还需要证实，如果得到证实，关于美国大峡谷的人类活动历史将进一步提前。这方面的研究虽然还没有进展，但为大峡谷增添了更多的吸引力。

大峡谷国家公园的旅游活动

如今，大峡谷公园每年要接待 300 多万游客。峡谷内的塞昂国家公园、布赖斯国家公园、拱门国家公园和纪念谷等已经广为游客所知。游人可步行或骑上驴子，沿着小径，深入到谷底进行探险活动；也可以乘坐皮筏在科罗拉多河的急流险滩上进行惊险刺激的漂流体验；也可以坐上观景飞机，从空中尽情俯瞰整个大峡谷的卓越雄姿。

三、中国地球演变类世界自然遗产的典型代表

中国丹霞、中国南方喀斯特等中国的世界自然遗产是反映地球演化、"构成代表地球演化史中重要阶段突出例证"的典型代表。两个项目都是以系列打包的形式申请世界自然遗产的。

中国丹霞（China Danxia）

丹霞是一种形成于西太平洋活性大陆边缘断陷盆地极厚沉积物上的地貌景观。它主要由红色砂岩和砾岩组成，反映了一个干热气候条件下的氧化陆相湖盆沉积环境。中国丹霞于 2010 年被联合国教科组织正式列入《世界遗产名录》。中国丹霞是以一个世界自然遗产系列进行申报的，经过几轮筛选后，这一遗产最终由湖南崀山、宁夏西吉火石寨、广东丹霞山、福建泰宁、江西龙虎山、贵州赤水、浙

江江郎山等中国西南、西北地区 7 个著名的丹霞地貌景区组成。丹霞地貌是中国的一种特殊地貌类型，由著名地质学家冯景兰和陈国达先生命名。

中国丹霞是一种景观系统组合，由悬崖峭壁、红色的山石、密集深切的峡谷、壮阔的瀑布及碧绿蜿蜒的河溪共同构成，表现为植被丰富的临水型峰丛-峰林景观，形成丹山-碧水-绿树-白云的最佳景观组合，是世界上最美丽的丹霞景观的例证。中国丹霞的盆地演化清楚地记载了白垩纪以来中国南方区域地壳演化的历史，并完整地代表了最具世界特色的、由东南季风驱动下发育的亚热带常绿阔叶林的生物群落结构及演替的生态过程，是冰后期生态演替的典型区域。这里也是世界野生动物基金会全球 200 个生物区中的"中国东南部-海南潮湿林生态区"，原始而古老，近 400 种珍稀濒危生物具有突出的保护价值。因此，中国丹霞集地质多样性、地貌多样性、生物多样性及景观珍奇性于一体，具有极高的价值。

中国丹霞完美清晰地展示了正在进行中的地貌演化过程，具有显著的地貌多样性，是展示地球表层静态地貌特征，以及展示地质动态演变过程的一个杰出范例。

其中贵州赤水丹霞保持了完整而典型的中亚热带森林生态系统和物种多样性，形成了"丹山""碧水""飞瀑""林海"完美组合的丹霞景观。这里地处四川盆地和云贵高原结合部，是中国最大的丹霞分布区。这里发育了最典型的阶梯式河谷，是青年早期-高原峡谷型丹霞的典型代表。

而泰宁盆地记录的是白垩纪以来，华南板块东部大陆边缘活动带的演化历史。这里古剥夷面清晰可见，被分割破碎，布满了崖壁洞穴，峡谷深切弯曲，山水优美，是青年期低海拔山原峡谷型丹霞的典型代表。环境极具原生性和生态多样性。

崀山经历了多次间歇性地壳抬升，以圆顶密集式丹霞峰丛-峰林为特点。其植被具有"生态孤岛效应"和生境狭窄的特点，是体现丹霞植物群落的演替和协同进化的代表地、其景观罕见、原始，是壮年期峰丛-峰林地貌的代表。

广东丹霞山在南岭褶皱带中央的构造盆地中发育而成，单体类型多样，地貌景观奇特，是发育到壮年中晚期簇群式峰丛-峰林型丹霞的代表。这里热带物种成分最多，沟谷雨林特征最突出。

江西龙虎山记录了该地区白垩纪的重要地质演化过程，峰丛、峰林、孤峰、残丘相互组合，属于壮年晚期-老年早期疏散峰林宽谷型丹霞的代表。这里保留了珍稀的低海拔中亚热带常绿阔叶林，是重要的珍稀濒危物种栖息地；同时这里也汇集了中国道教祖庭的文化景观。

浙江江郎山主要处于地貌发展的老年期。耸立在海拔 500 米古剥夷面之上的三片孤石郎峰、亚峰、灵峰，被人们叫作"三片石"，被中外游客称为"神州丹霞第一峰"。

中国南方喀斯特（South China Karst）

中国南方喀斯特于 2007 年被联合国教科文组织列入《世界遗产名录》，分布在云南石林、贵州荔波、重庆武隆三个地区。2014 年进行了一些增补，广西桂林、贵州施秉、重庆金佛山和广西环江四地的喀斯特地貌也被纳入这个遗产范围。

中国南方喀斯特与世界相似区域对比，具有独特而复杂的演化环境，是热带-亚热带喀斯特地球演化历史进程主要阶段的杰出范例。荔波锥状喀斯特处于贵州高原向广西低地的过渡区域，属于热带-亚热带湿润季风气候区，雨热条件优越，地表与地下水系发达，原生植被覆盖率高，沉积了古老而致密、纯度高且厚度大、分布连续的可溶岩。其演变过程反映了岩层的多次强烈的、阶段性振荡式隆升，以及地壳抬升所带来的大气环流的全球变化。同时，这些新构造运动的振荡式抬升活动，塑造了具有多层次漏斗、洼地的喀斯特峰丛景观。从审美上，荔波喀斯特的锥峰个体，山体线条流畅、坡度适中、峰顶尖，底部呈圆形或近圆形，极大地体现了稳定之美。山体非常高大，气势之美无与伦比。多边形封闭洼地随机分布，多呈圆桶状或盆状，具有深邃之美。锥峰、洼地、谷地等负地形所组合而成的地貌类型，形态丰富，典型而齐全。荔波锥状喀斯特展现了罕见的锥状喀斯特森林生态系统，包括生命的记录与重要的自然地理信息。其地貌发育演化过程反映了锥状喀斯特复杂的地质-气候-水文环境变化的全部过程[①]。

第三节　生物进化

一、生物进化类世界自然遗产概述

《执行世界遗产公约操作准则》第 44 条规定，能突出显示陆地、河流、海岸和海洋生态系统与动植物群体长期发展演化进程中，代表当今正在进行的生态和生物过程的突出例证，可以纳入世界自然遗产。这类世界遗产叫作生物进化类世界自然遗产。生物进化是指一切生命形态发生、发展的演变过程。亿万年的地球，记载了生物进化的历史，而在世界各地，均发现了最早可追溯到亿年前的古生物化石。由于其不可替代的研究价值，联合国教科文组织将部分化石遗址列入了世界自然遗产名录（文化遗产仅南非有一项）。生物进化类世界自然遗产往往在科考

---

① 陈品冬，熊康宁，肖时珍. 中国荔波锥状喀斯特世界自然遗产价值全球对比分析［J］. 地理研究，2013（8）：1517-1527.

方面有更突出的价值。

二、生物进化类世界自然遗产的典型代表

全球的生物进化类世界自然遗产，集中体现在展现不同地质时期的各种化石群。包括：记录寒武纪地质时代的加拿大伯吉斯页岩化石群；中国云南省澄江县澄江化石遗址；石炭纪化石群的代表为加拿大诺华斯高省西部沿海乔金斯生物化石群；中生代的典型恐龙化石群的代表为加拿大阿尔伯塔省恐龙省立公园化石群；三叠纪地质年代化石群的典型代表为阿根廷伊沙瓜拉斯托-塔拉姆佩雅生物化石群（保存着大陆沉积物完整化石）以及瑞士（意大利边境）的圣乔治山化石群（主要是海生爬行动物和鱼类化石）；等等。

伯吉斯页岩化石（Canadian Rocky Mountain Parks）

伯吉斯页岩化石位于加拿大英属哥伦比亚省，在此地，科学家们发现了数量极其惊人的海洋软体动物化石。这些化石是世界遗产名录中记载的最早的化石群。亿万年前120余种海洋生物的化石遗迹保存精美，有些标本甚至保存着清晰可辨的肌肉、肠道和神经索，让生物学家们叹为观止。其突出代表为三叶虫（trilobite）化石和大型肉食生物的代表——奇虾（Anomalocaris）。

据考证，形成这些化石的海洋软体动物生活在距今约 5 亿 5 百万年前，处于 5.3 亿年至 2.5 亿年前的古生代后寒武纪，因此被誉为是研究寒武纪生物爆发的一个重大窗口。伯吉斯页岩化石于 1909 年由考古学家沃考特（Charles Walcott）发现，于 1981 年被联合国教科文组织正式列入世界遗产（World Heritage Site）。伯吉斯化石床的发掘，不仅对达尔文进化论提出了直接挑战，同时也重现了 5 亿多年前的地球生态。

中国云南省澄江县澄江化石遗址（Chengjiang Fossil Site）

1984 年，中国云南省澄江县澄江化石遗址被发现。古生物研究专家在这里挖掘出了寒武纪早期的无脊椎动物化石，为距今 5.3 亿年前寒武纪早期的动物爆发性出现提供了科学依据——地球生命在"渐变"过程中也有突变。澄江古生物化石群成为当今世界古生物之最，至少包括 16 门 196 个种类的海洋生物化石，澄江也因此被誉为"世界古生物胜地"。联合国教科文组织将澄江古生物化石群列入东亚优先甲等第 4 号古生物遗址，并于 2012 年将其列入世界自然遗产名录。

阿尔伯塔恐龙省立公园（Dinosaur Provincial Park，加拿大）

加拿大阿尔伯塔省恐龙省立公园化石群（Dinosaur Provincial Park）被联合国教科文组织于 1979 年认定为世界自然遗产。占地 73 平方千米的恐龙省立公园，位于阿尔伯塔省的南部，红鹿河的布鲁克斯东北方 48 千米、德拉姆黑勒镇东南方

约 150 千米处。这里有皇家泰瑞尔古生物博物馆的发掘基地。

在恐龙省立公园，发现了"爬行动物时代"的约 35 种恐龙化石，是数量最多的化石遗址。这里为人们打开了一扇探索 7 500 万年前（2.5 亿年前之后的中生代）世界的知识窗口。这里共发掘出了 300 多架恐龙的骨骼标本，成为世界上屈指可数的恐龙王国。这里的展览中心内举办有化石展示和恐龙研究方面的导游解说活动。为了进行有效保护和还原现场，有的化石被发现后没有发掘，仍保存在地下，可以看到这些化石的展示。

公园内有无数足迹四处延伸，看着地面的断层，我们可以遥想恐龙们脚踏、统领大地的那个恢宏时代。7 500 万年前，那时阿尔伯塔省南部气候温暖，草木茂盛，鳄鱼、鳄龟等大型动物在这里得以大量繁殖。6 500 万年前，恐龙因为某种未知原因全部死亡。1884 年，约瑟夫·提瑞尔（Joseph B. Tyrell）发现了阿尔伯塔恐龙的化石，由此开启了人们对这一区域的大量发掘探索。1898 年，加拿大地质协会确定该地区为恐龙化石富层。之后的 10 年间，世界各地的古生物学者蜂拥而至，疯狂采集恐龙化石。至今这里的发掘工作仍在进行中，已出土的 6 000 万至 8 000 万年前的恐龙样品多达 60 余种，分 7 科 45 属。

阿尔伯塔恐龙省立公园也是加拿大恶劣地形面积最广的区域，险峻的岸边，群聚着各种野生动物、植物。恐龙省立公园内的三个生态区生活着许多种动植物。潮湿的河岸分布着三叶杨和柳树、玫瑰、水牛果等灌木，许多世界罕有的花草树木沿河而生。而在干旱炎热的荒野中，分布着仙人掌、黑肉叶刺茎藜和鼠尾草等植物。大草原上奔跑着白尾鹿、棉尾兔、丛林狼、叉角羚等野生动物，而在辽阔的草原上空有鹭、草原猎鹰、山地蓝知更鸟等飞鸟盘旋。

恐龙省立公园以其奇特的崎岖地带、罕见的沿河生态环境，以及丰富的化石层三大景观闻名于世。公园内每年只在 5—10 月可以向游客开放。游客必须参加园内规划的专业解说行程，才能进入此区，一探史前时代生物的奥秘，了解史前动物的生活情景，寻找恐龙的足迹。国家公园内也规划有露营区等游客休憩区，以及一个古生物博物馆。博物馆里陈列着非常完整的肉食性霸王龙"阿尔伯塔龙"，它有一对足形的盆骨支持着强大的躯体。这里还陈列着 1 种头甲龙，2 种角龙，以及 4 种体型较大的鸭嘴龙。这座博物馆里面种植着不少曾与恐龙一起生活过的古老植物，很直观地回放了史前恐龙的生活环境。

阿根廷伊沙瓜拉斯托-塔拉姆佩雅生物化石群
（Ischigualasto / Talampaya Natural Parks）

阿根廷伊沙瓜拉斯托-塔拉姆佩雅生物化石群位于阿根廷西北部圣胡安省和拉里奥加省之间的阿根廷中部沙漠地带。这里是地球上绝无仅有的一片土地，有整个三叠纪时期的河流、湖泊和沼泽形成的大陆沉积物，哺乳动物先祖、恐龙以及各种植物化石分布在公园内的六个地质层。这里记载着三叠纪地质年代大陆沉积物化石化的完整过程。2000 年，阿根廷伊沙瓜拉斯托-塔拉姆佩雅生物化石群作为自然遗产被列入《世界遗产名录》。

整个阿根廷伊沙瓜拉斯托-塔拉姆佩雅生物化石公园被分成四个部分，分别是非禁区、限制游览区、游览区和休养区。该景点对外国游客而言，并不是"热门"景点，少有游客团队前往。

瑞士（意大利边境）的圣乔治山化石群（Monte San Giorgio）

从 19 世纪以来，在圣乔治山区域，发现了数量巨大、物种奇特的海生爬行动物和鱼类化石。2003 年，由于这里完好保存的 245 百万年至 230 百万年前的三叠纪中期地质时代的化石岩层，被正式列入世界自然遗产名录中。

英国多塞特和东德文海岸侏罗纪化石群（Dorset and East Devon Coast）

化石群位于侏罗纪海岸，这里由三叠纪、侏罗纪和白垩纪的悬崖组成，跨越了中生代时期的 1 亿 8 千年地理史。该地区地理特性、地形构造极为独特，地形多变，是国际野外考察的重要对象，2001 年被列入世界自然遗产名录。这里也是英国最优美的海岸线之一。这里有迷人的古代沙漠、热带海洋和石化森林，是徒步旅游和科考探险人士的美妙天堂。

肯尼亚图尔卡纳湖国家公园化石群（Lake Turkana National Parks）

图尔卡纳湖国家公园位于肯尼亚北部图尔卡纳湖东岸，这里有种类繁多的鸟类、沙漠动植物，还有尼罗河鳄鱼等，更是第四纪古环境的再现场景。这里发掘出大量哺乳动物、软体动物和其他动物的化石，对于研究和理解古代自然环境有重要作用。肯尼亚图尔卡纳湖国家公园化石群于 2001 年被列入世界自然遗产名录。

● 第四节 景观秀丽

一、景色秀丽型世界自然遗产概述

景色秀丽型世界自然遗产是突出的自然景观或具有突出的自然美和美学意义的地区。从审美或科学角度看，这类世界遗产具有突出的普遍价值，是由物质和生物结构或这类结构群组成的自然景色。作为独特、稀有或绝妙的自然现象、地貌或具有罕见自然美的地带，这些地区往往吸引着游客前往，旅游开发程度较大。

二、全球景色秀丽型世界自然遗产的典型代表

大自然是个神奇的景观雕刻大师，在全球范围内，无数的美景被巧妙的设计并呈现出来。一些惊世的作品被纳入了世界自然遗产的宝库，如美国约塞米蒂国家公园、阿根廷伊瓜苏国家公园、法国的科西嘉岛、坦桑尼亚乞力马扎罗国家公园以及越南下龙湾等。

美国约塞米蒂国家公园（Yosemite National Park）

位于美国西部加利福尼亚州的美国约塞米蒂国家公园，是美国第一个国家公园。其占地面积约为 1 100 平方千米。这里于 1984 年被列入联合国教科文组织世界自然遗产名录。相传一千多年前，这里是北美的印第安人世代繁衍生息的地方，而"约塞米蒂"一词源自印第安语，意思是灰熊。这是当地印第安土著部落的图腾。

约塞米蒂国家公园位于内华达山脉的西麓，离旧金山有数小时车程，是摄影爱好者、徒步旅行和背包客旅行者、投宿爱好者很钟情的旅游目的地。公园主要的惊世骇俗体现在山谷、马里波萨林、溪流、湖泊及瀑布等多样化的景观体系中。

山谷以约塞米蒂溪谷为中心，特纳雅、伊利洛特和约塞米蒂 3 条河汇成的默塞德河（Merced）在深邃的谷底蜿蜒而过。山谷全长超过了 14 千米。约塞米蒂山谷是大自然的惊世之作，世界上很难找到像约塞米蒂山谷这样能有这么丰富而壮观的美景的小地方。这里景致各异，美不胜收，伟大的博物学家约翰·缪尔感曾经叹道："上帝似乎总是在这里下功夫装扮美景。"冰河将约塞米蒂的蜿蜒的小河及起伏的小丘转变成雄伟壮观的地形，每处都充满了惊喜。马里波萨林（Mariposa Grove）是南山最有名的景点。公园成立以前，北美红杉树林被大批砍伐，可是马里波萨林却奇迹地躲过劫难。这里的树被砍倒后跌下来时，自动断成数截，使得木头失去经济价值。人们便对这里的树木失去了砍伐欲望。早期被砍倒后跌下来断成许多截的老树现在依然留在这片林地。约塞米蒂国家公园的溪流举世闻名，吸引着大批慕名而来的旅游者。他们桀骜不驯地穿越峡谷，清澈而秀美。在宽阔的平地上，水流以平缓的斜度，倾泻而下，旋涡飞转，水雾朦胧，与阳光蓝天融为一体；水声在山谷中汇成美妙而旋律多变的交响曲。约塞米蒂溪流千姿百态、诗情画意，在四季呈现出不同的状态。约塞米蒂的溪流几乎灌溉着整个约塞米蒂公园，仿佛一条树形的蜘蛛网，缠绕浸润着整个约塞米蒂国家公园。公园的湖泊是山脉的镜子。养在深闺的 Stella 湖像一颗蓝宝石明珠，镶嵌在山谷深处。雪松倒影轻抚着湛蓝的湖水，褐色的高高山峰与山谷间的皑皑白雪，以及天上的白云也沉入这美丽的湖水中。每年 5 月——冬雪初融的季节是观赏瀑布的最

佳时机。此时瀑布开始尽情宣泄，仿佛滔滔江水从天而降，蔚为壮观。约塞米蒂瀑布高740米，跻身于世界十大瀑布，悬挂天际。而新娘面纱瀑布含蓄温婉，巨大的水幕墙随风摇曳，跃过石壁，溅湿木桥，将周围的草木淋得郁郁葱葱。

法国科西嘉岛（The Island of Corsica）①

科西嘉岛是法国唯一入选的世界自然遗产。这里是法国伟人拿破仑的故乡，有着著名的阿雅克修·拿破仑博物馆，到处都是以拿破仑命名的大街和饭店。科西嘉岛坐落在西地中海贸易线路上，是地中海仅次于西西里岛、萨丁尼亚岛和塞浦路斯岛的第四大岛。岛上山形奇拔险峻，而山体为花岗岩结构，岩体呈绯红、玫瑰和绛红等斑斓的色彩。岛上水资源非常丰富，海湾、海岬和小岛装点着这个面积600平方千米的纯净自然世界。这里气候温和，属地中海气候，年平均气温15.1℃，冬无严寒，夏无酷暑，具有全欧洲最为多样化的自然景观。科西嘉岛以山地为主，森林覆盖面积占全岛面积的20%。由于大部分地面有矮灌木丛覆盖，而其中布满了各种芳香类灌木，岛上花香四溢，香气甚至漂至海上，因此科西嘉有被人称为"香岛"。

科西嘉岛一直以来都是战略和商业要地。希腊、罗马、迦太基人接踵而至，驱赶本地科西嘉人进入岛屿内陆地区。在13世纪，岛屿遭遇袭击而被废弃，随后被出售，并陆续有主权国家的居民前来定居；然而，一代代岛民自始至终坚韧不拔地抗击着外来者的侵略。1768年，法国从热那亚手中购下了科西嘉岛，然而近两个半世纪以来，法国的统治对这座岛屿的巴洛克式教堂、热那亚堡垒、狂热的天主教仪式、受托斯卡影响的土著语言和美食影响甚微。

科西嘉岛每年吸引的游客超过300万。科西嘉岛完美的半月湾、白色沙滩和清澈的海水，以及西海岸加朗什的红色斑岩，可以说是地中海最优美的海滩。该岛的山地每年12月至次年4月有积雪，一到冬季便吸引众多的滑雪爱好者前来进行速滑比赛。夜晚乘坐独木舟畅游科西嘉河，一直是一个十分具有吸引力的游览项目。尽管每年涌入的游客超出岛屿原住人口近十倍，岛屿原貌却并未损坏。

三、中国景色秀丽型世界自然遗产的典型代表

坐落在四川西北部岷江上游的阿坝藏族羌族自治州的九寨沟风景名胜区、黄龙风景名胜区，以及湖南省的武陵源风景名胜区等都是中国景色秀丽型世界遗产的典型范例。

九寨沟风景名胜区（Jiuzhaigou Valley Scenic and Historic Interest Area）

九寨沟得名于沟内有9个藏族村寨。这里距离成都435千米，1992年被联合

---

① ROUGH GUIDES. 法国［M］. 昌剑，译. 北京：中国旅游出版社，2015：862.

国教科文组织列入世界自然遗产名单。九寨沟以高山湖泊和瀑布群为其主要特点，集湖、瀑、滩、流、雪峰、森林及藏族风情为一体。九寨沟因其独有的原始自然美、变幻无穷的四季景观、丰富的动植物资源而被誉为"人间仙境"和"童话世界"。

九寨沟总面积约 720 平方千米，海拔 2 000 至 4 700 米，树正沟、日则沟、则渣洼沟等三条沟以 Y 字形走势穿插其中。九寨沟拥有"翠海"美誉，沟内景观的最大特色，是零星分布的 118 个大大小小的"海子"（即湖泊）。他们属于高山梯湖，由雪山融雪经过石灰岩的层层过滤而成，所以水质澄净，透明度极高。肉眼可及的深度为 20~30 米。海子中含有大量的碳酸钙质，湖底和湖岸都堆积或沉淀着许多乳白色的碳酸钙结晶。湖内生长着丰富藻类植物。站在湖畔可以看到清澈见底的水中露出乳白色的石灰华、黄绿色的水藻和枝丫交错的朽木。色彩斑斓，形态优美，堪称九寨一绝。

从沟口的羊峒到诺日朗，全长 13.8 千米的沟谷被称为树正沟（亦称树正群海沟）。碧绿的翡翠河在沟里奔涌，九寨沟的神秘面纱由此展开。树正沟是九寨沟秀丽风景的大门，包括盆景滩、芦苇海、火花海、卧龙海、树正群海、树正瀑布、老虎海、犀牛海等景点，景区内共有海子（湖泊）40 余个，一路瑶池，一路惊奇，多姿多彩。这一路风景线被誉为九寨沟的缩影。气势雄伟的瀑布、原始的磨坊和栈桥点缀其间，让人目不暇接。诺日朗瀑布是迄今为止在国内发现的最宽的钙化瀑布。"诺日朗"在藏语中意指男神，其水来自日则沟内的镜海，瀑布高约 30 多米，宽达 320 多米。瀑布周围则是苍林和植被，水流从高崖上倾泻而下时，气势磅礴，水声如雷。

日则沟全长 18 千米，在诺日朗和原始森林之间，包括镜海、珍珠滩、金铃海、五花海、高瀑布、熊猫海、箭竹海、天鹅海、芳草海等海子。日则沟里的海子有的色彩艳丽，如变幻莫测的万花筒；有的原始自然，有如仙境；有的幽深宁静，如摄人魂魄的宝镜。

各海子之间还有落差极大的瀑布、聚宝盆似的滩流、古木参天的原始森林，各个景点高低错落，排列有序，美景一幕接着一幕，美不胜收。其中珍珠滩是珍珠滩瀑布的顶部，这片广大的瀑顶宽约 310 米，浅滩上生长着一簇簇低矮的灌木丛。当浅滩上的水流遇到灌木群或突起的岩层时，就会激起晶莹的水花。在阳光的照耀之下，可以看到无数的水花在浅滩上跳跃，有如明珠一般闪闪动人。珍珠滩上设有木造人行道和凉亭，游客走在上面，耳边听到的尽是交响乐般的巨大水声，而脚下则是穿梭在灌木群间的潺潺水流。珍珠滩的岩层含有丰富的碳酸钙，所以沿着这片扇形溪滩走去，可以看到乳白色和黄绿色或深褐色的石灰结晶。电视剧《西游记》曾在珍珠滩取景，这里独特的滩流景观是参观的重点。

珍珠滩下方就是海拔2 433米的珍珠滩瀑布，水势如连串白珠般挂在宽阔的崖壁间，充满飘逸之美。

则渣洼沟长18千米，从诺日朗直到长海，是九寨沟四条游览路线中距离最长、海拔最高的一条，包括长海、五彩池、季节海等景点。此沟沿途层峦叠嶂，山石挺拔峥嵘，远方的皑皑白雪尽收眼底。登上尕尔纳山，最好极目远眺，那山峦逶迤、谷壑幽深，壮美的姿态一览无余。则渣洼沟内的五彩池是九寨沟风景区的精华景点之一。这里的湖水含有丰富的石灰华，经日光照射后，呈现出宝蓝、深蓝、湛蓝或靛蓝的色彩。它是九寨沟内最小的海子，但色彩最为绚丽夺目，被认为仙女的胭脂凝结而成的。池里面布满水蕨、水绵、水灯星、芦苇和绿藻等水生植物，湖水中含有大量碳酸钙质，显现出不同色调，在阳光折射作用下五彩池看起来缤纷绚烂。

长海位于则渣洼沟顶端，是风景区内海拔最高（海拔3 103米）、湖泊最深的景点。海边峰峦逶迤，森林密布，可远远看见海拔4 764米的尕尔纳覆盖着的皑皑白雪。长海是一座宽且深的堰塞湖，南北最长约8千米，东西最宽约4.4千米。湖水来自岷山山系的雪山融水。长海地表并没有出水口，但雨季湖水涨满时也不会漫过堤岸，干季湖水水位降低也不会干涸见底。深秋之后，长海湖畔和林间都开始飘拂雪花，不久就会形成一个粉妆玉琢的银色世界。

九寨沟每年接待四五百万的游客前来欣赏美景，保护与开发的矛盾非常突出。2013年10月2日，九寨沟甚至发生大规模游客滞留事件。

●第五节　生物多样

一、生物多样型世界自然遗产概述

生物多样性是生物（动物、植物、微生物）与环境形成的生态复合体以及与此相关的各种生态过程的总和，包括生态系统、物种和基因三个层次。生物多样性是人类赖以生存的条件，是经济、社会可持续发展的基础，更是自然遗产地生物得以生存的保障。

二、全球生物多样型世界自然遗产的典型代表

豪勋爵群岛（Lord Howe Island Group）

该岛属于澳大利亚新南威尔士州，位于悉尼东北方 700 多千米的南太平洋上，是由 2 000 多米深处的海底火山不断活动造成的。原来与澳大利亚大陆相连，后来因为陆地下沉而与大陆分离成为岛屿。岛上有相当完美的生态环境和错落有致的地形地貌，更有多种当地独有的动植物，尤其是有丰富多样的鸟类。1982 年被列入《世界遗产名录》。

豪勋爵群岛于 18 世纪被发现，总面积达 1 540 多公顷，其中主岛豪勋爵岛达 1 445 公顷，岛的主体是戈沃山和利德格德山。从海上望去，岛上的山峰如同擎天柱般直立于海上。从火山学观点来看，最宝贵的是，群岛年轻的陆地上所有尚未风化的玄武岩。

过去这里未住过人，而且自从被发现后就被严格保护和管理，所以陆地生态系统和近海生态系统都保持原来的与人类隔绝的状态。整个群岛绿荫葱葱，森林生长茂盛。19 世纪末，澳大利亚政府开始在这里进行科学调查，1982 年建立了国家公园，保护生态环境，保护珍稀物种。

这里有鸟类约 130 种，绝大部分是飞越重洋的过境鸟，有的处于濒危状态。陆上鸟类有 4 种，面临最严重危机的是一种不善飞翔却能游水的野秧鸡，是世界上最稀有的鸟类之一。

野秧鸡多在利德格德山和戈沃山上，数目很少。1980 年开始实施一项饲养此种濒危鸟类的计划，现在这种鸟已有数百只。大量海鸟在这里栖息是一大特色，岛上共有黑凫 10 万对。群岛还是黑凫和花面鲣鸟在地球最南端的繁衍地。

群岛有位于地球最南端的珊瑚礁，在更新世形成后一直延续至今。由于气温不同，组成这座珊瑚礁的生物残骸与北面水温较高处的珊瑚礁不同。其独特之处还在于它介于珊瑚礁和海藻礁之间。珊瑚礁区域鱼类共有 107 目，约 490 种。

岛上植物共有 7 类，内有蕨类植物 48 种，其中 17 种为当地特有。有被子类 180 种，其中当地特产 56 种。已在岛上扎根的外来植物也有 175 种[①]。

三、中国生物多样型世界自然遗产的典型代表

中国多处世界自然遗产都具有典型突出的生物多样性价值。尤其是中国四川省境内的由 7 处自然保护区和 9 处风景名胜区组成的四川大熊猫栖息地，以及横

---

① 晁华山. 世界遗产［M］. 北京：北京大学出版社，2004：220-221.

跨中国云南省三市州（丽江市、迪庆藏族自治州、怒江傈僳族自治州）八县的区域的云南三江并流区域。

其中的四川大熊猫保护基地，地跨成都市所辖都江堰市、崇州市、邛崃市、大邑县，雅安市所辖芦山县、天全县、宝兴县，阿坝藏族羌族自治州所辖汶川县、小金县、理县，甘孜藏族自治州所辖泸定县、康定县，等等，共计 12 个县或县级市。这里拥有丰富的植被种类，是全球最大最完整的大熊猫栖息地。全球 30% 以上的野生大熊猫栖息于此。另外，这里亦是小熊猫、雪豹及云豹等濒危物种栖息的地方。四川大熊猫栖息地是保护国际（CI）选定的全球 25 个生物多样性热点地区之一，是一个"活的博物馆"。这里有高等植物 1 万多种，还有大熊猫、金丝猴、羚牛等独有的珍稀物种，是全世界知名的生物多样性地区。

"三江并流"地区未受第四纪冰期大陆冰川的覆盖，加之区域内山脉为南北走向，因此这里成为欧亚大陆生物物种南来北往的主要通道和避难所，是欧亚大陆生物群落最富集的地区，被誉为"世界生物基因库"，是北半球生物景观的缩影。

地形、气候、生物多样性的标本之地——三江并流

横跨中国云南省三市州（丽江市、迪庆藏族自治州、怒江傈僳族自治州）八县区域的云南之巅上，永不停息地奔腾着三条永不枯竭的大江。它们诞生于同一个家族——青藏高原的唐古拉山，名叫怒江、澜沧江、金沙江。这里的生物多样性世所罕见，被列为世界 25 个生物多样性优先重点保护热点地区。这里只占中国 1.4% 的国土面积，但是物种丰富程度占 40% 以上。

三江并流区域，峡谷深切，形成南北向生物通道，到达北回归线的位置又正好迎来印度洋季风，降雨量充沛。北纬 15 度到 30 度的宽度间同时拥有热带、亚热带、温带、寒带的气候特征。这让南北两个方向的生物同时在这里出现。

2.3 亿年前，印度板块离开冈瓦纳大陆，开始了漫长的漂流生活，并在 1.8 亿年后，与欧亚大陆完成了激情的碰撞。山脉转向、空间压缩，喜马拉雅山脉隆起，亚洲的自然地理风貌瞬间改变。山石巍峨、峡谷深切、江河奔流的横断山脉出现，青藏高原的壮丽山河由此诞生。两块大陆的碰撞还使得"三江并流"地区完整地保存了从元古宙到早古生代、晚古生代到三叠纪、晚三叠纪到早白垩纪以及新生代这些遥不可及时期的地质演化痕迹。"三江并流"这座世界上最大的自然博物馆由此便一览无余地展现在世人眼前。除了海洋和沙漠外，地球上的风景都在这里集合了。从 760 米的怒江干热河谷到 6 740 米的卡瓦博格峰，汇集了高山峡谷、雪峰冰川、高原湿地、森林草甸、淡水湖泊等奇观异景和珍稀动植物。

南亚热带、中亚热带、北亚热带、寒温带、高山苔原等多种气候类型，构成了"三江并流"地区显著的立体气候特征。区域内分布着热带雨林、亚热带常绿

阔叶林、落叶阔叶林、针叶林、高山灌丛、高山草甸、寒带垫状植物等各种植物，是地球上最完美的垂直气候与自然分布带，产生了最引人注目的生物多样性现象，形成了我国生物多样性最丰富的地区，名列中国生物多样性保护 17 个"关键地区"的第一位。

这里，不到 0.4% 的国土面积上，拥有了全国 20% 以上的高等植物和 25% 的动物，是欧亚大陆生物群落最丰富的地区。有 10 个植被型、23 个植被亚型、90 余个群系。区域内有哺乳动物 173 种、鸟类 417 种、爬行类 59 种、两栖类 36 种、淡水鱼 76 种、凤蝶类昆虫 31 种；有高等植物 210 余科、1 200 余属、6 000 种以上。滇金丝猴、羚羊、雪豹、孟加拉虎、黑颈鹤等 77 种国家级珍稀保护动物和秃杉、桫椤、红豆杉等 34 种国家级保护植物在这里与人类一同生息繁衍。每年春暖花开时，这里绿毯般的草甸上、幽静的森林中、湛蓝的湖边都会成为一片花的海洋。20 多种杜鹃、近百种龙胆、报春及绿绒马先蒿、杓兰、百合在高原的阳光下尽情地绽放①。

📇 资料卡

资料 1："天上街市"遭遇黄牌警示②

武陵源风景名胜区位于中国中部湖南省西北部，由张家界市的张家界国家森林公园、慈利县的索溪峪自然保护区和桑植县的天子山自然保护区组合而成，后又发现了杨家界新景区，总面积达 500 平方千米。1992 年 12 月，武陵源风景区被联合国教科文组织列入《世界遗产名录》。

武陵源地区在区域构造体系中，处于新华夏第三隆起带，地貌类型多样。其中张家界地貌是砂岩地貌的一种独特类型，由石英砂岩为成景母岩，在流水侵蚀、重力崩塌、风化等作用下，形成以棱角平直的、高大的石柱林为主的地貌景观。世界罕见的大面积石英砂岩峰林地貌是张家界的最大亮点。石英砂岩在多种外营力的作用下形成，山体按复杂自然演化过程形成峰林，高峻、顶平、壁陡。溶蚀地貌堪称"湘西型"岩溶景观的典型代表，溶洞集中于索溪峪河谷北侧及天子山东南缘，总数达数十个。其中黄龙洞最为典型，被称为"洞穴学研究的宝库"。地质遗迹景观是不可多得的地质遗迹，不仅可供参观，而且是研究古环境和海陆变迁的证据。

总面积达 397 平方千米的武陵源风景名胜区溪谷纵横，群峰罗拜，特色景观

---

① 梁敏. 驴行云南——最新 11 条精品线路 [M]. 北京：中国青年出版社，2009：46-50.

② 资料来源：http://www.people.com.cn/GB/huanbao/1073/3007235.html.

152

无与伦比。

入选世界自然遗产后，地方政府也从中抓住了迅速摆脱贫困的机遇，市场浮现出巨大的旅游开发商机。张家界名气大增后，海内外游客蜂拥而至，在景区解决游客的吃、住、行成为迫切需要解决的现实问题。世居在景区里的居民、企事业单位竞相在核心景区建各类旅游服务设施。一时间，在天子山、袁家界等地，宾馆、饭店和大小不一的商贸棚点相继出现在绿水青山之间；位于景区交通枢纽的"水绕四门"，一批较大规模的宾馆酒楼也开始出现。

尽管在世界自然遗产证书上写有"列入此名录说明此文化自然景区具有特别的和世界性的价值，因而为了全人类的利益应对其加以保护"，尽管在开发过程中管理层都提到保护问题，但大兴土木式的开发风潮所至，人造的"天上街市"不和谐地耸立在优美宁静的"世界自然遗产"之中。

据不完全统计，1998 年，充斥在景区内的各色建筑的面积已达 36 万平方米，违章建筑面积达 3.7 万平方米。核心景区内冒出了"宾馆城"。"世界最美的大峡谷"——金鞭溪每天被迫接纳 1 500 吨污水……在保护与开发的博弈中，开发无限"风光"。

1998 年 9 月，联合国教科文组织官员在武陵源进行五年一度的遗产监测时，对景区中的人造"天上街市"提出了严厉批评："武陵源的自然环境像个被围困的孤岛，局限于深耕细作的农业和迅速发展的旅游业范围内，其城市化对其自然界正在产生越来越大的影响。"

一时间，国内外专家、官员对武陵源景区的过度开发相继提出了严厉的批评，痛心疾首地呼吁："武陵源世界自然遗产资源非常珍贵，不可再生，要采取比一般景区更为严格的特别保护措施。"

来自四面八方的批评，使一直把世界自然遗产当成"摇钱树"的张家界人开始从发财美梦中惊醒……

资料2：世界自然遗产之美国科罗拉多大峡谷①

美国科罗拉多大峡谷（The Grand Canyon）位于美国亚利桑那州（Arizona）西北部，科罗拉多高原西南部。该峡谷是世界上最大的峡谷之一，也是地球上自然界七大奇景之一。科罗拉多大峡谷（The Grand Canyon）总面积接近 3 000 平方千米。大峡谷全长 349 千米，最大深度为 1 800 米。大峡谷呈 V 字形，谷底最窄处仅 120 米。平均宽度为 16 千米，最深处为 1 829 米，平均深度超过 1 500 米，总面积为 2 724 平方千米。

---

① 晁华山.世界遗产［M］.北京：北京大学出版社，2004：198-199.

大峡谷山石多为红色，从谷底到顶部分布着从寒武纪到新生代各个时期的岩层，层次清晰，色调各异，并且含有各个地质年代的代表性生物化石，大峡谷因此又被称为"活的地质史教科书"。

科罗拉多大峡谷国家公园是大峡谷最深最壮观的 35 千米地段，最大深度达 1 740 米。暴露的地层展现了 20 亿年地质构造史，有多种生态环境和生物物种，还有 4 000 年来印第安人的居住生活遗址。

大峡谷为访问者提供了无与伦比的机会，可以从陡立丛生的悬崖边欣赏壮观的远古峡谷中的狭长景色。它并不是世界上最深的峡谷，但是大峡谷凭借其超乎寻常的体表和错综复杂、色彩丰富的地面景观而驰名。从地质角度来看，它非常有价值。裸露在峡谷石壁上的从远古保留下来的巨大石块因其坚硬和粗犷而倍显美丽。这些石层无声地记载了北美大陆早期地质形成发展的过程。当然，这里也是地球上关于风蚀研究所能找到的最迷人的景点。

在大峡谷中，有 75 种哺乳动物、50 种两栖和爬行动物、25 种鱼类和超过 300 种的鸟类生存。国家公园便成了许多动物的乐园。驯鹿是峡谷内最普遍的一种哺乳动物，能经常从悬崖边缘观察到它们的身影。沙漠大盘羊生活在峡谷深处陡峭的绝壁上，在游人通常的游览路线中不易被发觉。体型中等或较小的山猫和山狗生活范围从绝壁边缘延伸到河边。国家公园中还有少量的山狮。小型哺乳动物包括有浣熊、海狸、花栗鼠、地鼠和一些不同种类的松鼠、兔和老鼠。两栖和爬行动物有种类繁多的蜥蜴、蛇（包括当地特有的大峡谷粉红响尾蛇）、龟类、蛙类、蟾蜍和火蜥蜴。还有成百种不同的鸟类和数不清的昆虫和节肢类动物（蜘蛛）在此处定居。

大峡谷每年吸引 500 万游客，很多美国旅游者都是回头客。科罗拉多河流域众多的国家公园、度假区和国家森林都很注重教育功能。

资料 3：贝加尔湖（Lake Baikal）和贝加尔地区的环境问题①

气象万千的贝加尔湖是世界上最古老的地貌之一（形成于 2 500 万到 3 000 万年前），对许多人来说，它是西伯利亚东部地区的明珠。夏季的旅行者可欣赏贝加尔湖水深邃的蓝色、对岸连绵的群山，各种美景目不暇接；而相对较少的冬季旅行者则感叹它白皑皑的雪景、坚硬的湖面以及湖面上出现的冰上道路。香蕉形状的贝加尔湖南北长 636 千米，最深处达 1 637 米，是世界上最深的湖。实际上它根本不是一个湖，而是世界未来的第五大海，它储存着地球上近五分之一的液态淡水（比北美洲的五大湖加起来还要多）。虽然存在一些环境隐忧，但大部分地区的

---

① 资料来源：孤独星球. 俄罗斯［M］. 北京：中国地图出版社，2014：460-461.

贝加尔湖水十分纯净，可以直接饮用。有 300 条河流注入贝加尔湖，而湖水只通过一条河（即利斯特未央卡附近的安加拉河）向外流。

贝加尔湖是世界最深和蓄水量最大的淡水湖。湖形狭长，从东北向西南呈弧形延伸，如一弯明月，长 636 千米，平均宽 48 千米，最宽处为 79.4 千米，面积达 3.15 万平方千米。湖面海拔为 456 米，湖水深邃，平均深 730 米，中部最深达 1 620 米，是世界最深的湖泊。蓄水量 2.3 万立方千米，是欧亚大陆也是世界上最大的淡水库，约占世界地表淡水总量的 1/5，占俄罗斯地表淡水的 4/5。湖盆地区为大陆性气候，巨大水体对周围湖岸地区气候有调节作用，冬季相对较温暖，夏季较凉爽。年降水量中，北部为 200~350 毫米，南部为 500~900 毫米。风大，浪高达 5 米，湖水涨落现象明显。1—5 月初结冰，冰厚 70~115 厘米。湖水清澈，含杂质极少，透明度达 40.5 米，仅次于透明度达 41.6 米的日本北海道的摩周湖。也就是说，船航行在贝加尔湖上，可一眼见到 40 米深处的物质。

湖中有植物 600 种、水生动物 1 200 种，其中 3/4 为特有种，如鲑鱼、鲟鱼、凹目白鲑和鸦巴沙。贝加尔湖虽是淡水湖，却也生长有硕大的北欧环斑海豹和髭豹。湖畔辽阔的森林中生活着黑貂、松鼠、马鹿、大驼鹿、麝等多种动物。贝加尔湖阳光充沛，雨量稀少，冬暖夏凉，而且有 300 多处矿泉，是俄罗斯东部地区最大的疗养中心。建有贝加尔自然保护区。俄罗斯政府也规定湖区的工业企业在生产中后不利用湖水，不影响自然环境，以保护这大自然的宠儿。20 世纪 60 年代，尽管受到苏联体制的压力，贝加尔湖畔第一座（也是唯一的）工厂的建造引发了俄罗斯第一次大规模环保运动。虽然工厂所有者一再保证会引进环保技术减少有害物质的排放，但这座"贝加尔造纸厂"目前还在污染着贝加尔湖南岸的空气和湖水。在美丽的贝加尔湖中还生活着的大约 6 000 头贝加尔环斑海豹、数百种当地特有的物种。

而该地区需要的生态系统并不仅限于湖泊本身。另一个难题就是，受到污染的色楞格河（Selenga River）河水从上游蒙古带来的未经处理的垃圾也流入贝加尔湖。目前的担忧是投资 160 亿美元的西伯利亚东部地区输油管道［起自泰舍特（Tayshet），通往太平洋沿岸］。2009 年管道建成，刻意在北面绕行，以避免建在湖岸地区，但是每天都有近 160 万桶的石油流过划定为地震活跃带的北岸集水区域。环保主义者担心，一旦发生地震导致管道破裂，石油就会进入地下水系统，污染贝加尔湖。而政府决定修建输油管道的命令发布于 2004 年 12 月，这之前的几天刚发生过大地震，引起了灾难性的东南亚大海啸。

还有一个负面事件发生在 2008 年 7 月，一支俄罗斯潜艇队考察了贝加尔湖的湖底（好笑的是，2007 年这个团队还曾把一面俄罗斯国旗插在北冰洋海底）。有人称他们是在湖底秘密勘探石油储藏，这使当地的环保主义者想到了最坏的可能性，并为之担心。

资料 4：澳大利亚世界遗产的保护与旅游开发①

澳大利亚共有 19 个地点被列入联合国教科文组织的《世界遗产名录》，其中包括地球上最古老的雨林和世界上三分之一左右的海洋保护区。澳大利亚的许多标志性旅游目的地都被列入了《世界遗产名录》，如大堡礁和昆士兰的湿热带地区（包括黛恩树雨林）、新南威尔士州的大蓝山地区、北部地区的卡塔丘塔国家公园，以及西澳大利亚州金伯利地区的普奴鲁鲁国家公园。其中，占地 130 万公顷的塔斯马尼亚荒原世界遗产区符合 10 项标准中的 7 项，超过其他任何世界遗产区。

澳大利亚广袤的自然原始地区也为其赢得了世界遗产地的地位，如跨越南威尔士洲和昆士兰州的冈瓦纳雨林和西南威尔士州的威兰德拉湖区。被列入《世界遗产名录》的还有 11 处澳大利亚监狱遗址，它们代表着 18 世纪和 19 世纪罪犯被强制流放到殖民地的历史，也是澳大利亚悠久历史的一个鲜明例证。在塔斯马尼亚岛，有位于塔斯曼半岛上的亚瑟港历史遗址、霍巴特的卡斯凯德斯女犯工厂、玛丽亚岛上的达林顿感化站、皮马德依那附近的煤矿历史遗址、以及朗福德郡附近的布里肯顿伍摩尔斯种植园。这些都是列入《世界遗产名录》的澳大利亚监狱遗址。

澳大利亚的许多世界遗产地都位于偏远地区，有些地方只能乘坐四轮驱动越野车和飞机才能到达，但大多数地方都可以以自驾的方式抵达或随同当地的一家旅行社共同前往。因此，这些遗产地非常受有冒险精神的游客的喜欢。如位于南澳大利亚纳拉库特镇和昆士兰州的里弗斯利地区的澳大利亚哺乳动物化石遗址。

澳大利亚的世界遗产地受到澳大利亚政府 1999 年颁布的《环境与生物多样性保护法案》（EPBC Act）的保护，当然，还必须遵守《世界遗产公约》。不同遗产地的管理规定各不相同，但各地的管理当局均制定了对策，以确保消除任何潜在的影响。国家公园和野生动物管理处负责公园的日常管理。西澳大利亚政府环境及自然保护部通过普奴鲁鲁公园理事会和当地的土著人一起负责公园的日常管理。乌鲁鲁-卡塔丘塔国家公园的所有权归土著社区，他们将其租赁给国家公园和野生动物管理处。管理处按照国家公园的标准对其进行管理。

西澳大利亚政府环境及自然保护部也负责管理宁格罗海岸和鲨鱼湾。

为了体现自然风光对旅游业的重要性，澳大利亚旅游局和澳大利亚公园管理处联合摄制了《国家景观》短片。该短片包括一系列具有重大文化、自然或精神

---

① 资料来源：http://www.aiweibang.com/yuedu/1700083.html.

意义的地方，其中许多地方已被列入《世界遗产名录》。这一特别的合作项目旨在帮助澳大利亚最重要的自然区域及其周边地区实现环境、社会和经济效益。

北领地的卡卡杜国家公园便是一处传统业主、政府和旅游行业有效合作的典范。这座公园是世界上为数不多的同时因自然环境和文化意义而入选《世界遗产名录》的地方，于1981年首次入选《世界遗产名录》；扩建后又分别于1987年和1992年两次入选。因其对澳大利亚人民具有全国性意义，该公园被纳入《环境与生物多样性保护法案》的保护之下，并被列入《澳大利亚注册国家遗产名录》中。

 ## 思考和练习题

1. 什么是世界自然遗产？
2. 世界自然遗产具有怎样的评定标准？
3. 中国有哪些世界自然遗产？具体分布如何？
4. 引起世界自然遗产破坏的主要因素有哪些？
5. 在旅游发展过程中，如何才能有效保护世界自然遗产？

 ## 案例分析

案例材料：世界自然遗产九寨沟的旅游发展之路①

材料1：九寨沟的旅游发展历程

（1）1996年以前：自给自足期

1966年以前景区居民生活半农半牧、自给自足，经济收入低，很少与外界往来。

（2）1966—1978年：林木采伐期

20世纪60年代中期，两个林场相继进驻，开始大规模的采伐，历时12年，原始森林遭到严重毁坏。20世纪70年代，有关部门和专家多次到此考察，发现其丰富的自然资源和景观资源后积极呼吁保护九寨沟。

（3）1978—1984年：单纯保护期

1978年，成立九寨沟自然保护区，建立了九寨沟自然保护区管理所，停止区域内的森林采伐。1979年林场全部从九寨沟撤出；设立检查站，开展保护森林资

① 资料来源：http://travel.sohu.com/20160615/n454626795.shtml。

源和大熊猫等简单的保护和宣传工作。

（4）1984—1997年：旅游开发探索期

1984年，九寨沟被划为第一批国家级重点风景名胜区。1984年12月15日，建立南坪县九寨沟风景名胜区管理局，九寨沟正式对外开放，开始探索性、小规模、粗放型的旅游开发；之后相继成立九寨沟旅游公司和九寨沟联合经营有限责任公司，统一管理经营活动。1992年，九寨沟被联合国教科文组织列入《世界遗产名录》。1994年，九寨沟被国家林业部确认为国家级自然保护区。1997年，九寨沟被纳入世界生物圈保护区。随着大量旅游接待设施的建设，景区内逐渐出现了城市化和过度商业化的现象。大量游客在沟内食宿和亲水活动，对旅游资源和生态环境造成了一定影响。

（5）1997—2007年：旅游快速发展期

1997—2007年为处理好景区与原住民关系，九寨沟采取了积极的社区参与的措施，如优先招聘景区居民参与景区管理和环境保护，每张景区门票提取7元作为景区居民福利待遇，联合经营公司入股分红，等等，较好地实现了"保景富民"。"九寨东西环线"的全线贯通，使得旅游发展步入快速通道，游客迅速从1997年的18.2万人次增长到2007年的252.2万人次。九寨沟不断修建和完善旅游基础设施和服务设施，建立游客中心、数字中心和科研中心，改造提升约50千米长的景区公路，建设约60千米的生态栈道，运行绿色观光车，引入环保厕所。为保护生态环境，2001年，九寨沟管理局严格实施了"沟内游、沟外住"政策，对沟内宾馆饭店全部予以拆除，仅保留了诺日朗服务中心。

（6）2008年后：旅游恢复和品质提升期

2008年，受"5·12汶川大地震"影响，九寨沟旅游年接待人次大幅下降，降至20世纪末期水平，仅约64.4万人次。九寨沟快速启动旅游恢复和品质提升工程，组织编写《震后旅游恢复重建提升规划》，并开始由"数字景区"向"智慧景区"转型，旅游事业很快实现恢复并再创新高。2012年，九寨沟从960多处世界遗产地评比中脱颖而出，获得世界遗产可持续发展最佳示范奖。2015年，九寨沟旅游年接待人次突破500万人次。

材料2：九寨沟管理局局长章小平接受《城市中国》采访摘录

《城市中国》：如今国家公园概念被热议，您认为这应该是怎样的一个概念？九寨沟与国家公园相比，还有哪些不完善的地方？关键问题是什么？如何解决这些问题？

章小平：国家公园是代表国家形象，具有很高美学价值，能为生态环境、生物多样性和生态过程保护和人们游憩提供条件的自然遗产地或文化遗产地。国家公园应坚持"保护优先，适度开发"的理念，也应当高度重视社会公益性，基本运营经费源于国家财政，门票价格与国民消费水平相适应。

九寨沟在发展过程中一直在努力处理好保护与发展之间的关系，但从国家公园建设角度看还面临以下问题：一是多头管理，九寨沟目前是"五块牌子，一套人马"；二是容量管理，市场刚性需求和地方发展经济压力使其很难实现科学管理；三是环境教育，专业人才缺乏和本底知识缺乏使环境教育还有较大提升空间；四是生态保护，快速发展的旅游业对生态环境的压力与日俱增，但当前对生态环境的监测和科学研究还有待进一步加强。

当前解决问题的困难主要源于四方面：一是很难科学计算九寨沟景区的承载力；二是中央财政对九寨沟日常维护支持较少；三是地方有发展经济的压力；四是市场刚性需求较大，旅游高峰期明显，对管理造成了压力。在引入国家公园理念后，九寨沟需要根据国家公园建设理念对公园管理体制、公园规划、公园与属地政府关系、生态环境保护等进行革新。这需要更加注重可持续发展，注重资源和生态环境的保护，努力提高自然生态保护效率。为此，九寨沟首先需要完善生态环境和生物多样性监测系统，不断深化生态环境、生物多样性、生态过程保护研究。其次，调整门票价格，使之与我国人民消费水平相适应。再次，环境教育和解说系统需要进一步完善，游客和青少年学生应该获得更多的环境教育机会。最后，九寨沟需要重视公众参与，及时公布有关建设的重大信息，规划应更重视社区参与和公众的意见。

《城市中国》：目前九寨沟对于多头管理的矛盾，通过哪个部门在牵头协调？九寨沟景区收入与地方财政有怎样关系？管理维护资金都有哪些来源？

章小平：从行业上来说，中央和地方各部门在各自职责范围内对九寨沟进行管理，存在一定程度的多头管理矛盾。世界自然遗产地及风景名胜区的行业主管部门为建设系统，国家住建部及省建设厅、州建设局均在九寨沟设有遗产办及风景名胜区管理处（科）；作为国家级自然保护区，行业主管部门为林业系统，国家林业局及省林业厅、州林业局设有保护司及保护处（科）；作为国家5A级旅游景区，行业主管部门为国家及省、州旅游局；作为国家地质公园，行业主管部门为国家及省、州国土部门。同时，九寨沟被列入联合国教科文组织《世界遗产名录》，也是中国国家地质公园成员单位，接受国际组织和国内相关组织规定的制约。

目前九寨沟有《四川九寨沟国家级自然保护区总体规划》《九寨沟风景名胜区总体规划》《九寨沟国家地质公园总体规划》《九寨沟世界遗产地保护规划》等规划，以住建部报给国务院备案的《九寨沟风景名胜区总体规划》为主。在现行体制下很难实现多规合一。正如一些专家所述，处于多头管理中的九寨沟面临政出多门的问题。因此希望九寨沟在纳入国家公园体系后能实行统一管理，有效避免重复建设。

总体来说，九寨沟当前管理属于属地管理，由阿坝藏族羌族自治州政府直接管辖。民族自治地方享受自我管理和自治的权利，有权依照当地民族的政治、经济和文化的特点，制定自治条例和单行条例。因此，在自治州政府主导下，目前初步形成景区、县、公司共管的协调体制，景区内资源环境保护和游客服务、设施建设主要由九寨沟管理局负责，景区外旅游秩序维护和基础设施建设主要由九寨沟县政府负责，景区内观光车等由大九旅股份有限公司负责。在市场营销方面，除景区自主营销外，每年在国家及省、州旅游部门的统筹安排下，参与一些市场营销活动。管理维护资金来源有门票收入、财政专项拨款、科研项目经费和向上级部门争取的资金等。中央财政虽对景区建设投入较少，但对景区外交通等基础设施投入较大。景区收入实行收支两条线和预算制管理。

《城市中国》：九寨沟的发展与周边城市发展存在怎样的互相影响或者促进关系？如何平衡游客和当地居民的利益关系？有哪些社区参与措施？

章小平：一直以来，九寨沟景区门票收入除了用于维持自身运转和保护、科研等投入之外，每年还将门票总收入45%左右的资金，用于支持周边地区和相关行业的发展，为地区经济发展做出了巨大贡献。无论是解决当地劳动就业问题，帮助当地群众脱贫致富，促进全州、全县第三产业发展，还是改变九寨沟县产业结构，都发挥出了重要作用。

为处理好景区与原住民的关系，九寨沟采取了积极的社区参与措施，如优先招聘景区居民参与景区管理和环境保护，每张景区门票提取7元作为景区居民福利待遇，联合经营公司入股分红，等等。当然，九寨沟在快速发展过程中也经历了一些值得进一步总结的事件，如"8·14居民集体聚访"，表明处理景区与居民关系问题仍然是世界性的难题；另外，"10·2游客爆棚"也值得认真分析。协调保护与发展、处理数量与质量的关系、平衡地方经济发展诉求与社会公益性之间的矛盾将是九寨沟长期面临的问题。

《城市中国》：九寨沟的科研单位比较多，目前进驻的科研单位都有哪些学科？管理上有哪些成熟的制度？科研成果如何被纳入管理中？

章小平：在保护和开发的平衡中，九寨沟经历了由绝对保护到重开发，再到保护与利用并重的战略转型。

1995年，九寨沟管理局设立了科研处，逐步建立了气象、水文、水质、环境、森林病虫害等监测站，逐步配备相应专业技术人员进行常规监测；2004年建立了水质实验室；2006 年联合四川大学、美国加州大学戴维斯分校、华盛顿大学、美国约塞米蒂国家公园等建立了"九寨沟生态环境与可持续发展国际联合实验室"；2009 年，四川省人事厅批准设立九寨沟博士后科研工作站；2012 年科技部批准建设九寨沟国家国际科技合作基地；2014 年，九寨沟管理局联合克罗地亚萨格勒布大学、普利特维采国家公园和中科院成都生物研究所建立了生态保护国际联合研究中心。目前进入九寨沟的科研单位涵盖环境科学、生态学、林学、地质学、旅游学、信息资源管理、市场营销、民族学、考古学等学科，涉及景区综合管理、生态环境保护、旅游发展、社区治理等方方面面。

为了让前沿科研成果在九寨沟落地，九寨沟主要采取了以下措施：编制科研项目规划，明确研究重点和实施步骤；深入开展需求分析，根据需求申报和设立科研项目；与国内外著名的大学、研究机构和技术企业开展合作；与研发合作团队保持良好合作关系，做好项目实施培训；建设自己的研发团队，培养本土科研领军人物。

截至目前，九寨沟拥有博士后工作站 1 个，自主培养博士研究生 3 人，在读博士研究生 7 人，硕士研究生 34 人，其中海归硕士研究生 5 人。由于执行了严格的科学监测，在旅游事业高速发展的同时，九寨沟旅游资源和生态环境保护状况良好，遗产地真实性和完整性保存完好，在 2012 年斩获世界遗产可持续发展最佳示范奖。

阅读资料后，请思考：

（1）目前世界遗产九寨沟主要面临哪些突出问题？

（2）九寨沟主要采取了哪些措施解决这些突出问题？成效如何？

 实训拓展

请实地考察某一个世界自然遗产，通过深入的调研，了解该世界自然遗产在保护与发展两个方面面临的主要矛盾和问题，并提出解决方案。

第六章　世界自然
与文化双遗产

学习目标

了解自然与文化双遗产的概念和内涵；

熟悉中国境内的世界自然与文化双遗产；

掌握世界自然与文化双遗产的评定标准及分类。

重点难点

能运用世界自然与文化双遗产评定标准及分类方法，来分析世界的自然与文
化双遗产；

具有关注自然、保护自然的生态意识和文化传承意识。

本章内容

●第一节　世界自然与文化双遗产的概念和内涵

世界自然与文化双遗产或译为文化遗产与自然遗产混合体（Mixed Cultural and
Natural Heritage），又名复合遗产，是同时具备自然遗产与文化遗产两种条件的世

界遗产类型，是大自然的造化和人类的历史传统及精神成就的载体和见证。

世界自然与文化双遗产不仅关注遗产在历史、艺术或科学、审美、人种学、人类学方面的典型意义，同时还关注这一区域在审美、科学、保存形态上特别具有世界价值的地形或生物。按照自然价值和文化价值双重标准申报的混合遗产由国际古迹遗址理事会与世界自然保护联盟共同完成现场评估考察。考察之后，世界自然保护联盟和国际古迹遗址理事会将根据相关标准编制各自独立的遗产评估报告。大部分申请列入世界遗产名录的遗产都包括对自然与文化交互作用的管理，世界自然保护联盟和国际古迹遗址理事会将在其评估过程中尽最大可能地讨论这些交互作用，并整合其评估报告。

● 第二节　全球范围内的世界自然与文化双遗产

首次被认定为自然与文化双遗产的是提卡尔国家公园（危地马拉），于第 3 次世界遗产委员会（1979 年）上通过。截至 2016 年 7 月，全球共有世界自然与文化双遗产共计 35 项，其中中国和澳大利亚最多，均为 4 项。许多世界遗产大国都没有双遗产，如意大利、法国、德国等。

卡卡杜国家公园（Kakadu National Park）

这是澳大利亚最大的国家公园（131.6 万公顷）。公园位于澳大利亚北部地区达尔文市以东 220 千米处，曾是土著自治区，1981 年作为自然与文化双遗产，列入《世界遗产名录》。

从自然生态来说，这里具有独特而复杂的生态系统，潮汐浅滩、冲积平原、低洼地带和高原为各种独特动植物的生长和繁衍提供了理想优越的自然环境，有的物种在这里已经延续了 4 万多年的漫长历史。海潮区域的植被主要是丛林、海蓬子科植物，包括海岸沙滩上的半落叶潮湿热带林，濒临绝迹的潮淹区鳄鱼在这里时有出没。低洼平原地区，则因为雨季洪水泛滥形成栖鸟类的理想沼泽带。起伏的低洼地带形成小山和石峰，稀疏的树林、草原、牧场和灌木丛、沿海热带森林分布其间。沉积岩组成的高原区生长着多种稀有的或当地独特的鸟类以及丰富的动植物。陡坡和沉积岩孤峰区在雨季时会形成蔚为壮观的瀑布，多种动物栖息于此。卡卡杜和毗邻的阿海姆地高原有着世上罕有的难以计数的独特动植物种群，保存较完整的自然生态原始环境和优美的景色。柠檬桉、大叶樱、南洋杉等树木是澳大利亚的特产。卡卡杜国家公园的植物超过 1 600 种，仅红树属植物就有 22 种，是澳大利亚北部季风气候区植物多样性最高的地区，多种植物具有重要的保护价值。

卡卡杜国家公园拥有绝无仅有的文化遗产。悬崖上的洞穴内发现了约 7 000 处岩石壁画，这些壁画是当地土著人的祖先留下的痕迹，用蘸着猎物的鲜血（或和着不同颜色的矿物质）涂抹而成。壁画的内容反映了当地土著祖先们各个时期的生活内容及生产方式，有野兽、飞禽形象，一部分内容展示了当地土著人的原始图腾崇拜、宗教礼仪。壁画中有些难以理解的抽象图形。如头呈倒三角形，耳朵呈长方形、身躯及四肢细长，甚至有的人体出现了多个头臂。画中人物或曲身或跳跃，呈舞蹈状，舞姿热情开放、极富幻想力。壁画艺术遗址使这里闻名遐迩，澳大利亚的学者、研究人员纷纷来到这里寻找珍贵的资料。

戈雷梅国家公园和卡帕多基的岩洞建筑①

这处遗产位于土耳其中部的卡帕多基省，1985 年作为自然与文化双遗产被列入《世界遗产名录》。这里是死火山熔岩经过风化水蚀形成的高原。在过去的地质年代，阿尔盖乌斯火山不同时期喷发的火山熔岩流布各地，由于熔岩成分不同，经过风化和雨水侵蚀形成了许多不同形状的丘陵，有圆锥形、蘑菇形、尖锥形、圆柱形，绝大多数岩石表面平滑光洁，如同人工琢磨。这种奇特的地貌是它被评为自然遗产的原因。

卡帕多基的这种景色在中新世时期由红色的砂岩和泻盐沉积而形成。这块相对较小的在火山凝灰岩上形成的肥沃土地也是人们愿意居住的地方。卡帕多基的南部人口稠密，是这个地区的心脏。

戈雷梅的古老建筑是在崖壁上雕凿而成的。岩洞内建有各种教堂，都是罗马帝国时期人们宗教活动和生活的罕见证据。穴居的村庄和地面下的城镇都再现了人们传统的生活环境。这甚至可以追溯到 4 世纪，那时的生活情景现在在戈雷梅还可以看见。这个国家公园和周围区域包括不同的城镇、村庄、小村落。大约有 2 万人住在国家公园范围里，6.5 万多人生活在周围的社区。

传统上当地人的经济来源是农业、陶器制造业和地毯编织业。但到了 20 世纪 80 年代，旅游业已成为这一地区的经济支柱。人类在这里居住了 1 600 多年，所以留下了丰富的人文遗产。从 4 世纪到 13 世纪，当地居民与自然和谐相处，利用独特的自然环境营建房屋。他们在火山熔岩中开凿出像网络一样的互相连通的洞穴，最早的建于 4—6 世纪，大都是修道院。后来有了住房、商店和粮仓，也有了教堂和修道院，还有一些是防御工事。8 世纪上半叶的教堂由于受破坏圣像运动的影响，大都没有壁画和雕像，是破坏圣像运动时期拜占庭艺术不可多得的见证。8 世纪下半叶到 13 世纪的教堂都有十分精美的壁画和雕像。还有许多岩洞虽然开凿于古代，但是现在仍然在使用。由于是岩洞，绝大部分建筑保存得相当好。

① 晁华山. 世界遗产［M］. 北京：北京大学出版社，2004：223-224.

第三节　中国的世界自然与文化双遗产

截至 2016 年 7 月，中国共有世界自然与文化双遗产 4 项，分别是泰山（山东，1987.12）、黄山（安徽，1990.12）、峨眉山风景区及乐山大佛风景区（四川，1996.12）、武夷山（福建，1999.12）。

泰山

中国泰山满足文化遗产第 1~6 个标准，满足自然遗产第 3 个标准。泰山景区以泰山主峰为中心，呈放射形布局，山体高大，形表雄伟。泰山主峰崛起于华北大平原东侧，凌驾于齐鲁丘陵之上，平原和丘陵产生了强烈的对比，使得泰山具有通天拔地的气势。尤其是南坡，景观更为雄壮：山势徒峻，主峰突兀，山峦层层叠起，群峰拱岱，形成"一览众山小"的高旷气势。泰山山脉绵亘 200 多千米，基础宽大，形体集中，使人产生安稳感和厚重感，所谓"稳如泰山""重如泰山"，就是上述的这些自然特征在人们的心理上产生的反应。

庄严神圣的泰山，两千年来一直是帝王朝拜的对象，其山中的人文杰作与自然景观完美和谐地融合在一起。泰山一直是中国艺术家和学者的精神源泉，是古代中国文明和信仰的象征。

黄山

黄山位于中国安徽省南部的黄山，地跨歙县、太平、休宁、黟县等县，现设黄山市，其入选满足文化遗产第 2 个标准，满足自然遗产第 3、4 个标准。景区面积达 154 平方千米，为中国著名的山岳名胜区之一，是以风景秀丽为特色的旅游胜地。幼年的黄山造就于大约在距今 1 亿年前后的地壳运动岩浆喷发。多次造山运动、第四纪冰川冲刷，形成了如今的气势磅礴，奇峰穿云。

黄山以奇松、怪石、云海、温泉"四绝"著称。它兼集中国许多名山的特色，有"五岳归来不看山，黄山归来不看岳""天下名景集黄山"的称誉。黄山特殊的气候和地理条件造就了黄山松树的苍劲刚毅、千姿百态，其中有名的有迎客松、探海松、送客松、蒲团松等。"黄山有石怪天下"，这里的石头造型多姿，惟妙惟肖。

黄山云海也是一绝。每逢雨后初晴，云铺深壑，眼前一片汪洋，脚底白浪滚滚，远处海天相接，偶尔耸出云端的山尖，恰似大海中的孤岛，时隐时现。大风乍起，巨浪排空，惊涛拍岸，瞬息之间又归于平静，阳光普照。黄山温泉水质清澈，甘甜沁人，久旱不涸，久雨不溢。水温常年保持在 42 摄氏度左右，含有多种对人体有益的元素，颇具医疗价值。

黄山气候具有垂直变化的特点，植物的分布也十分明显，这里森林覆盖率为

84.7%。拥有热带、亚热带、温带植物 1 450 余种。其中古松、黄衫、铁杉、白果、枫香、紫金楠、貂皮樟和冰川时期留下的马褂树等为中国特有，山高林密，气候适宜，使黄山成为野生动物良好的栖息地。景区共有脊椎动物 300 种、鸟类 170 种。

黄山得名于唐代，因传说黄帝曾来此修身炼丹而得名。黄山与宗教有密切的关系，唐代道教旧籍中，关于轩辕黄帝和容成子、浮丘公来山中炼丹、得道升天的仙道故事，流传千年，影响深远，至今还留下与上述神仙故事有关的许多峰名，如轩辕峰、浮丘峰，以及炼丹、仙人、上升、仙都、道人、望仙诸峰。寺庙之中，祥符寺、慈光寺、翠微寺和掷钵禅院，号称黄山"四大丛林"。黄山伟大的自然美，使无数诗人、画家和其他艺术家叹为观止，留下了不可胜数的艺术作品。从盛唐到晚清的 1 200 年间，仅就赞美黄山的诗词来说，现在可以查到的就有两万多首。黄山艺术作品的体裁和内容十分丰富。它们从各个侧面体现并充实了黄山的美，是祖国艺术宝库中的灿烂花朵。就诗文而言，李白、贾岛、范成大、龚自珍、郭沫若、老舍等都有不少佳作流传于世。散文中，徐霞客的《游黄山日记》、袁牧的《游黄山记》、叶圣陶的《黄山三天》等都体现了黄山的绝美秀丽的风姿。另外，黄山的故事传说也不胜枚举。而以体现黄山俊美恬静为主的黄山画派，更是成为黄山文化的一颗璀璨明珠。黄山画派的大师们不断从黄山山水中吸取养分，丰富自己的艺术作品。他们以凝重简练的笔墨、明快秀丽的构图和清高悲壮的风格、深沉宏达的旨意，在画坛独树一帜。黄山哺育了各个时代的许多艺术家，艺术家们又赋予黄山以艺术的生命。

资料卡

世界自然与文化双遗产——峨眉山与乐山大佛[①]

峨眉山与乐山大佛位于四川省乐山市，1996 年 12 月被批准纳入世界自然与文化双遗产名录，遗产遴选标准为 C（Ⅳ）（Ⅵ）、N（Ⅳ）。

峨眉山及乐山大佛景区地理位置特殊，自然景观雄秀神奇，具有典型的地质地貌特征，生态环境保护完好，地处世界生物区系的结合和过渡地带，拥有丰富的动植物资源，具有明显的区域性特点，珍稀濒危物种繁多。近两千年来，创造和积累了以佛教为主要特征的丰富文化遗产。峨眉山的自然和文化遗产具有很高的历史、美学、科研、科普和游览观光价值，是全人类的共同财富。

峨眉山又称大光明山，位于中国西部四川省的中南部，属于四川盆地向青藏

---

① 资料来源：http://www.banyuetan.org/chcontent/shthb/hbstjq/20151111/162963.shtml.

高原过渡的地带，主峰金顶的最高峰万佛顶，海拔为 3 099 米。峨眉山以优美的自然风光和神话般的佛国仙山而驰名中外，美丽的自然景观与悠久的历史文化内涵完美结合，相得益彰，享有"峨眉天下秀"的赞誉。

峨眉山处于多种自然要素的交汇地区，这里区系成分复杂，生物种类丰富，特有物种繁多，保存有完整的亚热带植被体系，森林覆盖率达 87%。峨眉山有高等植物 242 科、3 200 多种，约占中国植物总数的十分之一，其中仅产于峨眉山或在峨眉山发现，并以峨眉定名的植物就达 100 余种。此外，峨眉山还是多种稀有动物的栖居地，已知动物有 2 300 多种。这里是研究世界生物区系等具有特殊意义的问题的重要地点。

峨眉山是中国佛教四大名山之一。佛教的传播、寺庙的兴建和繁荣，为峨眉山增添了许多神奇色彩。宗教文化特别是佛教文化，构成了峨眉山历史文化的主体，所有的建筑、造像、法器以及礼仪、音乐、绘画等无不展示出宗教文化的浓郁气息。峨眉山上寺庙林立，其中以报国寺、万年寺等"金顶八大寺庙"最为著名。

1. 峨眉山在中国名山中的地位

峨眉山以自然风光优美、佛教文化浓郁而驰名中外，以其"雄、秀、神奇"的特色，雄踞于中国名山之列并成为其中佼佼者。

（1）雄：高大的形体，雄伟的气势，引起崇高的美感。峨眉山在四川盆地西南缘平地拔起，最高峰万佛顶海拔为 3 099 米，相对高差为 2 600 米，与五岳中最高的华山相比，仍高出 1 000 多米，所以历代称之为"高凌五岳"。峨眉主峰三峰并立，直指蓝天，气势磅礴。登临金顶，极目眺望，或群山叠嶂，或云海茫茫，变幻无穷，令人心旷神怡。

（2）秀：峨眉山处于多种自然要素交汇的地区，植物垂直带谱明显，植物种类繁多，类型丰富，植被覆盖率高达 87% 以上。山中峰峦叠嶂，林木繁茂，郁郁葱葱，山体轮廓优美，线条流畅，景色多姿多彩。在天下各大名山中，其繁茂的植被景观，堪称第一。

（3）神奇：峨眉山这个"普贤道场"的佛门圣地，浓郁的佛教文化色彩使它笼罩在一片神秘的宗教气氛之中。而神话传说，以及戏剧、诗歌、音乐、绘画、武术等的渲染与传播，使这座佛国仙山的神奇色彩更加虚幻莫测。在漫长的历史长河中，峨眉山的佛教文化、寺庙建筑与自然景观有机而巧妙地融合在一起，在中国名山中实为首屈一指。峨眉山奇特的气象景观如金顶的云海、日出、佛光、圣灯、朝晖、晚霞，以及雷洞烟云、洪椿晓雨、大坪霁雪等，千变万化，绚丽多彩，堪为中国名山之首。

峨眉山雄秀神奇的自然景观与悠久的历史文化内涵有机地融为一体，相得益彰，给人们美的享受与熏陶，使峨眉山成为人们崇拜与讴歌的对象而名扬天下。

2. 峨眉山具有独特的地质特征

峨眉山保存了从前寒武纪以来比较完整的沉积地层，为研究地壳及生物演进历史提供了难得的地质史料：岩浆侵入与喷溢所产生的侵入岩与火山岩，为研究上地幔的深部作用过程、岩石圈的拉张破裂、地壳的动定转化，提供了典型的实例；燕山运动、喜马拉雅山运动所产生的复杂的地壳构造变形，又为研究地壳的表层构造，提供了充分的依据。

同时，新构造运动在峨眉山地质构造背景上所产生的雄伟壮观、类型多样的现代地貌，为生物类群的滋生繁衍和别具一格的山地生态王国的建立提供了先决条件。这些背景和条件形成的有机统一的演绎整体，造就了峨眉山的美学形象、科学内涵和在世界山岳型风景区中独领风骚的特殊地位。

3. 峨眉山具有丰富多彩的植物种类和亚热带典型的植被类型

峨眉山的植物在世界上有着独特的地位，具有世界意义，特别表现在：

（1）峨眉山具有世界上最典型、保存最好的亚热带植被类型，具有原始的、完整的亚热带森林垂直带，从山麓的常绿阔叶林，向上依次见到常绿阔叶与落叶阔叶混交林，针阔混交林至暗针叶林。

（2）植物种类异常丰富，在这样特殊、多样的森林中生长着已知的高等植物242科、3 200种以上。对于仅有154平方千米的山体来说，在世界上是独特的，甚至在全世界亚热带也是绝无仅有的。伴随着多样的植被类型和丰富的植物种类，动物种类也是极其丰富的。

（3）原始和特有品种十分繁多。其中特有的高等植物有100多种。古老而濒危的植物种类数目很大，被国家列为保护的植物就达31种。

（4）峨眉山的植物区系处于中国-喜马拉雅亚区和中国-日本亚区过渡地带，对研究世界生物系等有着重要地位。

4. 峨眉山是动物物种的基因库

峨眉山的动物正处于古北界和东洋界的过渡地带而较接近东洋界的特殊地区，其特征十分显著和典型：①区系复杂、类型齐全、种类丰富，是世界上罕见的集中分布区；②分布呈明显的区域性，水平、垂直分带明晰，既有东亚类群，也有南亚类群，并有高原类群；③具有"四多"的特点，即古老珍稀濒危的物种多，特有种多，模式种多，东洋区系物种多；④古老珍稀的物种有效保存至今，保留了原始的生态，是现存的较好的动物基因库。有较高的科研价值和特殊的保护意义。

5. 峨眉山具有丰富的历史文化和佛教文化遗存

峨眉山有着悠久的人文历史。据现有考古资料表明，早在一万年以前，这一区域内已有古代先民的活动。进入文明社会，有文献、史迹可考的人文历史已有两千多年。1世纪中叶，佛教经南丝绸之路由印度传入峨眉山，药农蒲公在今金顶创建普光殿。3世纪，普贤信仰之说在山中传播，中国僧人慧持在观心坡下营造普贤寺（今万年寺）。6世纪中叶，世界佛教发展重心逐步由印度转向中国，四川一度成为中国佛教禅宗的中心，佛寺的兴建便应运而生，历史上峨眉山一带寺庙最多时曾多达100多座。8世纪，禅宗独盛，全山由禅宗一统。9世纪中叶，宋太祖赵匡胤，派遣以僧继业为首的僧团去印度访问。回国后，继业来峨眉山营造佛寺，译经传法，铸造重62吨、高7.85米的巨型普贤铜佛像供奉于今万年寺内，成为峨眉山佛像中的精品，文化、艺术价值极高。千百年来，峨眉山这个"佛门圣地"便以"普贤道场"之名，与山西五台山、浙江普陀山、安徽九华山并称为中国佛教四大名山。

在漫长的历史时期，古代先民创造了光辉的历史文化，留下了丰富的历史遗产。佛教的传入、寺庙的兴建和繁荣，又使峨眉山这座雄而秀的"蜀国仙山"增添了神奇的色彩；宗教文化，特别是佛教文化构成了历史文化的主体。所有的建筑、造像、法器、礼仪、音乐、绘画等无不展示出自身宗教文化的浓郁气息和鲜明色彩。

寺庙的建筑艺术是峨眉山佛教文化的突出体现，它与这座"秀甲天下"的名山的自然环境与景观融为密不可分的整体，成为风景明珠。全山现有寺庙30余处（其中规模大、历史悠久的主要寺庙有十余处）。建筑赋有地方传统民居风格，装修典雅，朴实无华，因地制宜，依山就势，各具特色，无论选址、设计和营造都别具匠心，既有庙堂之严，又富景观之美。其技艺之高，堪称中国名山风景区寺庙建筑艺术的典范。

峨眉山丰富的历史文化遗存和佛教文物在中国国内其他风景名山中是罕见的，它是峨眉山悠久历史文化的结晶和瑰宝，其中有不少佛教文物和寺庙建筑对研究峨眉山佛教的兴盛演变以及整个佛教史都是非常珍贵的资料和佐证。景区内现存寺庙30余处，建筑面积为10万余平方米，它们都各具特色，富有个性。其中的飞来殿、万年寺无梁砖殿均为国家一二级保护品。佛教文物品类繁多，其中高5.8米、7方14层、内外铸全本《华严经》文和佛像4 700余尊的华严铜塔，万年寺明代铜铸佛像，以及明代暹罗国王所赠《贝叶经》等都是稀世珍宝。峨眉山现有文物古迹点164处，寺庙及博物馆的藏品达6 890多件，其中属于国家定级保护的文物850多件，它们都具有不同的历史、文化和艺术价值。

中国武术有着悠久的传统，起源于佛门中的禅修功，吸收了道家的动功，以及军旅中的攻防战技，衍生成中国武术三大流派之一的峨眉派，流传至今。

作为"佛门圣地""天下名山"的峨眉山，历来与名人学士、墨客骚人的咏赞、记述和传播有着密切关系。著名诗人李白、苏东坡留下不少赞美峨眉山的诗篇，至今脍炙人口。在峨眉山（古绥山）下不远处的沙湾镇，有现代文豪郭沫若的故居。郭沫若写下了不少峨眉的诗篇，堪称峨眉诗人，他所书写的"天下名山"题名，已成稀世珍品。

乐山大佛位于峨眉山东麓的栖鸾峰，濒临岷江、大渡河、青衣江三江汇流处，古称"弥勒大像""嘉定大佛"，始凿于唐代开元初年（713 年），历时 90 年才得以完成。佛像依山临江开凿而成，是世界现存最大的一尊摩崖石像，有"山是一尊佛，佛是一座山"的称誉。大佛为弥勒倚坐像，坐东向西，面相端庄，通高 71 米，坐身高 59.96 米。雕刻细致，线条流畅，身躯比例匀称，气势恢宏，体现了盛唐文化的宏大气派。佛座南北的两壁上，还有唐代石刻造像 90 余龛，其中亦不乏佳作，"净土变"龛、"三佛"宝塔称艺术佳品，极具艺术价值。

乐山大佛以人文遗产精粹和自然遗产的有机结合为特色，山水交融。景区 2.5 平方千米范围内，有国家一级保护文物 2 处，二级保护文物 4 处，与中国历史文化名城——乐山城隔江相望，堪称得天独厚。景区以唐代摩崖造像——大佛为中心，有汉代崖墓群，唐宋佛像、宝塔、寺庙，明清建筑群，等等，是有两千年历史的博物馆。文物馆藏丰富，现有藏品 7 226 件，其中有不少是国内外罕见的稀世珍品。

思考和练习题

1. 什么是世界自然与文化双遗产？
2. 世界自然与文化双遗产具有怎样的评定标准？
3. 中国有哪些世界自然与文化双遗产？具体分布如何？

案例和实训

世界自然与文化双遗产——武夷山①

1999 年，武夷山根据自然遗产和文化遗产遴选标准 N（Ⅲ）（Ⅳ）、C（Ⅲ）（Ⅵ）被列入《世界遗产名录》。武夷山位于中国东南部福建省西北的武夷山市，总面积达 99 975 公顷。其中核心区面积为 635.75 平方千米；核心次区面积为 364 平方千米；缓冲区面积为 278.88 平方千米。包括武夷山风景名胜区、武夷山自然保护区、武夷山古汉城遗址和九曲溪上游保护地带四部分。

自然生态

武夷山具有独特的自然风光，以"丹霞地貌"而闻名于世。武夷山大量而种类丰富的林带被完好地保存下来，是中国亚热带森林以及南中国雨林的代表性例证。武夷山生物多样性突出，保存了大量古老和珍稀的植物物种，以及大量爬行类、两栖类和昆虫类动物。武夷山具有独特、稀有、绝妙的自然景观，属罕见的自然美地带，是人类与自然环境和谐统一的代表。武夷山九曲溪发源于武夷山森

---

① 资料来源：http://www.people.com.cn/GB/wenhua/1087/2525029.html.

林茂密的西部，水量充沛，水质清澈，全长62.8千米，在河流自然弯曲和深刻的断裂方向控制下，形成深切河曲，在峰峦岩壑间萦回环绕。九曲溪两岸是典型的单斜丹霞地貌，奇峰怪岩不计其数，千姿百态，"一溪贯群山，两岩列仙岫"。优越的气候和生态环境，又为群峰披上一层绿装，山麓峰巅、岩隙壑洞都生长了翠绿的植被，造就了"石头上长树"的奇景，构成了罕见的自然山水景观。

联合国教科文组织于1987年将武夷山列为国际生物圈保护区网的成员。武夷山属中亚热带季风气候区，区内峰峦叠嶂，高度相差悬殊，绝对高差达1 700米。良好的生态环境和特殊的地理位置，使其成为地理演变过程中许多动植物的"天然避难所"，物种资源极其丰富。

丰富的植物资源。武夷山已知植物有3 728种，古树名木具有古、大、珍、多的特点。武夷山是珍稀、特有野生动物的基因库。武夷山已知的动物种类有5 110种，有46种被列入国际《濒危物种国际贸易公约》（CITES），其中黑麂、金钱豹、黄腹角雉等11种被列入世界一级保护动物。属中国特有的有49种。

武夷山还是世界著名的模式标本产地，已被中外生物专家采集的野生动植物模式标本达1 000多种。另外，武夷山负氧离子资源极其丰富，其综合指数位居全国最优秀之列。

文化遗产

武夷山拥有系列优秀考古遗址遗迹，这里保留着了大量的文化遗产。如距今3 750余年的架壑船棺，是国内外发现的年代最早的悬棺遗址；距今2 000多年的古城遗址，是西汉闽越国时期的王城；11世纪产生的朱子理学相关的书院遗址是研究朱子学说的重要依据，朱子学说、朱子理学曾在东亚和东南亚国家中占据统治地位，并影响了世界很多地区；现存的426幅摩崖石刻，是武夷山古文化和古书法艺术的宝库。

可以说，武夷山是人文与自然和谐统一的突出代表。大自然给武夷山提供了独特和优越的环境，吸引了历代高人雅士、文臣武将，或游览，或隐居，或著述授徒，前赴后继，继往开来。自然山水陶冶了人们的性情，启迪了人们的智慧，人类的活动又传播发展了武夷山，为自然山水增辉添彩。先民文士的驻足在九曲溪两岸和山内留下了众多的文化遗存：有高悬绝壁的船棺、鸿儒大雅的书院遗址、僧道的庙观、历代的摩崖石刻、古代官府保护武夷山水和动植物的禁捕禁樵令。这些遗存星罗棋布，如璀璨的宝石，镶嵌于武夷山的溪畔山洞、峰麓山巅、岩穴崖壁，将人的思想、情感、智慧与自然山水紧密相融，达到天人合一的境界，给人以浑然天成的和谐美。

阅读材料后，请思考：

世界自然与文化双遗产中，自然和文化之间具有怎样的关联？

第四篇
世界遗产的新类别

第四篇
世界观的新类限

第七章 世界非物质文化遗产

学习目标

了解世界非物质文化遗产的由来；
熟悉非物质文化遗产的特性；
了解世界非物质文化遗产的申报与管理；
熟悉世界非物质文化遗产的类别；
理解世界非物质文化遗产的旅游价值。

重点难点

深入理解非物质文化遗产的特性；
掌握世界非物质文化遗产的类别并理解其旅游价值。

本章内容

● 第一节 世界非物质文化遗产的由来

一、非物质文化遗产概念的由来

"非物质文化遗产"并不属于传统的学术词汇，它源于 20 世纪末至 21 世纪初联合国教科文组织倡导的保护世界文化遗产工作的系列文件。早在 1972 年，《保护世界文化和自然遗产公约》获得联合国教科文组织通过。当时就有一些会员国对保护"非物质遗产"（虽然当时并未形成这个概念）的重要性表示了关注。

1982 年，联合国教科文组织成立保护民俗专家委员会，并在其内部特别设立了"非物质遗产"部门（Section for the Non-Physical Heritage）。至此，"非物质遗产"的概念才衍生开来。

21 世纪初，随着我国积极参与向联合国教科文组织申报人类口头和非物质文化遗产项目的工作，"非物质文化遗产"这个词汇频繁地出现在国内的各大媒体和报纸杂志中，慢慢被社会大众所熟知。

目前国内外界定"非物质文化遗产"概念的主体很多，大到国际上的相关机构，小到学术团体甚至学者个人，他们分别在国际公约、官方文件、学术著作和学术论文中对"非物质文化遗产"进行了解释。值得一提的是，联合国教科文组织通过《保护非物质文化遗产公约》对"非物质文化遗产"的内涵和外延做了规定。从这个角度上看，"非物质文化遗产"不是学术研究产生的概念，而是来自国际机构的规定性概念。因此，在后来的官方机构、学者或个人对其进行概念界定时大多都以联合国教科文组织的界定为基础。

联合国教科文组织颁布的《保护非物质文化遗产公约》中对"非物质文化遗产"概念的界定是：非物质文化遗产是指被各群体、团体，以及个人视为文化遗产的各种实践、表演、表现形式、知识和技能及其有关的工具、实物、工艺品和文化场所。各个群体和团体随着其所处环境、与自然界的相互关系和历史条件的变化，不断使这种代代相传的非物质文化遗产得到创新，同时也使他们自己具有了一种认同感和历史感，从而促进了文化的多样性和人类创造力的发展。

时至今日，从学术研究的角度来看，"非物质文化遗产"仍旧是一个比较新的概念术语。我国学术界对《保护非物质文化遗产公约》中的"非物质文化遗产"概念持两种不同的意见：一种基本上认可《保护非物质文化遗产公约》中对非物质文化遗产概念的界定，认为只需要根据我国的国情进行局部改善和更新就可以很好地指导我国非物质文化遗产的研究和保护工作；另一种意见认为《保护非物质文化遗产公约》中对"非物质文化遗产"的界定源于国外非物质文化遗产的研究现状，与我国的国情差异较大，我们应该借鉴《保护非物质文化遗产公约》的概念界定体系，但应以我国的基本国情为基础，对其进行调整和修改。虽然两者各持己见，但均主张结合国情对"非物质文化遗产"的概念进行修定，只是修改的程度有所不同。

为此，2005 年 12 月，国务院发布《关于加强文化遗产保护的通知》，将非物质文化遗产界定为："指各种以非物质形态存在的与群众生活密切相关、世代传承的传统文化表现形式，包括口头传统、传统表演艺术、民俗活动和礼仪与节庆、有关自然界和宇宙的民间传统知识和实践、传统手工艺技能等以及与上述传统文化表现形式相关的文化空间。"我国对非物质文化遗产的界定以联合国教科文组织的概念为基础，充分结合我国国情，明确指出了非物质文化遗产的具体表现类型，也摆脱了《保护非物质文化遗产公约》定义中"物"与"非物"的困扰，将会更加有利于我国非物质文化遗产研究和保护工作的开展。当然，随着人们对非物质文化遗产认识的不断加深，其概念也会随之不断变化发展。

二、世界非物质文化遗产的认识及保护理念发展历程

（一）探索阶段：20世纪50年代至20世纪70年代中期

20世纪50年代，日本率先提出非物质文化遗产保护理念。1966年，教科文组织大会通过了《国际文化合作原则宣言》，为在教科文组织框架范围内制定文化政策奠定了基础。1972年联合国教科文组织颁布了《世界遗产公约》，它的产生标志着人类对文化遗产和自然遗产的保护有了制度性的保障。1973年，玻利维亚政府建议《世界版权公约》增加一项关于保护民俗的《议定书》。随后，联合国教科文组织不断发现在《世界遗产公约》中存在的遗漏，逐渐开始重视非物质文化遗产的保护和可持续发展问题。

（二）起步发展阶段：20世纪70年代中后期至20世纪80年代末

1982年，在墨西哥市召开的世界文化政策会议承认后来被称为"非物质文化遗产"的那类问题越来越重要，并将"非物质因素"纳入到有关文化和文化遗产的新定义中。同年，联合国教科文组织还成立了保护民俗专家委员会，在其机构中建立了非物质遗产处，"非物质遗产"的概念得以首次提出。1989年，联合国教科文组织大会第25届会议通过了《保护民间创作建议案》。

（三）发展成熟阶段：20世纪90年代初至2000年

1993年在联合国教科文组织执委会第142次会议期间，在韩国代表的建议下，联合国教科文组织建立了"活的文化财"保护制度。该制度对技艺和技艺的拥有者进行保护，在保护非物质文化遗产的实施方法上具有划时代的意义。1996年，世界文化发展委员会的一份报告指出1972年制定的《世界遗产公约》无法适用于手工艺、舞蹈、口头传统等类型的文化遗产，呼吁世界对此进行深入研究，并承认遍布全球的世界非物质文化遗产和财富的价值。1997年，联合国教科文组织与摩洛哥国家委员会于6月在马拉喀什举行"保护大众文化空间"的国际咨询会，"口头遗产"作为一个遗产概念正式进入联合国教科文组织的文献当中。

自1997年提出"人类口头遗产"以来，人类对非物质文化遗产的认识不断加深。1998年10月，在第155次联合国教科文组织执行局会议上，考虑到"口头遗产"并不能表现非物质文化遗产的全部内容，因此联合国教科文组织在"口头遗

产"后又加上了"非物质遗产",并正式提出了"人类口头和非物质遗产"的概念。1998年,联合国教科文组织颁布《人类口头和非物质文化遗产代表作条例》,其目的是号召各国政府、非政府组织和地方采取措施,对民间集体保管和记忆的口头及非物质文化遗产进行管理、保存、保护和利用。

2000年,按照1998年通过的《人类口头和非物质遗产代表作条例》的相关规定,启动了"人类口头和非物质遗产代表作"计划,并决定每两年宣布一批代表作。

(四)繁荣阶段：21世纪初至今

2001年,联合国教科文组织宣布了第一批共19项人类口头和非物质遗产代表作。两年后,联合国教科文组织又宣布了第二批28项代表作。2003年10月17日,联合国教科文组织第32届大会通过了《保护非物质文化遗产公约》。从此,非物质文化遗产同自然遗产、文化遗产一样,有了制度的保障。2006年,《保护非物质文化遗产公约》正式生效。从联合国教科文组织保护非物质文化遗产的发展历程来看,从没有特殊保护到《保护非物质文化遗产公约》的制定,从"民间文化"到"非物质文化遗产",这些都可以看出人类对保护非物质文化遗产的认识在不断加深,保护力度也更加科学、全面。

三、非物质文化遗产的特性

非物质文化遗产的概念是相对于物质文化遗产提出来的,它具有与物质文化遗产所不同的特征和性质。掌握非物质文化遗产的特征有利于我们更好地认识非物质文化遗产的本质,并与其它相似概念进行区别。

(一)无形性

非物质文化遗产具有明显的无形性,或者说非物质性。所谓无形性,是指这类遗产它不像固有物质那样拥有特定的形状、颜色等。物质文化遗产是看得见、摸得着的东西,例如古代的建筑、瓷器、绘画等。而非物质文化遗产的存在形态往往是无形的,看不见也摸不着,它通常记录的是人类的一种独特的行为方式或者传统技艺。例如口头传统中的民族史诗,无法用文字记载并见诸各类文献载体,口耳相传的独特传播和传承方式只能是无形的。正是由于非物质文化遗产的这种无形性,有时又被称为无形文化遗产,"非物质性"或者说"无形性"正是非物质文化遗产的根本属性。

(二)民族性

文化依人而存在,不同族种和族源发展而来的人群会形成生活习性各异的民族。不同的民族由于族群生活、生产状况的特殊性而存在着不同的物质、行为、制度、精神文化,有着各具特色的文化创造。这些风格各异、千姿百态的文化创造反过来又会为各民族贴上独特的文化标签。现实生活中，许多非物质文化遗产依照族群的不同而存在差异。例如我国拥有 2 000 多年历史积淀的羌族族群中就流传着一种古老的单簧气鸣乐器——羌笛，它是羌族人利用当地的油竹作原材料做成。选两支筒径、长度一致的竹管，削去外皮成方柱形，在首、中、尾三处用细线捆扎，管身五节，全长 13~20 厘米，上开五、六个孔，孔距相同，管身上端装竹制簧哨。羌笛演奏艺人需要双手持笛，将簧哨含入口内，用特殊的"鼓腮换气法"吹奏，指法与笛相同。有关羌笛的演奏及制作技艺被列入第一批国家级非物质文化遗产。如今，我国的羌笛文化已被国人熟知，一提到羌族，便会自然地想起他们独特的羌笛文化创造，成为羌族人民的一种文化标志和象征。

（三）活态性

非物质文化遗产的活态性体现在它从一产生便处于发展变化之中，这种变化极大程度地受到时间、地点、环境、传承人等因素的影响。因此，非物质文化遗产在不同的历史发展阶段上呈现出不同的形态；在不同的地理空间范围、自然气候、社会环境、传承人身上均呈现出不同的状态。中国传统的物质文化代表——陶瓷，它在中国的原始社会时期、奴隶制社会时期、封建社会时期、近现代时期至今的形态都是基本一致的。然而，蕴藏在陶瓷这个物质文化背后的非物质文化，例如各地制陶的专业技术则是不同的。由于非物质文化遗产无法以一种物质的形态表现出来，它的随意性、灵活性便更为突出。"非物质文化遗产还重视人的价值，重视活的、动态的、精神的因素，重视技术、技能的高超、精湛和独特性，重视人的创造力，以及通过非物质文化遗产反映出来的该民族的情感及表达方式、传统文化的根源、智慧、思维方式和世界观、价值观、审美观等这些意义和价值的因素。"[①] 在一些口耳相传的非物质文化遗产身上，我们能够很明显地发现这种活态性。乾隆五十五年（1790 年），四大徽班进京，其戏剧与昆曲、汉剧、弋阳、乱弹等剧种融汇演变成后来的京剧。在最近的 100 余年发展过程中，京剧因各大名家传承人的风格不同而形成了不同的流派，在老生行中有谭派（谭鑫培）、汪派（汪桂芬）、余派（余叔岩）、高派（高庆奎）等；旦角中有梅派（梅兰芳）、程派（程砚秋）、尚派（尚小云）、荀派（荀慧生）等。非物质文化遗产的这种活态性丰富了非物质文化的内涵，使得人们生活中的语言、表演艺术、社会风俗、礼仪、节庆、传统工艺技能等各方面都表现得丰富多彩、多姿多味。

（四）流变性

非物质文化遗产在传播的过程当中具有明显的流变性特征。一方面，非物质文化遗产传播主体的传授行为带有极强的主观性色彩，他们可以选择性地传授或者变异性地传授非物质文化遗产的内容；另一方面，传播的受众也可以选择性地

---

① 王文章. 非物质文化遗产概论［M］. 北京：教育科学出版社，2013：54.

吸收非物质文化遗产的内容，甚至主动在原来遗产内容的基础上变异、改良、融合自己的理解和认识。作为联合国教科文组织公布的世界性非物质遗产代表项目，韩国的"宫廷宗庙祭祀礼乐"和越南的宫廷音乐"雅乐"均是从中国古代宫廷流传过去并发展起来的礼乐形式，但它们与中国的古代宫廷文化虽相似却又不同，其原因正在于它们已经融入了韩国和越南的文化元素并得以变化和发展，因而获得了鲜明的民族文化特色。

（五）功利性

从"非物质文化遗产"概念的发展历程来看，我们不难发现它从一产生便富有功利性。在概念产生之前，人类的非物质文化遗产是自然发展流变的，传承人没了也就没了，技术断层了也就断层了，所有的一切顺其自然地被历史淘汰或自行进化。但当这个概念产生以后，总会有人群以"保护非物质文化遗产"的名义将其有意地进行保护和传承，有的是出于自身情感的表达，有的是为了表述自身认知的结果，而有的则是为了实现更为功利的目的。与此同时，当这个概念产生后，有一部分非物质文化遗产被认定，而有些则无法被认定。那些被评为世界级、国家级的非物质文化遗产较之省级、市级甚至毫无级别的非物质文化遗产，又会被抢先进行保护和施救。因此，认定与否以及认定级别的高低也从一个侧面加重了非物质文化遗产所持有的功利性、目的性。有学者甚至认为，"功利性能否实现关系到非物质文化遗产的生存和发展，如果功利性目的能够顺利实现，非物质文化遗产的生存和发展就能够顺利进行；否则，非物质文化遗产的生存必然受到威胁，也必将会被其他表达方式或目的实现方式所取代。"①

四、非物质文化遗产与物质文化遗产的关系

作为世界遗产的新类别，非物质文化遗产与物质文化遗产共同构成了文化遗产的概念范畴，而文化遗产又与自然遗产、双遗产、文化景观共同构成了世界遗产的概念范畴。因此，在世界遗产的概念框架内，非物质文化遗产与物质文化遗产从"非物质"与"物质"两个方面对"文化遗产"的概念进行了较为全面的诠释。然而，在具体认定"物质"与"非物质"的问题的时候，人们往往会产生许多疑虑。在阅读联合国教科文组织对非物质文化遗产的定义和观察像"古琴艺术"这样一些"人类口头与非物质遗产代表作"实例的过程中，很多人都会陷入一个"物"即"非物"的悖论中。在对非物质文化遗产进行保护的实际操作过程中，人们困惑的是：保护工作的对象是非物质文化遗产，而大量的工作却是在和"物"打交道。名义上说是保护古琴艺术，但实际上却要收集古琴、古琴谱甚至与之相

---

① 王巨山. 非物质文化遗产概论［M］. 北京：学苑出版社，2012：36.

关的文献资料。这些对有形的"物"所做的工作与"非物"文化遗产的保护之间有着怎样的关系？科学地说明二者的关系对于深入理解和保护非物质文化遗产有着至关重要的作用，对保护实践工作的开展也有着积极的意义。

（一）"物质"与"非物质"归属于不同的文化遗产领域

通过多年来国际遗产学界的研究，物质文化遗产与非物质文化遗产分属于不同的文化遗产类别。这点已经在世界范围内达成共识，并在《保护非物质文化遗产公约》当中有了具体而明确的表述。那么，在具体认定的过程中，我们需要明确哪些是属于物质文化遗产范畴的，哪些是属于非物质文化遗产范畴的。比如：古琴与古琴艺术，前者是物质文化遗产，而后者则是非物质文化遗产；蒙古的马头琴与马头琴传统音乐，前者是物质文化遗产，而后者则是非物质文化遗产。

（二）"物质"与"非物质"文化遗产的艺术性和价值性内涵不同

物质文化遗产的艺术性和价值性主要针对物质本身而言，非物质文化遗产的艺术性和价值性主要针对物质背后的制作工艺、技艺水平而言。例如：2009年被联合国教科文组织列入第四批《人类非物质文化遗产代表作名录》的中国剪纸，它往往以物态的形式展现给人们一种透空的感觉和艺术享受，然后这类享受的艺术性和价值性是针对物质本身即剪纸本身而言的，是静态价值的表现；相反，真正体现剪纸这项非物质文化遗产艺术性和价值性的是民间艺人用剪子或刻刀通过各种各样精妙绝伦的手法剪出剪纸的这个动态的过程，因而非物质文化遗产的艺术性和价值性具有动态性。

（三）"物质"与"非物质"文化遗产的功能不同

物质文化遗产的功能在于物质产生后促进人们生活、生产、娱乐、享受目的的实现；非物质文化遗产的功能则在于促使人类物质、人类生活方式的产生和进行。仍以前文中的中国剪纸为例，剪纸在物质文化方面的功能是给人们的生活创造美的氛围，装饰美化人们的生活环境；而剪纸在非物质文化方面的功能则是促使剪纸这类物质能够体现得更加精巧、丰富和美丽。前者在功能展现方面更侧重于物质方面的功能，后者在功能展现方面更侧重于精神方面的功能。

在区分"物质"与"非物质"文化遗产的同时，我们还应当看到二者也存在着无法割舍的联系。在对世界非物质文化遗产进行认定和保护的过程中，我们发现一些非物质文化遗产是需要借助物质文化遗产来进行传播和展演的，物质在其中充当了非物质文化遗产传播、传承的媒介、介质。2013年12月新纳入世界非物质文化遗产名录的中国珠算，它作为一项传承了几千年的中国传统计算技艺，需要依托一个最基本的物质来进行传播，那就是算盘。即使世界上最先进的计算器从某种意义上来说也不能完全取代算盘的作用，算盘便是珠算这项无形的技艺所依托的有形的或者说物质的传播媒介。因此，从某种意义上来讲，有的时候对非物质文化遗产的利用和保护，就必须考虑和涉及与之相对应的物质的利用和保护。

珠算就是这样，要传承珠算这项技艺，就必须要有算盘这个物质的存在。故而保护算盘这个物质，是保护珠算这门技术的一个必然部分。

● 第二节　世界非物质文化遗产的申报与管理

一、世界非物质文化遗产的申报

（一）关于"人类口头和非物质遗产代表作"和"非物质文化遗产代表作名录"

非物质文化遗产作为人类文明的生动展示和独特记忆，日益受到人们的关注和青睐。2001 年，联合国教科文组织公布了第一批共 19 项"人类口头和非物质遗产代表作"；2003 年又公布了第二批共 28 项"人类口头和非物质遗产代表作"；2005 年公布了第三批共 43 项代表作。值得一提的是，2001—2005 年申报的非物质文化遗产都命名为"人类口头和非物质遗产代表作"而不是"非物质文化遗产代表作名录"。这是因为在 2006 年《保护非物质文化遗产公约》正式生效前，公布的非物质文化遗产都被称为"人类口头和非物质遗产代表作"；《保护非物质文化遗产公约》正式生效后，就用"非物质文化遗产代表作名录"代替。但《保护非物质文化遗产公约》第八章第三十一条"与宣布人类口头和非物质遗产代表作的关系"中明确提出："一、委员会应把在本公约生效前宣布为'人类口头和非物质遗产代表作'的遗产纳入人类非物质文化遗产代表作名录。二、把这些遗产纳入人类非物质文化遗产代表作名录，绝不是预设按第十六条第二款将确定的今后列入遗产的标准。三、在本公约生效后，将不再宣布其它任何人类口头和非物质遗产代表作。"根据此规定，2005 年以前申报的三批"人类口头和非物质遗产代表作"全部归纳到"人类非物质文化遗产代表作名录"中，2006 年以后关于非物质文化遗产项目的申报全部改称为"非物质文化遗产代表作"。

（二）非物质文化遗产代表作的申报

1. 申报方式

（1）每个会员国每两年只能申报一个国家作品。

（2）多国共同体的多民族作品可以在每个国家的限额之外申报。

（3）参评作品的申报可以通过：①会员国或联合会员国政府提出；②政府间组织在听取有关国家的教科文组织全委会的意见后提出；③与联合国教科文组织有正式关系的非政府组织在听取本国教科文组织全委会的意见之后提出；④申报的作品需附有作品所有者个人或群体认可的文字、录音、录像或其它证明材料，无此等证明者不可申报。

2. 申报单格式和内容

申报单应按照要求的标准格式制作。另外每个申报单应包括下列内容：

（1）一个适合于这种文化表达的计划。包括参评作品的法律规范和在未来十年中对该口头及非物质遗产的保护、保存、支持和使用的办法。这个行动计划要对所提出的措施和措施的执行提出完整的说明，并要充分考虑对传统的传播衍生机制的保护。

（2）协调行动计划与保护民间传统文化建议的预定措施之间以及和联合国教科文组织的宗旨之间关系的具体办法。

（3）使有关群体对他们自己的口头及非物质遗产进行保护和利用所要采取的措施。

（4）社区和（或）政府内监督其参评的口头及非物质遗产作品与申报的作品不会变更的监督机关名称。

（5）申报作品相关的评选文件齐全。包括卡片、摄影、幻灯片、录音、录像及其它有用材料。对作品要有分析说明，并备有完整的参考书目。

3. 评选标准

评审委员会评审"代表作"有六条基本标准和细则：

（1）该项目具有作为人类创作天才代表的特殊价值。①该项目就同一文化或同一文化群体的其他表现形式与相近的文化的表现形式和普遍意义而言，对相关群体和对保持文化多样性具有特殊价值；②该项目是拥有其技能的某一民族或群体的一种古老实践，并深深根植其中；③该项目是与特定文化空间或特定文化表现形式相联系的一种特定创作，而不仅是一种大范围内的创作领域。

（2）该项目根植于相关群体的文化传统或文化历史之中。

（3）该项目在民族及文化群体中起着确认文化身份的作用。

作为灵感及文化间交流的源泉和凝聚各民族或各群体的手段所表现的重要性，目前在该群体中所起的文化及社会作用必须考虑到文化通常处于不断变化的这样一个事实，申报的文化空间或文化表现形式应能够反映相关民族当代的文化和社会生活。

（4）该项目具有超凡的实践技能和技术水平。

（5）该项目具有唯一见证某个鲜活传统文化的价值——与本国或其他地区的同类文化现象相比，该项目是一个特殊的创造。

（6）该项目由于缺乏抢救和保护手段，或因加速演变的进程，或因城市化趋势，或因适应新环境而面临消失的危险。

4. 参评作品评审办法

评委的评审包括：

（1）简短历史和地理情况的描述；

（2）针对参评作品的评审条款认证；

（3）世界同地区申报项目的对比研究；

（4）对所评审的文化空间或文化表达形式能否作为联合国教科文组织宣布的人类口头及非物质遗产优秀作品，表示同意或反对意见。

5. 参评作品的评审日程和评审程序

根据联合国教科文组织"宣布人类口头及非物质遗产优秀作品国际评审团工作规则"，总干事每四年的 12 月末任命新的 9 位评审团成员。

每两年的 12 月 31 日结束对一届参评作品的统计，12 月 31 日以后收到的参评作品计入下一届评审。作品的申报表先由联合国教科文组织秘书处研究，然后递交给评审团和总干事指定的专家组进行审议。申报表和专家组的评审意见在当年的年底之前寄回秘书处。

评审团每隔两年的一月份集中开会，认定哪些文化空间或文化表达形式够条件被联合国教科文组织宣布为人类口头及非物质遗产的优秀作品。1 月底之前评审团向总干事提交可由联合国教科文组织宣布的作品和两年后复审的作品的意见。

总干事每两年的 2 月份举行仪式宣布人类口头及非物质遗产优秀作品。

专家的评审报告递交给评审团作最后评审，评审团把决定性意见列入两个表中提交给总干事。一个表是建议由联合国教科文组织宣布为人类口头及非物质遗产优秀作品，另一个表所列的参评作品是建议在两年之后复审。

总干事根据评审团的建议宣布人类口头及非物质遗产优秀作品，所宣布的全部文化空间或文化表达形式列入一个名录表中，于公布的第二个月发表，这个名录表发给会员国并公布于众。

评审团在实施代理业务中，不考虑参评人员的国籍、种族、性别、语言、职业、意识形态、宗教情况，但评审团可能要求非物质口头遗产的管理人员到场或征集他们的意见。

会员国或非政府组织的代表不应对他们国家或非政府组织提交的文化空间或文化表达形式的采纳发表意见，他们只能根据向他们提出的问题提供补充信息。

如果有捐赠国或私人赞助商提供预算外的资金支持奖励活动的设立或赞助口头及非物质遗产的抢救、保护、弘扬活动，评审团可以在众多的文化空间或文化表达形式中挑选联合国教科文组织宣布为人类口头及非物质遗产优秀作品的优胜者。优胜者的评选标准根据创立的每个奖励活动或奖励金额确定。

6. 评审后工作

当一个人类口头及非物质遗产优秀作品宣布之后，秘书处根据每个文化空间或文化表达形式的不同性质，与主管机构一起制定出适当的后续工作程序以保证该作品行动计划的实施。

二、世界非物质文化遗产的管理

非物质文化遗产的申报只是一个手段，保护才是真正的目的。如果申报成功就不管不顾，不对其进行有效的管理和保护，那么就无法使这些非物质文化遗产弘扬优秀文化、展示人类文明、示范并带动其他遗产项目的保护工作，提高对传统文化的认同感和历史感，进而促进文化多样性和人类的创造力。为此，我国在2006 年 10 月 25 日文化部部务会议审议通过了《国家级非物质文化遗产保护与管理暂行办法》（以下简称《办法》），并于 2006 年 12 月 1 日正式实行。从该《办法》可以看出我国的非物质文化遗产管理具有以下特点：

（一）分级管理

《办法》规定由国务院文化行政部门负责组织、协调和监督全国范围内国家级非物质文化遗产的保护工作。由省级人民政府文化行政部门负责组织、协调和监督本行政区域内国家级非物质文化遗产的保护工作。国家级非物质文化遗产项目所在地的人民政府文化行政部门，负责组织、监督该项目的具体保护工作。国务院文化行政部门组织制定国家级非物质文化遗产保护整体规划，并定期对规划的实施情况进行检查。省级人民政府文化行政部门组织制定本行政区域内国家级非物质文化遗产项目的保护规划，经国务院文化行政部门批准后组织实施，并于每年 11 月月底前向国务院文化行政部门提交保护规划的本年度实施情况和下一年度的保护工作计划。

（二）对非物质文化遗产保护单位的管理

在《办法》中明确提出国家级非物质文化遗产项目保护单位应具备以下基本条件：①有该项目代表性传承人或者相对完整的资料；②有实施该项目保护计划的能力；③有开展传承、展示活动的场所和条件。此外，还规定了国家级非物质文化遗产项目保护单位应当履行以下职责：①全面收集该项目的实物、资料，并登记、整理、建档；②为该项目的传承及相关活动提供必要条件；③有效保护与该项目相关的文化场所；④积极开展该项目的展示活动；⑤向负责该项目具体保护工作的当地人民政府文化行政部门报告项目保护实施情况，并接受监督。

（三）对项目传承人的要求

《办法》提出，国家级非物质文化遗产项目代表性传承人应当符合以下条件：①完整掌握该项目或者其特殊技能；②具有该项目公认的代表性、权威性与影响力；③积极开展传承活动，培养后继人才。另外，还规定国家级非物质文化遗产项目代表性传承人应当履行传承义务；丧失传承能力、无法履行传承义务的，应当按照程序另行认定该项目代表性传承人；怠于履行传承义务的，取消其代表性传承人的资格。

（四）严厉禁止的行为

《办法》中规定，国家级非物质文化遗产项目保护单位有下列行为之一的，由县级以上人民政府文化行政部门责令改正，并视情节轻重予以警告、严重警告，直至解除其保护单位资格：①擅自复制或者转让标牌的；②侵占国家级非物质文化遗产珍贵实物资料的；③怠于履行保护职责的。在第二十六条中还对相关负责人员做出了规定。《办法》中提到，有下列行为之一的，对负有责任的主管人员和其他直接责任人员依法给予行政处分；构成犯罪的，依法追究刑事责任：①擅自变更国家级非物质文化遗产项目名称或者保护单位的；②玩忽职守，致使国家级非物质文化遗产所依存的文化场所及其环境造成破坏的；③贪污、挪用国家级非物质文化遗产项目保护经费的。

（五）其他事项

《办法》提出，国家级非物质文化遗产项目的名称和保护单位不得擅自变更；未经国务院文化行政部门批准，不得对国家级非物质文化遗产项目标牌进行复制或者转让。国家级非物质文化遗产项目的域名、商标注册和保护，依据相关法律法规执行。利用国家级非物质文化遗产项目进行艺术创作、产品开发、旅游活动等，应当尊重其原真形式和文化内涵，防止歪曲与滥用。国家级非物质文化遗产项目含有国家秘密的，应当按照国家保密法律法规的规定，确定密级，予以保护；含有商业秘密的，按照国家有关法律法规执行。

（六）资金管理

为了规范和加强国家非物质文化遗产保护专项资金的管理，提高资金使用效益，根据《中华人民共和国预算法》《中华人民共和国非物质文化遗产法》和国家有关法律、行政法规的规定，财政部、文化部于 2012 年 5 月 4 日由财政部、文化部制定了《国家非物质文化遗产保护专项资金管理办法》。其中提出，专项资金由中央财政设立，专项用于国家非物质文化遗产管理和保护。专项资金的年度预算根据国家非物质文化遗产保护工作总体规划、年度工作计划及国家财力情况核定。专项资金的管理和使用坚持统一管理、分级负责、合理安排、专款专用的原则。专项资金用于补助地方的，适当向民族地区、边远地区、贫困地区倾斜。此外，对专项资金的分类、使用范围、管理、使用和监督都做了详细的规定。

● 第三节　世界非物质文化遗产的项目类别

作为世界文化遗产的重要组成部分和人类文明的生动展示，非物质文化遗产数量多，内容丰富。为了对全世界的非物质文化遗产进行更好的研究和保护，对其进行合理的分类是十分必要的。按照一定的规律和标准对人类的非物质文化遗产进行分类，有助于人们更加确切地把握非物质文化遗产的内涵，加强对非物质文化遗产的理性认识。国内外相关文件从不同的角度对非物质文化遗产进行分类，从一定意义上反映出人们对非物质文化遗产类别这个概念的认识历程。

一、国内外相关文件对非物质文化遗产进行的分类

（一）国际相关文件的分类

1.《保护民间创作建议案》中的分类

1989 年 11 月 15 日，联合国教科文组织第 25 届大会通过了《保护民间创作建议案》，使民间文化第一次以独特的姿态进入了联合国教科文组织的文件中。议案对"民间创作"（或"传统的民间文化"）做出了如下解释："民间创作（或传统的民间文化）是指来自某一文化社区的全部创作。这些创作以传统为依据，由某一群体或一些个体所表达并认为是符合社区期望的作为其文化和社会特征的表达形式；其准则和价值通过模仿或其他方式口头相传。它的形式包括语言、文学、音乐、舞蹈、游戏、神话、礼仪、习惯、手工艺、建筑技术及其他艺术。"

2.《人类口头和非物质遗产代表作条例》中的分类

1998 年，联合国通过了《人类口头和非物质遗产代表作条例》（以下简称《条例》）。《条例》复述了 1989 年《保护民间创作建议案》（以下简称《建议案》）中对传统民间文化的界定和分类，但将"民间创作"（或"传统的民间文化"）修改为"口头和非物质遗产"，并对它所包含的表现形式的种类进行了补充。根据《建议案》，"口头和非物质文化遗产"是指"来自某一文化社区的全部创作，这些创作以传统为依据，由某一群体或一些个体所表达并认为是符合社区期望的作为其文化和社会特征的表达形式；其准则和价值通过模仿或其他方式口头相传。它的形式包括语言、文学、音乐、舞蹈、游戏、神话、礼仪、习惯、手工艺、建筑技术及其他艺术。"除了这些例子以外，还将考虑传播与信息的传统形式。

可见，《条例》在《建议案》10 种类型基础之上还增加了"传播与信息的传统形式"。同时，《条例》还明确地将人类口头和非物质文化遗产种类划分为两个大类：一类是各种民间传统文化形式，即口头和非物质文化遗产定义中的 10 种类型加"传播与信息的传统形式"；二类是指"文化空间"，它所指的是某种集中举行流行的与传统的文化活动场所，或一段通常定期举行特定活动的时间。

3.《保护非物质文化遗产公约》中的分类

2003 年，联合国教科文组织通过的《保护非物质文化遗产公约》（以下简称《公约》）对非物质文化遗产的概念进行了界定："非物质文化遗产"是指"被各社区群体，有时为个人视为其文化遗产组成部分的各种社会实践、观念表述、表

现形式、知识、技能及相关的工具、实物、手工艺品和文化场所。"

根据以上界定，《公约》对非物质文化遗产进行了分类，具体包括以下几方面内容：

（1）口头传统和表现形式，包括作为非物质文化遗产媒介的语言；

（2）传统表演艺术；

（3）社会实践、礼仪、节庆活动；

（4）有关自然界和宇宙的知识和实践；

（5）传统手工艺。

值得注意的是，《条例》和《公约》都将"文化空间"或"文化场所"纳入概念范畴，而《公约》的五大类型中却缺少关于"文化空间"或"文化场所"的分类。在代表作的实际评审结果中，却又不乏"文化空间"类的非物质文化遗产代表作。例如：几内亚的索索·巴拉文化空间、摩洛哥的加码广场文化空间、俄罗斯的塞梅斯基文化空间和口头文化等。

因此，我们可以这样理解，"文化空间"应是上述五种类型以外的第六大非物质文化遗产类别。

（二）国内相关文件的分类

1. 《国家级非物质文化遗产代表作申报评定暂行办法》中的分类

我国的《国家级非物质文化遗产代表作申报评定暂行办法》（以下简称《暂行办法》）第三条将非物质文化遗产分为两类：第一类是传统的文化表现形式，如民俗活动、表演艺术、传统知识和技能等；第二类是文化空间，即定期举行传统文化活动或集中展现传统文化表现形式的场所，兼具空间性和时间性。《暂行办法》最大的特点是排除非民间性的部分，更强调非物质文化遗产的传统性和民间性，这种分类更符合我国传统和民间的非物质文化遗产濒临灭绝和急需抢救的实际情况。

2. 《中华人民共和国非物质文化遗产法》中的分类

2011年3月，我国通过《中华人民共和国非物质文化遗产法》，其中第二条规定："本法所称非物质文化遗产，是指各族人民世代相传并视为其文化遗产组成部分的各种传统文化表现形式，以及与传统文化表现形式相关的实物和场所。包括：①传统口头文学以及作为其载体的语言；②传统美术、书法、音乐、舞蹈、戏剧、曲艺和杂技；③传统技艺、医药和历法；④传统礼仪、节庆等民俗；⑤传统体育和游艺；⑥其他非物质文化遗产。属于非物质文化遗产组成部分的实物和场所，凡属文物的，适用《中华人民共和国文物保护法》的有关规定。"《中华人民共和国非物质文化遗产法》的诞生，结束了我国非物质文化遗产保护无法可依的局面，为我国非物质文化遗产的保护提供了明确的法律依据。从大的分类来讲，《暂行办法》与《中华人民共和国非物质文化遗产法》都将非物质文化遗产分为两类，即实物（传统文化表现形式）和文化空间。但对于非物质文化遗产具体的分类，《中华人民共和国非物质文化遗产法》表述得更为具体、形象，也更具有包容性和涵盖性。

3. 《国家级非物质文化遗产名录》中的分类

非物质文化遗产名录是保护非物质文化遗产的一种方式。为使中国的非物质文化遗产保护工作规范化，国务院发布《关于加强文化遗产保护的通知》，并制定"国家＋省＋市＋县"共4级保护体系，各省、直辖市、自治区也都建立了自己的非物质文化遗产保护名录，并逐步向市/县扩展。在《国家级非物质文化遗产名录》中，将非物质文化遗产分为民间文学、民间音乐、民间舞蹈、传统戏剧、曲艺、杂技与竞技、民间美术、传统手工技艺、传统医药、民俗十大类。

二、学术界对非物质文化遗产的分类

除了官方机构对于非物质文化遗产的分类外，学术界还从不同的角度对非物质文化遗产进行了学术分类。中国社会科学院等单位的100多位专家学者编写的《中国民族民间文化保护工程普查工作手册》（以下简称《手册》）中对非物质文化遗产的分类较为具体和详细。《手册》认为我国的非物质文化遗产有16大类：民族语言、民间文学、民间美术、民间音乐、民间舞蹈、戏曲、曲艺、民间杂技、民间手工技艺、人生礼俗、岁时节令、民间信仰、传统体育与竞技等。《手册》还将每一类非物质文化遗产又分为两层，第一层为上述的16大类，第二层是对第一层的细分，并均设一个"其他"类作为收容类。

王巨山先生在《非物质文化遗产概论》中，将非物质文化遗产分为10类，分别是：①民间文学；②传统音乐；③传统舞蹈；④传统戏剧；⑤曲艺；⑥传统体育、游艺与杂技；⑦传统美术；⑧传统技艺；⑨传统医药；⑩民俗。王文章先生在总结了历次非物质文化遗产类别中关于"文化空间"一类的存在性以后，将国际和国内非物质文化遗产分类做了一些修正和调整，认为非物质文化遗产可划分为：①语言（民族语言、方言等）；②民间文学；③传统音乐；④传统舞蹈；⑤传统戏剧；⑥曲艺；⑦杂技；⑧传统体育、游艺与竞技；⑨传统美术、工艺美术；⑩传统手工艺及其他工艺技术；⑪传统医学和药学；⑫民俗；⑬文化空间[①]。综合来看，非物质文化遗产类别表如表7.1所示：

---

① 王文章. 非物质文化遗产概论［M］. 北京：教育科学出版社，2013：265.

表 7.1 世界非物质文化遗产类别表

世界非物质文化遗产	（一）传统文化表现形式	（1）口头传统，包括作为文化载体的语言
		（2）传统表演艺术
		（3）民俗活动、礼仪、节庆
		（4）有关自然界和宇宙的民间传统知识和实践
		（5）传统手工艺技能
	（二）文化空间	定期举行传统文化活动或集中展现传统文化表现形式的场所

第四节　世界非物质文化遗产的旅游价值

世界自然遗产、文化遗产所在地往往会成为旅游者向往和青睐的旅游胜地。世界非物质文化遗产作为人类活动的文化遗产项目，与世界遗产的其他类别一样，也会对旅游者形成刺激，在丰富旅游活动的同时创造旅游价值。

非物质文化遗产虽然无形，但它在历史的沉淀中，将人类的民俗活动融入艺术当中，丰富了旅游文化资源的内容。借助旅游活动这个平台，非物质文化遗产项目能够充分展现出它在教育、审美、观赏、体验等方面的功能。在社会经济高度发展的今天，人们从商品经济过渡到服务经济，再由服务经济逐渐过渡到体验经济。人们的生活水平和收入水平不断提高，越来越多的人外出旅游是为了休闲娱乐、参与体验、避开俗世。相对于快节奏高压力的都市生活，人们在旅游期间更为向往那种拥有民间地域特色的旅游目的地，期待一些古老的传统民俗活动项目能够给他们带来一种崭新的体验和精神享受。非物质文化遗产项目融入旅游活动，恰好能够满足游客在这方面的心理需求。游客在对各种各样濒临灭绝的民间文艺、手工艺技术产生好奇的同时，也促进了当地居民对这类非物质文化遗产项目的保护和抢救，体现出这类文化遗产的独特价值和魅力。

一、面向旅游者的非物质文化遗产的旅游价值[①]

旅游服务的对象是旅游者，非物质文化遗产的民族性、活态性、流变性等特

---

① 陈天培. 非物质文化遗产是重要的区域旅游资源 [J]. 经济经纬，2006（2）：126-127；雷蓉，胡北明. 非物质文化遗产旅游开发的必要性分析——基于保护与传承的视角 [J]. 贵州民族研究，2012（2）：130-134.

性都说明它具备吸引旅游者的基本特质。从实际情况来看，我们不难发现非物质文化遗产的旅游价值直接体现在它能够满足旅游者在旅游过程中的多种需求，尤其体现在对旅游者精神领域的满足。

（一）具有吸引旅游者的历史价值

非物质文化遗产是人类千百年来历史沉淀的结果，有着极强的历史传承性。它承载着丰富的历史文化，是人类文明发展的象征，是人类发展所积累的财富。至今幸存的人类口头传说、社会风俗、礼仪、节庆等非物质文化遗产并不是一朝一夕诞生的，它们源自于人类对大自然、对人自身的各种抽象认识，反映着人类古老的精神信仰和寄托。虽然它并非以人类文献的形式被记载，但代代相传的各种民间习俗足以表达它存在的客观性。因此，一些学者从历史的角度来分析，认为非物质文化遗产体现了其在证史、正史、补史三个方面的具体价值[①]。而这三点都能满足旅游者对当时当地历史文化真实性的猎奇心理，从而达到吸引旅游者前往旅游的目的。

《格萨（斯）尔》是藏族人民集体创作的一部英雄史诗，记载了公元前两三百年至今的藏族古代神话传说、诗歌和谚语等，为藏区人民提供了古代藏族人民宝贵的口述历史资料。旅游者到藏区旅游，如果能够亲自聆听传承人对这部史诗进行唱诵，再由懂诗的人做进一步的翻译和解释，那将是一种独特的体验。这种口头的、活态的历史文化遗产具有较高的证史价值，史诗中所反映的古藏族文化和风俗能够满足旅游者求知的愿望，通过旅游活动旅游者能够从中更为直观、生动地认识到藏族古代的历史文化。

（二）满足旅游者对文化艺术的欣赏价值

学术界对于艺术的概念并不确定，但艺术在文化上能够给人一种美的享受，这点毋庸置疑。国内外学者在对非物质文化遗产进行分类时，主要从两个方面进行过考虑。其一，是从文化的角度对非物质文化遗产进行分类；其二，是从艺术的角度对非物质文化遗产进行分类。后来，依靠艺术为特征的分类占据了上风，因为这样的分类更贴近非物质文化遗产的实际情况。因此，我们不难发现非物质文化遗产与众多的物质文化遗产一样能够给人一种艺术或者美的享受和体验。区别在于物质文化遗产是借助物质的东西给人一种艺术感，而非物质文化遗产却往往借助制造物质的这个过程或者人们的各种行为给人一种美的享受，体现出它的艺术价值。

我国的皮影戏拥有复杂的制作过程和丰富的演绎流程，具有极强的文化艺术价值；我国民间的传统节日借助各种节庆活动体现出它的文化艺术价值；我国五

---

① 苑利，顾军. 非物质文化遗产学［M］. 北京：高等教育出版社，2009：37.

大戏曲之一的京剧，通过传统的唱腔、扮相等体现它的文化艺术价值。这些突出人类行为的非物质文化遗产不仅受到我国人民的喜爱，也成为众多海外旅游者所青睐的旅游活动。正如游客到了新疆，一定会想起人类非物质文化遗产代表作木卡姆艺术；游客到了福建，总想去妈祖庙祭拜妈祖等。这些正是非物质文化遗产的文化艺术价值在旅游活动中的体现。非物质文化遗产的文化艺术价值是推动现代旅游业发展的动力之一，同时也是旅游者观赏和体验异域文化的重要载体，是游客获得文化认同和认知、确认自身文化坐标的重要途径。

（三）休闲娱乐价值

随着社会经济发展步伐的加快，人们对物质的需求与对娱乐休闲的需求表现出同样的积极性。快节奏的都市生活往往给人们带来身体的疲劳和精神的压抑。旅游过程中的非物质文化遗产以各种表演艺术、社会风俗以及节庆等地方特色活动为主要表达方式，具有浓烈的娱乐性和观赏性，能够满足旅游者在精神领域的享受。因此，对于旅游者而言，非物质文化遗产具有很高的休闲娱乐价值。

例如，克罗地亚东部地区的贝卡瑞克演唱和演奏，墨西哥流浪乐队的弦乐、歌曲及小号表演，西班牙阿赫梅西市的传统节庆活动，等等，都被列入人类非物质文化遗产代表作，成为社会实践、仪式和节庆活动类别中的代表项目。2010年，我国的京剧艺术被纳入人类非物质文化遗产代表作名录。这是一项非常具有吸引力的表演艺术，也是中国的国粹。它能够充分满足旅游者对于中国京剧艺术的好奇，在欣赏和聆听京剧的过程中得到心理的满足和精神的愉悦。

（四）体验价值

现在的游客与过去的游客相比，更加倾向于选择拥有亲身经历和体验活动的旅游目的地。传统走马观花似的旅游已经无法满足旅游者深入体验目的地文化的需求。非物质文化遗产来自于民间，大多数由民间的风俗、习俗组成，融入人民生活的方方面面，能够很好地与旅游者形成互动，它所具备的活态性也能通过设计各种相关的体验活动让旅游者得以轻松地进入。因此，充分利用旅游目的地的非物质文化遗产，可以促进旅游的深度发展，使当代旅游活动的内容丰富多彩。

（五）社会教育价值

很多时候，非物质文化遗产带给旅游者的不仅是历史和文化艺术上的震撼，更多的时候是心灵上的震撼。非物质文化遗产是一个国家、一个民族的精神象征，是文化传承的重要内容。非物质文化遗产中包含了丰富的历史知识、科学知识、艺术精品等资源，是教育的重要知识来源。旅游者通过前往旅游目的地旅游，能身临其境地去详细了解旅游地的非物质文化遗产，可以增加旅游者对目的地历史文化的认识，对旅游者起到教育的作用。从社会的角度来看，非物质文化遗产还能增加民族自尊心、自信心，增强民族凝聚力和向心力。它对于维系一个国家社会秩序的稳定，建立公民道德体系有着良好的引导作用。

二、面向旅游目的地的非物质文化遗产旅游价值

1. 经济价值

旅游被认为拥有经济学的外壳和文化学的内涵。因此，旅游活动能直接产生经济效益，非物质文化遗产旅游也不例外。非物质文化遗产活动本身能促进目的地经济发展，并且它还能对相关产业起到经济连带作用。各种表演技艺、节庆活动能以收取门票的形式带来经济效益；各种非物质文化遗产的成品手工艺能以旅游纪念品的形式获得收益；各种体验式活动能够通过当地餐饮、民居住宿等形式带动相关产业经济的发展。当然，有特色、有代表性的非物质文化遗产旅游项目还能提升目的地城市的世界知名度，带来一些聚合性的品牌经济效益。

2. 提升旅游目的地文化魅力，塑造景区整体文化形象

非物质文化遗产作为旅游目的地的重要人文旅游资源，对于提升目的地文化魅力、塑造景区整体文化形象起着不可忽视的作用。随着旅游业的快速发展，文化的灵魂和核心作用日益突显，旅游开发者也认识到文化内涵才是促使旅游业持续发展的内在动力。在这些文化资源当中，那些已经逝去的历史文化毕竟距离当代旅游者太过遥远，它们沉寂得只能用文物、档案来向人们进行展示，旅游者也只能利用知识去想象以获取脑海中关于目的地文化的图景。然而，非物质文化遗产的文化展示是与时俱进的，是活生生的，是融入目的地人民生活的。尤其是被评为世界非物质文化遗产以后的旅游目的地开发者更加能够以此大做文章，提升文化魅力，塑造景区的整体文化形象，大大提高旅游目的地的竞争实力。

3. 丰富景区旅游项目，一定程度上平衡旅游淡旺季客流

很多旅游目的地的特色景区（尤其是以自然资源为基础的旅游景区）通常会受自然环境、季节变化等因素的影响，出现旅游淡季。北京香山的枫叶需要在金秋乃至深秋季节进行观赏；四川九寨沟虽然四季风景如画，但冬季对于旅游者进入景区而言是异常困难的。因此，旅游淡季是许多景区面临的一个共同问题。非物质文化遗产不同于其他旅游资源，它的存在多以表演艺术、社会实践、传统手工艺等为基本形式，不容易受时间和自然环境的影响。另外，非物质文化遗产的许多仪式活动、节庆活动是当地人民在空闲时间本着休闲娱乐的目的放松自身的一种文化活动，因此，它具有旅游开发的可塑性，能够在旅游淡季的时候弥补游客量的不足，在一定程度上平衡淡旺季客流。

4. 传承旅游目的地文化，保护旅游目的地非物质文化遗产

大多数非物质文化遗产是融入人们生活因而容易被当地人忽略的一些濒危项目，正是由于被纳入了世界非物质文化遗产代表作名录，才日益被人们重视并保护起来。非物质文化遗产旅游项目的开发能够在一定程度上起到推广、宣传该项目的目的，让世界上更多的人认识到这个项目文化传承的重要性。因此，对于旅游目的地而言，非物质文化遗产的旅游价值还体现在文化传承上。非物质文化遗产受到世界各地旅游者的青睐，能够提升旅游目的地人民对于自身传统文化的优越感，促进当地人提高对该遗产的保护意识。

 ## 思考和练习题

1. 非物质文化遗产的特性有哪些？
2. 你如何理解世界非物质文化遗产的类别？

 ## 案例和实训

乌干达树皮布制作技艺①

在东非的乌干达，有一项自史前时期传承下来的树皮布制作技艺，于2005年被纳入人类口头与非物质文化遗产代表作。树皮布是一种植物性的无纺织布料。与纺织布的经纬织造技术系统不同，树皮布的制作是剥去树最外一层硬皮，将里面的一层剥下来后用水浸泡，使其变软并具有韧性。通过在太阳下晾晒，用木（石）棒敲打、清水浸泡，将小块树皮拼接，打制花纹等复杂的程序制作而成。做工讲究的树皮布可以达到薄如轻纱而且透明的境地。到乌干达旅游的游客，如果能够亲自体验树皮布的制作，并穿上一件树皮布块制作的衣服，将会留下难忘的旅游记忆。

读完材料后，请思考：

你对非物质文化遗产的旅游价值有什么认识？

---

① 张一鸿. 乌干达布干达部族的树皮布制造手艺 [J]. 世界文化，2012（2）：55.

第八章　中国的世界非物质文化遗产

学习目标

了解中国的世界非物质文化遗产项目；
熟悉中国非物质文化遗产项目类别。

重点难点

熟悉中国的非物质文化遗产项目类别；
在每个项目类别下记忆几个有代表性的中国的世界非物质文化遗产。

本章内容

　　截至 2014 年年底，中国的世界非物质文化遗产主要包括三种类型的项目：第一是被联合国教科文组织认定的"人类非物质文化遗产代表作"项目，第二是被联合国教科文组织纳入"急需保护的世界非物质文化遗产名录"项目，第三为入选联合国教科文组织"保护非物质文化遗产优秀实践名册"的项目。

　　据中山大学中国非物质文化遗产研究中心发布的《中国非物质文化遗产保护发展报告（2013）》，截至 2012 年年底，中国共有 29 个项目被列入人类非物质文化遗产代表作名录，7 项被列入继续保护的非物质文化遗产名录，1 项被列入保护非物质文化遗产优秀实践名册，总数为 37 个。2013 年 12 月，被誉为"中国第五大发明"的珠算被列入联合国教科文组织人类非物质文化遗产代表作名录。至此，中国共有 38 个项目被纳入世界非物质文化遗产名录，项目总数位居世界第一（参见案例）。

报告显示，截至 2012 年，中国共有 1 986 名国家级非物质文化遗产项目代表性传承人，分布于民间文学、传统音乐、传统舞蹈、传统戏剧、曲艺、传统体育、传统美术、传统技艺、传统医药及民俗中。与此同时，我国还设立了 12 个国家级文化生态保护实验区，对具有重要价值和鲜明特色的文化形态进行整体性保护。2012 年 12 月，"福建木偶戏传承人培养计划"成功入选联合国教科文组织"保护非物质文化遗产优秀实践名册"。这不仅填补了我国在这个名录方面的空白，也体现了国际社会对我国非物质文化遗产保护工作的充分肯定。

● 第一节　口头传统及其表现形式

一、概念

口头传统，包括作为非物质文化遗产媒介的语言，是《非物质文化遗产公约》中对非物质文化遗产进行的分类中的第一个大类。这是一种以口头传统为基础的代代相传的文化表现形式。在老百姓的日常生活中，它常以口述或歌唱的方式表现出来，用以传递信息和见证历史。它较多地表现为我国各民族群体中流传的民间神话、传说、谚语、歌谣、赞美诗等。这类非物质文化遗产的最大特点是无形性，它不依靠文字传承，除了人类语言以外没有任何物质作为载体，像口述历史、口述文学、口述律法及其他知识等都属于这种类型的非物质文化遗产。迄今为止，我国被纳入世界非物质文化遗产代表作名录的口头传统和表述类非物质文化遗产有藏族人民的《格萨（斯）尔》史诗以及新疆的《玛纳斯》。

二、我国的口头传统类世界非物质文化遗产

（一）《格萨（斯）尔》史诗

史诗是一种"以口头形式流传和保存的长篇复合故事歌。"[①] 流传于我国青藏高原的藏族、蒙古族、土族、裕固族、纳西族、普米族等民族间的《格萨（斯）尔》便是极具代表性的民族史诗。2009 年 9 月 30 日，我国的"《格萨（斯）尔》史诗传统"在阿联酋首都阿布扎比召开的联合国教科文组织保护非物质文化遗产

---

① 王娟. 民俗学概论［M］. 北京：北京大学出版社，2013：137.

政府间委员会第四次会议上被批准列入《人类非物质文化遗产代表作名录》。

　　《格萨（斯）尔》史诗通过说唱艺人口耳相传的方式讲述了格萨尔王降临人界后带领邻国英雄们降妖除魔、抑强扶弱、统一各部，最后回归天国的英雄业绩。

　　这部史诗在藏族古代神话、传说、诗歌、谚语等民族文学的基础上发展而来，是迄今为止演唱篇幅最长的民间史诗。由于战争和民族交往的加深，《格萨（斯）尔》还流传到了蒙古国、俄罗斯的布里亚特、卡尔梅克等地区以及喜马拉雅山以南的印度、巴基斯坦、尼泊尔等国。它既是族群文化多样性的熔炉，也是多民族民间文化可持续发展的见证。作为多民族所共享的口头史诗，《格萨（斯）尔》史诗代表着古代蒙古族、藏族等口头叙事艺术与民间文化的最高成就，它以久远的流传时间、广阔的流传地域、宏伟的结构和巨大的篇幅赢得了"东方的《伊利亚特》"之美名。《格萨（斯）尔》史诗在其漫长的流传过程中，吸纳了各个时代的文化，融入了许多新的时代精神。它给我们展示了一幅多姿多彩的民族社会历史画卷，成为一部集民俗、文学、语言、宗教、历史等于一体的"百科全书"。

　　1. 形成与传播

　　关于《格萨（斯）尔》史诗的具体形成时间，学界一直有所争议。不过从世界范围内其他史诗如"荷马史诗""印度史诗"的形成过程来看，一部史诗并不是一朝一夕、靠少数人就能完成的。它们最初可能是分散地流传在民间的一些叙事歌谣，经过长久的加工补充与融合才逐渐形成的。因此，考证《格萨（斯）尔》史诗产生的确切时间是一件困难的事情。根据降边嘉措先生的意见，《格萨（斯）尔》史诗产生、发展和演变大致经历了以下几个发展阶段：

　　产生：《格萨（斯）尔》史诗大约产生于古代藏族氏族社会开始瓦解、奴隶制社会开始形成的时期，即公元前 3 世纪至公元 6 世纪之前。古代藏族各氏族、部族间长期的混战给底层百姓带来了巨大的痛苦，所以人们都希望能出现一位旷世英雄来完成统一，结束战乱。当这些愿望与藏族已有的传说、神话、故事等相结合之后，《格萨（斯）尔》这部流传千年的史诗就在不断的吟唱之中逐渐形成了。

　　发展：7 世纪，松赞干布统一了青藏高原，将都城建在拉萨。《格萨（斯）尔》在这之后的时期内得到了进一步的丰富和发展，并逐步流传到了周边的国家和民族。吐蕃王朝是青藏高原最为强盛的政权之一，在此期间发生的近百场战役成为《格萨（斯）尔》丰富的创作素材。民间的说唱艺人以吐蕃王朝时期发生的各种重大事件为蓝本，对其进行加工演绎，四处传唱，极大地丰富了《格萨（斯）尔》的内容，并把它传播到了喜马拉雅山南部地区。

　　成熟与完善：10 世纪—13 世纪，吐蕃王朝处于分崩离析的状态，青藏高原在动荡不安中不断变革和发展，藏族社会逐渐由奴隶制转化为封建农奴制。《格萨（斯）尔》在这一时期得到了更为广泛的传播，其内容体系日趋成熟、完善。11

世纪前后，佛教在藏族地区复兴，《格萨（斯）尔》的大体结构基本成型，配合印刷业的发展，还出现了一些木刻本。这段时期，红教僧侣与贵族为了自己的统治，纷纷以自己的意志来改造《格萨（斯）尔》，试图通过"天神之子"——格萨尔作为旗帜来号令天下，扩大统治势力，于是积极地推动《格萨（斯）尔》的传播。同样，历经长年战乱和动荡的藏族百姓也希望出现一位"格萨尔"般的英雄来结束乱世，于是《格萨（斯）尔》的传唱有了更为广泛的民众基础。在这些因素的推动下，《格萨（斯）尔》日臻成熟。

从降边嘉措对《格萨（斯）尔》形成与传播的三大历史阶段来看，《格萨（斯）尔》应该是在漫长的历史发展过程中，在广大藏族人民特别是说唱艺人的努力下，逐渐发展完善起来的。人们在保持史诗内容大框架稳定不变的情况下，不断地演变和发展史诗的细节内容，使得《格萨（斯）尔》拥有非常丰富的历史文化积淀。

与此同时，《格萨（斯）尔》在蒙古族、土族等少数民族中也不停地发展和演变着。在蒙古族中，《格萨（斯）尔》与蒙古族文化相结合，经过蒙古族人民的再创作，衍生出了具有鲜明蒙古族特色的史诗《格斯尔可汗传》。在土族地区，以《格萨（斯）尔》为蓝本，形成了以土语来述说散文部分，以藏语吟唱文体诗文部分的独特说唱形式。故而《格萨（斯）尔》不仅是藏族人民传承民族文化、凝聚民族精神的重要纽带，同时也是藏族与其他相邻民族间相互沟通、理解，融合产生民族共同意识的生动见证。

2. 结构与内容

《格萨（斯）尔》共有120多部，100多万诗行，2 000多万字，是世界上最长的一部英雄史诗。从其篇幅看，《格萨（斯）尔》比世界上最著名的五大史诗（古代巴比伦史诗《吉尔伽美什》，希腊史诗《伊利亚特》《奥德修记》，印度史诗《罗摩衍那》《摩诃婆罗多》）的总和还要多，其内容的广博也是其它史诗无法媲美的。这部史诗全方面地反映了古代藏族社会的生活，涵盖了古代藏族的社会历史、道德观念、民风民俗、民族交往、民间文化等一系列内容，是一部古代藏族社会生活的百科全书。

《格萨（斯）尔》的主要章节有《天岭卜筮》《英雄诞生》《十三轶事》《赛马称王》《世界公桑》《降服妖魔》《霍岭大战》《姜岭大战》《丹马青稞国》《门岭大战》《大食财国》《蒙古马国》《阿乍玛瑙国》《珊瑚聚国》《卡切玉国》《香雄珍珠国》《朱孤兵器国》《雪山水晶国》《白利山羊国》《阿塞铠甲国》《米努绸缎国》《中华与岭国》《松岭大战》《提鸟让玉国》《打开阿里金窟》《开启药城》《地狱与岭国》《西宁马国》《射大鹏鸟》《安置三界》等。内容大致分为三大部分：第一，降生，即格萨尔降生的部分；第二，征战，即格萨尔降妖除魔的部分；第三，结束，即格萨尔返回天界的部分。在这三大部分中，以第二部分"征战"

的内容最为丰富。除著名的四大降魔史——《北方降魔》《霍岭大战》《保卫盐海》《门岭大战》之外，还有18大宗、18中宗和18小宗，每个重要故事和每场战争均构成一部相对独立的史诗。

3. 传承与保护

《格萨（斯）尔》的流传主要依靠口头说唱和抄、刻本两种方式。其中以口头说唱为主，艺人们一般被称为"仲肯"，意思是故事家。根据获取故事的方式不同，说唱艺人们可以分为五类：神授艺人、掘藏艺人、闻知艺人、吟诵艺人和圆光艺人。

"神授艺人"是指艺人在从艺之前从来未学过艺，突然有一天在睡梦中梦见有神人传授，并且一做梦就昏迷多日，神志迷乱，苏醒后即能滔滔不绝地说唱表演《格萨（斯）尔》的史诗故事。他们大都目不识丁，但记忆超群，具有非凡的口才，是艺人当中最具传奇色彩的，也是艺术成就最高的。

"掘藏艺人"是指靠书写的方式来传播《格萨（斯）尔》的艺人。

"闻知艺人"是指学习过《格萨（斯）尔》之后，才会说唱的艺人。这类艺人约占艺人总数的一半以上。

"吟诵艺人"是指拿着史诗书本给人诵读的艺人。

"圆光艺人"则是指借助咒语，通过铜镜或其他一些发光的东西看到《格萨（斯）尔》的图像与文字，进行抄录或演唱的艺人。他们在艺人当中比较神秘，人数很少。

艺人们虽然有着不同的类型，不过他们大都拥有固定的服饰、道具，并且还有着烟祭、默想、入神等独特的仪式，对于说唱的环境则没有特别的要求。

在说唱前，人们会把柏树枝叶、艾蒿、石南香等香草放在一起，上面放上糌粑或五谷，然后洒上几滴水，让其慢慢地燃起浓烟。艺人们则手拿佛珠，闭目静坐、祈祷，然后开始说唱。在说唱时艺人们会身穿一种红色衣服，袖子上会绣有狮子，前胸和后背则绣着龙和大鹏鸟。另外，艺人们还会头戴一种名为"仲夏"的特制帽子。帽子形如瞻部洲的大地，上面的白雕羽毛象征妙智能除愚昧；鹦鹉羽毛象征循循善诱教导他人；岩雕羽毛象征法力无边降妖精；两个帽耳象征解脱与轮回。艺人们相信戴上这种帽子，格萨尔的故事就能被他们滔滔不绝地讲出来。

新中国成立前，《格萨（斯）尔》为藏族社会底层人们普遍传诵，虽然具有广泛的群众基础，但毕竟不像《荷马史诗》那样受到高度的评价和赞誉。新中国成立后至"文化大革命"时期，党和政府在青海省政府牵头之下，对《格萨（斯）尔》进行了初步搜集，并组织专家对其进行整理和翻译。遗憾的是，在"文化大革命"期间，《格萨（斯）尔》受到错误的批判，很多资料被焚毁。"文化大革命"以后，《格萨（斯）尔》的保护工作才真正步入正轨。政府组织一批说唱艺人对史诗进行了整理，搜集了一些失散民间的手抄本和木刻本，专业的研究队伍也介入其中对史诗进行基础性研究。21 世纪以后，《格萨（斯）尔》的传播不再限于藏、蒙等少数民族，其影响力得以扩大，申报世界非物质文化遗产代表作项目也获得了成功。当然，随着社会的快速发展，藏族、蒙古族等少数民族的生活节奏也在加快，《格萨（斯）尔》的原生文化环境受到破坏，史诗的受众在缩小，传承人的数量急剧减少。这是新时期史诗保护工作所面临的巨大问题，亟须我们拿出一些更有效的保护办法，以便将这部口述经典传承下去。

（二）新疆《玛纳斯》

与《格萨（斯）尔》史诗一样，我国柯尔克孜族的英雄史诗《玛纳斯》在阿联酋也被联合国教科文组织批准列入人类非物质文化遗产代表作名录。

作为我国少数民族三大史诗之一的《玛纳斯》用生动形象的方式将古代柯尔克孜族的政治、经济、文化、历史、道德、法律、宗教、风土人情等文化历史介绍给世人，是记载柯尔克孜族人民历史的"百科全书"，具有极大的文学欣赏价值和学术研究价值。

1. 形成与传播

《玛纳斯》产生于 9 世纪—10 世纪，在生生不息的流传过程中，被柯尔克孜族的艺人们不断地完善，具有浓厚的柯尔克孜族的民族特色与极大的艺术性。《玛纳斯》不仅流传于我国新疆南部克孜勒苏柯尔克孜自治州和新疆北部特克斯草原、塔城等柯尔克孜族人聚集的地区，还传播到了中亚的吉尔吉斯斯坦、哈萨克斯坦以及阿富汗北部地区，故而说它是具有世界影响力的传奇史诗。

2. 结构与内容

玛纳斯是柯尔克孜族人民历代相传的著名英雄。他集智慧、勇气、力量为一体。史诗《玛纳斯》讲述了英雄玛纳斯及他的七代子孙带领柯尔克孜族人民与各种邪恶势力进行斗争，争取幸福与自由的故事。

《玛纳斯》史诗由八部史诗组合而成，每部史诗以该部的主人公的名字作为题目，分别是《玛纳斯》《赛麦台依》《赛依台克》《凯耐尼木》《赛依特》《阿斯勒巴恰、别克巴恰》《索木碧莱克》和《奇格台依》。八部史诗合称为《玛纳斯》，共计 21 万多行，2 000 万字。八部史诗每部都可以独立成章，每部史诗都叙述一代英雄的故事。

第 1 部《玛纳斯》，也是最精彩的一部分，叙述了第一代英雄玛纳斯联合分散的各部落和其他民族受奴役的人民共同反抗卡勒玛克、契丹统治的业绩，主要讲述了大规模的战争；第 2 部《赛麦台依》，叙述玛纳斯死后，其子赛麦台依继承父业，继续与卡勒玛克斗争，因其被叛逆坎乔劳杀害，柯尔克孜族人民再度陷入卡勒玛克统治的悲惨境遇；第 3 部《赛依台克》，描述第三代英雄——赛麦台依之子赛依台克严惩内奸，驱逐外敌，重新振兴柯尔克孜族的英雄业绩；第 4 部《凯耐尼木》，内容为第四代英雄——赛依台克之子凯耐尼木消除内患，严惩恶豪，为柯尔克孜族人民缔造了安定生活；第 5 部《赛依特》，内容为第五代英雄——凯耐尼木之子赛依特斩除妖魔，为民除害；第 6 部《阿斯勒巴恰、别克巴恰》，内容为阿斯勒巴恰的夭折及其弟别克巴恰如何继承祖辈及其兄的事业，继续与卡勒玛克的统治进行斗争；第 7 部《索木碧莱克》，内容为第七代英雄——别克巴恰之子索木碧莱克如何打败卡勒玛克、唐古特、芒额特部诸名将，驱逐外族掠夺者；第 8 部《奇格台依》，叙说第八代英雄——索木碧莱克之子奇格台依与卷土重来的卡勒玛克掠夺者进行斗争的英雄业绩。史诗的内容紧密相连，前后照应，共同组成了一部宏伟壮阔的英雄史诗①。

3. 传承与保护

目前，世界上唯一一位能够完整演唱《玛纳斯》八部史诗的传承人居素普·玛玛依于 1918 年出生在新疆克孜勒苏柯尔克孜自治州阿合奇县。传奇人物居素普·玛玛依十几岁时，便能全文背诵《玛纳斯》。新中国成立后，国家对《玛纳斯》传承人进行普查，发现他演唱投入，而且一唱就是连续好几个小时。据普查人员介绍，"居素普·玛玛依每天要唱 8~12 小时，做记录的同志手麻了，可以替换另一个人，但歌手是不可替换的。连续唱了 7 个月，唱出 5 部《玛纳斯》。" 1964 年，居素普·玛玛依成为《玛纳斯》工作组成员之一，对前面唱诵的 5 部史诗又进行了补唱，字数增加了 6.1 万行，至此，共计 19.4 万行的 6 部《玛纳斯》记录完毕。然而，"文化大革命"时期，大部分记录稿散失。1979 年底，居素普·玛玛依被接至北京，重新从第一部开始唱诵，记录人员收获了完整的 8 部史诗内容，第 7 部《索木碧莱克》和第 8 部《奇格台依》得以补充完整。1995 年，由居素普·玛玛依演唱的《玛纳斯》（共 8 部 18 册）得以出版，并保存下来。玛玛依的成就引起了国内外学术界的广泛关注，他惊人的记忆能力和杰出的演唱技艺被我国领导人誉为"国宝"，世界各国的学者们也将其誉为"活着的荷马"，是"整个柯尔克孜民族文化传统的代表"。

《玛纳斯》的收集、记录工作进展是明显的，这也为我国申报世界非物质文化遗产奠定了坚实的基础。但是，作为口头传诵的文学艺术，《玛纳斯》的保护工作仍然是艰巨的。为了更有效更长远地对其进行保护和传承，我国正在考虑组织力量对年事较高的歌手和艺人的演唱进行录音、录像。与此同时，建立《玛纳斯》博物馆，对史诗及史诗的相关历史资料进行永久性保存。当然，最有效的办法则是培养新一代的说唱艺人，让《玛纳斯》史诗的演唱后继有人。

---

① 于海广，张伟. 中国的世界非物质文化遗产［M］. 济南：山东画报出版社，2011：213-214.

● 第二节　表演艺术

一、概念

　　表演艺术通常是指通过人的演唱、演奏或人体的动作、表情等来塑造形象、传达情绪和情感从而表现生活的艺术。表演艺术通常包括舞蹈、杂技、话剧、曲艺、音乐、魔术等。代表性的门类通常是音乐和舞蹈。有时会将杂技、相声、魔术等也划入表演艺术。我国有着悠久的历史和灿烂的民族文化，表演艺术在我国56个民族中的表现形式也是多姿多彩的。在我国的世界非物质文化代表作项目中，属于表演艺术类的遗产高达14项，分别是：昆曲、中国古琴艺术、蒙古族长调民歌、新疆维吾尔木卡姆艺术、福建南音、贵州侗族大歌、粤剧、藏戏、蒙古族呼麦、花儿、西安鼓乐、朝鲜族农乐舞、京剧、皮影戏。他们的共同特点便是以表演艺术为主要形式，集音乐、舞蹈、话剧、杂剧等曲艺于一身。下面以藏戏为例，进行详细介绍。

二、我国表演艺术类世界非物质文化遗产——藏戏

　　2009 年 9 月 30 日，我国藏族的藏戏在阿联酋首都阿布扎比联合国教科文组织保护非物质文化遗产政府间委员会第四次会议上，被批准列入人类非物质文化遗产代表作名录。

　　藏戏在藏语中叫"阿吉拉姆"，意思是"仙女大姐"，简称"拉姆"。传说藏戏最早由七姐妹演出，其中的内容多是佛经中的神话故事。它是流传在青藏高原上的一种比较独特的剧种，至今已经有六百余年的历史。在我国藏族民间，藏戏是流传最为广泛、时代最为悠久的剧种，生动反映了藏族人民的民俗文化，对藏族人民的日常生活有着巨大的影响。

（一）形成与传播

　　藏戏起源于 8 世纪藏族的宗教艺术。最初是吐蕃赞普赤松德赞修建桑耶寺时，莲花生大师为了降服恶鬼而率先应用的一种驱邪舞蹈。这种舞蹈后来逐渐演变成为藏传佛教寺院的跳神"多吉嘎羌姆"。羌姆是将佛教礼仪与原始本教巫师祭祀自然神仪式以及民间土风舞加以结合演变而来的新的宗教仪式舞蹈。在最初的时候，羌姆仅仅是在寺院里为僧人表演的，后来传入民间，逐渐成为僧人和群众喜闻乐见的一种娱乐性的宗教舞蹈。此外，在林芝还出现了一种村民为了引回"村宝"驱邪迎祥而进行的民间祭祀舞蹈，叫作"米那羌姆"。其中象征喜庆、幸运和吉祥

的男性侍佣神跳的"波梗舞"，也被寺院跳神萨迦寺卓玛颇章"孜玛尔多加"羌姆和藏剧《白玛文巴》所吸收。

到了14世纪，噶举派高僧唐东杰布在云游途中于1430年主持营建了据说是西藏的第一座铁索桥。在建桥过程中，他在民工中结识七个能歌善舞的姐妹，于是就在白面具戏的基础上，吸收了佛经传说和民间传说故事中的内容编排表演节目、设计唱腔动作和鼓钹伴奏，指导七姐妹演出，从而为宣传宗教、修建铁索桥募集资金。由于七姐妹天生丽质、舞姿轻盈、歌声优美动听，以至于让观众以为是仙女下凡，故称赞她们是"阿吉拉姆"，就是仙女的意思。据记载，汤东杰布主持修建的铁索桥、木桥数量高达上百座，码头渡口也有一百多个。修建这些桥梁渡口所需资金除了靠他游说化缘以外，主要还是靠组织募捐及演出来筹集的。后来汤东杰布又把白面具戏带回家乡的寺庙迥·日吾齐寺，创建了迥·日吾齐戏班，把白面具进一步修改为蓝面具，在原来的白面具戏表演艺术的基础上，结合本地各种歌舞和古老瑜伽功术、杂技等，编演了佛经中的故事《智美更登》。从此，蓝面具戏逐渐形成。

在嘎丹颇章地方政权建立后，藏戏进入了一个快速发展的繁荣时代。以唱为主，唱、诵、舞为一体的戏曲表演艺术形式逐渐形成。

后来出现了具有较高文学水平的戏曲文学剧本和一批优秀的传统剧目。在民间，出现了一些职业或半职业的藏戏戏班，并且还开始形成不同的艺术流派。清顺治九年，五世达赖进京晋见顺治皇帝，被中央政府以金册金印封为"达赖喇嘛"。在五世达赖晋见期间他看到了许多汉、蒙、满等民族的宫廷和民间音乐、舞蹈、戏剧、杂技、百艺等艺术表演，深受启发。在返回西藏以后，就把从拉达克传入的具有西域风格的歌舞加以改造，组织成立了西藏地方政府唯一的官营性专业歌舞队——噶尔巴。后来五世达赖开始在酸奶宴会上，邀集一些在民间享有盛名的藏戏班子进哲蚌寺助兴演出，之后就逐渐形成了"哲蚌雪顿"表演观摩藏戏的惯例。到七世达赖时，就出现了藏戏演出的盛会——雪顿节。后来，又逐渐形成了于雪顿节期间在罗布林卡举行的一年一度规模盛大的藏戏献演活动。

从这个时候起，藏戏开始从宗教仪式中分离出来，成为一个独立的戏剧艺术形式；演员也逐渐脱离寺院，职业演出剧团开始出现。藏剧在不断地发展演变过程中，影响面也逐渐扩大，繁衍出德格戏、昌都戏、门巴戏等多种戏曲剧种，并对一些周边的少数民族的剧种的形成和发展产生了很大影响。

在新中国成立之后，藏戏进入了最为辉煌的时期。首先是西藏自治区人民政府在原觉木隆戏班的基础上组建了西藏自治区剧团，后来在民间又纷纷涌现出一大批民间剧团，极大地丰富了藏族群众的生活。

（二）内容、表演方式及特色

藏戏是藏族戏剧的泛称。它是一个非常庞大的剧种系统，由于青藏高原各地自然条件、生活习俗、文化传统、方言语音的不同，它拥有众多的艺术品种和流派，但蓝面具藏戏仍是主流。

藏戏的内容丰富多彩，大多数是民间传说故事、宗教故事以及历史故事。自古以来藏戏的传统剧目有"十三大本"，分别是《文成公主》《诺桑法王》《朗萨雯蚌》《卓娃桑姆》《苏吉尼玛》《白玛文巴》《顿月顿珠》《智美更登》等"八大藏戏"以及《日琼娃》《云乘王子》《敬巴钦保》《德巴登巴》《绥白旺曲》。各个剧目里都含有佛教教义的内容，反映了古代藏族人民对于英雄豪杰的敬仰、对于大德高僧的尊重以及对于美好生活的向往，是讲述古代藏族社会的"百科全书"。

藏戏的演出一般分为三个部分：

第一部分为"顿"，主要是开场表演祭祀的歌舞。首先是"温巴顿"，又名"甲鲁温巴"，在藏语里意为猎人净地。一般会有七位演员，演员们会身穿猎人服装，手拿彩箭出场，唱歌祝福；然后是"加鲁钦批"，在藏语里意为太子降福，会有两名演员，身穿太子服饰，手持竹弓出场跳舞，以驱邪祈福；最后是"拉姆堆嘎"，在藏语里意为仙女歌舞，一般有七位演员，演员们身穿仙女服饰翩翩起舞，表现仙女下凡，与民同乐。传说这三种角色是根据《曲结洛桑》剧中的人物演变而来。其中，甲鲁是王子，温巴是渔夫或猎人，拉姆是仙女。表演时会先由温巴戴着面具又唱又跳，然后甲鲁领着一群仙女出场歌舞，借以介绍演员，讲解正戏的剧情，来招揽观众。

第二部分为"雄"。先由"温巴格更"，即藏语中的戏师用快板韵白大概介绍故事的主要情节、地点、环境、人物造型、唱词等，然后演员上场。演出的时间长短不定，有时可长达六七天，有时可短至两三个小时，全部都由戏师来决定。在演出时全体演员，无论是否扮演剧中角色，全部都会出场，围成半圈，轮到自己表演时，就出列表演，剩下的时间会参加伴唱或伴舞。

基本的演出格式：首先由戏师出场介绍一段剧情，然后由一个角色出来演唱一段，接下来所有的演员会共同起舞或表演技巧，这样循环反复下去。藏戏的演出不分幕和场次，戏师的解说和伴唱伴舞起着实际上的分幕作用。由于表演的剧目大部分都流传上百年。所以对于戏中的人物和故事情节大多数观众都十分熟悉。观众主要是去欣赏剧中唱腔、舞蹈和特技等表演。另外，由于情节的发展主要是由戏师来介绍的，所以剧中角色可以专心演唱或表演绝技，不必太过于关注情节的发展。

第三部分称为"扎西"，意为祝福迎祥。就是在节目结束之后通过集体歌舞向观众告别祝福，在过去就是向观众募捐或接受捐赠的环节。

另外，藏戏还有着一些特点。在舞蹈方面，由于藏戏基本上都是广场戏，所以藏戏的突出的特点就是载歌载舞。藏戏中舞蹈与剧情常常没有直接的关系，舞蹈主要是为了烘托场上演出的气氛。其中只有少数动作带有某种象征意义，并且大都是模仿劳动、生活和动物的动作。

在韵白方面，藏戏的韵白与快板和数板的韵白十分类似，是在戏师讲解剧情、介绍演员演出的时候才使用。

在表演方面，由于藏戏中的表演艺术比较简单、纯朴，并且由于许多角色都是戴着面具来表演的，所以藏戏的演员们大都不太注意面部表情的表演，角色之间的交流也相对较少。

在技艺方面，藏戏中的舞蹈技巧、武功特技等，大都是从民间艺术中吸收、归纳而来的。

在乐器方面，藏戏乐器比较简单，其中打击乐只有一鼓一钹。在表演的时候会有一个人在旁边用快板向观众介绍剧情发展情况。角色的道白很少，所以演员能专心致志地吟唱。由于广场演出，所以演员的唱腔多高昂嘹亮，拖腔较多，显示出了藏戏粗犷有力的特色。在后台一般有类似于川剧的帮腔。

在化装方面，藏戏的演出服装非常简单，从表演开始到表演结束都只有一套，中间不会更换。演员也不太讲究化装，主要靠面具。

而面具在藏语里被称为"巴"，它是藏戏艺术独有的面部化装手段，有着悠久的发展历史。早在吐蕃时期，在苯教的祭祀仪式中所表演的土风舞等技艺中就采用了面具化装手段。后来由于宗教发展，莲花生大师就根据佛祖释迦牟尼关于佛教密宗四部学说中的愈加瑜伽部、无上瑜伽部里的金刚舞一节，组织了跳神法会。于是，土风舞便与金刚舞相结合，产生了跳神舞时所戴的面具。大约在14世纪，高僧唐东杰布为了筹集资金以筑桥修路，创造了深受藏族人民喜爱的藏戏。于是后来的藏戏演员们就视他为藏戏的始祖，并且按照他本人模样制作了白发白须的白山羊皮面具。

由于藏戏的面具主要用于各种民间表演活动，所以与宗教面具相比，藏戏面具在造型上带有浓郁的世俗倾向和民间色彩。面具表现的内容主要包括历史和神话中的人物、神灵和动物。在藏戏演出时，化装一般比较简单，除了戴面具外，其他就是一般的粉面与红脂，没有复杂的脸谱。在藏戏中人们可以从面具的造型和色调上来区别演员所扮演的角色性格，色彩不同，象征的角色特征也不同。比如：白色代表人物性格纯洁、善良、温和，无害人之心，意味老者长寿，是善者的面具；红色代表权力、正义，表示足智多谋、智勇双全，是国王的面具；绿色代表贤良智慧、美貌端庄，是王妃的面具；黄色代表容光焕发、功德广大、知识渊博，是活佛、仙翁的面具；白色或黄色，眼睛、嘴为一个窟窿象征朴实敦厚，是村民、老人的面具；半黑半白象征其嘴甜心毒，两面三刀，专门挑拨离间，是女巫的面具；青面獠牙象征压抑和恐怖，是妖魔的面具；蓝色象征正义、勇敢，是勇士的面具。

按面具的样式、形态、质地、风格以及特征来划分，藏戏面具可分为四种：

205

第一种是平板式软塑面具。这种面具是藏戏中最独特、典型的面具。一般是用皮革、绒布制成。如王后的绿面具、半黑半白的女巫面具以及国王的红面具。

第二种是半立体软塑面具。这种面具是用皮革、布料或者在布里塞入棉花制成的。如老人的面具、仙翁、喇嘛的面具。

第三种是立体硬塑面具。这种面具一般是用泥塑或漆布壳绘制而成。如妖魔鬼怪的面具。

第四种是立体写生的动物面具。是用泥布硬塑或皮革、毛线软塑的。大多数是全身或部分皮革的面具。如牦牛面具等。

在西藏和平解放后，相关的艺术工作者对藏戏的人物造型也曾做过多方面尝试，比如仿照面具上的图案在演员的脸上画上脸谱，或者比照壁画上的人物形象来化装。现在的藏戏表演也使用了一些话剧的化装方法。但一些藏戏的传统特色人物面具仍保留了下来。正是由于有了这些形态各异的面具，才造就了流传千古的藏戏艺术，成就了藏戏的辉煌历史。

● 第三节　社会风俗、礼仪、节庆

一、概念

社会风俗是人们自发形成的，并为社会大多数人经常重复的行为方式。社会风俗对人们行为的控制是非强制性的，是潜移默化的，是特定社会的产物，与社会制度变革有着密切关系。礼仪则是在人际交往中，以一定的、约定俗成的程序和方式来表现的律己敬人的过程，涉及穿着、交往、沟通、情商等内容。从个人修养的角度来看，礼仪可以说是一个人内在修养和素质的外在表现。从交际的角度来看，礼仪可以说是人际交往中适用的一种艺术、一种交际方式或交际方法，是人际交往中约定俗成的示人以尊重、友好的习惯做法。从传播的角度来看，礼仪可以说是在人际交往中进行相互沟通的技巧。节庆活动则是在固定或不固定的日期内，以特定主题活动方式，约定俗成、世代相传的一种社会活动。

作为世界非物质文化遗产的重要组成部分之一，我国有关社会风俗、礼仪、节庆的世界非物质文化遗产代表主要有两项，端午节和妈祖信俗。另外，还有两项急需保护的遗产项目——羌年和麦西热甫，也可划归此类。

二、我国节俗类世界非物质文化遗产项目——妈祖习俗

妈祖信俗也称为娘妈信俗、娘娘信俗、天妃信俗、天后信俗、天上圣母信俗。

福建省莆田市秀屿区的湄洲海域是妈祖祖庙所在地。湄洲妈祖信俗，是以崇奉和颂扬妈祖的立德、行善、大爱精神为核心，以妈祖宫庙为主要活动场所，以庙会、习俗和传说等为表现形式的民俗文化。妈祖信俗由祭祀仪式、民间习俗和故事传说三大系列组成。

2009 年 9 月 30 日，在阿联酋首都阿布扎比的联合国教科文组织保护非物质文化遗产政府间委员会第四次会议上，"妈祖信俗"被列入世界非物质文化遗产代表作名录，成为中国首个信俗类世界遗产项目。

（一）由来

妈祖信俗源于北宋年间，大概已有一千多年的发展历史。妈祖是福建话，意思是"娘妈"，也称湄洲妈祖，原名叫林默娘。她于公元 960 年农历三月二十三日出生于福建莆田湄洲。据说她生前经常为渔民预测出海时的天气情况、义务采药治病、拯救遇险渔船，并且还曾点燃自家的房子，用火光当作航标引导迷航的商船脱离险境。在公元 987 年农历九月初九，她因在海上救人而献出年轻的生命，年仅 28 岁。岛上渔民为了纪念这位美丽、善良和乐于助人的好姑娘，特地在岛上建庙并奉为海神，希望世世代代学习妈祖精神多做好事，也希望妈祖继续保佑百姓航海平安。后来，随着航海业发展和华人移民，妈祖庙逐渐遍布世界各地港口，如澳门地名的葡萄牙文"MACAU"就出自"妈祖阁"的发音。妈祖信俗从湄洲妈祖祖庙传播到世界 20 多个国家和地区，现今在全世界共拥有 2 亿多信众和 5 000 多座妈祖庙。

妈祖信俗之所以会流传得如此之广，原因大概是由于妈祖有着与其他神灵与众不同的地方。据说古代的福建是一个信仰各种神灵的地方，人们有事就会想到去求神拜佛，而妈祖在当时还只是众多神灵之一。不过由于妈祖与其他神灵不同，她总是无私地帮助陷入困难的人们，并且不会因为贡品的缘故而降下灾祸。所以，妈祖能在众多神灵中脱颖而出，成为人们所普遍敬仰的天后娘娘。另外，官方政府的支持，也较大程度上地推广了妈祖信俗。在 1123 年，妈祖因为保护路允迪出使高丽，当时的朝廷将"顺济"庙赐给妈祖庙。此后，妈祖因护佑南粮北调、郑和下西洋等而被历代朝廷褒封为天妃、天后、天上圣母共 36 次。甚至在 20 世纪 80 年代，妈祖还被闽台人民誉为"海峡和平女神"。所以，在官方的扶持下，妈祖信俗得以在如今还如此兴盛。

（二）内容和习俗

妈祖信俗包含的内容主要有祭祀仪式、民间习俗和故事传说三大部分。

（1）祭祀仪式分为家庭祭祀和宫庙祭祀两种。家庭祭祀包括"船仔妈"崇拜、对海祭拜、家中供奉和挂妈祖像等。"船仔妈"崇拜是指渔民和航海者在船上供奉妈祖神像，祈求航海安全，这是妈祖信俗最原始的形式之一；对海祭拜是指湄洲和其他地区的渔民、船民在海边或在沙滩上摆上供桌，贡品面对大海，向妈祖祭拜；家中供奉则是渔民和居民在家中的神龛上供奉妈祖像并点香、祭拜。

宫庙祭祀则包括日常祭祀和庙会祭祀。日常祭祀是由妈祖信众到妈祖庙向妈祖神像行礼。主要包括献鲜花、点香火、摆贡品、行跪拜礼以及燃鞭炮、烧金帛、捐缘金等方式。庙会祭祀则举行祭祀大典。祭祀大典形成于 11 世纪，1788 年被列入国家祭典，场面恢宏，庄严隆重。主要流程包括：①仪程。主要有司祭人员就位、迎神、上香、读祝文、行三献之礼和三跪九叩礼、送神等。②司祭。湄洲妈祖祖庙主持人担任主祭，世界各地妈祖分灵庙负责人参加陪祭。③祭器。祭坛上配有烛台、香炉、钟鼓等。④祭品。供桌上摆放用面粉、香菇、木耳等食品制成的仿海洋生物和自然山景等的祭品。⑤仪仗。由清道旗、銮驾、仿古兵器等组成。⑥祭乐。由乐生用唢呐、鼓、磬、琴、笛等 28 种乐器演奏地方曲调和曲牌。⑦祭舞。由舞生执凤羽、龠管，采用云步、叠步等传统戏曲舞步起舞。

湄洲妈祖祖庙的庙会是指特定节日的重大祭祀活动，具体包括：①妈祖诞辰。每年农历三月二十三妈祖诞辰日。②妈祖升天。每年农历九月初九妈祖逝世纪念日。③割火分灵。各地建妈祖分灵庙时要捧着神像到湄洲妈祖祖庙举行"取香灰"的分神仪式。④谒祖进香。妈祖分灵庙每隔一定时期到湄洲妈祖祖庙谒祖进香，俗称"回娘家"。一次陪同进香的团队人数可多达 7 000 余人。⑤妈祖巡游。湄洲妈祖金身在湄洲岛和台湾、金门、澳门等地分灵庙巡游，接受膜拜。⑥民俗表演。湄洲妈祖祖庙还进行舞龙、舞狮、摆棕轿、耍刀轿、舞凉伞等民俗表演，表演人员多为民间艺人，参加人数最多可达几十万人，场面壮观。

（2）民间习俗主要包括：①演戏酬神。妈祖分灵庙如有举行庆典活动或者戏剧演出，都要恭请妈祖神像驾临观赏或请戏班演员到妈祖神像前"弄仙"。②妈祖元宵。湄洲每年正月初八到正月十八各家各户都恭请妈祖神像参加元宵活动。③谢恩敬神。家族举行感恩苍天仪式，男女老少统一着装列队到妈祖庙敬请妈祖参加。④妈祖游灯。渔民、农民、市民等在节日的晚上都提着"妈祖灯笼"绕游。⑤妈祖服饰。湄洲妇女平常头上都梳着帆船状的发髻，着蓝色的上衣和红黑相间的裤子，表示对妈祖的敬仰和对家人出海平安归来的期盼。⑥圣杯问卜。用木质半月形"圣杯"，向妈祖祈求解决疑难问题的方法。⑦换花求孕。湄洲已婚未育妇女与妈祖神像头上的花互换来求赐孕。⑧佩戴香袋。到妈祖宫庙祈取小香袋戴在小孩身上，以保平安。⑨诞辰禁捕。湄洲渔民在妈祖诞辰日前后自发不下海捕鱼，体现人与自然和谐相处。⑩妈祖挂脰。在妈祖巡游过程中，信众向妈祖神像的颈项上挂上用红绳子系的金锁、银锁或钱币。另外，还有妈祖彩车、大门贴符、颈项佩玉、托看小孩等各式各样的习俗，多不胜数。

（3）故事传说指妈祖信俗在传承过程中，留下的许多动人的故事传说。这些传说极大地丰富了妈祖信俗的精神内涵。根据《天后志》和《天妃显圣录》记载，关于妈祖生前和显灵的传说有十余则。其中，比较有代表性的如：①菜屿长青。湄洲岛旁边有一个小屿，传说有一天，妈祖到小岛上游玩时将菜子撒在地上，不久菜子奇迹般成长，花开满地。随后，每年无需耕种，花都会自然生长。当地人视其为仙花而采之。以后，人们就把这个地方称为"菜子屿"。②祷雨济民。相传妈祖21岁的时候，莆田地方出现大旱，全县百姓都说非妈祖不能救此灾害。于是，县尹亲往向妈祖求救。妈祖祈雨，并说壬子日申刻就会下大雨。到了那天，上午晴空无云，丝毫没有要下雨的征兆。申刻一到，突然乌云滚滚，大雨滂沱而下，久旱遇甘霖，大地恢复了往日生机。③挂席泛槎。相传妈祖在世时，有一天海上起风浪，妈祖要渡海，岸边的船没有船桨，也没有船篷，加上风急浪大，船手不敢开船。妈祖对船手说："你只管起船。"随即叫人将草席挂在桅杆上当作船帆。船开上海面，乘风破浪，飞驰而去。④化草救商。相传妈祖在世时，湄洲屿西边有个出入湄洲的要冲叫门夹（就是今天的文甲）。有一次，一艘商船在附近海上遭到飓风袭击而触礁，海水涌进船舱，即将沉没。村民见狂风巨浪，不敢前去营救。在这紧急时刻，妈祖信手在脚下找了几根小草，扔进大海，小草变成一排大杉划到并附在即将沉没的商船上，商船得以免遭沉没，船中人幸免于难。⑤降伏二神。相传在妈祖23岁时，湄洲西北方向有二神，一为顺风耳，一为千里眼。二神经常贻害百姓。百姓祈求妈祖惩治二神。为了降服二神，妈祖与村女们一起上山劳动。这样，一直过了十多天，二神终于出现了。当二神将近时，妈祖大声呵斥，二神见妈祖神威，化作一道火光而去。妈祖拂动手中丝帕，顿时狂风大作，那二神弄不清所以，持斧疾视，妈祖用激将法激二神丢下铁斧，丢下铁斧之后二神再也收不起铁斧，于是认输谢罪而去。两年后，二神在海上再次作祟，十分厉害。妈祖用神咒呼风飞石使二神无处躲避，二神服输，愿为妈祖效力。于是妈祖收二神为将。⑥解除水患。相传妈祖26岁时，那年上半年阴雨连绵，福建与浙江两省倍受水灾之害。当时当地官员上奏朝廷，皇帝下旨就地祈雨，但祈求后毫无改观。当地请求妈祖解害，妈祖道："灾害是人积恶所致，既然皇上有意为民解害，我更是应当祈天赦佑。"于是焚香祷告。突然开始起大风，并见云端有虬龙飞逝而去，天空很快就晴朗了。那一年百姓还获得了好收成，人们感激妈祖，省官向朝廷为妈祖请功并被准许，还得到了褒奖。⑦救父寻兄。相传妈祖16岁那年秋天的一天，其父兄驾船渡海北上之际，海上掀起狂风恶浪，船只遭损，情况危急。这时妈祖在家织布，忽然闭上眼睛，使劲全力扶住织机，母亲见状，忙叫醒她。妈祖醒来时失手将梭掉在了地上。见梭掉在了地上，妈祖哭道："父亲得救，哥哥死了！"不久有人来报，情况属实。兄掉到海里后，妈祖陪着母亲驾船前去大海里寻找，突然发现有一群水族聚集在波涛汹涌的海面。众人十分担心，而妈祖知道水族是受水神之命前来迎接她。这时海水变清，其兄尸体浮了上来，于是她将尸体运了回去。此后每当妈祖诞辰之日，夜里鱼群环列湄屿之前，黎明才散去，而这一天也成为当地渔民的休船之日。⑧恳请治病。相传妈祖在世时，有一年莆田瘟疫盛行，县尹全家也染上了疾病。有人告知县尹，妈祖有解难之法力。于是，县尹亲自拜请妈祖。妈祖念他平时为官不坏，加上他是外来官，告诉他用菖蒲九节煎水饮服，并将咒符贴在门口。县尹回去后遵嘱施行，不日疾病痊愈。⑨窥井得符。相传妈祖 16 岁的时候，有一次与一群女伴出去游玩，当她对着井水照妆时，一位后面跟着一班神仙的神人捧着一双铜符，拥井而上，把铜符授给她。一起玩的女伴们都被吓跑了，而妈祖则接受铜符，并不怀疑。妈祖接受铜符后，灵通变化，符咒避邪，法力日见神通，以至她常能神游，腾云渡海，救急救难，人们称她是"神姑""龙女"。⑩铁马渡江。相传有一天，妈祖要渡海，可是没有船只。这时候，妈祖见旁边屋檐前悬有铁马，于是灵机一动，取之挥鞭，铁马奔海对面风驰而去。待人上了对岸，忽然之间，铁马便无影无踪，旁边的人无不惊叹"龙女"的神通广大。

（三）传播及其影响

　　福建是妈祖信俗最盛的地方，同时它还影响到闽西客家地区，妈祖庙不计其数。除福建外，我国广东、浙江、海南、上海、北京、河北、山东、河南、湖南、贵州、辽宁、吉林等省均建有妈祖庙。由于台湾与福建隔海相望，台湾的妈祖庙及其信仰也很昌盛。经海域传播，我国福建的妈祖信俗还传播到了东南亚和美洲一些国家，例如日本、马来西亚、新加坡、缅甸、泰国、美国、加拿大、墨西哥、巴西等。由此可见，早些年中国航海事业的发展，海外贸易的扩大，使得妈祖信俗也跟着这些往来的船只漂洋过海，传播开来。

● 第四节　有关自然界和宇宙的知识和实践

一、概念

　　"有关自然界和宇宙的知识和实践"是指人类社会与自然环境互动过程中所形成的知识、诀窍、技能、实践和表现形式，主要以民间科学和民间哲学的形式出现。这类遗产多半是人类社会发展到一定时期后对人类自身及宇宙认识的经验总结。当然，它们有的时候反过来又会推动人类社会的发展和变迁。无论现在它们是否是人们认识和改造世界的主流，无论它们是否现在已经被系统科学所证明，它们仍然在相当大的范围内影响着人们的生活。这些表达和实践与其所起源的社会文化和生态背景一样丰富多样。例如传统生态智慧、土著知识、地方动植物知识、传统医疗体系和药典、烹饪技术、秘传科学、占卜、宇宙学等。目前，我国有关自然界和宇宙的知识和实践类世界非物质文化遗产代表项目有中医针灸。

二、我国知识与实践类世界非物质文化遗产——中医针灸

中医针灸依附于中医文化，是利用针法和灸法治病的合称。针法是把毫针按一定穴位刺入患者体内，运用捻转与提插等针刺手法来治疗疾病。灸法是把燃烧着的艾绒按一定穴位熏灼皮肤，利用热的刺激来治疗疾病。2010 年 11 月 16 日，中医针灸在肯尼亚内罗毕举行的联合国教科文组织保护非物质文化遗产政府间委员会第五次会议上，被审议通过纳入人类非物质文化遗产代表作名录。

（一）起源与发展

针灸法萌发于新石器时代。当人们发生某些病痛或不适的时候，不自觉地用手按摩、捶拍，甚至用尖锐的石器按压疼痛不适的部位，从而使原有的症状减轻或消失。于是，古人开始有意识地用一些锋利的石块来刺激这些身体部位。这就是最早的针具——砭石。后来针具逐渐发展成青铜针、铁针、金针、银针，直到现在用的不锈钢针。传说伏羲氏"尝百药而制九针"，即华夏民族最早的针灸。

灸法是伴随着火的使用而形成的。我们的祖先在用火中发现躯体的某些病痛受到火的熏烤或灼烧后有所缓解，所以当身体出现某种不适时，古人就去烘烤来减轻病痛。后来就用各种树枝作为施灸工具，逐渐发展到艾灸，于是就发明了灸法。

针灸医学最早的文字记载见于两千多年前的《黄帝内经》一书。《黄帝内经》是现存的中医文献中最早而且完整的中医经典著作，记载有十二经脉、十五络脉、十二经筋、十二经别以及与经脉系统相关的标本、根结、气街、四海等，并对腧穴、针灸方法、针刺适应证和禁忌证等也做了详细的论述。在《黄帝内经》里说："藏寒生满病，其治宜灸"，便是指灸术。其中详细描述了九针的形制，并大量记述了针灸的理论与技术。

《黄帝内经·灵枢经》中对针灸学进行了第一次总结，其主要内容至今仍是针灸的核心内容，所以《灵枢》也被称为《针经》。后来，战国时代的神医扁鹊所著的《难经》对针灸学说进行了补充和完善。

晋代医学家皇甫谧撰写的《针灸甲乙经》中，对脏腑经络学说进行了全面的论述，发展并确定了 349 个穴位，并详细介绍了各个穴位对应的位置、主治及操作手法。同时，他还介绍了针灸方法及常见病的治疗。这是我国历史上对针灸学的第二次总结。

至唐朝，随着社会经济文化的繁荣昌盛，针灸术也有很大的发展。唐代"药王"孙思邈在其著作《备急千金要方》中绘制了彩色的"明堂三人图"，并提出阿是穴的取法及应用。

宋代著名针灸学家王惟一编撰了《铜人腧穴针灸图经》，考证了 354 个腧穴，

并将全书刻于石碑上供学习者参抄拓印。另外，他还铸造了2具铜人模型，外刻经络腧穴，内置脏腑，作为针灸教学的直观教具和考核针灸医生之用，促进了针灸学术的发展。

元代滑伯仁所著的《十四经发挥》，首次将十二经脉与任、督二脉合称为十四经脉，对后人研究经脉很有裨益。

明代是针灸学术发展的鼎盛时期，针灸理论研究深入发展，出现了大量的针灸专著，如《针灸大全》《针灸聚英》《针灸四书》等。特别是杨继洲所著的《针灸大成》，汇集了明代以前的针灸著作，总结了临床经验，内容丰富，是后世学习针灸的重要参考书。这是国人对针灸学的第三次总结。

在清初至民国时期，现代医学传入中国，针灸与其他传统医学一同逐渐走向衰退。

中华人民共和国成立后，国家成立了中国针灸学会，以继承和发展针灸。研究人员结合现代医学的临床经验和科研成果，出版了许多针灸的学术专著和论文，创立"针刺麻醉"等新式针灸。针灸的研究也从单一的文献整理发展到对其治病的临床疗效进行系统的观察，结合现代生理学、解剖学、组织学、生化学、免疫学、分子生物学等学科进行针灸治疗的机理探讨。如今，在我国北京、上海、南京都有国际针灸培训中心。1987年还成立了世界针灸学会联合会。

（二）原理及功效

针灸学说依托于中医理论。中医认为人体中的经络系统负责输送全身的"气""血"及"血液"。这些输送物质在体内循环，使身体中的各个组织与器官保持平衡与稳定。然而，当经络系统出现阻塞不通的情况时，则会影响这些物质的输送，使"邪气"（各种产生病变的因子）侵入，此时人体就会开始出现异常病变。当针插进人体之后，会引起人体自身的反应，加强气血循环，克服经络的阻塞，使经络系统恢复正常，病症因此得以治愈。

具体来说针灸有三种功效：

第一，调和阴阳。在正常情况下，人体中阴阳两方面处于相对平衡状态，针灸的治疗作用首先在于调和阴阳。针灸调和阴阳的作用，基本上是通过经络、腧穴配伍和针刺手法来实现的。如胃火炽盛引起的牙痛，属阳热偏盛，治宜清泻胃火，取足阳明胃经穴内庭，针刺泻法，以清泻胃热。寒邪伤胃引起的胃痛，属阴邪偏盛，治宜温中散寒，取足阳明胃经穴足三里和胃之募穴中脘，针用泻法并灸，以温散寒邪。现代大量的临床观察和实验研究也已经充分证明，针灸对各个器官组织的功能活动均有明显的调整作用，特别是在病理状态下，这种调节作用更为明显。一般对于亢进的、兴奋的、痉挛状态的组织器官有抑制作用，而对于虚弱的、抑制的、弛缓的组织器官有兴奋作用。这种调节是良性的、双向性的。这就是针灸能治疗多种疾病的基本原因之一。如果将组织器官的病理失调与阴阳理论联系起来，则病理均可用阴阳解释，所以说针灸调节了病理失调，也就是调节阴阳的失调。

第二，扶正祛邪。针灸具有扶正祛邪作用，具体表现为补虚泻实。针灸的补虚泻实体现在三个方面：一是刺灸法，如艾灸多用于补虚，刺血多用于泻实；二是针刺手法，古今医家已总结出多种补泻手法；三是腧穴配伍，长期大量临床经验，不少腧穴其补泻作用各异，如膏肓、气海、关元、足三里、命门等穴，有补的作用，多在扶正时应用；而十宣、中极、水沟，有泻的作用，多在祛邪时应用。现代的临床实践和实验研究证明针灸能够增强机体的免疫功能，抵抗各种致病因素的侵袭，而这种作用与中医的"扶正祛邪"相似。

第三，疏通经络。针灸通过穴位的刺激，具有疏通经络、调理气血的作用，从而达到治疗疾病的目的。

（三）传播及其影响

远在唐代，中国针灸就已传播到日本、朝鲜、印度、阿拉伯等国家和地区，并在他国开花结果，繁衍出一些具有异域特色的针灸医学。到如今为止，针灸已经传播到世界 140 多个国家和地区，从事针灸的人数约为 20 万～30 万人。可以说，只要有华人所在的地方，都有中医针灸的存在。它为保障全人类的生命健康发挥了一定的作用。

● 第五节　传统的手工艺技能

一、概念

手工艺，指的是手工制作的独具特色的工艺美术，即利用简单的工具、娴熟的手工技巧、复杂的程序，制作出具有特定美感和文化内涵的手工作品。其中包括编织、陶艺、纸艺、绣缝、木作等。手工艺作品跟大批量生产的机械制造方式不同，通常通过一定的艺术构思，以手工作坊的方式进行加工制作。制作出来的产品通常叫作手工艺品，它承载着本民族的文化传统。中国传统的手工艺遗产项目较多，包括：中国蚕桑丝织技艺、南京云锦、安徽宣纸、浙江龙泉青瓷、青海热贡艺术、雕版印刷、传统木结构营造技艺、珠算、书法、篆刻、剪纸。

二、具有代表性的人类非物质文化遗产项目——龙泉青瓷传统烧制技术

2009 年 9 月 30 日，我国的"龙泉青瓷传统烧制技术"在阿联酋首都阿布扎

比联合国教科文组织保护非物质文化遗产政府间委员会第四次会议上，被批准列入人类非物质文化遗产代表作名录，成为迄今为止世界范围内陶瓷类遗产中唯一被列入世界非物质文化遗产的项目。

（一）发展历史

龙泉市位于浙江省西部，与江西、福建两省接壤。龙泉青瓷是我国制瓷史上时间最长、影响最大、产品质量最高的一个青瓷窑系，大约有 1 700 多年的历史。它肇始于三国，兴起于北宋，在南宋到元代期间达到鼎盛，明代中晚期后开始衰落。其作品主要以釉色佳著称，是著名的颜色釉瓷器品种。龙泉青瓷的发展历史大致可以分为四个阶段：五代以前、五代到北宋早期、北宋后期到南宋、元明清时期。

1. 五代以前

由于龙泉境内有着茂密的森林和极为丰富的瓷石等矿藏资源，同时又是瓯江的重要发源地，所以这里不仅为制瓷手工业提供了充足的原料、燃料和水资源，而且还为瓷器产品的销售提供了水路交通运输的便利，制瓷条件较好。

早在东汉末年，浙江就形成了越窑，并烧制出成熟的青瓷。它与随后出现的婺窑、瓯窑和德清窑并称为浙江四大民窑。大约在三国两晋时期，龙泉当地的老百姓利用本土优越的自然条件，在吸取了越窑和瓯窑的制瓷技术与经验后，就开始烧制青瓷。这一时期的青瓷作品大都制作粗糙，窑业规模也不大，并且带有浓厚的越窑瓷器的风格。

2. 五代到北宋早期

五代时期，吴越国的统治者为了偏安一隅，每年都会向中原君主供上不计其数的"秘色瓷"，以示修好。如此庞大的生产数量致使越州窑场无力承担。在这样的情况下，龙泉窑便以担负烧制"和平"贡器的使命，换来了它本身发展的契机。当时，龙泉窑业初具规模，烧制青瓷的技术已有相当水平。加上越窑的最先进的生产技术传入龙泉，一批优秀的瓷匠陆续在龙泉安家落户，龙泉窑产品的质量得以迅速提高。另外，北宋初年国库亏空，北宋朝廷就鼓励海外贸易，倡导瓷器出口。在这种情况下，龙泉窑的影响力就得到了巨大的提升。这一时期的龙泉窑器皆为淡青色釉瓷，胎骨多为灰白色，少数为灰黑色。胎壁薄而坚硬，质地坚实、细密。虽然龙泉的地理位置偏僻，但境内有瓯江流经其间，载重货船可以从龙泉县城沿江而下直达温州港。水上交通的开发，使龙泉窑的影响绵延数百千米，甚至影响到闽北的窑口。

从五代到北宋中期，龙泉青瓷吸收了北方青瓷的技艺，并且还在原来的基础上进行了创新，既保留了质朴醇厚的民间风格，又融合了官窑青瓷凝重高雅的优点。于是，龙泉就一跃成为"江南第一名窑"。那些被无数人所吟咏赞叹的"秘色瓷"，也正是龙泉青瓷演绎它美轮美奂传奇的开始。

3. 北宋后期到南宋

北宋后期到南宋是龙泉窑的黄金时期，青瓷出现了崭新的面貌。北宋覆灭后，北方人大量南迁，全国政治经济中心南移，而北方汝窑、定窑等名窑又被战争所破坏，瓯窑和越窑也相继衰落。至南宋晚期，由于北方制瓷技术的传入，龙泉窑结合南北方的技艺，达到了我国青瓷史上的顶峰。这一时期，龙泉窑出现了一种碧玉般的厚釉瓷，这种厚釉瓷分黑胎和白胎两类。同时，南宋统治者为解决财政困难，鼓励对外贸易，于是龙泉青瓷就借海上贸易兴起之利，从海路大量出口，行销世界各国，成为当时主要的出口商品之一。日本陶瓷学者三上次男把这条运输瓷器的海上航路誉为"陶瓷之路"。对外贸易产生的大量需求带动了新的制瓷作坊大量涌现，产品烧制技术质量不断提高。

南宋末期，龙泉窑进入鼎盛时期，粉青和梅子青的烧制成功，在我国瓷器史上留下了光辉的一页。粉青、梅子青是公认的青瓷釉色的巅峰，它不仅意味着龙泉窑制瓷技术水平的提高，其本身也包含了更丰富的审美意蕴。

4. 元明清时期

元代的龙泉窑依然为宫廷和贵族烧制瓷器，龙泉窑出现的八思巴文瓷器便是一个力证。元代的龙泉窑瓷器在风格上更是焕然一新，具有一种草原的大气与粗犷。加上元代统治者继续奉行对外贸易政策，使龙泉青瓷生产规模在元代继续扩大，窑址和产品的数量都达到前所未有的程度，产品品种增多，远销国外。1975—1977 年，在韩国西南部的新安海底发现了一艘元代沉船，打捞出 1 万多件瓷器，其中龙泉青瓷占了 9 000 多件，可见龙泉青瓷在元代对外贸易中的重要地位。

在元代后期，阶级矛盾和民族矛盾的加剧，严重影响着青瓷的生产。此时青瓷器的胎骨逐渐转厚，且较粗糙，多数瓷窑在坯体成型以后未经很好的修整，釉层减薄，器皿釉色青中泛黄，造型也不及以前优美。

明代龙泉窑青瓷是在元代的基础上发展起来的，从残片中仍可看出元代器物的影子。比如其烧制工艺就延续了元后期底足包釉、用垫盘等支烧的方法。而且元代为明代龙泉官窑的发展奠定了技术基础，尤其是一些器型硕大者，对于烧制技术是一个巨大的考验。这些大件瓷器的烧成可能与元代窑制的改革有很大关系。元代龙泉窑的窑型仍沿用长条形斜坡式龙窑，与宋代窑制无异，只在长度上略有缩短。据目前掌握的发掘资料，北宋龙窑有长达 80 米以上的，元代龙窑则缩短了长度。这一改变有利于提高窑内温度，并使热量分布更均匀、合理，对烧制大型器物很有利。

明永乐至宣德年间，郑和下西洋，海外贸易促进青瓷生产。此后，青花瓷兴起，加之中国航海事业衰落，海上贸易之路变为西方殖民者侵略之路。明王朝实行海禁，青瓷海外销量锐减。龙泉窑窑口纷纷倒闭，改烧民间通用的青瓷，造型、烧制都不及以前精致。

清朝，龙泉窑场所剩无几，产品胎质粗糙，釉色青中泛黄。灿烂的龙泉青瓷之花至此凋零。

新中国成立以后，在恢复中国名窑的号召下，由浙江省政府组织国内专家对龙泉窑青瓷进行了全面的研究开发，使龙泉青瓷工艺得以完整地恢复。于是，濒临失传的青瓷制作工艺再次得到了发展。

龙泉青瓷蜚声海内外，不愧为中华民族艺术百花园中的一朵奇葩，是中国瓷器史上一颗灿烁的"瓷国明珠"。

（二）技艺与特点

1. 特点

龙泉青瓷传统上分"哥窑"与"弟窑"。其名来自明人记载："宋处州龙泉县人章氏兄弟均擅长制作瓷器。章生二所制作的瓷器，叫弟窑。章生一的瓷器作品叫作哥窑。"是否真有兄弟二人，已无证可考，但这使龙泉窑形成两种不同的烧制方法。在南宋中晚期出现了一类黑胎开片瓷器，即所谓的哥窑瓷，与著名的官、汝、定、钧并称为宋代五大名窑，特点是"胎薄如纸，釉厚如玉，釉面布满纹片，紫口铁足，胎色灰黑"。"哥窑"青瓷以瑰丽、古朴的纹片为装饰手段，如冰裂纹、蟹爪纹、牛毛纹、流水纹、鱼子纹、膳血纹、百圾碎等。加之其釉层饱满、莹洁，素有"紫口铁足"之称，与釉面纹片相映，更显古朴、典雅，堪称瓷中珍品。此类产品以造型、釉色及釉面开片取胜，因开片难以人为控制，裂纹无意而自然，可谓天工造就，更符合自然朴实、古色古香的审美情趣。

另一类胎白釉青，釉色以粉青、梅子青为最，豆青次之。产这类青瓷的即为"弟窑"，被誉为民窑之巨擘。"弟窑"青瓷釉层丰润，釉色青碧，光泽柔和，晶莹滋润，胜似翡翠。有梅子青、粉青、月白、豆青、淡蓝、灰黄等不同釉色。青翠的釉色，配以橙红底足或露胎图形，产生赏心悦目的视觉效果。南宋中晚期起，尤其是在元代，运用露胎的作品大量出现，人物塑像的脸、手、足等，盘类器物内底的云、龙、花卉等，装饰独具神韵。

2. 烧制技艺

龙泉青瓷的烧制技艺包括原料的选择和原料的粉碎、淘洗、陈腐、练泥，器物的成型、晾干、修坯、装饰、素烧、上釉、装匣、入窑，最后在窑内烧制而成。在原料的选择、外形的制作和釉料的配制等方面，龙泉青瓷都有着独一无二的技艺。无论是窑炉和窑具的设计，还是原料的选择、瓷器的上釉以及上窑烧制都需要严谨的操作和密切的配合。

窑炉和窑具对于瓷器的烧制十分重要。窑炉主要采用龙窑，它有着建筑方便、易控制、容量大、升温快等优点，有着"青瓷摇篮"的美誉。龙窑一般建造在缓坡上，以黏土和砖头建造，主要由窑门、火膛、窑室和排烟孔等组合而成。其中，窑门是供人进出窑室的，火膛是用来投放燃料的，窑室是用来盛放瓷坯的，而排烟孔顾名思义就是用来排放窑烟的。龙泉青瓷的窑具主要有匣钵、垫柱、垫饼、垫环以及支钉等。匣钵是一种匣装窑具，烧制时将瓷坯放在里面，这样既可以节约窑内空间，还可以保持釉面清洁，并使瓷器受热均匀。垫柱和垫饼分别是一种柱状和圆饼状的垫烧器具，在烧制瓷器时放在瓷坯底部。垫环是环形的垫烧物作用与垫柱和垫饼类似，但制作简易。支钉是用来支撑瓷器底部的一般有三个或三个以上。

总体来说，龙泉青瓷的工艺流程主要由配料、成型、修坯、装饰、施釉和素烧、装匣、装窑、烧成八个环节组成，其中施釉和烧成两个环节极富特色。坯件干燥后施釉，可分为荡釉、浸釉、涂釉、喷釉等几个步骤。厚釉类产品通常要施釉数层，施一层素烧一次，再施釉再素烧，如此反复四五次方可。最多者要施釉十层以上，然后才进入正烧。素烧温度比较低，一般在 800℃ 左右。而釉烧则在 1 200℃ 左右，按要求逐步升温、控温，控制窑内气氛，最后烧成成品。南宋至元代前期，龙泉窑曾烧制薄胎原釉器物，施一层釉烧一次，最厚可达十余层。

（三）传承及影响

新中国成立后，由于龙泉青瓷制作技艺得到恢复，龙泉青瓷屡屡受到国内外人士的喜爱。1971 年，美国总统尼克松访华，外交部指定龙泉青瓷作为周总理主持国宴的专用瓷器；一些大师级别的龙泉青瓷被纳入国家级礼品。改革开放后，随着国民经济的进一步发展，龙泉青瓷的作品不仅走向市场，还屡获殊荣，为众多博物馆收藏。如今，以毛正聪等人为代表的新一代青瓷技艺大师已然成为非物质文化遗产传承人，他们的作品使得龙泉青瓷在世界舞台上继续绽放光芒。

 思考和练习题

1. 请列举不同种类的有代表性的人类非物质文化遗产项目。
2. 请谈谈中国非物质文化遗产保护的现状、问题和未来方向。

 案例和实训

材料一：《格萨（斯）尔》故事内容

在很久以前，天灾人祸遍及藏区，妖魔鬼怪横行，百姓经受了长年的苦难。大慈大悲的观世音菩萨为了普度众生脱离苦海，向阿弥陀佛请求派天神之子下凡降魔。于是神子推巴噶瓦发愿到藏区，做黑头发藏人的君王——即格萨尔王。为了让格萨尔能够完成降妖伏魔、抑强扶弱、造福百姓的神圣使命，史诗的作者们就赋予他特殊的品格和非凡的才能，把他塑造成半人半神的英雄。格萨尔降临人间后，虽然多次遭到陷害，但是由于他本身的力量和诸天神的保护，不仅安然无恙，而且还将害人的妖魔和鬼怪杀死。格萨尔从诞生之日起，就开始为民除害，造福百姓。5岁时，格萨尔与母亲移居黄河之畔。8岁时，岭部落也迁移至此。12岁时，格萨尔在部落的赛马大会上取得胜利，并获得王位，同时娶森姜珠牡为妃。从此，格萨尔开始施展天威，东讨西伐，南征北战，降伏了入侵岭国的北方妖魔，战胜了霍尔国的白帐王、姜国的萨丹王、门域的辛赤王、大食的诺尔王、卡切松耳石的赤丹王、祝古的托桂王等，先后降伏了几十个部落和国家。在降伏了人间妖魔、安定三界之后，格萨尔到地狱救回了爱妃阿达拉姆和母亲梅朵娜泽，将国事托付给侄子扎拉，与母亲妻子等一同返回天界。

材料二：中国的世界非物质文化遗产的相关情况（如表8.1和表8.2所示）

表8.1　　　　　　　　　　中国的世界非物质文化遗产列表

序号	世界非物质文化遗产项目名称	申报年份	类别	备注
1	昆曲	2008年	表演艺术	
2	古琴艺术	2008年	表演艺术	
3	新疆维吾尔木卡姆艺术	2008年	表演艺术	
4	蒙古族长调民歌	2008年	表演艺术	
5	中国篆刻艺术	2009年	传统手工艺	
6	中国雕版印刷技艺	2009年	传统手工艺	
7	中国书法	2009年	传统手工艺	
8	中国剪纸	2009年	传统手工艺	
9	传统木结构营造技艺	2009年	传统手工艺	
10	南京云锦织造技艺	2009年	传统手工艺	
11	花儿	2009年	表演艺术	
12	侗族大歌	2009年	表演艺术	
13	格萨（斯）尔	2009年	口头传统之民间文学	
14	龙泉青瓷传统烧制技艺	2009年	传统手工艺	
15	玛纳斯	2009年	口头传统之民间文学	
16	妈祖信俗	2009年	社会风俗、礼仪节庆	

序号	世界非物质 文化遗产项目名称	申报年份	类别	备注
17	蒙古族呼麦	2009 年	表演艺术	
18	南音	2009 年	表演艺术	
19	热贡艺术	2009 年	传统手工艺	
20	西安鼓乐	2009 年	表演艺术	
21	粤剧	2009 年	表演艺术	
22	藏戏	2009 年	表演艺术	
23	中国传统桑蚕丝织技艺	2009 年	传统手工艺	
24	宣纸传统制作技艺	2009 年	传统手工艺	
25	端午节	2009 年	社会风俗、礼仪节庆	
26	中国朝鲜族农乐舞	2009 年	表演艺术	
27	中医针灸	2010 年	自然界和宇宙的知识与实践	
28	京剧	2010 年	表演艺术	
29	中国皮影戏	2011 年	表演艺术	
30	珠算	2013 年	传统手工艺	

表 8.2　　　　　　　中国"急需保护的非物质文化遗产"及
"保护非物质文化遗产优秀实践名册"项目

序号	"急需保护的非物质 文化遗产"项目名称	申报年份	类别	备注
1	羌年	2009 年	急需保护的项目	
2	黎族传统放染织绣技艺	2009 年	急需保护的项目	
3	中国木拱桥传统营造技艺	2009 年	急需保护的项目	
4	麦西热甫	2010 年	急需保护的项目	
5	中国水密隔舱福船制造技艺	2010 年	急需保护的项目	
6	中国活字印刷术	2010 年	急需保护的项目	
7	赫哲族伊玛堪说唱	2011 年	急需保护的项目	
8	福建木偶戏传承人培养计划	2012 年	优秀实践项目	

读完材料后，请思考：

你如何看待世界非物质文化遗产与急需保护的非物质文化遗产和保护非物质文化遗产优秀实践之间的关系？

第九章　世界非物质文化遗产的保护与传承

学习目标

了解世界非物质文化遗产的立法情况；
认识我国对非物质文化遗产保护的状况；
了解我国急需保护的非物质文化遗产；
掌握世界非物质文化遗产保护与传承的原则和方法。

重点难点

掌握世界非物质文化遗产保护与传承的原则和方法；
正确处理世界非物质文化遗产保护与旅游发展的关系。

本章内容

　　"非物质文化遗产"这一概念是出于对非物质文化遗产的保护以及完善《世界遗产公约》中存在的纰漏而提出的。非物质文化遗产同自然遗产、文化遗产、双重遗产和文化景观同属于世界遗产的重要组成部分。早在 1972 年，由于全世界的文化和自然遗产的保护和可持续发展问题日益严峻，《保护世界文化和自然遗产公约》（简称《世界遗产公约》）便被提了出来。如此一来，世界范围内的许多自然遗产和文化遗产得到了资金、技术、管理等方面的支持，遗产保护成效明显。

然而，《世界遗产公约》保护的仅仅是那些有形的遗产形式，比如名山大川、古建筑物等。那些同有形的遗产形式相对应的无形的、非物质的文化遗产形式正在以我们无法想象的速度消亡着。这一现象逐渐受到《世界遗产公约》缔约国及联合国教科文组织的关注，并最终被提上联合国教科文组织的议事议程。

为了弥补《世界遗产公约》中存在的纰漏，联合国教科文组织提出了"非物质文化遗产"这一概念，表现出了对非物质文化遗产保护的高度重视。1989 年，联合国教科文组织通过了《保护民间创作建议案》，正式提出了非物质文化遗产保护这一主题。虽然这个建议案中并没有明确使用"非物质文化遗产"一词，但其可以看成是非物质文化遗产保护制度的雏形。2003 年，在联合国教科文组织第 32 届大会上，通过了《保护非物质文化遗产公约》，这是目前为止有关世界非物质文化遗产保护的最重要的文件，是非物质文化遗产保护历史上的一个里程碑。

《保护非物质文化遗产公约》中明确提到，非物质文化遗产是文化多样性的熔炉，是可持续发展的保证，并认为非物质文化遗产在缺乏保护资源的情况下，非物质文化遗产面临损坏、消失的威胁相比物质文化遗产和自然遗产更为严重。这都充分体现了保护非物质文化遗产的紧迫性和必要性。

● 第一节　世界非物质文化遗产保护体系

一、世界非物质文化遗产的法律保护机制

（一）国际机构立法概况

非物质文化遗产是人类文明的宝贵财富，对于人类的生存和发展有着不可估量的作用。保护非物质文化遗产有利于维护世界和平、促进世界发展，有利于维护人类文化的多样性。所以，对非物质文化遗产的保护是十分必要的。为此，相关的国际机构结合非物质文化遗产保护现状，不断完善非物质文化遗产保护相关的法律法规，加强非物质文化遗产保护工作力度。

《保护非物质文化遗产公约》是联合国教科文组织颁布的用于非物质文化遗产保护的重要文件。《保护非物质文化遗产公约》明确提出：非物质文化遗产是文化多样性的熔炉，又是可持续发展的保证；非物质文化遗产与物质文化遗产和自然遗产之间存在相互依存关系；全球化和社会转型进程在为各群体之间开展新的对话创造条件的同时，一种不容忽视的现象是非物质文化遗产面临损坏、消失和破坏的严重威胁，在缺乏保护条件的情况下，这种威胁尤为严重。《非物质文化遗产公约》从非物质文化遗产的重要性和非物质文化遗产所面临的威胁两个方面说明了保护非物质文化遗产的重要性和紧迫性。

（二）我国的立法概况

1. 《关于加强我国非物质文化遗产保护工作的意见》

2005年4月，国务院颁布了《关于加强我国非物质文化遗产保护工作的意见》（以下简称《意见》）。这充分表明了党和政府对保护中华民族非物质文化遗产的高度重视，有力推动了我国非物质文化遗产保护工作的深入开展。《意见》指出，我国各族人民在长期生产生活实践中创造的丰富多彩的非物质文化遗产，是中华民族智慧与文明的结晶，是联结民族情感的纽带和维系国家统一的重要基础。保护和利用好非物质文化遗产，对落实科学发展观，实现经济社会的全面、协调和可持续发展具有重要意义。《意见》提出通过全社会的努力，逐步建立比较完备、有中国特色的非物质文化遗产保护制度，使我国珍贵、濒危并具有历史、文化和科学价值的非物质文化遗产得到有效保护，并得以传承和发展的远大目标。明确以保护为主、抢救第一、合理利用、传承发展为指导方针；以政府为主导、社会参与为辅；明确职责、形成合力；长远规划、分步实施；以点面结合、讲求实效为基本原则。

2. 《国家级非物质文化遗产保护与管理暂行办法》

2006年10月25日，文化部审议通过了《国家级非物质文化遗产保护与管理暂行办法》（以下简称《办法》）。国家级非物质文化遗产的保护，实行"保护为主、抢救第一、合理利用、传承发展"的方针，坚持真实性和整体性的保护原则。国务院文化行政部门组织制定国家级非物质文化遗产保护整体规划，并定期对规划的实施情况进行检查。省级人民政府文化行政部门组织制定本行政区域内国家级非物质文化遗产项目的保护规划，经国务院文化行政部门批准后组织实施，并于每年11月底前向国务院文化行政部门提交本年度保护规划的实施情况和下一年度的保护工作计划。另外，《办法》对国家级非物质文化遗产项目保护单位应具备的基本条件和应履行的职责、国家级非物质文化遗产项目代表性传承人应当符合的条件等都做出了具体的规定。

3. 《中华人民共和国非物质文化遗产法》

2011年2月25日，第十一届全国人民代表大会常务委员会第十九次会议通过的《中华人民共和国非物质文化遗产法》从非物质文化遗产的调查、非物质文化遗产代表性项目名录、非物质文化遗产的传承与传播、法律责任等几个方面，对非物质文化遗产相关工作做出了相应的规定。制定该法的目的是继承和弘扬中华民族优秀传统文化，促进社会主义精神文明建设，加强非物质文化遗产保护、保存工作。该法提出使用非物质文化遗产，应当尊重其形式和内涵，禁止以歪曲、贬损等方式使用非物质文化遗产；保护非物质文化遗产，应当注重其真实性、整体性和传承性，有利于增强中华民族的文化认同，有利于维护国家统一和民族团结，有利于促进社会和谐和可持续发展。进行非物质文化遗产调查，应当征得调查对象的同意，尊重其风俗习惯，不得损害其合法权益。该法的出台标志着我国的非物质文化遗产保护走上了依法保护的阶段。

由此可见，无论国际还是国内，都十分重视非物质文化遗产的保护工作，非物质文化遗产的保护要根据具体情况而定，要不断变化发展，各国也应根据自己的国情找到一条合适的非遗保护道路。

二、我国对非物质文化遗产的保护

中华民族具有保护、传承优秀文化遗产的优良传统，但我国非物质文化遗产保护工作的开展却是近十几年的事情，虽然我国非物质文化遗产保护工作开展的时间不长，但它走过的保护历程，实际上是一个在总结实践经验中不断探索的过程。近年来，我国的非物质文化遗产的保护工作在政府、各类组织、专家学者等的不断努力下，取得了一定的成绩和阶段性成果。

（一）积极参与国际合作

非物质文化遗产保护工作不仅是国家的、民族的，更是世界的责任。中国作为其中的一员，也积极参与非物质文化遗产的保护工作。2001 年，联合国教科文组织宣布了第一批 19 项代表作，2003 年宣布了第二批 28 项代表作。我国的昆曲和古琴艺术先后申报成功，是当时世界上少数拥有两项"代表作"的国家之一。2004 年 8 月，我国加入世界《保护非物质文化遗产公约》，成为最早加入该公约的国家之一。近年来，我国通过举办一系列学术活动、研讨会等，向世界展示了我国非物质文化遗产保护的情况，推动了世界文化遗产保护工作的开展。

（二）加强对非物质文化遗产保护的法规建设

我国出台了很多非物质文化遗产保护方面的文件。2005 年 4 月，国务院颁布了《关于加强我国非物质文化遗产保护工作的意见》。2016 年 10 月 25 日，文化部部务会议审议通过了《国家级非物质文化遗产保护与管理暂行办法》，并于2006 年 12 月 1 日起施行。2011 年 2 月 25 日，第十一届全国人民代表大会常务委员会第十九次会议通过了《中华人民共和国非物质文化遗产法》。该法对我国的非物质文化遗产保护工作做出了整体性的规定，标志着我国的非物质文化遗产保护走上了依法保护的阶段。

（三）在保护过程中总结出形式多样的保护措施

我国的非物质文化遗产保护主要包括以下几个措施：一是开展非物质文化遗产普查。为摸清我国非物质文化遗产的"家底"，全面了解和掌握各地各民族非物质文化遗产资源的种类、数量、分布状况、生存环境、保护现状及存在的问题，文化部于 2005 年 6 月部署了全国非物质文化遗产普查工作。这次普查是我国 21世纪开展的一次大规模的文化资源普查。目前，各地的普查工作正在积极稳步展开。二是建立 4 级名录保护体系。非物质文化遗产名录是保护非物质文化遗产的一种方式。为使中国的非物质文化遗产保护工作规范化，国务院发布了《关于加强文化遗产保护的通知》，并确定了"国家+省+市+县"的 4 级保护体系，各省、直辖市、自治区也都建立了自己的非物质文化遗产保护名录，并逐步向市/县扩展。三是建立国家级传承人名录公布制度。《国家级非物质文化遗产保护与管理暂行办法》提出，国家级非物质文化遗产项目的代表性传承人应当符合以下条件：完整掌握该项目或者其特殊技能；具有该项目公认的代表性、权威性与影响力；积极开展传承活动，培养后继人才。另外，还规定国家级非物质文化遗产项目代表性传承人应当履行传承义务；丧失传承能力、无法履行传承义务的，应当按照程序另行认定该项目代表性传承人；怠于履行传承义务的，取消其代表性传承人的资格。

（四）注重对民族民间文化的调查和记录

从 20 世纪 50 年代起，我国就对各少数民族的民间文化进行了记录调查，出版了《国家民委民族问题五种丛书》等资料汇编。改革开放以来，文化部、国家民委、中国文联共同发起了"十部中国民族民间文艺集成志书"的编纂工作。截至目前，298 部省卷已全部完稿，已出版 246 卷（4 亿多字），全部出版工作也于 2008 年完成。

三、国外对非物质文化遗产的保护

在非物质文化遗产保护工作不断推进的过程中，各个国家结合自己的国情，找到了适合自己的非物质文化遗产保护之路，并取得了不错的成果。这对于中国的非物质文化遗产保护具有一定的借鉴作用。

（一）日本："人间国宝"传承人培养和登录制度

日本是世界上最早关注非物质文化遗产保护的国家。早在 1950 年政府颁布的《文化财保护法》中，就独树一帜地提出无形文化财产（即非物质文化遗产）的概念，并以法律形式规定了它的范畴和保护办法。而对那些造诣颇深、身怀绝技的艺人和工匠，日本媒体称其为"人间国宝"。从 1955 年起，日本政府开始在全国不定期地选拔认定"人间国宝"，将那些大师级的艺人、工匠，经严格遴选确认后由国家保护起来，每年发给他们 200 万日元（约 14 万人民币）的特别扶助金，用以磨炼技艺、培养传人。如今，经文部省认定的"人间国宝"累计已达 360 位。日本已有 1 000 项无形文化遗产成为国家级保护项目，其中能、歌舞伎、文乐等 3 项已成功入选联合国教科文组织"人类口头和非物质文化遗产代表作"名录。

1996 年，日本国会通过的经新一轮修改的《文化财保护法》，主要引入了欧美等国保护文化遗产和非物质文化遗产的登录制度。欧美等国对文化遗产和非物质文化遗产采用登录制度的保护方式，就是将文化遗产和非物质文化遗产进行注册、登记，通过登录认定文化遗产和非物质文化遗产的资格，确定它们的历史文化价值，用一定的法律法规的条例加以约束，并通过大众媒体公布于众，进行舆论宣传，提高大众的保护意识，推动文化遗产和非物质文化遗产的保护。日本正在积极推进"文化财登录制度"。日本文化厅说，通过这种新的"文化财登录制度"，它有"保护 10 万件历史遗产"的决心。

（二）韩国：金字塔式传承人制度和完善的舆论监督体系

韩国自 20 世纪 60 年代开始就着力于传统民族、民间文化的搜集和整理，并于 1962 年制定了《韩国文化财保护法》。半个世纪以来，韩国已经陆续公布了 100 多项非物质文化遗产。《韩国文化财保护法》根据价值大小把非物质文化遗产分为不同等级，对由国家确定的具有重要价值的非物质文化遗产，给予其 100% 的经费保障；对由省、市确定的非物质文化遗产，国家给予其 50% 的经费保障，剩余经费由所在地区筹集。韩国政府制定了金字塔式的文化传承人制度，最顶层被授予"保有者"的称号，他们是全国具有传统文化技能、民间文化艺能或者是掌握传统工艺制作、加工的最杰出的文化遗产传承人，共有 199 名。国家给予他们用于公演、展示会等各种活动以及用于研究、扩展技能、艺能的全部经费，同时政府还提供每人每月 100 万韩元的生活补助并提供一系列医疗保障制度，以保证他们衣食无忧。

韩国非物质文化遗产舆论监督体系完善，确保了各项制度实施的公平、公正。国家成立了专门的非物质文化遗产委员会，由来自大学、研究机构、文化团体的专职专家以及政府聘请的 50 多名非专家（包括普通群众）组成。由各省长、市长等提出的非物质文化遗产项目将交由他们论证，委员们将进行项目调研并撰写和提交调查报告，通过审议后最终确立国家重点非物质文化遗产名录。确立的名录公示一年，期间接受社会民众的监督并听取各方意见，没有被公众接受的项目将重新进行调研论证。

（三）法国：建立非物质文化遗产保护区和"文化遗产日"

法国是世界上第一个制定历史文化遗产保护法的国家。1840 年，法国颁布的《历史性建筑法案》，是世界上第一部关于保护文物的法律。法国制定保护物质文化遗产方面的法律迄今已有 200 多年的历史，而且随着人们对保护工作的意识的不断增强，保护工作的范围逐渐扩展。目前，法国有 1.8 万多个文化协会保护和展示历史文化遗产。全法国已划定了 91 个历史文化遗产保护区，保护区内的历史文化遗产达 4 万多处，有 80 万居民生活在其中。历史文化遗产保护区的确立并不意味着将其封闭保护，法国政府让历史文化遗产保护区敞开大门，使之成为人们了解民族历史与文化的窗口。

"文化遗产日"是法国人的首创。每年 9 月的第三个周末，所有博物馆向公众敞开大门，公立博物馆免门票，像卢浮宫、凯旋门等著名博物馆和历史古迹也在免费开放之列。私立博物馆门票减价，它们可以得到税收优惠。法国设立的"文化遗产日"极大地推动和促进了欧洲对历史文化遗产和非物质文化遗产的保护工作。

（四）意大利："文化与遗产周"和遗产旅游

意大利人曾自豪地说，全世界大约4%的历史艺术品出自意大利。也有人说，整个意大利就是一件大文物。作为罗马文明的中心、天主教的核心、文艺复兴的策源地，意大利保存下来的各类历史文化遗产多得数不胜数。1996年，意大利当时还只有9处文化和自然遗产被列入《世界遗产名录》。但现在，意大利的世界遗产数目已发展到37处。从1997年开始，意大利政府在每年5月份的最后一周举行"文化与遗产周"活动，包括意大利国家博物馆、艺术画廊、考古博物馆、文物古迹、著名窗体底端别墅以及一些著名的建筑等在内的所有国家级文化和自然遗产都免费对外开放。全国各地150个城市中数百座平时不对外开放的古迹，一律向公众开放。除了自然和文化景观遗产之外，意大利政府也积极发展乡村生态旅游、美食文化旅游，促使非物质文化遗产在新时代的发展。如意大利的西西里傀儡戏被联合国教科文组织确立为人类非物质文化遗产以来，情况就发生了很大的变化。西西里傀儡戏形成于19世纪，随着娱乐方式的增多和电视的出现，此项技艺呈现了衰落的趋势。现在意大利政府在抢救和保护西西里傀儡戏方面做了不少工作。在西西里岛的商店和摊头上到处都可以买到傀儡戏木偶。木偶已经成为西西里岛的著名纪念品，吸引着各方游客。

四、急需保护的非物质文化遗产名录

联合国教科文组织缔约国大会于2003年10月17日通过了《保护非物质文化遗产公约》（以下简称《公约》），使非物质文化遗产的保护工作纳入国际准则，以便更好地保护该遗产。根据《公约》第16条和第17条的规定，设立了两个名录，一个是与著名的"世界遗产名录"相映生辉的"人类非物质文化遗产代表作名录"（简称"代表作名录"），以确保非物质文化遗产在全世界的重要地位；另一个是"急需保护的非物质文化遗产名录"（简称"急需保护名录"）。将某一文化表现形式或文化空间申报列入"代表作名录"或"急需保护名录"的目的是为了抢救、保存、保护和振兴该项遗产。申报工作的同时就是保护计划的开始。没有保护计划，就谈不上申报，申报也不可能成功。关键是要通过申报，弘扬这些非物质文化遗产，鼓励相关群体开展鉴别、保护和利用非物质文化遗产的活动，起到示范作用并带动其他遗产项目的保护工作，提高对传统文化的认同感和历史感，进而促进文化多样性和人类创造力的发展。

"急需保护名录"列入标准共有6条，要求申报国或者在特别紧急情况下要求申报人在申报文件中说明。推荐列入"急需保护名录"的项目应符合以下所有标准：

（1）该项目属于《保护非物质文化遗产公约》第2条定义的非物质文化遗产。

（2）①尽管有关社区、群体或个人和缔约国均做出了努力，该项目的存续仍然危在旦夕，因此该遗产急需保护；或②该遗产正受到严重威胁，特别急需保护，若不立即加以保护，将难以为继。

（3）已制定了一些保护措施，使有关社区、群体或个人能够继续实践和传承该遗产。

（4）该遗产的申报，是有关社区、群体或个人尽可能广泛参与下提名的，是他们在知情的情况下事先自主认可的。

（5）该项目已列入申报缔约国领土现存的非物质文化遗产清单之中。

（6）在特别紧急情况下，根据《公约》第17条第3款规定，已就该遗产列入名录事宜与有关缔约国进行过协商。

在申报工作中，不能同时申报两个名录，要根据实际情况选定申报"急需保护名录"或者"代表作名录"。根据规定：申报的项目如未获批准列入名录，在4年内不得再次申报。但缔约国可以根据相关规定和条件，要求将一项遗产从一个名录转入另一个名录。因此有关申报单位在上报申报材料时，一定要慎重，要进行认真研究论证后，决定是否申报和何时申报。

● 第二节　世界非物质文化遗产的保护与传承

随着现代社会的发展，我国非物质文化遗产的生存和发展面临十分严峻的形势。一些民族民间传统文化表现形式后继乏人，面临失传危险；许多少数民族语言文字渐渐消亡；一些传统工艺生产规模缩小，市场萎缩，处境艰难；人们的生活方式和观念发生变化，一些民间艺术不再被人欣赏，有的传统习俗在慢慢消失；青年一代崇尚现代文明，对民族传统和文学艺术逐渐失去兴趣，不愿学习继承；那些身怀绝技的民间艺人门庭冷落，而这些民间艺人大多年岁已高，如不及时传承，则会使这些"绝技"随着他们的去世而失传甚至灭绝。例如景颇族的妇女的老式筒裙，图案独特美观，织法复杂，现已无人会织；蒙古族独特的发声方式——郝林朝尔被誉为古老的音乐化石，现在仅有几位高龄老人掌握，年轻人不愿学习；流行在四川九寨沟地区的南坪小调，传承者多已年过半百；满族的口语处于濒临消亡的状态，全国只有几个偏远村落还保留着说满族口语的习惯，且使用频率正在逐渐降低；赫哲族《伊玛堪》最后一位传人已于 1997 年去世；鄂伦春族"摩苏昆"演唱者也只剩下一位；辽宁阜新蒙古族自治县最后一位能跳查玛舞的人也已去世；丽江地区绘制东巴文、东巴画的造纸技术，已濒临失传；西藏的唐卡、卡垫、地毯以及金银器和骨制品等传统工艺品，在市场浪潮的冲击下，生产规模缩小，市场萎缩，处境艰难；等等。据《人民日报》载，20 世纪 50 年代，我国有戏曲戏剧 368 个种类，到 20 世纪 80 年代初减少到 317 个，2005 年只剩下 267 个，其中一半剧种只能业余演出，有 60 个剧种没有保存音像资料。山西孝义市必独村的老艺人武海棠，是孝义皮影戏第七世传人，他的戏班也是我国现存最古老的皮腔皮影民间表演团体之一。由于观众锐减，早已皮影入箱、鼓乐入库。在这种严峻的情况下，我国对于非物质文化遗产的保护与传承就显得十分紧迫了。

一、传承方式

非物质文化遗产的传承主要分为两种方式：第一，师徒相传，这是通过口耳相传的方式以个人能力进行传承。第二，依靠国家、社会的支持，组织有效力量进行系统的传承。这两种传承方式我们都应该予以支持和鼓励。

（一）师徒相传

由于非物质文化遗产是依存于人民基层生活的各种生活、生产方式的集合，是民族个性、民族审美习惯的"活"的显现。它依托于人本身而存在，以声音、形象和技艺为表现手段，并以身口相传作为文化链而得以延续，是"活"的文化及其传统中最脆弱的部分。对于非物质文化遗产传承的过程来说，人的因素显得尤为重要。我国入选世界非物质文化遗产名录的《格萨尔》史诗、新疆《玛纳斯》、新疆维吾尔木卡姆艺术等大都是前人经过多年的努力才积累出来的，学习非物质文化遗产是需要花费大量时间和精力的。比如新疆《玛纳斯》共有八部，长达 21 万多行，共有 2 000 万字，就算是有着"活着的荷马"的美誉的居素普·玛玛依都用了 8 年时间才把全部的《玛纳斯》给背诵完，更别说能够完美地演唱《玛纳斯》所需的时间了。不过师徒相传虽然有着收效慢、保护困难的缺点，但是，作为一种沿袭千百年的传承机制，它不仅是一种简单的技能技巧的传习方式和民间知识的传授方法，更是我国悠久的农耕文明时代民间艺术所特有的传统的传承方式。我们应该尊重这样一种传承方式的延续。

同样，手工生产的方式决定了手工艺口传心授的特点，许多巧夺天工的绝技正是由于有了这些神秘莫测的传承方式才得以代代相传。它不同于现代文明的大规模机器化生产，不可以强行把这些艺术的传承推向培训班、讲习所等大规模授课的模式。用这种看似走捷径的方法来取代口传心授、师徒相承的传承机制，将对这些非物质文化遗产造成致命性的破坏，从根本上摧毁这些民间艺术的多样风格和艺人个人绝技的传授，最终把这些民间艺术变成毫无艺术特色的大工厂规模化生产的产品。

所以，保护民间艺术所固有的师徒相传的传承方式，即是尊重和保护非物质文化遗产本身，也是尊重传承人们选徒、收徒、授徒、出师的传承方法。这样才能真正地达到保护非物质文化遗产的目的。

（二）国家、社会的支持

当然，在师徒传承的模式下，我们也看到许多不可抗拒的客观因素的干扰，导致非物质文化遗产的传承受到影响。许多年轻人并不甘愿扮演传承人的角色，或者有的年轻人无法满足一些老艺人对非物质文化遗产传承人的基本要求，这使得非物质文化遗产的传承后继乏人。故而，我们需要在传统的传承方式之下，以国家和社会的力量进行干预，协助这类遗产得到很好的保护和传承。

1. 非物质文化遗产的保管与保存

非物质文化遗产的保管与保存是指国家和社会组织有效力量对非物质文化遗产的实物、调查记录的资料和文献进行整理和保存。这是一项保护非物质文化遗产的前期工作和基础工作。这类工作必须依靠国家和社会的管理职能来实现，单凭个人力量是无法完成的。这项工作虽然不是对非物质文化遗产本身进行保护，但对于传承人的学习以及相关人士和机构进行科学研究有着重要意义。例如：通过建立国家档案机构来储藏收集到的民间创作资料，以供人使用；通过建立相关的博物馆，来展示传播与非物质文化遗产相关的知识；通过培训地方相关人员以及建立完善的地方保管体制来保护非物质文化遗产等。

2. 利用现代传媒手段

此外，国家和社会可以利用现代化的传媒手段，宣传各种非物质文化遗产。譬如，2003 年 4 月，由角巴东主和索南多杰合作编写了儿童漫画《格萨尔王传——霍岭大战》，让人们第一次在纸上清晰地看到了英雄格萨尔的形象。诸如此类的现代传媒技术水平在不断地提高，有助于人们增强对非物质文化遗产的兴趣，从而为非物质文化遗产创造出更宽广的生存环境和空间。

3. 对学生进行非物质文化遗产的教育

很多学者在谈论非物质文化遗产保护这个话题的时候，都提到了如何提高和增强人们的保护意识。国家层面的传承，需要将非物质文化遗产的保护意识推广到青少年学生的教育中，提高年轻人对非物质文化遗产的兴趣，培养他们对非物质文化遗产保护和传承的意识，扩展他们在非物质文化遗产方面的知识，提升他们的民族自豪感，促进非物质文化遗产潜在传承人的培养。

二、世界非物质文化遗产保护与旅游开发

国家非物质文化遗产保护专家委员会副主任乌丙安先生曾坦言："我们搞文化

遗产保护的人最怕听到的两个词就是打造和开发……"其实，乌先生担忧的是如何科学地处理好非物质文化遗产保护与旅游开发之间关系的问题。

旅游可以促进非物质文化遗产的保护，增强民众对自身文化的认识，提高民族的自尊心、自信心和自豪感。但同时，旅游开发也会导致非物质文化遗产受到商品经济的影响从而存在过度商业化、市场化的趋势，从根本上妨碍非物质文化遗产的保护与传承。因此，如何处理二者的关系成为众多学者关注的问题。

我们认为用"打造"和"开发"这样的词汇来对待非物质文化遗产显然是不可取的。世界非物质文化遗产是人类文明发展的结晶，是相对独立的存在体系，是人民生活最为原始真实的一种表现。众所周知，现代旅游经济的快速发展是工业革命以后的事情，有没有旅游这项经济活动的存在，世界各地的非物质文化遗产同样会存在并依照其自身的轨迹发展演变下去。我们保护和传承世界非物质文化遗产是在保护人类自身的经验成果和文明成果，是不以发展旅游为目的的，也是一件不论旅游活动是否存在都必须肩负的社会责任和完成的重要使命。

当然，我们不可否认的是旅游活动能够从一定程度上带动非物质文化遗产的保护和传承，能够起到宣传推广非物质文化遗产的作用，对于提升大众对非物质文化遗产的认识也有着良性的作用。反过来，对于旅游规划与开发者而言，世界非物质文化遗产又具备可利用的价值和空间，能够丰富旅游体验，满足旅游者多方面深入了解旅游地文化的作用。正因如此，旅游才与世界非物质文化遗产产生了某种内在的联系，这种联系使旅游可以利用世界非物质文化遗产而使旅游活动更加丰富多彩。但世界非物质文化遗产的保护和传承却绝不能完全依赖于旅游活动来实现。故而，一套相对独立和完整的保护体系对世界非物质文化遗产的传承是至关重要的。

另外，旅游者和大众应该树立客观认识世界非物质文化遗产的意识，能够主动辨别旅游开发中关于社会民俗和世界非物质文化遗产当中的虚假和不真实的部分，对旅游开发者持宽容的态度，但对世界非物质文化遗产的认识却应该持谨慎的态度。只有这样，我们才能从根本上做到既有效地保护和传承世界非物质文化遗产，又使世界非物质文化遗产当中可以被旅游规划和开发利用的部分充分展现其旅游的价值和光彩。

 思考和练习题

1. 说说我国保护非物质文化遗产的方针、原则。
2. 对于我国急需抢救的世界非物质文化遗产，你有哪些保护方面的建议？
3. 世界非物质文化遗产传承的方式有哪些？

案例和实训

中国急需保护的非物质文化遗产①

（一）羌年

羌族是中华民族大家庭中具有悠久历史的民族之一。现主要聚居在四川阿坝州境内的茂县、汶川、理县以及松潘的部分地区。羌族于每年农历十月初一举行羌年的庆典，一般为3~5天，有的村寨要过到十月初十。按民间习俗，过羌年时要还愿敬神，要敬祭天神、山神和地盘业主（寨神）。全寨人要吃团圆饭、喝咂酒、跳莎朗，直到尽欢而散。整个活动仪式由"许"主持，咂酒则由寨中德高望重的长者开坛。节日期间亲朋好友可互道祝贺，相互迎请。羌年是羌族的传统节日。节日里，家人团聚，各户都用面粉做成各种形状的鸡、羊、牛等祭品，用以祭祖，然后把羊肉分给各家各户；再邀请亲友邻里到家，饮自酿的"砸酒"，边饮边歌。此外，还跳"锅庄舞""兰寿舞""皮鼓舞"和举行"推杆"比赛。

（二）黎族传统纺染织绣技艺

主要包括了纺、染、织、绣四大工序。纺纱，即把棉花脱子、抽纱，把纱绕成锭。染色，黎族传统的染料有植物染料、动物染料和矿物染料三种。织布，用踞织腰机进行织布；腰机简单轻巧，容易操作。刺绣，黎族的传统刺绣有单面刺绣和双面刺绣两种。刺绣的技术可根据针法、绣法和面料分为三个层次，把绣法、色彩、图案三者结合为一体。黎族的刺绣工艺精湛，图案朴实自然，富有独特的民族艺术风格。黎族传统纺染织绣技艺处于濒危的状况主要表现在：

1. 后继乏人

20世纪50年代以后，黎族地区社会发生了重大变革，经济建设和各项社会事业快速发展，山区交通落后、信息闭塞的情况发生了根本转变，男耕女织的自给自足的自然经济被破坏。衣饰等必需品不再像从前那样必须由自己完成，青年人渴望重新安排自己的生活。喜欢传统纺染织绣技艺的人越来越少。据研究，目前黎族山区仅极少数年轻人懂一些织锦工艺及刺绣，而纺、染技艺几乎没有年轻人承习了。

2. 原料匮乏

原料匮乏是传统纺染织绣技艺无法完整地传承的重要原因。由于黎族地区已经很久不种植棉花了，目前多年生的棉花在黎族地区只是零星的分布，外来棉纱已代替土纱。黎锦制作需要的其他纤维材料如树皮纤维、麻纤维、藤纤维等，也

① 资料主要来源于百度百科。

因近几十年山区开发建设而变得越来越稀少。黎族妇女能用多种原料染纱染布，但染色植物也越来越少，为了寻找一株染料植物，往往是"踏破铁鞋无觅处"。加上现在多购买现成色线，人们对染料的认识也越来越淡薄。

（三）中国木拱桥传统营造技艺

木拱桥是中国传统木构桥梁中技术含量很高的品类，也是世界桥梁史上罕见的品类，主要分布在中国的浙江、福建省两地。福建、浙江地处中国东南丘陵地带，境内山高林密、谷深涧险、溪流纵横，为木拱桥的建造提供了独特的自然地理环境和原料，使造桥技艺得到了长远的流传与发展。中国现存木拱桥不足100座，在浙江省泰顺县境内有15座国家文保单位的木拱桥，福建省宁德市境内有54座。木拱桥由桥台、桥身（包括拱架、桥面）、桥屋组成，有单拱、双拱和多拱之分，桥身如同彩虹，故又称"虹桥"。

社会的剧烈变革、经济与技术的高速发展所带来的冲击，致使木拱桥传统营造技艺逐渐失传。这首先表现在木结构的木拱桥不能通行载重车辆，无法适应现代的交通需求。其次建造木拱桥的大型木料缺乏，使造桥变得更难，而建造钢筋水泥桥快捷、实惠、胜过木拱桥。最后是城市经济的发展吸引许多农村人口外出打工或迁往城镇，怀有造桥技艺的木匠为了生存也到城镇从事其他行业，淡忘了造桥技艺。从1970年至2000年的30年间，没重造过一座木拱桥，仅对少数的桥梁进行过维修，木拱桥老工匠招收的徒弟所挣工钱难以维持生计，因此愿意学习木拱桥传统营造技艺者奇缺。这就使得木拱桥传统营造技艺的传承受到严重威胁。一方面村民改变交通功能要拆桥，修公路建电站要拆桥，人为不慎可能会烧毁桥，致使桥的数量越来越少；另一方面木拱桥传统营造技艺通常在家族内部口传心授，掌握造桥技艺的木匠数量稀少。如今有部分木匠转行从事其他行业生疏了其技能，有工匠生老病死带走了其技能，授传的徒弟无法以此为生放弃了其技能，这就导致木拱桥传统营造技艺处于失传的境地。

（四）新疆维吾尔族麦西热甫

麦西热甫（英语：Meshrep）又称麦西来甫，是维吾尔族的一种舞蹈。麦西热甫源自阿拉伯语，意为"聚会、场所"。麦西热甫广泛流传于新疆，由于地域不同，表现出来的形式丰富而又多样，是实践维吾尔人传统习俗和展示维吾尔木卡姆、民歌、舞蹈、曲艺、戏剧、杂技、游戏、口头文学等的主要文化空间，是民众传承和弘扬伦理道德、民俗礼仪、文化艺术等的主要场合，是维吾尔传统节庆、民俗活动的重要部分。2010年11月15日，经正在内罗毕举行的联合国教科文组织保护非物质文化遗产政府间委员会第五次会议审议通过，麦西热甫被列入2010年《急需保护的非物质文化遗产名录》，意即麦西热甫的存续状况受到威胁，需制订专门计划进行保护。

（五）中国木活字印刷技术

据《梦溪笔谈》载，毕昇曾试验以木为原料制作活字，因木字的木纹疏密不一，遇水后易膨胀变形，与粘药固结后不易去下，效果不佳，而未成功，毕昇才改木为泥，用泥制作活字。1041—1048 年，毕昇终于成功地发明了泥活字印刷。但是，他的发明并未受到当时统治者和社会的重视，活字印刷术仍然没有得到推广。但是他发明的活字印刷技术，却流传下去了。发现"活态"的木活字，意义不仅在于原来大家认为销声匿迹被淘汰的技术依然存在，还在于仍然有人在使用这些木活字，在使用这门技艺。目前，木活字印刷技术面临没有继承人的问题，急需启动保护机制。

（六）中国水密隔舱福船制造技艺

中国水密隔舱福船制造技艺是福建沿海木船制造的一项重要的传统手工技艺。该技艺以樟木、松木、杉木为主要材料，采用榫接、艌缝等核心技艺，使船体结构牢固，舱与舱之间互相独立，形成密封不透水的结构形式。在"师傅头"（闽南地区对主持造船工匠的尊称）的指挥下，由众多工匠密切配合完成。水密隔舱造船技术是中国在造船方面的一大发明，大约发明于唐代，宋以后被普遍采用。该技艺是人类造船史上的一项伟大发明，对提高航海安全性起到了革命性作用。

用"水密隔舱"技艺制作的福船，具有三大特点：一是被分隔成若干舱的船舶在航行中万一破损一两处，由于船舶已被分隔成若干个舱，一两个进水的船舱不至于导致全船进水而沉没。二是只要对破损进水的舱进行修复与堵漏就可使船只继续航行。三是由于船舶被隔板层层隔断，厚实的隔舱板与船壳板紧密钉合，隔舱板实际上起着肋骨的作用，简化了造船工艺，并使船体结构更加坚固，船的整体抗沉能力也因此得到提高。此外，漳湾福船把舱设计在船尾的正中位置，并且固定在支撑点上，便于操纵。这既可以根据水的深浅或升或降，又可以根据航向灵活转动，不至于偏离航线，从而保证了适航性。

（七）赫哲族伊玛堪

赫哲族人在长期的渔猎生活中，创造了具有鲜明民族特色的光辉灿烂的文学艺术。其中，以说唱艺术——伊玛堪流传最广、最受欢迎。伊玛堪是赫哲族的曲艺说书形式，流行于黑龙江省的赫哲族聚居区。据现有资料，它至迟在清末民初就已经形成。伊玛堪或依玛坎，最早的含义为鱼，即大马哈鱼；现在的含义，有的认为是故事之意，有的认为是表示赫哲族这个捕鱼民族的歌。其形式有说有唱，类似汉族的"大鼓""苏滩"、蒙古族的"说书"，是一种古老的民间说唱文学艺术。现有 50 多部典籍，被誉为北部亚洲原始语言艺术的活化石。

伊玛堪歌手，是深受赫哲族人民喜爱的人，赫哲族人尊之为"伊玛卡乞发"。近百年来赫哲族人中著名的伊玛堪歌手有：莫特额、比根尔都、三福玛发、尤贵连、古托力、吴高丽、周令额等。从已经采录到的伊玛堪中，可以看出它的两大特点：首先它是对赫哲族历史的忠实记录。无论是历史学家、语言学家，还是民俗学家、宗教学家，均可从中撷取宝贵的原始资料。有人称伊玛堪为赫哲族的口头百科全书，应该说当之无愧。第二是它集中体现了赫哲族的审美观。伊玛堪用浪漫主义的手法，描述了赫哲族的英雄们除暴安良、降妖伏魔的英雄主义气概；描述了赫哲人对忠诚和信义的高度赞美、对自由和爱情的执著追求，以及对美好未来的无限憧憬。显而易见，伊玛堪不是对那个时代的生活的简单记录，而是在那个时代的广阔背景下，按照美的规律艺术地再现了生活美，堪称一部完美再现赫哲族英雄人物、历史变迁与民俗风情的大型古典交响诗。

读完材料后，请思考：

结合我国急需保护的非物质文化遗产项目，谈谈你如何看待世界非物质文化遗产保护与旅游发展的关系，有什么好的建议。

第五篇
世界遗产保护与
遗产旅游可持续发展

第十章　世界遗产保护

学习目标

了解世界遗产保护的缘由；

理解世界遗产保护的原则和方式；

正确认识我国在遗产保护中存在的问题；

了解国外在遗产保护方面的经验，并理解对我国遗产保护工作的启示；

正确理解遗产与遗产旅游，理解遗产旅游的正负面影响。

重点难点

了解遗产保护的原则；

了解遗产旅游与遗产保护的关系。

本章内容

● 第一节　世界遗产的保护缘由

早在 18 世纪初期，西方社会就开始关注保护自然与历史。这在浪漫主义文学的一些代表作家如拜伦和卢梭等人的作品中就有反映，当时有关简朴生活和保护荒野的价值观引致国家公园等自然遗产衍生物的建立。随后出现的就是自然保护以及"为最大多数人谋求最大利益"的倡议，即明智地使用资源。在过去的大半个世纪，遗产及其保护成为西方社会最为关注的问题之一，不仅包括对自然遗产的保护，也包括对文化遗产的保护，缘由如下：

一、工业化、现代化进程

快速的工业化进程以及高科技的发展，是目前世界消费社会的突出特点。由于现代化的进程，人们和社会开始对现状以及未来感到忐忑不安，因为人们所熟悉和了解的仅仅是过去。与过去相比，现今的社会前景黯淡、残酷无情、丑陋可恶，令人感到恐惧并且难以产生成就感（戴维斯，1979）。因此在这样的世界里，保护历史——特别是保护有形品，可以使人产生舒适感、熟悉感以及一种有据可依的归属感。为此，正在发生迅速变化的西方社会开始"寻求保护古建筑、城镇风貌以及有助于保持与过去联系的东西，以便在其生活中建立某种连续性"（霍尔等，1993）。这引发了北美在 20 世纪大规模保护小城镇的原貌；也导致了在高度城市化和西方化的日本，强调以"地理距离替代时空距离"的方式来看待乡村生活。

二、民族主义与集体怀旧感

怀旧感可以成为个人游览遗产景点的原因。同样，从广义上讲，怀旧感也可以成为团体和社会重视与保护遗产的原因。集体怀旧感与个人怀旧感一样，可以唤起整个社会甘苦交织的怀念情结，即在诸如年龄、文化和民族等方面具有相同背景的人们所共有的情感。

遗产有助于确立个人、社会和国家认同感，从而使人们能够确认自己的身份。就国家而言，遗产地和历史人物是不同传统和历史成就的产物和证据，因此是构成国家公民个性中不可或缺的部分。正如金字塔之于埃及，长城之于中国，遗产已上升至一个民族勤劳、智慧、勇敢的象征。

三、科学意义和教育意义

许多遗产景点被认为具有科学意义和保护价值，因为他们体现出某些自然与文化环境，可以向众多研究领域提供重要价值信息。如土耳其特洛伊考古区的发现，不仅证实了荷马史诗中所记载的希腊人和特洛伊人战争的故事，也部分再现了公元前 3000 年至公元 4 世纪小亚细亚青铜时代和早期铁器时代的文明。

与科学价值相关的是教育意义，在遗产研究领域，越来越多的专家和学者关注到遗产教育，遗产景点和博物馆、展览馆可以使公众了解到重要的历史人物、地点和事件，其遗产教育作用是毋庸置疑的。

四、经济效益

在遗产景点占据旅游主导地位的地区，遗产旅游可能会产生非常深刻的经济影响。随着遗产旅游的发展，各地越来越深刻地意识到，遗产旅游在扩大就业机会、增加税收、提高地区收入以及刺激本地企业活动等方面对于本地经济和国家经济有着巨大的价值。不管是在中欧、东欧还是在北美、亚太地区，一些历史名城都倾向将发展城市遗产旅游作为一种促进经济发展的手段。

五、艺术价值和审美价值

世界各地许多受到保护的遗产都是具有很高艺术价值的典范，如印度泰姬陵是清真寺建筑的典范，罗马圣彼得大教堂是早期基督教建筑的经典。人们珍视古建筑的原因主要是因为现代和后现代建筑风格平淡乏味，缺乏当今社会上大多数人渴望欣赏的风格魅力和艺术价值。正如蒂斯代尔等学者所说："历史建筑和历史地区具有如诗如画一般的景色并且可以使人联想过去那种精益求精的工艺水准和个性化风格，而这正是现代工业化建筑产品和建筑系统所缺少的。"

六、环境多样性

广义上的环境保护包括自然要素和人文要素。自然遗产或文化遗产均是一种不可再生资源，环境的多样性及其可持续性是遗产保护的关键因素。自然生态系统一旦遭受破坏，往往很难再恢复，如美国的大沼泽地国家公园就数次被列入世界濒危遗产名录；而具有历史价值的遗址一旦不复存在，将无法再次引进或复原，即便是制作出颇为相似的遗产复制品，这些复制品也难以在科学、审美和教育等方面取代真品。

● 第二节　世界遗产保护的原则与方式

一、遗产保护的原则

学界普遍认同"真实性和完整性"（Authenticity and Integrity）是关于世界遗产的非常重要的两个原则，作为所有世界遗产地保护的核心精神，也是衡量遗产价值的标尺，在世界遗产地的保护全程中扮演重要的角色。

(一) 真实性原则和完整性原则

1. 真实性原则

"真实性"（Authenticity）这词最初用于描述博物馆的艺术展，是鉴别工艺品是否与它所获得的赞誉相匹配的一个评语，之后出现在《威尼斯宪章》（Venice Charter，1964）中，并在欧洲社会逐渐得到广泛认可。当时主要适用于欧洲文物古迹的保护与修复，因而主要用于文化遗产。世界遗产领域内关于"真实性"比较详细的解释见于《奈良文件》（Nara Document，1994）和《行动指南》中。《奈良文件》第 13 款指出，"想要多方位地评价文化遗产的真实性，其先决条件是认识和理解遗产产生之初及其随后形成的特征，以及这些特征的意义和信息来源。真实性包括：遗产的形式与设计。材料与实质，利用与作用，传统与技术，位置与环境，精神与感受。有关'真实性'详实信息的获得和利用，需要充分地了解某项具体文化遗产独特的艺术、历史、社会和科学层面的价值""文化遗产真实性的保持还在于，不同的文化和社会都包含着特定的形式和手段，它们以有形或无形的方式构成了某项遗产"。世界遗产委员会在《行动指南》（第 10 版，1997）第 24 段指出，"列入《世界遗产名录》的文化遗产应符合《世界遗产公约》所说的具有突出的普遍价值的至少一项标准和真实性标准"，每项被认定的项目都应"满足对其设计、材料、工艺或背景环境，以及个性和构成要素等方面的真实性的检验"。

2. 完整性原则

"完整性"（Integrity）一词来源于拉丁语，表示尚未被人扰动过的原始状态（Intact and Original Condition），"完整性"在遗产领域的运用起源于《保护世界文化与自然遗产公约》。它主要用于评价自然遗产，如原始森林或野生生物区等。完整性原则既保证了世界遗产的价值，同时也为遗产的保护划定了原则性范围。《行动指南》对自然遗产的完整性有如下的界定：

（1）对于表现地球历史主要阶段的重要实证的景点，被描述的区域应该包括在其自然环境中的全部或大多数相关要素。例如，一个"冰期"地区，应包括雪地、冰河以及切割图案、沉积物和外来物（例如冰槽、冰碛物、先锋植物等）；一个火山地区，应包括完整的岩浆系列、全部或大多数种类的火山岩和喷发物。

（2）对于陆地、淡水、海岸和海洋生态系统，以及动植物群落进化和演变中重大的持续生态和生物过程的重要实证的景点，被描述的区域应该有足够大小的范围，并且包括必要的元素，以展示对于生态系统和生物多样性的长期保护发挥关键作用的过程。例如一个热带雨林地区应包括一定数量的海平面以上的植被、地形和土壤类型的变化、斑块系统和自然再生的斑块。

（3）对于有绝佳的自然现象或是具有特别的自然美和美学重要性的区域，应具有突出的美学价值，并且包括那些对于保持区域美学价值起着关键作用的相关地区。例如，一个景观价值体现在瀑布的景点，应包括相邻集水区和下游地区，它们是保持景点美学质量不可分割的部分。

（4）对于最重要和最有意义的自然栖息地，景点应包括对动植物种类的生存不可缺少的环境因素。景点的边界应该包括足够的空间距离，以使景点免受人类活动和资源乱用的直接影响。已有的或建议的被保护区域还可以包括一些管理地带，即使该地带不能达到《行动指南》第44段a提出的标准，但它们对于保证被提名景点的完整性起着基础作用。例如，在生物储备景点中，只有核心地区能够达到完整性的标准，但是其他地区（如缓冲地带和转换地带）可能对保证生物储备的全面性具有重要意义。本着完整性的考虑，也应将之纳入景点范围之内。

上述对自然遗产完整性的解释，是以涵盖与自然遗产密切相关的周边空间范围为要旨的。张成渝、谢凝高等学者认为，自然遗产完整性的保持，还应该具有景点和周边一定空间范围内的环境内容不被随意增添或删减的涵义。

（二）真实性和完整性原则的应用与完善

不难发现，早期的世界遗产保护，业内对真实性原则的理解多与文化遗产相对应，完整性则与自然遗产对应。究其原因，这与两原则产生的背景有着最直接的关系。《行动指南》作为对《世界遗产公约》进行解释、操作、实施的蓝本，最初将国际文物保护与修复研究中心、国际古迹遗址理事会和国际自然资源保护联盟分别作为世界文化遗产和世界自然遗产评定的主要依托机构。立足于机构自身的特性，两类遗产的评定标准便表现出很强的各自学科（文物与博物馆学和生态学）领域的特点。事实上，世界遗产事业发展到今天，无论是文化遗产还是自然遗产，对它们的评定、评价与保护常常要涉及真实性和完整性两个方面。

首先，关于自然遗产的真实性问题。例如，以生态系统保护为核心内容之一的自然遗产地，近年来被强调要谨慎对待外来物种的引进问题。我国云南滇池水葫芦的蔓延及其对水体造成的污染便是一个突出的例子。与此相对应的是，本地物种的缺失与恢复也已成为一个新的关注热点。美国黄石国家公园，现已完成初期试验性地恢复灰狼在公园内的存在，借以恢复过去为保护农畜、消灭灰狼之前的自然生态系统。这些事例均体现出对自然遗产生态系统真实性（不人为增加，也不人为减少）的关注与维护。

其次，文化遗产也存在完整性的问题。一是范围上的完整（有形的）。建筑、城镇工程或者考古遗址等应当尽可能保持自身组分和结构的完整，及其与所在环境的和谐、完整性。二是文化概念上的完整性（无形的）。如我国的明十三陵，作为中国陵墓文化的一组典型代表，它们具有文化概念上的完整性，以及地理位置上的相互关联性。最简单地说，十三陵申报世界文化遗产，作为一个组团，十三处缺一不可。再如泰山，其文化价值体现在佛教、道教、封禅文化以及世代歌咏、吟诵文化的融为一体。登山线路格局的变换，泰山的封禅祭祀过程中酝酿、登天和抵达仙境三个阶段的递升，突出了文化遗产伴随实物而来的概念上的完整性。

二、遗产保护的方式

根据不同的目标，可将遗产保护的主要方式分为保存、复原和改造。

（一）保存

在这里要注意区分"保护"（Conservation）与"保存"（Preservation）。简单说，"保护"的意思是明智地使用资源，而"保存"的意思是完全不使用资源。遗产保护研究专家皮尔斯（1977年）将保护定义为有目的的保存。根据新西兰在1987年通过的《保护法》，"保护"一词的意思是"保存和保护自然资源和历史资源以便保留其内在价值，为公众提供观赏和享乐的机会以及保障子孙后代的选择权"。

遗产的保存就是选择保持遗产的现有状态。但这并不是一种不干预政策，而是需要做大量的工作以保持遗产现有的状况以及防止其状况恶化。北美的鬼镇算是国外在遗产保存方面的很好的范例。北美的大多数鬼镇都保留了其衰败破落的状态，因为这正是他们之所以成为鬼镇的原因，鬼镇的魅力就在于他们那种衰败破落、被人遗弃的氛围。事实上，任何将这些鬼镇修复到其辉煌的历史时期的行为，都会大大降低他们的遗产价值和旅游价值。如皮尔斯和沙利文所说，如果较高程度地干预导致遗产文化意义的降低，如果遗产现有的状态本身具有重要的意义，如果缺乏足够的信息或资源来修复或重建遗产，或者如果已经存在足够多的修复完好的遗产，那么保持遗产的现有状态就是恰当的做法。

（二）复原

复原（Restoration）有时也被称为重建（Reconstruction），是指把某一建筑或者遗址恢复到原先状态的做法。有专家认为，复原涉及两种活动：把一个古建筑或遗址用于展示的零散部分组合起来，以及除去后来增加和改变的部分。比如印度尼西亚的世界文化遗产巴兰班南，被誉为爪哇最美丽的印度教寺庙古迹，亦是印度尼西亚最大最美的印度教寺庙，是记录印度尼西亚人祖先灿烂文化的载体。因其在2006年的爪哇地震中受到了严重的损毁，大块石料破碎，一些石雕都被震落在地上，目前正做遗产的复原工作。从纯理论角度看，复原意味着在修复过程中甚至连新材料（如各种钉子等）都不能使用，因此，纯粹意义的复原是不可能的，因为任何东西都无法丝毫不差地恢复到其最初状况。

遗产的复原，需要考虑三个问题，一是时机，只有在充分掌握了其原始状况的条件下的复原才是切实可行的；二是费用，复原不仅耗时，其调研和复原过程还需要高昂的费用做保障；三是对复原遗产的恰当展示。遗址的复原在国际社会上有争议，在我国也很难得到允许，但日本在一些考古遗址上做了比较多的复原工作，且得到国际社会的认同。如世界文化遗产奈良平城宫遗址逐步复原了"朱雀门""东院庭院"以及"大极殿"等，同时在其资料馆中也展示了发掘现场以及复原模型等，提醒观众不要把复原当成历史的原貌。因为有比较深入的研究和比较清晰的对参观者的说明，所以参观者也知道复原只是展示研究成果，是新建筑，不是原物。这为一般公众理解遗址起到了很好的作用。

（三）改造

改造（Renovation）有时也被称为改建（Adaptation），是指改变遗址但仍然保留一些具有历史特色的部分。比如出于行政目的或是为了给解说员安排住处而在历史建筑的一侧加盖建筑，同时保持建筑的其他部分的历史特色。改造最常见的做法之一就是保留建筑的原有外观而对其内部加以改造。但需要指出的是，世界遗产的改造有非常严格的要求，不能对核心遗产景观进行改造或改建，而附属建筑的改建必须仅限于确保与原有建筑的和谐一致。

拓展阅读

世界遗产保护：与短视行为的持久较量

由于拥有阿尔卡萨城堡、历史悠久的大教堂和西印度群岛档案馆建筑群，西班牙历史文化名城塞维利亚在 1987 年被列入《世界遗产名录》。近日，有关专家警告说，因为执意建造将近 180 米高的摩天大楼，塞维利亚有可能被联合国教科文组织从《世界遗产名录》上除去。

多次警告未能改变当地的决心

正在建设中的这座摩天大楼距离塞维利亚瓜达尔基维尔河的对岸不到 1.6 千米。联合国教科文组织认为，大楼将对古城的传统风貌和整体景观造成严重破坏。事实上，在 2009 年大楼开始动工时，联合国教科文组织就发出警告，要求停止该工程项目。但西班牙文化部专家委员会经审核后宣布，摩天大楼的建设将不会影响已经被列为世界文化遗产的 3 处景致，工程随后继续进行。

这座高达 180 米的摩天大楼由来自阿根廷的建筑师西萨·佩里设计，整个工程耗资约 3.53 亿欧元，预计将在 2011 年年底竣工。据称，该工程的建设将直接创造超过 4 000 个就业机会，大楼建成后，萨雷斯银行总部将迁进此地。或许是出于这个原因，这个饱受争议的建设项目很顺利地得到了当地政府的批准。

近日，作为联合国教科文组织在西班牙的顾问机构，国际古迹遗址理事会西班牙分会的几位专家参观了摩天大楼的施工现场。"情况不太乐观，工程仍然在继续，什么都没有改变。"一位专家警告说，本月世界遗产大会将在巴西举行，塞维利亚有可能在大会上被列入《濒危世界遗产名录》，如果关于这幢大楼的建议得不到采纳，塞维利亚甚至会被《世界遗产名录》除名。

诸多世界遗产面临"出局"危险

塞维利亚面临的情景并不新鲜。事实上，去年德国德累斯顿因为在易北河谷上建桥梁而被世界遗产委员会除名的事情让很多人了解到：原来《世界遗产名录》不是永久的，如果不能得到有效保护，就有"出局"的危险。

德累斯顿易北河于 2004 年 7 月获得的"世界遗产"名号只保留了 5 年时间。为改善城内交通拥堵状况，德累斯顿于 2007 年 11 月开始在易北河的拐弯处建设一座 4 车道的"森林宫殿大桥"。联合国教科文组织世界遗产委员会认为这损害了保护得很好的河道景观，要求德市停止建桥，并考虑以地下隧道取而代之。由于德累斯顿不予合作，联合国教科文组织最终将其从《世界遗产名录》除名。

与此类似，拥有 900 多年历史的英国伦敦塔于 1988 年被列为世界遗产。但由于伦敦市大规模兴建摩天大楼，伦敦塔附近的整体景观受到严重影响。联合国教科文组织警告说要把伦敦塔列入《濒危世界遗产名录》，希望英国政府能够保护这座古迹。俄罗斯圣彼得堡市曾批准俄天然气工业石油公司在奥赫塔河边建造一幢 403 米高的摩天大楼，但联合国教科文组织认为，摩天大楼与周边历史建筑风格不符且对它们构成"压迫"，因此，警告圣彼得堡市停止这一计划，否则要将其从《世界遗产名录》中除名。

而土耳其的伊利苏大坝计划，也是因为将导致包括历史名城哈桑凯夫在内的一大批历史遗迹被淹没而遭到抗议，这个计划一度被搁置，每次提出计划"上马"都会在国内外引发广泛争议。

文明精神与短期利益的博弈

联合国教科文组织于 1972 年 11 月 16 日正式通过了《保护世界文化和自然遗产公约》。1976 年，世界遗产委员会成立并建立《世界遗产名录》。委员会除了每年都会向"名录"增添新遗址，还要审查关于已列入《世界遗产名录》遗址的保护状况的报告，并要求缔约国在必要之时采取适当的保护和保存措施。除此之外，委员会还将审查已列入《濒危世界遗产名录》的世界遗产的保护状况，并可能做出把需要予以特别保护的新遗产列入其中的决定。

世界遗产是人类文明的结晶，它给人类社会带来的益处显而易见，而对世界遗产的开发和利用一定要建立在保护的基础之上，不协调的人工建设、过度的旅游开发会对世界遗产造成严重破坏，这种道理可以说是众所周知。然而，一直以来，世界遗产的保护工作总是面临与现代化建设之间的矛盾，正在导致越来越多不尽人意的事件发生。塞维利亚、圣彼得堡兴建摩天大楼的背后有着巨大的经济利益驱动，伊利苏大坝也被土耳其政府认为会带来上千个工作岗位，可以为库尔德人聚居的东南部地区带来财富，缓解土耳其的能源危机……但是，属于全人类的珍贵遗产一旦遭到破坏，又岂是这些短期的经济利益可以挽回的？

在人类文明精神与短期利益的博弈中，双方其实各有成败：德累斯顿因固执最终"出局"，英国政府则在2007年公布《文化遗产白皮书》，禁止开发商在伦敦塔等文化遗址附近建造摩天大楼，并规定任何遗产地附近的房地产开发计划都必须征求公众意见。俄罗斯总统梅德韦杰夫在今年早些时候表示支持联合国教科文组织的建议，希望圣彼得堡市停建摩天大楼。人们期待塞维利亚当地政府最终能够做出正确的决策，让"世界遗产"称号继续为其吸引人们的目光，赢得历史的尊敬。

资料来源：陈璐. 世界遗产保护：与短视行为的持久较量［N］. 中国文化报，2010-07-08（4）.

● 第三节　我国在遗产保护中存在的问题

2015年7月4日，在德国波恩召开的联合国教科文组织第39届世界遗产委员会会议上，审议通过了中国土司遗产列入《世界遗产名录》。中国土司遗产由湖南永顺老司城遗址、湖北唐崖土司城遗址和贵州海龙屯遗址联合申报。至此，我国共有世界遗产48处（自然遗产10处，文化遗产30处，双重遗产4处，文化景观4处），总数位居世界第二，仅次于拥有51项世界遗产的意大利。

我国世界遗产总数的进一步增加，反映了国内对保护人类遗产的共识和决心，也说明我国对保护世界遗产的努力取得了显著成效。然而遗产数量上的增加只显示出国际社会对我国遗产资源的认可，并不说明我国对遗产的综合管理达到世界先进水平，我国世界遗产整体管理水平仍处在一个初级阶段。在保护世界遗产方面，我国依然任重道远。

一、认识错位

（一）重申报，轻维护

毫无疑问，世界遗产是一国历史文化和壮丽山河的杰出代表，堪称精品中的精品。世界遗产的申报成功往往能够极大地提升遗产所在地的知名度和市场地位，促进当地旅游业的迅速发展，带来非常可观的社会与经济收益。如1997年"申遗"成功的平遥古城，第二年旅游门票收入就从18万元增加到了500多万元，翻了近30倍，旅游综合收入从1997年的1 250万元增加到2008年的6.7亿元，增长52倍。同是1997年成功"申遗"的云南丽江古城，3年后旅游综合收入就达13.44亿元，占丽江生产总值的50%。2007年"申遗"成功的贵州荔波，第二年实现年接待游客量168万人次、旅游直接收入1 998万元、旅游综合收入3.26亿元，同比分别增长 71.7%、84.32% 和 83.52%。这种立竿见影的经济效应，使得近几年我国出现了空前的世界遗产申报热潮，截至 2013 年年底，国内有 84 个项目宣布要申报世界遗产。

申报世界遗产的最终目的是实现对全人类共同财富的有效保护，把大自然的馈赠和祖先遗留下的遗产更好传给我们的下一代。世界遗产最主要的功能在科研和教育，申报世界遗产应该是保护性、公益事业。然而，我国诸多遗产地被联合国教科文组织亮"黄牌"的事实让我们不得不思考，是"申遗"还是"生意"？国内"巨资申遗"的例子屡见不鲜，遗产地过多关注世界遗产的头衔、专注于经济效益，而对遗产本身大量日常性的基础维护工作重视不够，投入不足。广东开平碉楼"申遗"花费 1.36 亿元；河南安阳殷墟"申遗"投入 2.3 亿元；山地五台山风景区为"申遗"开展整治搬迁花费 8 亿；河南登封"天地之中"因"申遗"9 年花费 8 亿；然而，与"巨资申遗"对应的是"申遗"后保护和维护费用的严重短缺已成普遍现象。北京五大"世遗"曾出现高达 32 亿元的修缮资金缺口；山西平遥古城在城墙维护、新城开发和古城搬迁等方面还至少缺乏 20 亿；兵马俑博物馆年均仅几百万元维护费用；云南石林风景名胜每年门票收入数亿，而用于景区日常维护的经费占门票收入不到 10%。

（二）重开发，轻保护

随着申报世界遗产的成功，遗产旅游不断升温，旅游业往往会成为遗产所在地经济发展的重要支柱产业。但遗产旅游的市场化炒作、商业化经营、超容量开发，甚至建设性破坏，导致濒危物种生存环境恶化、生物多样性减少、历史文化景观变质，违背了遗产资源保护和持续利用的原则，损害了世界遗产的原真性和完整性，进而会失去世界遗产本身的价值。在 2007 年新西兰基督城召开的世界遗产大会上，中国故宫、天坛、颐和园、丽江古城、布达拉宫和云南三江并流 6 处世界遗产被"黄牌警告"。类似这样的例子不胜枚举，如张家界天梯事件、武当山遇真宫主殿被烧毁、泰山炸山建索道、"曲阜三孔水洗"事件等（见表 10.1）。

表 10.1　　　　　　我国部分世界遗产地发生的开发与保护冲突事件

时间	事件	事件简介
1998.9	武陵源被联合国教科文组织警告	1998 年，联合国教科文组织在对张家界武陵源进行例行监测的报告中指出"武陵源现在是一个旅游设施泛滥的世界遗产景区"。在多方压力下，武陵源景区在 1999 年和 2001 年开展了两次拆迁
1999.10	张家界"天下第一梯"事件	1999 年 10 月，在武陵源景区拆迁工作启动不久，号称拥有世界"天下第一梯"的武陵源百龙观光电梯开始建设，社会各界高度关注，电梯几经周折，仍然正常运营

表10.1(续)

时间	事件	事件简介
2000.8	泰山增建索道事件	泰山先后于1983年、1993年和2000年不顾专家反对建设三条索道。2000年8月，国内14名院士联名上书国务院反对泰山扩建索道，并要求拆除中天门至岱顶索道，但泰山方面不顾反对，仍将索道建成运营
2000.5—2001.5	曲阜"水洗三孔"事件	2000年12月6日—13日，曲阜"三孔"管理部门为迎接中国孔子国际旅游股份有限公司的正式成立庆典，对文物进行全面清洗或以其他工具直接擦拭，致使"三孔"古建筑群22处文物不同程度受损。国家各部委高度关注，事件以当事人受到严肃处理而告终
2002.2.24	黄山修建水库事件	2002年2月中央电视台《经济半小时》对黄山景区正在施工的水库、宾馆等大型项目进行批评性报道，社会各界反响强烈
2003.1—2003.9	武当山失火事件	2003年1月19日，因私立武校工作人员私拉乱接电线引致武当山遇真宫失火，又因消防设施不全、救火条件差等原因无法抢救导致遇真宫化为灰烬，在国家文物局等部门的介入下，当事人服法
2003.4—2003.8	都江堰杨柳湖工程事件	2003年4月，四川省相关部门拟在距都江堰水利工程鱼嘴分水堤1 310米的地方修建杨柳湖水库大坝，引起社会各界关注。8月由建设部、国家文物局和中国联合国教科文组织全国委员会三部委组成的联合调查小组认定杨柳湖工程将危害世界遗产都江堰，建议停工。8月7日，都江堰管理局决定暂停杨柳湖工程
2005.3—2005.7	圆明园防渗工程事件	2005年3月，关于圆明园内湖泊防渗工程的消息被媒体披露并引起社会各界广泛争论，认为此工程影响遗产原真性。最后在专家学者、社会大众和公众媒体的推动下，2005年7月7日，环保局宣布"全面整改"防渗工程

资料来源：张朝枝. 旅游与遗产保护——基于案例的理论研究［M］. 天津：南开大学出版社，2008：200—201.

（三）重旅游设施建设，轻科学文化研究

北京大学世界遗产研究中心谢凝高教授认为，世界遗产具有五大功能，即："科学功能、教育功能、旅游功能、启智功能和创作山水文化体验活动的功能。"但目前国内对世界遗产旅游功能开发的重视程度远胜于科学教育和文化保护功能。世界遗产地普遍热衷于景区交通运输设施、食宿接待设施、游览娱乐设施和旅游购物等各种服务性设施和商业性工程项目的建设，过于重视景区物质硬环境的建设，造成自然文化遗产地人工化、商业化和城市化现象日益严重。与此同时，却对世界遗产本身所应具备的科学、美学和历史文化价值的挖掘不够，对世界遗产地民族文化的独特性和多样性缺乏有效的保护和继承，甚至将古朴的民俗文化、

民族风情、肃穆的宗教仪式包装成为粗俗的商业化表演，不但使世界遗产丧失了其科普教育功能，而且使珍贵的民族特色文化受到严重冲击，一些珍贵的文化旅游资源面临退化和消失的危险。例如，云南的丽江古城区 2010 年 1—9 月份旅游接待总人数高达 460.53 万人次，旅游综合收入预测为 51.69 亿元。然而，旅游发展在给丽江古城带来经济效益的同时，也给古城带来了很大的社会文化冲击，表现为古城商业氛围越来越浓，在 3.8 平方千米的狭小区域内，门市林立，人声嘈杂，居民平静的传统生活方式受到影响，居民外迁严重，古城纳西文化受到了严重冲击。

另外，对国内世界遗产资源的科学研究重视不足。世界遗产地建立的一个重要目的就是将其作为学术研究的基地加以保护。但是，由于片面追求经济效益，加之人才、资金等各方面的局限，学术研究相比国外严重滞后，对于地质结构、地貌特点、生物多样性保护，以及文化遗产点的历史、地理、生态、民俗和相关联的非物质文化遗产的研究不够深入。

（四）重景区发展，轻社区参与

2002 年的《世界遗产布达佩斯宣言》明确指出，应当"努力在保护、可持续性和发展之间寻求适当而合理的平衡，通过适当的工作，使世界遗产资源得到保护，为促进社会经济发展和提高社区生活质量做出贡献"。这就需要正确理解遗产保护和地方经济发展之间的关系。目前，国内世界遗产地一般都比较重视景区内部门经济的发展，尤其是与旅游业紧密相关的商贸、饮食、住宿服务业以及交通业发展较快。在遗产保护方面，往往只是侧重于景区内单体文物的鉴定和保护，而对遗产保护背后的形形色色的"人"的因素却视而不见，将遗产与其所处的自然人文环境及其包含的人文现象分割开来，对遗产所在地及周边的社区如何实现和谐发展缺乏系统全面的研究，即所谓重"物"轻"人"问题严重。由于我国多数世界遗产地的城市化问题比较突出，不少核心景区人口居住较为集中。一方面，遗产地居民外迁缺乏资金和土地安置保障，但在发展上又因必须服从于遗产保护的要求而受到种种限制；另一方面，由于利益分配机制不公，遗产所在地通过发展旅游获得的高收益，大部分进入投资商的口袋，当地社区居民一般难以得到相应的利益分成，而由于旅游活动带来的各种不良影响，如环境污染、生态破坏、文化冲击等却留给了当地居民，这必然会引起居民的不满，也会挫伤居民对遗产保护的积极性，出现与遗产保护区争夺土地使用权、资源使用权、平等经营权的现象。

二、规划失位

规划失位的问题主要表现在 3 个方面：一是世界遗产专项规划的制定水平有

待提高，可操作性不强。目前各世界遗产地基本都有一些风景名胜区或世界文化遗产保护的专项规划，但从实践来看，各地规划的制作水平参差不齐，有些规划将世界遗产等同于一般的旅游资源，只注重旅游经济增长的指标，忽视遗产保护和生态环境的制约指标，有些规划指导性和原则性的内容较多，而具体化、可操作性的内容较少，有些则对世界遗产的文物保护、建筑功能、居民比例、旅游规模等缺乏科学论证，对世界遗产资源的保护利用机制缺乏有效分析，对世界遗产如何实现与周边社区的协调发展缺乏针对性对策。二是世界遗产专项规划与遗产所在地城乡总体规划、控制性建设规划、土地利用规划、经济社会发展规划的衔接不够，各类规划之间甚至出现内容矛盾、不相协调的现象。三是世界遗产专项规划的执行有待加强。目前多数规划都不同程度地存在着重视规划过程、轻视规划实施的问题，不少规划编制花费了大量的人力、物力和财力，而一旦被评审验收，多数便被束之高阁，难以真正按规划内容实施；而规划编制单位一般也较少提供持续跟踪和后续服务，使规划只是停留在纸面上。

三、管理乱位

中国境内的世界遗产实行的是多元化、多层次的管理体制，纵向的专业管理部门和横向的地方政府部门相结合是我国遗产管理的基本模式，但这种模式的实际管理效率却相对较低。一方面，世界遗产名义上属于国家所有，但实际上主要采取属地化管理体制，只在必要的情况下成立相应的行政管理机构，如风景名胜区管理委员会、国家森林公园管理委员会、自然保护区管理委员会、文物管理委员会等，代表国家资源所有者实施管理权。这样一来，地方各级政府成了遗产的实际管理者，因而其管理体制也是以适应地方经济发展的状况而设，一些政府部门甚至营利性的企业都可以将国家公共资源作为谋取利益的工具，将遗产资源承包开发，分片经营，既容易改变世界遗产的性质和功能，也无法实现有效的管理。如作为世界遗产地的庐山，竟然出现了海拔 800 米以下归星子县管理，海拔 800 米以上归庐山管理局管理的尴尬局面。另一方面，中国世界遗产的管理实行多头管理，缺少专门的管理机构。虽然有众多的遗产管理机构，却没有一个能对世界遗产负主要责任。从国家层面来说，文化遗产由国家文物局系统管辖，自然遗产由建设部系统管理，代表中国政府与联合国教科文组织相对应的中国世界遗产委员会却又设在对世界遗产没有任何管理权的教育部下面。从地方层面来说，长期以来，我国的世界遗产依据其资源的状况，分别归建设、林业、环保、文化、文物、宗教、地质、旅游等部门行使管理权。各部门在行使管理时所依据的基本思想、法律支撑、社会环境、目标指向又各不相同，如建设部门主要依据《风景名胜区管理暂行条例》主管风景名胜区；环保行政部门主要依据《中华人民共和国自然保护区条例》主管自然保护区；林业部门主要依据《森林公园管理办法》主管国家森林公园；文物行政部门主要依据《中华人民共和国文物保护法》主管文物保护单位。这容易导致世界遗产在管理时出现法律法规不明、管理工作效率较低，甚至经常出现政策冲突、互相扯皮的现象。如世界遗产武陵源，同时是建设部的国家级风景名胜区、林业部的国家森林公园、国土资源部的国家地质公园、国家旅游局的 4A 级景点，诸多头衔在表示其重要性的同时，也给管理带来很大的不便。

四、制度缺位

（一）要素保障制度有待加强

要素保障是实现世界遗产持续发展和有效保护的重要支撑，主要涉及资金和人才等方面。首先，世界遗产保护的经费投入严重不足。一方面，国家的财政拨款有限，不仅保护管理经费总额较少，而且除了面向世界遗产，还要面向众多的风景名胜区、文物保护区、森林湿地等，使得世界遗产缺少稳定而充足的经费来源。例如，20 世纪 80 年代以来，建设部每年用于国家风景名胜区的管理经费是 1 000 万元，平均每个景区 8.4 万元。一些比较大的风景区，如黄山、庐山等，仅职工工资一项每年就需要支付 1 000 万元以上。另一方面，虽然遗产旅游给遗产所在地带来了可观的收入，但这些收入主要作为当地财政收入的主要来源和景区自身的日常运转，直接用于遗产保护的经费非常少。如重庆大足石刻年收入 2 000 多万元，其中有 900 多万元需上交地方财政；武当山年门票收入 1 000 多万元，全部用于景区 1 800 多名职工的工资支出和扶贫工作。也就是说，虽然国家的财政拨款非常有限，却仍然是世界遗产保护的主要资金来源，这种国家保护、地方受益的体制不利于遗产的保护。

其次，世界遗产保护的专业人才缺乏。由于世界自然与文化遗产的保护和利用，涉及广泛的科学知识和专业学科，而我国世界自然与文化遗产地的管理人员的专业知识水平普遍缺乏，能在第一线保护修复的专业保护队伍数量十分有限，保护技术相对落后，即便是众多高等院校也缺乏遗产研究与开发人才的培养。

（二）监督评估制度有待健全

我国世界遗产的监督评估制度尚不健全，主要表现在：

（1）世界遗产保护的行政监管制度有待加强。世界遗产地的相关行政主管部门，对世界遗产的日常经营管理的监督还需强化，对在世界遗产内开发项目的破坏性预防不够，对遗产地违章建设活动的整治力度需要进一步加强。

（2）世界遗产监控的专业技术监督体制有待进一步完善。住房和城乡建设部已经引入了先进的科技手段对遗产地实施监测，大部分风景名胜区均建立了以景区卫星遥感监测、景区容量监测等尖端科技监管系统为代表的科技监管体系。但专业的技术指导和监督机构较少，各类世界遗产资源的数字化管理、景区与社区经济社会发展的信息化管理还有待加强。

（3）世界遗产保护的绩效评估机制尚未建立。目前我国还缺少与世界遗产保护监测相对接的自然、文化遗产资源保护的绩效评估体系，缺少具有可操作性的遗产保护管理衡量标准。

（4）世界遗产保护的专家咨询制度有待完善。虽然国家文物局已建立了中国世界文化遗产专家库和专家委员会，但只限于对国家层面开展世界文化遗产申报、保护和管理等工作提供专业咨询，而各个世界遗产所在地的政府机构在遗产开发决策时，却较少采用专家咨询制度，导致遗产资源的商业化开发大行其道，给遗产保护带来负面影响。

（5）遗产管理的公众监督机制不完善。目前我国的世界遗产管理的公众参与度较低，尤其是世界遗产地居民参与管理、监督的范围较小，社会公众舆论监督力度不强。

（三）法律法规制度有待完善

目前我国已有不少不同层次的涉及世界遗产保护管理的法律法规，如《风景名胜区管理暂行条例》《文物保护法》《文物保护法实施细则》《森林和野生动物类型自然保护区管理办法》等。还颁布了一系列相关文件，如《关于采取切实措施加强世界文化遗产地保护管理工作的通知》《关于加强我国世界文化遗产保护管理工作的意见》《世界文化遗产保护管理办法》等。有些世界遗产地也结合本地遗产情况出台了一系列地方性保护法规及文件，如《四川省世界遗产保护条例》《福建省武夷山世界文化遗产与自然遗产保护条例》《北京市长城保护管理办法》《甘肃敦煌莫高窟保护条例》等。但总体来说，仍然存在以下问题：

一是缺少专门针对世界遗产的国家立法。虽然有关风景名胜和文物保护的法律体系相对完善，但不能涵盖世界遗产的全部内容，如《文物保护法》不能涵盖对自然原生态的保存，《自然保护区条例》不会触及历史、考古、建筑，《风景名胜区管理暂行条例》及其《实施办法》由于出发点不同，其"风景名胜"的概念界定与世界遗产不完全一致。

二是目前有关世界遗产保护的法规文件多以国务院及其部委或地方政府及其所属部门颁布、制定的"意见""规定""通知"等文件形式出现，大部分文件由于缺乏正式的立法程序，严格意义上都不能算作国家或地方的行政法规，对世界遗产的实际保护力度有限。

三是这些法规文件涉及内容的广度与深度不足，可操作性不强。现行的法规文件内容往往以明确保护的对象、保护的内容与方法为主，而对世界遗产保护运行过程中具体管理操作所涉及的法律问题不够明确，如保护、管理、监督的机构设置、保护资金的来源和利用方式，以及违章处罚措施等均无具体内容，容易造成执行不力，甚至错误执行的后果。

●第四节　国外遗产保护经验及其对我国的启示

回顾世界遗产诞生及相关国际机构、组织的发展历史，不难发现，欧洲最先认识到遗产保护的重要性，可以说，欧洲是世界遗产保护的中心。早在 1790 年，法国国民议会就设立了遗产保护机构，列出遗产清单以加强对国内文物古迹的保护；为更好地在人们心中树立遗产意识，1984 年法国人又创建了首个文化遗产日（每年 9 月的第三个周末）。意大利则每年都举办"春天""夏日""秋实"或"冬眠"等各种遗产保护主题活动。相比之下，我国于 1985 年底加入《保护世界文化和自然遗产公约》，1987 年才成功申报了我国的第一批 6 项世界遗产。尽管在过去的 20 多年里，我国在世界遗产的申报上取得了令世人瞩目的成绩，但在遗产保护上与国外还有相当大的差距。从世界遗产的学术研究和保护实践来看，美国、意大利、法国和日本对世界遗产保护的经验值得我们学习。

一、世界各国对遗产保护的经验

（一）重视法律法规体系建设

世界遗产的公共性、易损性等决定了对其保护必须依托于国家强有力的法律法规政策体系。在世界各国对遗产的保护实践中，无论国家体制如何，均重视对本国的遗产保护进行立法。

1. 意大利的遗产立法

悠久的历史和丰富的资源奠定了意大利遗产大国的地位，但令人称道的是该国对世界遗产的重视和健全的遗产法律法规体系。意大利的面积仅 32 万平方千米，但整个国家却有约 3 500 家公立和私人博物馆、10 万座教堂、5 万座历史建筑和花园城堡、2 000 处考古遗址。意大利在保护遗产工作上不遗余力，首先就体现在遗产立法上。总结其遗产立法，有两个特点：第一，立法历史悠久。早在 15 世纪，罗马教廷就颁布了第一部旨在防止艺术品破坏和流失的国家法令；17 世纪，教皇们颁布的相关法令进一步规范了文物、艺术品交易及出境行为；1820年，在教皇的主持下，枢机团以政府名义颁布了第一部《历史文物及艺术品保护法》；随后，经过不断努力，到1902年，意大利颁布了《艺术及历史文化遗产保护法》，这是意大利历史上第一部历史、艺术遗产保护令，也是最权威的文化遗产保护法。第二，遗产法律体系内容完善。根据保护对象不同，意大利分别制定了针对文化遗产和自然遗产的保护法。《艺术及历史文化遗产保护法》是针对文化遗产的保护大法，该法令的保护对象内容丰富，保护范围涉及古生物及史前时代的物品，古钱币、抄本、书简、重要文书、珍本书以及其他有价值的书籍、报刊；古宅、公园、庭园等在艺术、历史、考古学以及民俗学上具有重要价值的动产和不动产；在艺术、历史方面具有重要价值或在政治、军事、文学艺术上具有特殊价值的文化遗产。针对意大利文化遗产具有分散化和高度私有的特点，该法在尊重财产私有的前提下，以法律形式强调了国家对民族文化遗产所具有的绝对特权，如国家对重要文化遗产的监护权、对考古遗址发掘的专控权、对流通文物的优先购买权等。为加强对自然遗产景观的保护，意大利在1939年6月29日颁布了《自然景观保护法》，保护对象涉及：具有明显的自然美特点或地质学特色的静止物；在《艺术及历史文化遗产保护法》中未列举，但因与众不同的美色而著称的别墅、花园和公园；共同形成美学价值和传统价值的静止物复合体；被视为自然图画的美景以及供公众观赏美景的眺望点或眺望台等。该法的条文紧密联系实际，具有很强的可操作性，同时也尽可能与国际公约保持一致，是一步具有奠基性质的自然景观保护法。在1999年，意大利融合、完善了包括《艺术及历史文化遗产保护法》和《自然景观保护法》在内的众多相关法律法规，颁布了《联合法》，作为保护世界遗产的唯一大法。目前，意大利遗产保护工作所依凭的正是这部《联合法》。

2. 法国的遗产立法

法国为保护国内珍贵的遗产，自近代以来就建立了较为系统的遗产保护法令，并不断加以完善。其经验对许多国家，特别是对西方国家产生过积极的影响。从法案性质上看，主要包括自然遗产保护法和文化遗产保护法两类。

法国最早的一部文化遗产立法是针对历史建筑的保护法案。19世纪30年代，世界著名文豪雨果多次游说法国国王大修面临倒塌的巴黎圣母院，这催生了法国在1840年颁布的第一部文化遗产保护法——《历史性建筑法案》。在1887—1913年，法国又先后颁布了《纪念物保护法》及《历史古迹法》，明确对不动产（如建筑物、遗址）的保护范围，1962年进一步修订了《历史古迹法》，进一步明确了对建筑物、遗址的保护责任和保护经费来源。大致看来，20世纪40年代以来，法国主要致力于完善文化遗产保护法。1941年，法国以《历史古迹法》为蓝本，通过了《考古发掘法》，强调对地下文物的保护，明确规定地下文物的发掘、试掘都必须先征得国家有关部门的许可，都须在文化部的监督下进行。该法是法国唯一一部有关地下文物发掘工作的法律指南。1962年，法国通过了《历史街区保护法》。根据该法，法国2 000多座著名建筑群落中至少有400座受到了保护。1973年，为有效保护濒危街区，法国通过了《城市规划法》，强调在城市改造过程中应对历史街区实行整体保护。该法与1962年通过的《历史街区保护法》共同构成了法国历史建筑与历史街区保护工作中最为重要的法律防线。

与19世纪专注文化遗产保护相对应，进入20世纪30年代以后，法国开始关注对自然景观的保护。因现代化进程加快和人口快速膨胀导致自然景观面临人为破坏，法国在1930年颁布了历史上第一部有关自然遗产的保护法——《景观保护法》，该法的主要内容是保护天然纪念物或在美术、历史、学术、传说、绘画上具有普遍意义的自然景观及人文景观，该法还规定在文化部下设全国历史遗产景观保护委员会，用以协调景观保护工作。1960年，法国针对设立规模更大的国家公园及地域公园制定了专门性的法规，即《国家公园法》，明确在指定区域内生活的动物、植物、土壤、大气、地下水以及独特的自然景观等，都将受到法律的保护。1967年法国第一座国家公园建立。同年，法国对1930年颁布的《景观保护法》进行修订，强化了原有的保护内容，并对保护景观所在地的人类行为活动做了明确规定，如规定景观所在地的公民除日常农耕或房屋修缮外，在进行其他大型施工作业时，必须提前4个月向有关部门提请申报。该法规定，进入遗产名录或被指定的自然遗产的景观可以是树木、村落，也可以是历史街区。在20世纪60年代，法国指定的自然景观总量已达6 500处，这些天然纪念物及遗迹的周边都设有专门保护区，以保护景观的完整性。

3. 美国的遗产立法

美国的遗产保护法从性质上主要可分为：文化遗产保护法、自然遗产保护法和无形文化遗产保护法。在文化遗产法方面，美国制定的五部法规对遗产保护都有重要指导意义。1906年美国颁布《联邦文物法》，该法规定：凡属联邦所有或归联邦管辖土地上的所有历史性纪念地（包括考古遗址），均属国家纪念物，严禁任何人对国有史前遗址进行非法挖掘、转移和破坏；各种遗址、文物以及历史建筑的指定权均归总统所有。该法是美国第一部有关史前文化遗产保护的法规，虽然其法律条文仅限国有财产，但对后来的文化遗产保护法的制定有着深远的影响。1979年，美国颁布《考古资源保护法》，作为《联邦文物法》的补充。该法在控制文物走私、遏制文化遗产流失方面有一定作用。1935年，针对考古遗址这项珍贵文化遗产，罗斯福总统签署了《历史遗址与建筑法》，该法提出应重视全国文物古迹调查、修复与产业化经营，明确对重要古迹的管理权。伴随美国经济的高速发展，快速的城市建设致使许多重要的历史建筑、历史街区和历史遗迹遭受不同程度破坏。美国国会先是颁布了有利于历史遗址与古迹保护的《交通部法》，随即于1966年10月通过《国家史迹保护法》，指出文化遗产根据其重要程度可分为地方级、州级和国家级；规定联邦政府成立史迹国家注册处，专门负责各种文化遗产的注册、保护与开发；在各州设立史迹保护办公室，负责制定本州文化产业发展纲要等。为保护美国原住民利益，美国还于1990年颁布了《美国原住民墓葬与赔偿法》，授予现存印第安族群以相应权利。

在自然遗产保护方面，美国在世界各国中是当之无愧的先行者。早在1832年，美国边疆风情画家乔治·卡特林就提出建立"国家公园"的理念。随后在环保主义者和旅游业者的支持下，美国在1872年将黄石8 990平方千米的地区划为国家公园。这是世界上第一个国家公园。同年3月，美国国会通过《黄石法案》，该法案称，建立黄石公园是"为了人民的利益"，也是为了"使它所有的树木、矿石的沉积物、自然奇观和风景以及其他景观都保持现有的自然状态而免于破坏"。1978年联合国教科文组织将黄石公园作为世界自然遗产列入《世界遗产名录》。以后美国逐渐建立国家公园体系，国家公园体系包括美国内政部国家公园管理局管理的国家公园、纪念地、历史地段、风景路、休闲地等陆地水域共33.74万平方千米，占国土面积的3.64%，每年国家财政预算为20亿美元，年接待游客达3亿人次。美国有国家公园54个，面积约20万平方千米。同时，为更好保护国家公园的生态系统，美国于1916年颁布了《国家公园系统组织法》，该法使文化遗产周边景观得到整体关照，将山水、田园等自然景观也纳入到遗产保护范围，为国家公园、自然景观、国家保留区的保护奠定了基础，且直接推动了美国国家公园司的设立。除此，美国还颁布了《国家公园服务法》，规定国家公园的任务是保护在其地区以内的所有自然遗产（各类物品和动植物等），并使当代的国民及其子孙后代享受这些自然遗产。这一法令确定了保护自然与文化遗产的办法，并将美国许多以前被视为"没有价值"的地区变成了旅游区。

在非物质文化保护法方面，美国比较早地制定了《民俗文化保护法》。1976年1月2日，美国国会通过了《民俗保护法案》，阐述了保护美国民俗的重要性、必要性及意义，并界定了美国民俗的范围，即凡是在"美国境内各群体所持有的家族的、种族的、职业的、宗教的和地域的文化表现形式"，如风俗、信仰、技巧、语言、文学、艺术、建筑、音乐、游戏、舞蹈、喜剧、宗教仪式、庆典、手工艺等。该法案的出台对美国非物质文化遗产的保护产生了积极作用，推动了美国民俗中心的建立，为保存、展示和研究美国民俗产生了积极影响。

4. 日本的遗产立法

从世界整体情况来看，在对遗产保护的时间性和力度方面，亚洲国家与欧美国家相比普遍存在一定的差距。但日本作为一个亚洲国家，遗产保护法实施时间之早、数量之多、涉及面之广、影响之大，堪与世界任何一个欧美国家媲美，在无形文化遗产的保护方面甚至超过了欧美。日本的遗产立法内容涉及地下文物、艺术品、历史建筑、名胜古迹、天然纪念物以及无形文化遗产等诸多方面，按性质同样可分为自然遗产保护法和文化遗产保护法两大类。

日本对文化遗产的保护是从小型文物开始的。1868 年明治维新后，全国崇洋思想盛行，为避免毁佛释之风对寺庙建筑、文物等的破坏，1871 年 5 月，日本太政官接受大学（现文部省的前身）的建议，颁布了旨在保护工艺美术品的法令——《古器旧物保存法》。该法宣布对寺庙建筑及文物实施全方位保护，是日本政府第一次以政府令的形式颁布的文化遗产保护法。在 1899 年、1929 年和 1933 年，日本连续颁布《遗失物法》《国宝保存法》和《重要美术品保存法》等涉及小型文物保护的法律法规。《遗失物法》是有关出土文物方面的法律条文，内容涉及出土文物的归属、保存以及对发现者应给予的报酬；《国宝保存法》是关于宝物的保护法，内容涉及"国宝"范围的重新界定、国宝输出和转让、维修、展示等方面；《重要美术品保存法》内容涉及临时性美术品的保护，该法规定历史上或美术史上具有特别价值的文物如需出口或转让，必须经文部大臣许可并办理相关手续。除此，日本早在 1897 年就颁布了《古社寺保存法》，以加强对具有重要历史价值和美术典范意义的古社寺建筑物及宝物的保护；为保护古迹名胜与天然纪念物不受破坏，日本于 1919 年颁布《古迹名胜天然纪念物保护法》，以明确保护对象，划分保护区域，对遗址、景观进行整体保护。

值得一提的是，在日本，文化遗产资源被称为"文化财"。二战后，日本国内经济亟待复苏，社会混乱。这给遗产保护带来诸多压力和困难，加之 1949 年 1 月发生在法隆寺金堂的一场大火将世界最古老的描绘在木结构建筑上的壁画烧毁。诸多因素催生了 1950 年日本《文化财保护法》的问世。该法是一部综合性法规，内容涉及有形文化遗产、无形文化遗产、民俗文化、纪念物、传统建筑物群落等五大部分。在该法制定后的半个多世纪，日本还对其做了数次大的修订，每次修订在理念、原则以及具体操作细则上都有较大突破。

在对自然遗产的保护方面，日本也走在世界前列。1874 年，受美国建立国家公园的影响，日本设立了自然公园制度。1932 年，日本颁布《国立公园法》，这标志日本自然遗产保护工作法制化建设的开始。步入 20 世纪 60 年代以后，为避免战后经济高速发展给自然环境造成的破坏，日本还相继颁布了《自然保护法》和《自然公园法》，这些法令有助于日本国内自然公园的建设。日本共颁布了16部法律，形成国家公园的完整保护管理法律体系。截至20世纪末，日本共设立国家公园28座，总面积达2.05万平方千米，占国土面积的5.4%。国家公园与准国家公园、都道府县自然公园共同构成日本国家公园体系。

（二）健全保护机构和运行机制

世界上大多数国家都成立了负责遗产登记和保护的机构，其中既包括政府机构，也包括类似于非营利组织或协会的准政府机构。建立高效的遗产保护机构，设立合理的保护运行机制，是实现对遗产有效保护的关键。

为管理好遗产，意大利创建了文化与自然遗产委员会。该委员会成员主要由数十名相关专业人士构成，委员会主席由国家文化及自然遗产部部长担任。其人员构成相当广泛，包括：18名从事考古学、艺术史、建筑学专业、历史专业、文化学和图书馆学专业的大学教授；18名在保护和利用文化及自然遗产方面具有特殊资格或取得过特别称号及发挥过特殊作用的科技人员代表；以及6名行政机关代表、10名市镇代表、3名省代表、4名国家级专家和2名宗教艺术专家。在保护运行机制方面，意大利推行市场运作，即政府鼓励私人企业参与文化遗产的保护，在意大利有相当数量的私人企业从事文化遗产的保护、展示、修复和经营活动，为杜绝文化遗产在市场运作过程中被破坏，意大利有严格的法律体系约束和科学的工作规范。这些工作规范包括：施工项目实施严格的招投标制，实施严格的项目预算和审批制，实施严格的项目负责任制，施工前实施严格的先期试验与观察制；同时进行可行性分析，制定出严格的保护规划。

在法国，设置了一套从中央到地方分工明确、效率较高的遗产保护机构。在中央，法国设文化部为文化遗产保护的最高决策机构。该部下设文化遗产司，专门负责文化遗产保护工作；文化司下设四处三科，专门负责不同类型的文化遗产的保护。此外，文化部在1914年下设历史纪念物基金会，负责筹措保护基金，并负责基金的有效使用，比如用于遗产展示、遗产教育、遗产修复等方面。在地方，法国一方面在每个大行政区的政府内部都设置文化事务部，专门负责各行政区域内文化遗产的保护和管理工作，具体任务包括制定辖区内遗产的保护计划、负责遗产的调查、修复、保护、展示等；另一方面，在大行政区下，法国还设置了两个级别更低的基层单位：建筑处和文物管理处，分别负责地方古迹建筑管理和地方文物及艺术品管理。此外，法国还很重视咨询机构对遗产保护的作用。在法国有多个负责文化遗产保护、开发、运营与咨询业务的机构，如文化遗产保护最高委员会、文化遗产保护等级管理国家委员会、古迹研究国家顾问团等，这些咨询机构的成员主要是专家学者、相关行政部门公职人员、相关团体负责人，相关的民意代表也有不同程度介入。

在美国，遗产保护机构主要由政府部门遗产保护机构和遗产保护社团组织构成。美国设置了两个国家级遗产保护机构，均由内政部管辖。一个是文化遗产保护的最高国家权力机构——史迹保护联邦理事会，主要负责文化遗产保护方案的制订与决策；该理事会现有成员19名，包括联邦机构负责人6名，外加州长、市长、全国州古迹保护官会议主席、全国古迹信托组织主席、首都建筑师各1名，保护专家、社会知名人士各4名。另一个是国家公园司，首要任务是负责国家公园内的文化及自然遗产的保护，职能包括实施遗产保护、制订遗产经营与利用方案、提供遗产保护所需经费和技术等。此外，美国政府部门的遗产保护机构还包括1965年成立的美国艺术人文科学财团和各州的史迹保护办公室及各县市的历史街区委员会。前者是美国振兴本土艺术、保护民族文化遗产的专设机构，该财团直属总统，资金主要来自政府预算和民间资助；后者是为更好落实国家级遗产保护机构的职能，对应设立的直属机构。史迹保护办公室负责人由州长任命，主要职能是制定本州遗产保护预算和古迹的保护方案；县市的历史街区委员会则负责本地区的文化遗产保护。另外，遗产保护社团组织在美国比较发达，在遗产保护中发挥着重要作用。二战前，由市民构成的美国历史建筑调查组织，由老百姓组成的平民保护组织等民间社团就活跃在遗产保护领域。二战后，罗斯福总统公开反对国家对文物保护工作的投入，这客观上促进了美国遗产保护社团组织的快速发育。1947年4月成立的"全国史迹理事会"（1949年更名为全国史迹信托组织）与"古迹保护行动组织"是最为著名的两个社团组织，他们在美国各州、市都设有相应的分支机构，构成了对遗产从全国到地方各州、市、县的立体保护体系。

在日本，遗产保护机构不仅有中央和地方两级政府机构，也有咨询机构和民间社团组织。中央的遗产保护机构是隶属文化科学省的文化财部，文化财部下设传统文化科（由文化财保护企划室组成）、美术字科（由美术馆、历史博物馆室构成）和纪念物科、建造物科，分别负责有形文化遗产、无形文化遗产、民俗文化遗产和纪念物历史建筑群落的保护规划、设计与实施职能。地方的遗产保护机构是各级地方政府中设立的教育委员会，从都道府县到各村，日本都设有教育委员会，负责辖区的文化遗产保护、管理和活用。在咨询机构方面，1968年6月，日本成立的文化财保护审议会是重要的负责文化遗产保护的咨询机构，其主要职能是专门为文部大臣及文化厅长官提供遗产保护与活用等业务咨询，并提出自己的建议和意见。此外，各级地方政府也设有相应的文化遗产咨询机构。在保护社团组织方面，日本鼓励民众参与遗产保护，支持民众组建文化遗产社团组织。日本的文化遗产保护组织主要有两大类：一是由负责文化遗产调查与研究的专家学者所构成的组织；二是由负责文化遗产修缮、展示与传承的传承人所构成的组织。

（三）开拓保护资金来源渠道

毋庸置疑，世界遗产的保护、修复和展示，需要大量的资金作保障。尽管一些严重缺乏遗产保护资金的国家，可通过向世界遗产委员会申请而从每年400万欧元的世界遗产基金中获得一定的财力援助；但对遗产国来说，更重要的是发挥政府和民间的合力，开辟多渠道以获得遗产保护资金。在这方面，意大利的做法很有启发意义，其经验主要有以下几点：

1. 中央、地方双管齐下

意大利文物古迹主要由国家负责保护和管理，文化遗产保护所需的大量资金，也主要由政府负担。中央政府每年的拨款约占整个国家财政预算的1%～2%。在此基础上，各大区及省、市政府也有地方拨款，而有些企业和个人也设立了文物保护基金。此外，公营和私营部门也可通过联合国教科文组织和欧盟框架依法获得援助。因此，意大利每年都有大批资金进入文化遗产保护领域。

2. 合理制定遗产景区门票价格

与绝大多数国家一样，意大利也收取世界文化遗产的景点以及国家博物馆的门票，门票价格由文化部下属的文化遗产部统一制定。门票收入占国民人均收入近1%，所有门票收入上交国库。

3. 鼓励社会参与投资

在意大利8 000多个市镇中，"法定历史中心区"就有900个，要保护这么多文化项目，单凭政府行政力量显然不够，需要全社会贡献力量。罗马大学建筑学院教授比昂齐说，自1996年以来，意大利国家通过法律形式规定，将社会上发行的各类彩票收入的0.8%作为国家文物保护专项资金。仅通过这一项，每年就可增加15亿欧元经费。如在1998—2000年，意大利通过彩票资金启动了约200个文物保护新项目，完成了一些停顿多年的老项目。同时，政府鼓励企业尤其是私人企业家投资保护文化遗产，对投资文物保护和修复的企业或个人给予优惠税收政策，比如允许企业对各类社会文化活动的赞助直接抵税，以利于一些文物保护项目通过企业赞助完成。因此，许多著名公司争相赞助大型文物古迹的修复工作，如罗马古斗兽场、水城威尼斯的标志性建筑古迹等。

4. "领养人"制度

在接受社会投资方面，文化遗产部会事先推出项目计划，允许个人和企业投资，最后由文物部门具体操作。随着文化遗产保护事业的发展，意大利政府从

1994 年起将部分博物馆、古迹、遗址等逐步租让给私人资本管理，国家则掌握所有权、开发权和监督保护权，管理者的重要人事任免、门票价格、开放时间也由文化遗产部决定。这种"领养人"政策最长期限一般不超过 99 年，"领养人"可以是个人、非营利性组织或营利性机构。"领养人"对文化遗产有使用权和一定的内部改造权，但须对"领养的"遗产进行日常维护。"领养人"制度使文化遗产有了固定维护人，有比较稳定的资金支持，得以更好地保存下去。

5. 与公众对话，构建遗产保护平台

意大利政府于 2002 年又设立了文化遗产保护平台——"文化遗产和可持续旅游交易所"，将上述所有保护机制集中于这个平台进行管理和协调。由于文物保护受到国家和社会高度重视，常有国内外企业慷慨解囊，积极赞助，弥补了政府经费不足。比如，米兰圣玛丽亚教堂里的达·芬奇名画《最后的晚餐》，最后一次大规模修复就是由意大利奥利维蒂计算机公司赞助的。

尽管意大利在遗产保护资金筹措方面有许多值得他国借鉴之处，但最为关键的是，这种文化遗产管理模式不但调动了公众参与积极性，而且将公众利益、公众服务放在了文化遗产经营管理工作的重要地位，强化了公众自发保护意识，爱惜文物、保护遗产成为全民风气。因此，虽然政权更迭频繁，但无论哪个党派执政，都对文化遗产的保护给予高度重视，企业舍得投入，个人慷慨解囊，政府也吸收到了大量专项资金。

（四）发展遗产保护教育培训体系

组建遗产研究机构、构建遗产教育培训体系，以培养遗产保护专业人才，营造国内对遗产保护的良好社会风气，是实现遗产保护工作可持续发展的关键。在这方面，遗产保护事业相对发达的意大利、法国和日本都有可借鉴之处。

意大利对遗产保护的高度重视使得与之相关的教育培训体系得到不断完善。意大利有十几所国立大学和部分私立大学开设历史艺术、考古、建筑、修复等与文化遗产保护相关的学科和专业，如维泰尔堡大学的文化遗产保护系就非常就有知名度。此外，意大利还设有专门的文物修复学院，如罗马修复中心、佛罗伦萨文物保护研究所等。要想进入这些国家级教育培训基地院校，需要通过严格的考试，内容包括美术、实践经验，以及古希腊、古罗马和意大利的艺术史。录取后，一般学期为 3 年，学院按专业分别由专家带领上课、实习；学习内容包括古代、中世纪和近现代艺术史、修复技术、化学、物理、自然科学、绘画及雕刻技术，并有专门的文物修复课。学员毕业时，成绩优异者可获得"修复师"证书，成绩较差者获得"修复工"证书。如想进国家文物机关，还需经过更严格的考试。

法国建立了较为完善的遗产保护科研体系，不仅有数以百计的文化遗产研究机构，如古迹保护研究中心、法国文化遗产保护研究实验室等，还有地质水利研究中心、道路与桥梁学院中央研究室、国立瓷器研发中心、材质检验研究室、画册保护研究中心、罗马时期壁画研究中心以及图书、影像、文化遗址、自然遗址、人类学资料等专门研究机构。在遗产教育培训体系方面，法国成立了文化遗产保护学院，以作为专门的文化遗产教学机构，该学院以培养文化遗产保护与管理工作的专门人才为宗旨。为解决普通技术人员不足的问题，法国还专门增设有以培养技术员为主的法国文物保护修复学院，以保证对文化遗产保护人才的供给。

日本的主要措施，一方面在高校设置遗产保护、修复相关专业以培养专业人才，另一方面是通过遗产的科学、合理展示以培养国民对遗产的保护意识。在日本，文化遗产的保护理念是"文化遗产是民众的遗产"。日本非常重视文化遗产的活用，强调对遗产的保护为"全民所知、全民所用"。"全民所知"就需要将文化遗产宣传给民众，创造各种渠道让民众去接触、去参与，而不是束之高阁。"全民所用"就是指，文化遗产必须向全体国民和社会公众公开展示，以最大限度地发挥其影响和价值（这也是日本相关法律的规定）。比如就日本酒文化遗产而言，宣传的主体是酿酒主体，而非国家或地方政府、文化精英等。国家在这一过程中所起到的作用只是在必要时给予一定补助，帮助地方对文化遗产进行调查、修理或购买设施及用具、培养传承人、在当地公开展示、举办研讨会、制作影像资料等。这样做，民众才能在自愿自觉的状态下接受该文化遗产，减少抵触感，增加互动感和参与感。同时，为实现"全民所用"，日本的各个酿酒区域，将酒文化的每一个细节都充分利用起来，在不对其原生状态构成破坏的前提下使酒文化很自然地融入基层人们的日常生活中。如日本黄樱酒纪念馆内有两个水源（酿酒专用水）供当地居民取水煮茶，每天来这里排队取水的人们络绎不绝。

二、国外经验对我国遗产保护的启示

（一）进一步完善世界遗产保护管理的法律法规

尽快制定《中华人民共和国国家遗产法》，将世界遗产（包括尚未进入《世界遗产名录》但进入国家世界遗产清单的遗产资源）纳入法制化的轨道。集中利用立法资源，将《中华人民共和国文物保护法》《中华人民共和国自然保护区条例》《风景名胜区管理条例》等国家法律法规的相关内容统一协调，尽快制定并发布统一的世界遗产法作为遗产保护与利用的基本法律依据。该法要明确遗产的管理体制、责权归属、利用方式、财政支持、收益分配、监督方式和处罚措施等具体内容。

（二）建立世界遗产保护的分级分类管理机制

由于我国遗产资源的门类丰富，且资源质量差别很大，因此应尽快按价值等级建立和实行遗产的分类和分级管理制度，以确保不同类型、不同等级的遗产能够得到有针对性的不同管理，包括各自相应的管理制度、管理标准、营销系统、监测系统等。对于世界级遗产和国家级遗产，应像发达国家那样，组建"国家遗产管理局"或"国家遗产委员会"，走单一部门主管之路；对于低级别遗产（尤其是具有遗产要素的土地资源），考虑到遗产地范围内居民的管理和服务，以及行政区划和地方利益的问题，可考虑在坚持遗产资源保护的法规和准则的前提下，完善以地方管理为主的遗产管理体制。

（三）科学编制世界遗产地的保护规划

首先，在战略思路上，要树立"保护第一"的思想，明确保护管理的原则、目标和对象。同时，在编制规划时必须注意与联合国教科文组织世界遗产中心和国际古迹遗址理事会对世界遗产监测的标准相对接，避免我国的世界遗产被列入《濒危世界遗产清单》。

其次，在详细规划中必须与一般的旅游发展规划有所区别。应充分吸收当今世界遗产保护规划的先进理念，突出世界遗产的真实性和完整性，突出地域特色和文化内涵，科学确定旅游环境容量和可接受变化的极限，根据遗产资源的价值、类型、空间分布及其保护利用性质实施功能分区进行分级分类保护；要编制遗产地保护性开发建设和旅游项目设计的相关技术规范，提出遗产地景区与社区协调发展的合理对策。

最后，世界遗产的规划编制，要注重加强与遗产所在地的国民经济和社会发展规划、城镇规划、土地利用规划以及生态环境保护规划的衔接。

（四）进一步提高世界遗产保护监管能力

一是要建立世界遗产的保护能力评估机制和预警机制。要以国际监测标准为依据，建立科学合理的评价指标体系，对全国世界遗产类资源的保护状态进行全面评估，摸清遗产资源保护的本底状况，并按其受破坏程度进行分级分类警示。这样既可协助开展世界遗产的反应性监测，又有利于强化遗产地的长期保护和科学保护。

二是建立全国重大自然文化遗产的信息管理系统，对遗产资源的保护状况和规划实施情况进行遥感动态监测，积极推进遗产地数字化管理基础工程建设，完善技术服务支撑体系，全面加强遗产保护的科学研究。

三是建立健全世界遗产保护利用的专家咨询制度。建议设立国家世界遗产管理的决策咨询机构，由有关专家组成委员会，对世界遗产保护进行第三方独立监督，评估、论证、审查遗产保护规划和建设、维修工程等可能影响世界遗产价值的重大事项，为科学决策提供有力支持，并防止政府权力的滥用。

四是鼓励社会公众参与世界遗产的保护监督。鼓励社区民众、新闻媒体及民间保护组织主动参与世界遗产的保护监督，建立公开透明的舆论监管渠道和信息沟通机制，加强世界遗产资源保护的民间监督。

（五）加大对遗产保护的资金投入

一是通过政府财政预算，建立世界遗产专项保护资金，用于自然资源、文化资源的保护以及必要基础设施的投入。

二是通过社会团体和民间组织，建立世界遗产保护基金会，积极争取国际遗产保护的经济援助，向全社会包括海外的相关组织和个人募集资金，用于世界遗产的调查、评估、研究、教育、宣传等项目。

三是建立世界遗产有偿使用制度。通过立法形式规定，从门票收入中提取一定比例用于遗产的保护；借鉴国外国家公园特许经营方法，从世界遗产地受益的企业经营收入之中提取一定比例的特许经营费，用于遗产地的保护。

（六）加大遗产保护的宣传、教育、培训和研究力度

一是加强遗产保护的舆论宣传。积极通过网络、电视、报纸、展览、讲座等各种形式，开展世界遗产资源可持续发展的宣传与教育，普及遗产保护的法律、法规及公约等方面的知识，提高公众的保护意识，努力形成全社会关心、爱护世界遗产并自觉参与世界遗产保护的氛围。

二是加强世界遗产保护的公众教育。在全国中小学开设世界遗产保护的科普教育，增强青少年对世界遗产保护的认知；在大学可增加世界遗产专业或相关的选修课程，激发与培养公众对世界遗产的尊重，加大对世界遗产保护手段和法律法规的教育。

三是加强世界遗产保护的专业管理人才培训。通过举办专业培训班、专家讲座、远程视频教育等方式，对各世界遗产管理机构的管理人员进行培训，提高专业管理水平。

四是加强世界遗产保护的科学研究。要加强自然遗产和文化遗产两种遗产类型的融合研究，尤其是地质演变、生物多样性与文化多样性的综合研究。加强区域性、复合性世界遗产的多学科综合研究。加强世界遗产方面的国际学术交流，尤其是要加强与联合国教科文组织世界遗产中心、世界自然保护联盟等国际组织机构的交流，就当前我国遗产资源保护的突出问题开展各种类型的学术研讨。

三、我国在借鉴国外经验过程中的注意事项

当然，我国也无法照搬国外的保护体制，因为国内外在法律、文化、经济水平、历史经验等环境因素方面差别很大。所以，我国对国外遗产保护的借鉴需要

在一个跨文化背景的比较分析下进行。从跨文化角度来看，以下两点值得注意：

一是保护体制差异。如在中国现有国情下，在国家大体制的背景下，单纯的模仿美国"国家公园管理局"为世界遗产设立专门的管理机构，是不现实的。这种机构在处理与国家风景名胜区、国家森林公园、国家自然保护区的关系，以及协调不断出现的遗产地与原有管理机构的关系时，会使现有的管理机制更加复杂化。因此，现阶段应该做的，是从保护管理理念上与国外接轨，以现有的法律规程和保护条例为基础，制定一部世界遗产的保护管理法规或条例。

二是保护管理的对象差别。以美国的国家公园为例，其主要以自然景观为主，文化资源较少，游客较少而且较单一。而中国的文化遗产地游客压力大、宗教的聚众功能强，加之长久以来各级单位度假区的渗透，管理的对象更复杂、难度更大。因此，在保护管理方法上要注重多元化、个性化。比如，游客数量过载是目前中国世界遗产地面临的主要问题。就这一问题，不同类型的遗产地可能就要采用不同的管理办法：莫高窟可以严格控制游客进入量，甚至关闭重要洞窟；但布达拉宫，面对众多虔诚的信众就只能采取有效的疏导措施，而不能将其拒之门外。

在对西方遗产保护的分析中，除了需要考虑不同文化环境，还需要注意到西方遗产保护管理体制的建立是一个历史发展过程。我们不能仅仅看到西方遗产保护体系完善，也要看到历史上西方出现的各种错误。因此借鉴和分析比较是在一个跨文化同时也是一个跨时代的过程。有些保护理念不单单靠简单的培训和学习就能获得的，这需要一个逐渐理解和不断摸索的过程。

● 第五节　遗产旅游与遗产保护

一、遗产与遗产旅游

（一）遗产与旅游的本质

1. 遗产的内涵、价值

"遗产"通常是指祖先遗留下来的东西。较早时期的"遗产"，仅指直接"继承"下来的东西，所以"遗产"往往指物质的、可供怀旧的纪念物、人类遗址、历史遗迹等。理解"遗产"的本质时要特别注意区分"遗产"与"资源"。"资源"一词是指该资产被认为是有经济价值的，是可以被开发的；而"遗产"一词则承认该资产的非经济价值，并且更进一步承认它是祖先遗赠的财产，这其中包含了某种义务和责任。

遗产并非千篇一律，它存在不同层次或等级，遗产可分为世界遗产、国家遗产、本地遗产和个人遗产。世界遗产的等级最高，它是各国在精心挑选出来的国家遗产的基础上经过世界遗产委员会相关机构评选出来的。遗产具有经济意义、社会意义、政治意义和科学意义。经济意义体现在游客的游览观光给遗产地带来的经济收入，由于遗产业日益面临着自负盈亏的局面，因此很多遗产地都要求游客付费游览参观，这体现出遗产的经济意义；社会意义体现在，人们和社会拥有遗产时可以产生个人和集体的认同感。遗产有助于形成某种地域感，人们通过遗产形成对某一地点的依恋情结并且终生保持不变；政治意义体现在遗产的意义和象征可以用于政治目的；科学意义主要体现在遗产本身的科学研究和遗产的教育功能。

2. 旅游的本质

首先，旅游本质上是一种商业活动，各种企业加入旅游行业，是希望通过给旅游者提供商品和服务从而获得利润；旅游目的地发展旅游，是因为旅游能为他们提供经济效益，同时也可从旅游所创造的财富中自然产生社会效益、生态效益。虽然我们可能为了满足内在的需要而旅行，如逃避、休息、娱乐或学习，但旅游目的地是为了它所创造的经济收益而发展旅游的。其次，旅游是包含体验的消费。旅游者为寻求愉快体验而旅行，目的地则希望从旅游者那里获得经济利益。故同时满足旅游业、旅游目的地和旅游资源保护本身的需要，需要均衡多方利益。再次，旅游是一种娱乐。旅游体验尤其是许多文化遗产旅游体验，都有娱乐的基础，为了获得成功以及由此而产生的商业可行性，旅游产品必须经过巧妙处理和包装，以便公众能轻松消费。最后，旅游是一种由需求驱动的、难以控制的活动。旅游是一种由需求所驱动的活动，它更多受到市场力量（旅游者以及力图满足旅游者需求的旅游业）的影响，而不是受到试图对它加以控制或管理的政府的影响。"通过控制旅游供给就能控制旅游的负面影响"，不过是公共旅游机构以及非政府组织所宣传的一个神话。

（二）遗产旅游

遗产旅游可以认为是一种以文物、古迹等人类精神文明和物质文明遗存作为主体旅游吸引物的旅游形式。世界遗产旅游，从本质上讲隶属于遗产旅游，是指以已被列入《世界遗产名录》的文化遗产、自然遗产、双重遗产、文化景观遗产以及非物质文化遗产作为旅游吸引物的旅游形式。

很久以前，人类就学会了将古代和近代的遗留物作为城市和乡村的娱乐资源。遗产旅游并非一种新颖的旅游形式，它甚至在古代就已经存在，并且是最为古老的旅游形式。比如在西方古籍上就记载讲述了古代商人、水手、冒险家前往古埃及观赏大金字塔和尼罗河的故事，古代的探险家们就是早期的遗产旅游者。近年来，遗产旅游发展迅速。这种迅速发展是由众多因素促成的，包括人们受教育程度的提高、收入的增加、对使世界融为一体的全球化进程越来越深刻的认识以及技术、各种媒体的影响（如电影、互联网）、新型遗产景区景点的不断开发等。

自然遗产是人类的生存依托，文化遗产是人类的精神家园。世界遗产因其在历史、人种学、人类学和美学等方面具有突出的普遍价值，是国际社会对一个国家民族文化、历史遗迹或自然资源景观给予的一种极高荣誉。世界遗产涵盖了标志人类和环境共同进化发展的文化和自然的方方面面，具有其他旅游资源所无法比拟的社会价值、科学价值、经济价值和旅游价值，是最高品位的旅游吸引物。

世界遗产旅游资源是旅游业可持续发展的战略基础。在旅游业蓬勃发展的当今世界，世界遗产旅游被广泛认可和接受，并逐渐成为旅游新热点。

我国的世界遗产与旅游的关系比任何一个国家都要密切。我国是世界第一人口大国，据资料统计，风景名胜区的游客占全国游客量的四分之一，而世界遗产地的游客又占风景名胜区游客量的四分之一。可以预见，伴随全球旅游业的持续发展，世界遗产旅游目的地能得到更有成效的开发与保护，未来世界遗产旅游还会持续繁荣下去。

二、遗产旅游与遗产保护的关系

遗产旅游日益受到大众旅游者的欢迎。这是事实，也是遗产保护者或政府单方面无法阻挡的时代趋势。我们强调对世界遗产的保护，并不是将遗产封闭起来，采取静态的、机械的、单一的保护手段；而是在遗产旅游开发中，通过遗产的有序开发、科学合理的展示、积极有效的遗产教育等来达到遗产保护的目的。也就是说，遗产保护是与遗产旅游同行的，在遗产旅游中实施对遗产的保护。

（一）两个基本认识

1. 旅游需要并非遗产管理的唯一考虑

上文已提到，"遗产"一词承认资产的非经济价值，强调对"所继承的东西"传承的义务和责任。旅游者只是许多可能的遗产使用者群体之一，因此，在决定如何管理和展示遗产资产（尤其是文化遗产）时，必须要考虑旅游者需求和其他使用群体需求的差异性。这些群体的差异性体现在：不同的文化背景、对遗产资产的不同知识水平、对资产的不同兴趣以及对遗产展示的不同的期望值。这些差异性可能意味着面向当地使用者的遗产展示并不适用于旅游者。这意味着遗产展示与真实性、完整性的遗产保护原则间的协调问题。

2. 旅游是遗产资产的一种用途，但不是唯一的用途

尽管旅游可被认为是遗产的一种重要用途，但将旅游作为其唯一用途来考虑

却是极为罕见的。在这一点上，我们同样必须就旅游与其他用途的兼容程度，以及为不同的使用者群体提供遗产展示的最有效途径做出决定。

（二）遗产旅游的正面和负面影响

1. 正面影响

（1）资产的恰当展示有助于旅游者在更普遍的意义上理解保护和保存重要遗产的必要性。

（2）可能带来发展当地经济的机会，使其变得更加企业化并能够自主创新。

（3）来自旅游的收入可以用于保护野生动植物和改善当地的基础设施。

（4）生态环境得以恢复、生物多样性得以保持，传统文化可能获得振兴。

（5）与旅游者的文化交流可以在多元文化社会内培养对文化差异的更大宽容。

（6）来自旅游的收入可以再投资于文化遗产的文献记录以及规划与管理（要使那些吸引了高访问量的遗产实现其可持续性，这点非常重要）。

2. 负面影响

旅游能给遗产的保护及长期管理带来深远影响，这对发达国家的大多数人来说是不言自明的。但在那些正经历快速发展而又未形成遗产保护社会风气的国家或地区，人们对遗产旅游的负面效果并未太注意。他们的态度似乎是，经济发展的利益要大于这种发展所可能造成的任何负面代价。以下是旅游对遗产保护和遗产地可能造成的冲击：

（1）被旅游者过度使用。对自然遗产地的旅游开发可能会造成生态环境恶化，生物多样性被破坏；对文化遗产地的旅游开发会迫使当地居民让位，造成过度拥挤、停车困难、环境污染、能源使用过度等问题。

（2）旅游依赖。当地社会的多个地区以牺牲其他行业为代价而产生对旅游的依赖，导致地区自主创新能力和传统风格活动的丧失。

（3）旅游者行为的负面影响。在遗产旅游景区，如果旅游者对自然遗产地缺乏生态伦理意识；对文化遗产地访问礼仪不了解或有意忽视、对当地风俗缺乏尊敬（如穿着或装饰不合时宜），以及在公共场合饮酒、吸毒等，那么他们的行为就会对当地能造成负面影响。

（4）未经规划的旅游基础设施建设。这可能改变当地自然和人文环境的舒适性，改变旅游者所感受到的视觉魅力与游览体验。

（5）有限受益者。旅游收入只流入当地社会的有限几个部门，收入流失程度高，在社区内引起分裂和不满。

（6）对文化财产失去控制。对没有著作权或特殊的保护性法规保护的文化财产，社会和传统继承者可能失去对他们的控制权（如他们在工艺品和艺术品种中所使用的图案、音乐等)。

(7)遗产资产的实质性恶化。这一情况发生于以下情形:未经商品化处理(如遗址加固),或缺乏资源来从事这种处理;无法检测旅游冲击以了解资产是否有遭受永久性毁坏或损失的风险(如为旅游者改变当地的节庆活动,从而使其承受对当地人失去意义和重要性的风险);没有办法阻止如遗产周围水土流失之类的自然退化过程的加速势头;对旅游基础设施的建设不加控制;没有办法抵御西方消费文化对当地人的行为产生的影响,尤其是年轻人,他们抛弃传统风俗习惯而接受西方的消费文化(这一点不只是来自于旅游,因为普遍的现代化和全球化也要对此负责,如卫星电视、互联网、电子游戏等)。

遗产旅游的发展是基于有效利用旅游对遗产的积极效益和规避消极影响,但遗产旅游开展的要求可能与遗产保护的需要发生冲突。过去存在某种意识的权衡措施,保护的价值让步于旅游的需要,或者旅游的价值让步于保护的需要。这种策略的内在缺陷如今已为人所知,当务之急是力图在遗产旅游与遗产保护之间找到平衡点。

(三)寻找旅游与遗产保护的平衡点

1. 遗产保护是全球性挑战

截至2015年7月,全球共有1 031处遗产地被列入世界遗产名录,其中包括802项世界文化遗产(含文化景观遗产),197项自然遗产,32项自然与文化双遗产。这些遗产分布在161个国家,遗产保护与旅游利用已是全球各国面临的共同挑战。国际上,陆地生态系统服务每年损失500亿欧元,加勒比地区因珊瑚礁破坏导致旅游收入下降20%,数百种处方药合成成分的药用植物种类濒临灭绝;还有不少国家的遗产地因过度旅游开发、遗产管理不善被世界遗产委员会黄牌警告甚至除名。在我国,超过半数的遗产地存在过度旅游开发,遗产资产破坏现象突出;不少遗产地面临的问题一方面是景区门票价格飞涨导致怨声载道,另一方面是遗产保护经费告急;遗产景区天天游客爆满、当地居民受益却有限的现象也很普遍。因此,寻找遗产旅游与遗产保护关系的平衡点是我国实现世界旅游强国的必要前提。

2. 对自然遗产的保护

为平衡自然遗产资源的利用与有效保护,国际自然保护联盟(IUCN)积极倡导根据自然资源未提供解决方案。近年来,国际社会先后建立了政府间生物多样性与生态系统服务科学——政策平台(IPBES)、里约20国会议、联合国气候与多样性会议、IUCN世界保护大会等平台。在保护生物多样性方面,具有代表性的项目有"拯救我们的物种(SOS)",全球竞争性保护与恢复生物多样性项目,以及救助小海豚、海牛、西伯利亚虎、长臂猿等计划。此外，IUCN 还开发了一种先进的"属性法（Traits-Based Approach）"，用于测定不同种群对气候变化的脆弱性与韧性，即根据种群的生命历史特征来衡量种群对未来气候突变的反应。在改善气候变化方面，IUCN 提出到 2020 年恢复 1.5 亿公顷退化沙化土地的目标，通过"波恩挑战"计划、基于社区的风险扫描分析工具（CRISTAL）等一系列措施，鼓励支持恢复红树林、湿地、珊瑚、森林、草场，减少碳排放，降低温室效应，探究应对气候变化的措施；在开辟自然能源方面，提出基于自然的现代能源计划——"全面可持续能源倡议"，通过开发太阳、潮汐、水力、生物等可再生能源，提高能源使用效率；在发展生态旅游方面，鼓励社区参与，发展基于生态的旅游项目，教育旅游者参与生态保护，实现经济发展与遗产保护的协调。

3. 对文化遗产的利用与保护

在文化遗产保护与利用上，关键是根据文化属性提供解决方案。传统的遗产保护与利用侧重于遗产物质与结构，现代方法更重视遗产的突出普遍价值与文化符号，更多关注遗产地的地格（Placeality）。不仅要重视遗产本身，还要关注遗产所在地的历史文化背景。在遗产管理方法上，采用价值引导的规划管理，保护的前提是认识其价值、属性、真实性、完整性，还要认识其地方价值与属性；通过创立世界遗产城市项目、世界遗产土建项目、现代遗产项目、宗教遗产计划等，对不同类别的遗产实施专项保护与利用；创立"世界遗产与可持续旅游项目（WHASTP）"，提出通过对话及与利益相关者合作，实现旅游发展与遗产管理在目的地层面的整合，使文化遗产价值得到尊重与保护，旅游得到适度开发；鼓励基于文化的创意旅游活动，通过对非物质文化遗产的活化，形成创意旅游，构建文化保护与利用的协同机制。

4. 约束、引导遗产旅游者行为

约束旅游者、控制旅游体验是对文化遗产保护的一个有效方法。为减少旅游对文化遗产的负面冲击，将旅游体验标准化、商品化是重要手段，这是对某一文化遗产的客流进行控制的使用方法。同时，它能确保旅游者从体验中获得更高满意度，大多数旅游者都希望他们的体验是有控制的，并且能够接受将文化遗产以一种方便消费的形式呈现给公众。其原因是大多数国内旅游者以及几乎所有的国际旅游者一生中都可能只有一次访问某处文化遗产的机会，所以他们希望能够从体验中获得更多东西。对文化遗产旅游产品的展示进行标准化是为了尽可能保证体验的质量保持在某种高水平，保证尽可能多的访问者能获得高品质的体验。只是，这过程中负责遗产展示的控制人员非常关键，应该是遗产管理者或者训练有素的专业遗产解说员。此外，引导旅游者行为也可以很好地保护遗产。据调查显示，34%的旅游者愿意多付钱住环境友好的酒店，以及选择可持续的居住方式（Trip Advisor，2012；WEF，2012）；50%的国际旅游者愿意多付费以资助社区发展以及自然文化保护（CESD & TIES，2012）；52%的旅游者愿意从那些有书面承诺愿意保护环境支持社区发展的企业定购旅游产品（SNV，2012）。尽管到遗产地旅游的人群千差万别，但仍可以引导其行为。目前联合国教科文组织正在制定善行旅游准则，鼓励负责任旅游。

按照联合国教科文组织的要求，世界自然遗产和文化遗产只能加以保护，不应该当作旅游产品开发利用。可在商品经济高度发展的当今社会，纯粹地把世界遗产当作养在宫中人未识的"大家闺秀"，显然不现实。旅游开发与遗产保护之间的平衡点，就是世界遗产旅游可持续发展。世界遗产委员会前任主席阿都·维前扎冷认为，可持续旅游包括对遗产的利用、保存和维护，以及在世界遗产景点内划定相应区域进行分区管理。具体讲一是设专供管理、维护需要的管理区，不对游人开放；二是设立供游览的旅游区；三是对遗产区域内的游客量进行科学评估，限制人数，确保遗产的合理负载。

 **拓展阅读**

中国大运河世界遗产保护座谈会召开

2014年8月8日，由中国文物学会主办的中国大运河世界遗产保护座谈会在京召开，中国文联主席孙家正和故宫博物院院长、中国文物学会会长单霁翔出席座谈会。与会专家发出倡议，要巩固大运河申遗成果，以全球视野和标准做好大运河遗产保护和管理工作，提升保护管理级别，接受国际社会监督。

座谈会上，与会专家们总结了大运河保护和申遗工作的经验，分析了大运河列入《世界遗产名录》以后面临的新形势、新任务，为传承大运河世界遗产建言献策。会议向全社会发出《加强中国大运河世界遗产保护的倡议》，呼吁积极推进大运河遗产保护的科学立法工作，制定国家法律法规层面的《大运河世界遗产保护管理条例》，充分考虑大运河文化遗产点多、线长、面广、活态的特点，让妥善处理文化遗产保护与水利、航运、南水北调、城乡建设等工程建设的关系，成为大运河世界遗产保护管理的准则。

专家们呼吁，切实落实国家《大运河遗产保护总体规划》，继续做好大运河文化遗产保护、修缮和环境整治工作，坚持世界遗产真实性与完整性的原则，严禁在规划划定区域内进行房地产开发和旅游场馆等项目建设，防止建设性、开发性破坏。完善大运河世界遗产监测平台体系和监测巡视制度，实行《大运河遗产保护警示名单》管理办法，对因保护和管理不善致使受到损害的大运河遗产，列入警示名单并限期整改，追究相关责任人的责任。

中国大运河作为世界上开凿时间最早、航程最长、至今仍在发挥着巨大作用的人工水道，在 2014 年 6 月召开的第 38 届世界遗产大会上成功入选《世界遗产名录》。

资料来源：吕巍. 中国大运河世界遗产保护座谈会在京召开［EB/OL］. (2014-8-11)　［2017-03-15］. http://www.rmzxb.com.cn/zxxs/hy/2014/08/11/361417.shtml.

 ## 思考和练习题

1. 以"世界遗产""真实性""完整性""旅游"等为关键词，在中国知网（CNKI）中搜索一篇核心期刊论文，分析论文的研究背景、研究主题、研究方法和研究结论。

2. 结合你熟悉的世界遗产地，谈谈在遗产保护中存在的问题并尝试解释产生这些问题的原因。

3. 你认为遗产旅游与遗产保护应是怎样的关系？结合目前国内世界遗产旅游情况谈谈如何协调二者的关系。

第十一章　世界遗产旅游可持续发展

 学习目标

理解世界遗产旅游可持续发展的内涵；

理解世界遗产旅游可持续发展的关键问题；

了解遗产旅游可持续发展中常出现的问题，并理解其产生的原因；

理解游客管理、社区参与管理在世界遗产旅游可持续发展中的重要作用。

 重点难点

影响世界遗产旅游可持续发展的关键问题；

实现世界遗产旅游可持续发展的途径与方法；

正确处理遗产旅游可持续发展中的三对关系。

 本章内容

● 第一节　世界遗产旅游可持续发展的内涵

一、两个相关理论

（一）可持续发展理论

1. 可持续发展理论的兴起与发展

可持续发展理论的形成经历了相当长的历史过程。可持续发展理论作为一种现代理论在全世界范围内兴起是最近半个世纪的事，但作为一种思想早在古文明时代就初露端倪。在西方，人类关注自身对环境产生的影响之历史，最早可追溯到古希腊时代，在当时的文学作品中，地球被看作是一个有生命的女神。16 世纪，文艺复兴运动对人类自身价值的重新审视，逐步让欧洲人认识到人类可以征服环境并且可利用这些资源实现人类进步。18 世纪末，在西方逐渐诞生了一种朴素的生态主义观点，该观点认为自然界和动植物之间相互作用，主张以自然环境为中心，认为环境质量比人类进步更重要。19 世纪，随着社会、经济的飞速发展，人们产生了对资源管理和保护的需求，最具代表性的是北美保护协会的成立以及欧美国家公园建设的开展。20 世纪早期，已有许多团体致力于动植物栖息地、生物物种和建筑遗址的保护。二战后，消费主义开始流行，工业化进程加快，环境污染严重，但战后经济恢复的高涨热情淹没了对环境保护的重视。直到 20 世纪 60 年代，环境问题在社会和政治方面的价值才逐步得到重视，"地球之友"等诸多环境保护团体纷纷成立，标志着当代环境运动的开端。

1962 年，美国女生物学家莱切尔·卡逊发表了一部引起很大轰动的环境科普著作《寂静的春天》。作者描绘了一幅由于农药污染所事业的可怕景象，惊呼人们将会失去"春光明媚的春天"，在世界范围内引发了人类关于发展观念上的争论。10 年后，两位著名美国学者巴巴拉·沃德和雷内·杜博斯的享誉世界的《只有一个地球》问世，把对人类生存与环境的认识推向一个新境界，即可持续发展的境界。同年，首届联合国人类环境会议在瑞典首都斯德哥尔摩召开，来自 119 个国家的政府和非政府组织代表在会议上就环境问题进行了探讨。与会代表一致认为：发展和环境可以互利并共存。1987 年，以挪威首相布伦特兰为主席的联合国世界与环境发展委员会发表了一份报告《我们共同的未来》，将可持续发展定义为："既能满足当代人的需要，又不对后代人满足其需要的能力构成危害的发展"，并以此为主题对人类共同关心的环境与发展问题进行了全面论述，受到世界各国政府组织和舆论的极大重视。在 1992 年联合国环境与发展大会上，可持续发展要领得到与会者的共识与承认。

2. 可持续发展理论的内涵

可持续发展涉及经济可持续、生态可持续和社会可持续三方面的协调统一，要求人类在发展中讲究经济效率、关注生态和谐和追求社会公平，最终达到人的全面发展。

（1）经济的可持续发展：可持续发展鼓励经济增长而不是以环境保护为名取消经济增长。但可持续发展不仅重视经济增长的数量，更追求经济发展的质量。可持续发展要求改变传统的以"高投入、高消耗、高污染"为特征的生产模式和消费模式，实施清洁生产和文明消费，以提高经济活动的效益，并节约资源和减少废物。从某种角度上，可以说集约型的经济增长方式就是可持续发展在经济方面的体现。

（2）生态可持续发展：可持续发展要求经济建设和社会发展要与自然承载能力相协调。发展的同时必须保护和改善地球生态环境，保证以可持续的方式使用自然资源和环境成本，使人类的发展控制在地球承载能力之内。生态可持续发展同样强调环境保护，但不同于以往将环境保护与社会发展对立的做法，它要求通过转变发展模式，从人类发展的源头、从根本上解决环境问题。

（3）社会可持续发展：可持续发展强调社会公平是环境保护得以实现的机制和目标。可持续发展理论指出世界各国的发展阶段可以不同，发展的具体目标也各不相同，但发展的本质应包括改善人类生活质量，提高人类健康水平，创造一个保障人们平等、自由、受教育权和免受暴力威胁的社会环境。这就是说，在人类可持续发展系统中，经济可持续是基础，生态可持续是条件，社会可持续才是目的。

（二）生态经济平衡理论

生态经济平衡是指构成生态经济系统的各要素之间达到协调稳定的关系，特别是经济系统与生态系统达到协调统一的状态。这是在生态经济学探索过程中出现的概念，反映了对经济问题和生态问题进行综合研究的发展趋势。

狭义的生态经济平衡就是"人工生态平衡"。一般说来，人工生态系统的平衡基本上是生态平衡与经济平衡的统一。广义地说，生态经济平衡包括生态平衡、经济平衡以及经济系统与生态系统之间的平衡。生态平衡是经济平衡的前提和基础之一，经济平衡应该能够维护和促进生态平衡。在当代条件下的社会发展，首先要争取世界经济增长的规模、结构、建设、速度与地球生物圈的承载能力保持平衡，即世界范围的生态经济平衡。其途径在于以经济增长的物质条件和技术条件促进地理环境的生态结构乃至地球生物圈定向发展，以增强社会经济系统的自然基础来达到经济平衡。

二、旅游可持续发展与世界遗产旅游可持续发展

（一）旅游可持续发展

尽管旅游的可持续发展（也可称为"可持续发展型旅游"）是业界出现的热词，它也往往被环境保护学家、政府、社会和开发商分别按照各自要求赋予不同含义。但在学术界，有关它的具体含义并未形成统一认识，它仍是一个较为模糊的概念。

在西方学者中，1999 年索布鲁克指出，可持续发展型旅游是："具有经济可行性但又不破坏旅游未来所依赖的资源，尤其是不破坏当地社区的物质环境和当地社会结构的旅游。"克拉克则立足于可持续发展型旅游与大众旅游的关系，建议从四个角度来看待可持续发展型旅游：它和大众旅游是同一层面对立的两级；作为一个连续统一体，可持续发展型旅游和大众旅游存在某些连续的趋势和变动过程；作为一项运动，积极的行动能够使大众旅游更具可持续发展性；作为共同特征，所有旅游都力图实现可持续发展。麦克切尔认为，关于"可持续发展型旅游"的含义，争论主要分别强调两方面：以发展为中心和以生态为中心。前者认为可持续发展型旅游是旅游业持续发展的一条途径，后者宣称人类发展的环境保护和生物多样性目标优于经济利益目标。

在我国，人们比较赞同学者陶伟在《中国"世界遗产"的可持续发展旅游研究》一书中对可持续发展型旅游含义的界定。她认为其含义包括四方面：一是旅游的可持续发展要求旅游与自然、文化和人类生存环境成为一个整体，以不破坏其赖以生存的自然资源、文化资源及其他资源为前提，并能对自然、人文生态环境保护给予资金、政策等全方位的支持，从而促进旅游资源的持续利用；二是旅游可持续发展应当在满足当代人日益增加的多样化需要的同时，保证后代人能公平享有利用旅游资源的权利，满足后代人旅游和发展旅游的需求；三是旅游可持续发展必须与当地经济有机结合，以提供各种机遇作为发展的基础，满足当地居民长期发展经济、提高生活水平的需要；四是旅游可持续发展要求摒弃狭隘的区域观念，加强国际交流和合作，充分利用人类所创造的一切文明成果，实现全球旅游业的繁荣和发展。

（二）世界遗产旅游的可持续发展

1. 内涵

世界遗产旅游的可持续发展是建立在遗产资源可持续、社会公正和人们积极参与自身发展决策的基础上。追求既要使公众旅游需求得到满足、个人得到充分发展，又要使遗产资源和生态环境不对后代人的生存和发展构成威胁的最终目标。

世界遗产旅游的可持续发展的内涵主要体现在以下五个方面：第一，从认识

角度来看，既要充分认识遗产旅游资源的稀缺性及其非同寻常的价值和意义，又要明确每一代人对遗产的责任和义务。第二，从保护与开发的角度来看，要正确处理好遗产保护与开发的关系，始终坚持"保护第一、开发第二"的原则。第三，从开发的角度来看，世界遗产地的旅游开发，要合理、有效利用资源，充分发挥旅游在保护自然、文化遗产方面的积极效用，满足社会、经济、生态和旅游发展的共同需求。第四，从发展的角度来看，世界遗产地的旅游发展必须综合考虑旅游环境容量（旅游心理容量、旅游资源容量、旅游生态容量和旅游经济发展容量等），确保遗产旅游资源利用的可持续性。第五，从旅游主体的角度来看，积极倡导负责任的遗产旅游，以生态伦理和文化生态的理念引导旅游开发者、旅游经营者和旅游者的行为，并逐步在全社会形成遗产旅游可持续发展的共识。

2. 理解：两组词的区别

（1）遗产保护与世界遗产旅游可持续发展

遗产保护是相对于遗产利用所带来的破坏而言的，是世界遗产可持续发展的必然选择。遗产保护的对象是遗产本身，根据不同类型遗产自身的特点，遗产保护方式有很多，如：隔离绝对保护（如对秦始皇陵地宫和对大熊猫栖息地核心区域的保护）；博物馆、展览馆部分展出（故宫博物院、殷墟博物苑）；全面开发利用（发展旅游是主要方式之一，如泰山、西湖、中国南方喀斯特等）；等等。"世界遗产旅游可持续发展"则是特指将世界遗产用于旅游利用后，如何保证遗产旅游的可持续发展。因此，这两组词有根本区别，但二者又相互依存，缺一不可。遗产保护是实现世界遗产旅游可持续发展的根本前提，世界遗产旅游实现了可持续发展，也有利于遗产保护。

（2）世界遗产可持续发展与世界遗产旅游可持续发展

"世界遗产可持续发展"关注"世界遗产"本身，是《保护世界文化遗产和自然遗产公约》的宗旨，是联合国教科文组织和世界遗产委员会的奋斗目标，也是公约各缔约国申报世界遗产做出的承诺。"世界遗产旅游可持续发展"则更多关注"旅游"，是将世界遗产选择用于旅游利用后必须要考虑的问题。各国实践表明，世界遗产的可持续发展大致有三种模式：通过发展遗产地旅游、通过合理的规划、通过遗产地居民的参与来保证世界遗产的可持续发展。其中发展遗产地旅游在发达国家主要是在保护资源的基础上开展旅游活动，以达到世界遗产"保证、保护、保存和展出"的目的，由国家提供保护资金而非旅游收入。而在发展中国家，发展遗产地旅游的主要目的是在取得经济效益的基础上再谈保护，从旅游业收入中获得保护资金，在开发旅游的过程中难免会对遗产资源造成不同程度的破坏。

这两组词的区别也与国内对世界遗产可持续发展的两种学术观点对应。一种是以魏小安等学者为代表的开发派发展模式，认为世界遗产不是一成不变的保护，要开发，要利用。而且从世界遗产本身形成的过程来看，就是一个不断开发、完善的过程。世界遗产的可持续发展是在开发利用中完成的。换句话说，该观点关注旅游对世界遗产可持续发展的重要性，强调世界遗产旅游可持续发展对世界遗产可持续发展的影响。另一种是以谢凝高、徐嵩龄等学者为代表的保护派发展模式，认为世界遗产应该保护第一，开发第二，"莫使遗产成遗憾"。人们对遗产资源的重视不足和大力发展旅游业，中国的世界遗产有不少都遭到不同程度的破坏。对于世界遗产来说，可持续发展更显必要，世界遗产设立是为了保护，所以必须走可持续发展的道路，以其原真性吸引游客。也就是说，该观点更多关注旅游对世界遗产可持续发展的破坏性，强调人们应对世界遗产本身的可持续发展给予更多关注。其中，坚持世界遗产可持续发展也包括对世界遗产旅游利用程度的有效控制。

● 第二节　影响世界遗产旅游可持续发展的关键问题

一、对世界遗产的认识

在世界范围内出现的种种有碍世界遗产旅游可持续发展的问题，究其原因，主要是人们并未对世界遗产抱持该有的客观和正确的认识。或许，我们应在以下三方面"重新"认识世界遗产。

（一）"遗产"本身对责任和义务的强调

在上一章中已强调，"遗产"内在的含义强调"继承"，它不同于"资产"，更多强调一种责任和义务。这种责任和义务就是将遗产完好无损地保存、保护下来，并传承给下一代。回顾世界遗产的诞生过程，从 20 世纪 50 年代国际上著名的阿布辛贝运动到 1968 年联合国教科文组织制定"人和生物圈计划"，再到 1972 年第 17 届联合国教科文组织大会通过《保护世界文化和自然遗产公约》（以下简称《公约》）第一次提出《世界遗产名录》，强调缔约国应尽力向世界遗产委员会递交本国宜列入《世界遗产名录》的文化遗产和自然遗产预备名单，委员会会按照《公约》规定的遗产定义和要求，经过一定的程序，及时制定、更新并公布《世界遗产名录》。尤其值得一提的是在《公约》中明确规定：缔约国要承认确定、保护、保存、展出本国领土内的文化遗产和自然遗产，并将它传给后代，主要是本国的责任，要尽力而为。

（二）世界遗产的"世界性"和"全人类性"

一国遗产从被世界遗产委员会纳入《世界遗产名录》那一刻起，就表明该遗产不再仅属于本土、本族和本国，而是属于全世界、全人类的共同遗产。因为从世界遗产的内涵、产生、发展和管理来看，均不是从地区出发，而是立足于全球和全人类。从世界遗产的内涵看，比如有关世界文化遗产的鉴定标准，《公约》就明确提出："……在一定时期内或世界某一文化区域内，对建筑艺术、纪念物艺术、规划或景观设计方面的发展产生过重要影响……可作为一种建筑或建筑群或景观的杰出范例，展示人类史上一个（或几个）重要阶段……"从世界遗产的产生看，它是在全部缔约国参与的世界遗产大会上投票选出来的。另外，一国的世界遗产面临保护和管理困难，可以向世界遗产委员会申请遗产基金援助，可得到国际古迹遗址理事会、国际自然及自然资源保护联盟和国际文物保存与修复研究中心等机构的技术协助和支持。当世界遗产用于旅游开发，自然会吸引全球游客前往。因此，"世界遗产"本身就意味着它不是一个地区或一个国家的事。若一国在对世界遗产的旅游利用等方面处理不当，对世界遗产造成危害或直接破坏，很可能受到联合国教科文组织的警告，甚至导致遗产被从《世界遗产名录》中除名。

（三）世界遗产的"稀缺性"和"易损性"

世界遗产具有稀缺性的重要原因在于世界遗产甄选要求的严格（立足于全球和全人类，从史学、人类学、人种学和美学等角度出发，必须达到一条至数条标准），世界遗产的稀缺性主要表现为世界各国遗产数量的稀少。自 1978 年全球第一批世界遗产诞生至今，已走过 38 载春秋，截至 2015 年 6 月，全球的世界遗产共 1 038 项，分布于全球 161 个国家（耶路撒冷尚未确定归属）。其中，位列遗产总数首位的意大利也不过 50 项，文明古国之一的中国的世界遗产总数也仅为 48 项。从我国遗产的各省分布情况来看，北京拥有 7 处世界遗产，数量最多，全部为文化遗产；河南、河北、四川、云南 4 省各拥有 5 项世界遗产；青海、黑龙江、上海、香港、海南、台湾 6 省区没有世界遗产。

世界遗产的"易损性"是指世界遗产容易遭受破坏和毁坏。"易损性"是相对而言的，在没有"世界遗产"这个称谓之前，他们一直都存在，没有刻意保护，但更没有无意或有意的破坏。但伴随"世界遗产"名号的诞生，在人们不断呼吁加强对遗产保护之时，人们又簇拥着奔向世界遗产所在地。对世界遗产的各种利用，尤其是遗产旅游开发所带来的种种消极影响对遗产造成了前所未有的损害。当然，不容忽视的是现代社会中的世界遗产更"易损"。现代社会中的城市化建设、人口膨胀、环境污染、生态破坏以及人们对经济利益的渴望等直接或间接导致自然灾害频发、地区冲突不断、遗产开发与保护的矛盾骤然升温，诸多因素给世界遗产带来被破坏、损毁的厄运。

二、旅游开发的适度和科学性

对世界遗产旅游可持续发展产生直接影响的是旅游开发。旅游开发的盲目、无序，会直接导致世界遗产被破坏，影响遗产旅游的可持续发展。

在世界遗产旅游开发的众多原则中，以下两个原则尤其重要：第一个原则是坚持开发适度，即要避免对遗产的过度旅游开发。《公约》将自然遗产分为自然景观、地质与低温结构、动植物生态区、天然名胜和自然区域等，这些都是在审美、科学、保护或自然美方面具有突出的普遍价值的，或者已被明确认定为受到威胁的区域。从生态系统的观点看来，地球上的森林、草原、荒漠、湿地、海洋、湖泊、河流等生物和非生物构成了生态系统。生态系统各种生物之间以及生物群落与其无机环境之间相互联系、相互制约，通过能量流动和物质循环构成一个统一整体。为了生存和繁衍，每一种生物都要从周围的环境吸取空气、水分、阳光、热量和营养物质；生物在生长、繁育和活动过程中又不断向周围环境释放和排泄各种物质，死亡后的残体也复归环境。经过长期的自然界演化，每个区域的生物和环境之间、生物与生物之间，都形成了一种不以人的意志为转移的相对稳定结构。自然遗产在生态系统中起着双重作用，既是维持生命活动的物质基础，又是能量的载体。没有物质，能量就不可能沿着食物链进行传递，生态系统物质循环就会受阻甚至中断。如果生态系统生物链被破坏，自然遗产减少的危害不仅关系到自然界的生态平衡，而且危及人类的生活和生产。因此，对世界自然遗产的旅游开发要适度，有的自然遗产地因过度开发，不仅严重破坏了自然遗产原有的自然风貌，也损害着自然界原有的生态平衡。1998年9月被联合国教科文组织官员批评的张家界武陵源风景区过度建设饭店和商业设施便是例证。而黄山风景区早在1987年就在全国首创了"景点封闭轮休"制度，20多年来，黄山相继对天都峰、莲花峰、始信峰、丹霞峰、狮子峰等核心热点景区执行为期2~4年不等的封闭轮休，促进了生态系统休养生息和景观资源的持续利用。

第二个原则是科学性，要严格按照国内外法规、准则，科学、合理、有序地进行旅游开发，坚决避免盲目开发、滥开发。根据国际社会对世界遗产保护的相关准则和《中华人民共和国文物保护法》，我国对世界文化遗产都要划分出核心保护范围和缓冲区，以确保对旅游开发行为的约束。如世界文化遗产故宫的保护范围为东、西、北至筒子河外沿墙，南至筒子河北沿墙及端门南墙，包括午门东、西朝房；缓冲区即北京皇城的保护规划范围。东至东黄（皇）城根，南至东、西长安街，西至西黄（皇）城根、灵镜胡同、府右街，北至平安大街。保护范围占地86公顷，缓冲区占地597公顷，共计683公顷。2005年被列入世界文化遗产名录的"澳门历史城区"，也依法划分出两个缓冲区，以对其进行特别保护。缓冲区分为两个区域：第一缓冲区由澳门妈阁庙开始，把原来的港口与城市中心连接起来；第二缓冲区则以东望洋山为中心，东起海边马路，西至东望洋街，南起加思栏马路，北至士多纽拜斯大马路。但实际情况是，有不少世界文化遗产并没有划定核心保护范围和缓冲区域，或者是划分了区域但并没有严格执行。联合国教科文组织专家对我国遗产景区的评价是：景点之内美极了，景点之间丑极了。这也道出我国部分世界遗产地在旅游开发中的无序状态。

三、遗产展示与遗产教育

（一）遗产展示

1. 遗产展示的重要性

世界遗产的价值主要是通过遗产旅游中的展示服务实现的。通过对遗产合理、有效地进行展示，对游客和所有公众开展积极的遗产教育，从而实现世界遗产和遗产旅游的可持续发展。如针对世界文化遗产，其展示是文化遗产保护工作中的重要组成部分，直接关系到文化遗产的保存、保护和社会价值的实现。遗产展示对文化遗产的保护方式方法、材料及最终效果和长期影响等起决定性作用。同时，有效的文化遗产展示能充分展现文化遗产的内涵，使公众全面了解文化遗产，提高文化遗产保护意识，是实现文化遗产价值共享的最直接、有效的途径。1990 年国际古迹遗址理事会在洛桑通过的《考古遗产保护与管理宪章》也从另一角度表明了展示的重要性："向民众展出考古遗产是促进了解现代社会起源和发展的至关重要的方法。同时，它也是促进了解对其进行保护需要的最重要的方法。"

2. 文化遗产展示的要求

2008 年国际古迹遗址理事会在加拿大魁北克通过了《文化遗产地解说与展陈宪章》（以下简称《宪章》）。《宪章》视"解说（Interpretation）、展示（Presentation）"为文化遗产保护和管理的重要组成部分。文化遗产地展示是指一切可能的可提高公众意识、增强公众对文化遗产地理解的活动，展示要坚持真实性和可达性的原则。其中，"真实性"要求遗产展示必须忠实地呈现和诠释文化遗产中与文化价值有关的部分；"可达性"要求由经过专门培训的导游和专业人士向来访者进行有关场所历史文化信息的介绍。

3. 遗产展示的主要方式

一般说来，遗产展示方式大致可概括为三类：①图文展示，即景区的旅游手册、旅游地图、各类遗产景点标识等；②口头解说，即导游讲解；③音像展示，即采用幻灯片、影片、数字虚拟成像等方式。遗产景区在图文展示方面，要力图向游客传递真实、完整、丰富的遗产知识信息；在音像展示方面，要根据遗产特点，选择采用幻灯片、影片、数字虚拟成像等技术手段。敦煌研究院就利用数字虚拟成像技术实现了对壁画和雕塑中难以观赏的细部的展示，是值得推荐的方式。这不仅提高了遗产展示效果，又避免游客直接接触遗产，更能保护遗产。而口头解说（主要指导游讲解）是遗产地诠释、展示的重要手段之一，因为导游讲解可以提供的信息量最大，最具针对性、可交流性和可接受性，因而它在三类展示方式中是最为重要的。通过导游讲解，可使游客透过遗产的物质形态，了解遗产所承载的真实的、丰富的科学知识和历史文化内涵。林美珍、黄远水等认为："真实性是游客渴望得到、并积极追求的一种经历，这种经历被认为是反映真实的、不掺假的目的地的日常生活，或者能够让游客接触这种生活。"但导游在对文化遗产的诠释中，对严肃历史经典作大众化、虚拟化的改变和处理，这种经典与通俗之间的等级消解，事实上淡化了以文化遗产为代表的经典文化应有的认知功能、教育功能，甚至严格的审美功能，削弱了对人文关怀、心灵升华的执著，而强化了它的感官刺激功能、游戏娱乐功能。遗产地的旅游发展要做到开发与保护的双赢，就需要从遗产资源的内在文化本源出发，还原游客一个真实的遗产形象。

（二）遗产教育

遗产教育，实质就是通过营造和构建良好的遗产旅游环境，通过有效的遗产展示手段，使游客在旅游中理解现象、获取知识和提升自我。遗产教育不仅可使旅游者获取遗产相关的知识，而且能起到引导游客在遗产地的行为的作用，通过激发游客在旅游过程中保护环境、保护文化遗产的自觉性，使之形成正确的态度和行为。遗产教育的最终目的是培养富有责任感的积极主动型游客，实现遗产旅游的可持续发展。

人类学家、国家地理研究员 Elizabeth Lindsey 说：世界遗产是地球的 DNA、人类发展的历程，我们不能失去它。整个世界有无数饱含知识的文化、自然以及非物质文化遗产，它们是地球和人类过去与未来之间的联系。它们都非常强大，同时又很脆弱。有些遗产正在消失，这是那些非常灿烂的技术、科学和智慧快速消亡的证据。一位长者的逝世，一处遗产的衰亡，如同一座图书馆被焚毁。目前，世界遗产受到的破坏，就仿佛全世界的图书馆都着火了！

我国迅速崛起的大众旅游日益泛化，遗产旅游并未发挥其应有的环境保护和环境教育功能，反而被屡亮黄牌，究其原因，环境教育的严重缺失是重要因素。环境教育的缺失又缘于环境教育的政策制定、经费保障、人力资源支撑、教育模式选择、效果评估等深层次原因，而最直接的原因则是人们对世界遗产的认知缺失。我国世界遗产资源丰富，总量位居世界前列，但却如尘封的故纸堆一般被束之高阁，大部分游客只知其名，不识其内涵。我国关于世界遗产的研究成果显著，但与旅游活动和游客需求关联甚微。研究与市场的脱节，大大削弱了世界遗产的教育功能。在目前的遗产旅游中，世界遗产的名号提高了遗产地知名度、资源级别和可达性，改善了旅游环境和基础设施，但在游客体验中并未获得太多好评；再加之遗产地的开发、保护和管理对旅游形式的限制，使遗产地最终沦为高级别的观光旅游地。

拓展阅读

穿在身上的遗产　融入心灵的热爱
—— 北京市将文化遗产教育引入通用技术课程改革纪实

6月1日，北京历代帝王庙。一场别开生面的服装表演正在这里举行。所有的模特都是高中生，所有的服装都以纸为原料，所有服饰上都展现出文化遗产的元素和魅力。

近日，由联合国教科文组织全国委员会、北京市基础教育研究中心以及世界遗产青少年教育中心主办，以"文化遗产绽放"为主题的2013年北京市中学生通用技术课程纸艺服装设计作品展示活动举行，北京市12个区县的80多所中学参与，600多名师生设计出300多套纸艺服装，全面展现文化遗产与青春时尚融合的魅力。

纸艺服装缘何跟文化遗产结合在一起，为何会有这么多高中生热衷于这项活动？这一切都源于北京市将文化遗产教育和纸艺服装设计融合起来，以此为载体推进通用技术课程改革。

通用技术课焕发文化生机

通用技术课程无关高考，学生不爱学，教师处于边缘状态，教得没自信，怎么办？

世界文化遗产教育进校园，学校领导不重视，学生实践又缺乏有效载体，又该怎么办？

这两个看似并不相关的问题，却在同时作为北京师范大学附属实验中学名誉校长、世界遗产青少年教育中心主任袁爱俊那里联系在了一起。正是在袁爱俊的大力倡导和推动下，世界遗产教育和通用技术课、纸艺服装设计融为一体，成为如今风靡北京市80多所中学的高中生爱学、教师乐教的课程。

"将文化遗产教育融入通用技术课程，让学生在设计纸艺服装的过程中感悟文化，关注文化遗产，既解决了通用技术课程改革的难题，让教师、课程都去边缘化；同时也让学生有了社会实践的空间，找到文化自信和文化自觉，体现出立德树人的教育功能。"在袁爱俊看来，这是一件一举多得的好事。

2006年，北师大附属实验中学率先启动世界遗产教育，在课程和活动中渗透世界遗产教育。正是在那个时候，该校开始将世界遗产教育纳入通用技术课程的改革探索。

这项改革探索的教师——如今已成为北京通用技术课改革先锋的岳云霞告诉记者，通用技术课应当突破狭隘的劳技概念，让技术课程兼具艺术的美感、文化的底蕴，这样才能实现通用技术课程纲领要求的对学生实践能力和综合素质的提升。

为此，岳云霞和学校的其他教师改变以往劳技课单纯进行服装剪裁的教学方法和内容，引入设计和文化理念，进行以文化遗产为主题的纸艺服装设计，产生了意想不到的效果。

通用技术课的内涵更丰富了，量体裁衣、穿针引线成为最后的展示。课程最开始是对世界遗产的探索和学习，教师和学生一起去找资料、实地考察文化遗产，领悟文化遗产的魅力；然后是在文化传承基础上的再创作，学生的创意火花在课堂讨论、手稿修改过程中不断碰撞、激发，在这个过程中，学生的思维、创造能力得到显著提升。

学生爱上通用技术课了。"以前是老师在课堂上等学生，学生迟迟不来。现在是一到放学时间，学生就到通用技术课教室讨论、研究，很多学生都对通用技术课产生了浓厚的兴趣。"岳云霞说，她从课程改革中，收获了作为一名教师的幸福感和成就感。

带动一批教师和学校改革探索

将纸艺服装与世界遗产相结合的通用技术课程改革探索，很快引起了北京市教育主管部门和其他中学的关注。

北京市基础教育研究中心党委书记赵保军评价说，这种创新实践，突破了技术课程的局限，整合了社会实践，结合语文、地理、美术等学科知识，是在通用技术课中推行素质教育的典范。

很快，北京市基础教育研究中心将纸艺服装与世界遗产教育结合的改革探索作为试点，给予政策支持和资源帮扶，以通用技术课改革课题的形式在全市 60 多所中小学推广，顺势推出全市的纸艺服装展演活动，带动了一批教师和学校开展通用技术课的改革探索。北京市很多学校都刮起一股"纸艺服装设计"的时尚风。

"将世界遗产概念引入通用技术课，促使教师不断从知识储备、文化素养等方面完善自我，从技艺传授者变成文化传递者，从手工指导到精神引领，不少教师自身的才华被激发，生命活力被调动，不仅取得自我认同，也得到学生的喜爱和尊重。"袁爱俊说。

目前，北京市已有一批学校开设纸艺服装设计的课程或活动，将其作为实践素质教育的特色办学项目，受到了教师和学生的普遍欢迎。

在袁爱俊看来，这是一个可喜的变化。"只有文化真正进入学校，才能形成比分数和知识更强大的力量，去冲击只以知识灌输为主的教育。"袁爱俊说，"将文化遗产教育渗透到学校中，在教育中体现文化品位和文化自觉，才能让学生得到文化的'母乳'，成为中华文明的传承和创新者。"

培养一群有文化自觉的学生

世界遗产教育同样为学生打开了一扇窗。今年的北京市中学生纸艺服装设计大赛上，北京市第十八中学的设计作品《古·今》作为压轴出场，惊艳全场。

"主题灵感主要来源于我国篆刻中的阴阳刻，不仅结合了中国传统的五神兽，同时还融入了未来的设计理念。尚古这一系列主要突出的是古典美，承今这个系列极具未来科幻色彩，大面积使用堆叠、褶皱、折纸等手法力图表现出篆刻的阳刻效果。"设计师之一的北京市第十八中学高二学生朱美瑄说。朱美瑄去年就参加了纸艺服装大赛，她说自己的梦想是做"顶级服装设计师"，在服装中融入中国传统文化，让中国的服装更时尚。

在以世界遗产为主题的纸艺服装设计课程中，学生完全走进了世界遗产，去欣赏、去揣摩，并提炼精华转化到服装设计中。他们攀登长城，走进故宫，学习剪纸，研究青铜与瓷器，在潜移默化中体会世界遗产的价值。而当他们把世界遗产的元素和内容融入纸艺服装设计时，世界遗产也不再是与他们无关的文物，而成为融入心灵的文明记忆。

"这个过程中，青年学生不再是被动的旁观者，而变成了主动的参与者和积极的传承者，这在很大程度上有利于文化遗产的保护和传承、创新。完全可以这么认为，年轻的生命便在古老的文明中变得饱满，飞扬的青春也因为无限的创造而精彩纷呈。"袁爱俊说，"依托世界遗产教育，深化通用技术课程改革，用文化涵养生命，做有功德的教育，成就的不只是教师和学生，还有文化的未来。"

资料来源：李凌. 穿在身上的遗产 融入心灵的热爱 [M]. 中国教育报，2013-06-27 (3).

第三节　中国的世界遗产旅游可持续发展

一、遗产旅游可持续发展中存在的问题

自20世纪80年代以来，我国的世界遗产就因其在历史、科学、艺术、美学、建筑、生态、民族等诸多方面所蕴藏的突出的普遍价值而成为倍受海内外人士青睐的旅游热点。但在我国遗产旅游持续火爆的背后，还存在着遗产旅游开发、遗产管理等诸多方面的问题。

（一）不合理的遗产旅游开发

1. 超载开发

我国世界遗产地的数量虽然名列世界第二，仅次于意大利，但依然是世界级旅游资源非常有限的国家。以2014年我国和意大利的遗产总数为计算基础，我国世界遗产每百万人人均占有量仅为0.036处，而意大利则为0.83处，如此微弱的

人均配额，遗产地旅游接待压力之大是可想而知的。世界遗产地脆弱的自然、人文生态环境与旅游需求的快速扩张形成强烈的反差，为了追逐可观的旅游经济收益，部分遗产地不顾过多游客涌入可能给遗产带来的破坏而超载开发遗产旅游。超载开发主要是指超越了历史建筑环境承载力的开发，包括建设性超载和使用性超载两种类型，即谢凝高教授提出的屋满为患和人满为患。从遗产旅游的角度讲，超载开发主要指使用性超载（人满为患）造成的旅游地的过度利用和拥挤常态，表明旅游消费的激增与膨胀对于历史建筑及其环境的破坏程度。旅游业发展具有明显的季节性特点，季节性饱和的原因在于旅游需求在时间上的分布不平衡。在旅游旺季，大量旅游者涌入旅游景区，带来经济利益的同时也导致景区环境短期内超负荷运转，给遗产旅游的远期发展埋下了隐患。而非季节性饱和则是因为旅游供给的长期不足而引起的，也可以说是由于旅游需求的长期过量而造成的。

按照国家旅游局 2000 年 8 月对景区景点的测算，北京故宫的日最佳接待量为 3 万人次。但在节假日里，故宫的实际接待游客量为 4 万～10 万人次/日。超载开发对于遗产旅游的影响最直接的体现就是加重遗产旅游原生环境的承载负担，如故宫地面砖石的磨损速度加快、御花园土地日趋板结、空气污浊、古树名木寿命折损等。只顾吸引游人赢得短期经济利益，却不顾遗产地环境的旅游容量，这种急功近利、涸泽而渔的做法一方面不利于旅游业的长期发展，另一方面也危及历史建筑的保护。

2. 无序开发

联合国教科文组织世界遗产保护中心主任巴达兰对我国的世界遗产曾做过这样的评价：中国的世界遗产面临的最主要的问题是旅游业过度而无序的开发，以至于危及遗产本身。我国世界遗产资源的旅游开发或缺乏总体规划与分工，或没有严格按照旅游规划执行，致使部分世界遗产景区内部"城市化"现象严重，如黄山增设的索道、修建的宾馆、局部景区的人工化，使得黄山的独特魅力大打折扣；皖南西递村和宏村，林立的店铺让人仿佛置身商业城，使其田园古村落原貌大大退化；在丽江，1 500 家商铺分布在古城核心区，浓烈的商业气息与古城原有的文化氛围格格不入；山西大同市用 5 亿元在云冈石窟周围打造购物街和大型水面工程。此外，遗产景区也常常违反景区外围应修建保护地带的要求，盲目追求现代化，从而造成世界遗产景观"孤岛化"，如承德避暑山庄（与外八庙），由于城市用地的急剧膨胀，工业、牧业的不合理发展导致遗产景区外围的森林景观衰败，山庄内泉水枯竭，母亲河——武烈河更是水量锐减、垃圾成堆、污水横流，几乎成了垃圾场、臭水沟。昔日"自有山川开北极，天然风景胜西湖"的避暑山庄，如今俨然也沦为现代城市所包围的"孤岛"，旅游的"泛开发、滥开发"和开发建设的无序状态破坏了遗产资源的原真性和完整性，造成了旅游市场的混乱，严重影响到旅游的可持续发展。

285

3. 错位开发

据中国社科院环境与发展研究中心的一份报告显示，我国的世界遗产在进行旅游开发时，都不同程度地存在着人工化、城市化、商业化的倾向。人们无视世界遗产的功能、性质而进行的非理性开发，致使遗产景区的自然美学价值大为降低，世界遗产旅游可持续发展受到严峻挑战。就当前而言，世界遗产的错位开发主要表现在四个方面：一是功能错位，即把世界遗产的精神文化功能改变为经济功能，在旅游开发时只注重遗产的经济功能，忽视其精神文化功能；二是性质错位，将世界遗产等同于一般的旅游资源，开发时没有充分发挥世界遗产资源的独特价值；三是空间错位，即在遗产保护区内大搞经济开发，不少遗产地的核心景区被大量的宾馆、商店、索道、饭店、人造景点所占据，极大地破坏了世界遗产的原真性和完整性；四是政府角色错位，有的地方政府在旅游开发过程中扮演了错误的角色，置国家有关规定于不顾，盲目迁就开发商利益，致使不少珍稀的世界遗产由"传家宝"异化为"吸金石"。

4. 破坏性开发

旅游开发实质上就是在自然山水和人文建筑等资源的基础上添加些人工建筑，使之适应旅游活动开展的需要。当这种添加与原有景观的美学特征相悖时，就会对旅游资源本身产生破坏作用。就世界遗产而言，旅游开发所导致的破坏主要包括三个方面：一是直接拆毁或不当占用遗产资源。如泰山在修建中天门索道时，大面积炸山，炸掉了月观峰峰面的1/3，裸露的白色山体使巍峨壮观的泰山南天门变得满目疮痍。二是对遗产景观周遭环境的破坏。如中国四大名园之一的苏州拙政园，周围盖了6个工厂，烟囱、水塔、高楼等建筑挡住了人们的视线，破坏了景观的整体效果，站在园内已无法看见雄伟挺拔的北寺塔。三是对世界遗产原有意境的破坏。在泰山中轴线上下往复的索道，破坏了从岱庙、中天门到南天门的三重空间一条轴线、逐步升天的意境，这不仅是一般意义的对泰山机体的破坏，更影响了游人对泰山意境的解读。不仅如此，泰山的景点和摩崖石刻，2/3以上分布在南天门以下，岱顶不到1/3。如今乘汽车到中天门，坐缆车到岱顶，完全体验不到泰山的价值，"索道上，索道下，索然无味"。

除此以外，我国世界遗产的旅游开发多停留在传统的观赏性阶段，忽视参与性项目的设置和开发，导致一次性游客较多，而回头客很少。遗产景区半年接待半年闲，忙时人满为患，超负荷接待；而闲时则设施空置，门可罗雀，经济效益和综合效益均不高。

（二）经营管理较混乱和滞后

我国的世界遗产旅游发展日新月异，但就遗产旅游资源管理而言，由于受中国社会经济转型期的影响，仍存在着管理力度不够、行业管理的体制尚未理顺、对行业管理的方式和手段认识不清以致管理水平不高等问题。其具体表现为如下3

个问题：

1. 管理体制存在弊端

第一，从宏观上看，缺少一个强有力的、能够总揽全局的遗产管理机构，缺乏清晰、明确、统一的管理目标，管理部门间各自为政，缺乏沟通和合作。第二，从微观上看，表现为职能重叠，即风景名胜区、自然保护区、森林公园、重点文物保护单位等的管理边界交叉重叠，经常出现政策冲突、互相扯皮的情况。这种"界权分离"不仅造成管理效率低下，而且容易滋生各种矛盾和问题。如张家界的"天下第一梯"是由建设部单方面批准建设的；庐山景区分属几个部门管理，造成游览整个景区需多次购买门票。第三，管理和经营之间的矛盾日益尖锐。不可否认，当前对地方政绩以经济为主的考核标准，造成了部分地方政府领导更关注任期内地方的经济效益。这使得地方政府参与遗产旅游开发与经营时，管理者与经营者角色不明晰；而一旦政府监督职责缺位，必给遗产的可持续发展带来诸多困难。

2. 管理水平有待提高

美国的国家公园体系建立了完整的管理标准体系，涉及国家公园管理的方方面面，使得国家公园的管理者遇到任何事情都有据可依，避免了管理的随意性和盲目性。反观我国的情况，旅游环境质量管理体系没有明确的测量指标，相应的遗产旅游地管理法规不健全，在遗产旅游管理的电子化、信息化、网络化运用程度方面，技术还有待提高。此外，从业人员素质偏低，缺乏创新意识，市场营销观念淡漠，加上执法力度不强、市场管理不力，欺客、宰客、不守信用的现象时有发生，极大影响了世界遗产地的形象，弱化了旅游者的逗留意愿，不利于遗产旅游的可持续发展。

遗产旅游管理，既不同于一般遗产保护，更不同于一般旅游管理。为全面发挥和实现遗产旅游的文化、政治、社会和经济效能，一定要在原真性和完整性的基础上实施对遗产地的规划、建设和管理。这里最重要的问题是遗产管理者和旅游经营者的相关知识与能力，这一点也是我国遗产旅游业最为欠缺的地方。我国遗产保护界的工作，大多止于遗产保护，无意也无力进入遗产旅游领域。我国旅游界，基本包揽了遗产旅游的规划建设和管理，然而他们并不真正懂得遗产。这一状况同样反映于相关政府部门的行为中。文物部门迄今不重视包括遗产旅游在内的遗产产业；而旅游部门则绕开国内遗产法规和国际遗产公约，对作为旅游景区的遗产地保护，自设标准，如《旅游景区质量等级的划分与评定》国家标准（GB/T17775-2003）。由此可见，我国的遗产保护与遗产旅游、遗产界与旅游界、遗产部门与旅游部门是脱节的。我国遗产旅游发生的几乎所有问题，比如，遗产地旅游规划，遗产地的修复和重建，遗产地景区的改建、扩建和新建，对遗产地景区的"环景"（Setting）处理，遗产地展示方案设计，遗产地命名，遗产地与原住民社区的关系，等等，无不缘于此。这说明我国遗产界和旅游界均缺乏单独从事遗产旅游的知识与能力。武当山火灾发生后，教科文组织驻北京代表处的官员曾建议我国暂缓申报新项目。此外，这位官员还指出，出现以上问题和我国世界遗产专家没能参与高层管理有关。

3. 管理资金缺口较大

世界遗产不同于一般的旅游资源，其管理和保护是一项技术要求很高的工作，需要强有力的资金做后盾。然而与国外相比，我国的遗产旅游资源管理长期处于资金严重不足的状态，旅游日常管理工作已捉襟见肘，其可持续发展更是无从谈起。中央投入遗产旅游资源管理的资金较少。这是我国世界遗产旅游资源管理资金不到位的首要原因。2003—2009年，美国每年投入在国家公园体系上的财政资金，平均折合为209.4亿元；而我国在中国风景名胜区的财政投入为0.2亿元，其中世界遗产仅为0.085亿元，占美国的0.04%。为保护文化遗产，意大利政府近年来平均每年的遗产保护经费约为40亿～45亿欧元（约合人民币400亿元）；法国文化部属下有两个有关文化遗产的管理局：博物馆事业管理局和建筑与文化遗产管理局，2003年仅建筑与文化遗产管理局的预算就达到51.14亿欧元（约合人民币480亿元），其中地方政府支出的保护经费比中央政府要多出近20%。在我国，中央平均每年的文物保护资金预算在25亿元人民币左右（包括国家文物局、国家发展与改革委员会和财政部），从地方来看，上海每年约1亿元，大部分省市平均每年还不到1亿元，少的只有一两千万元，全国平均每年文物保护经费总共也只有40亿～45亿元（陈凌云，2003），远远低于西方发达国家。

如此微薄的资金投入难以确保遗产资源管理工作的顺利进行，因而不可避免地出现一些掠夺性经营的短视行为，门票不断提价，旅游者越来越多却不采取措施，在保护和管理上漏洞百出，旅游收入很少用于世界遗产资源保护。我国国家级重点风景名胜区尤其是世界遗产景区的门票收入是十分可观的。但遗憾的是，这些经费很少用于遗产旅游资源的修葺和维护，而设立世界遗产资源专项保护基金的景区更是少之又少。这种"竭泽而渔"的做法，无疑在扼杀世界遗产旅游可持续发展的可能性。

（三）旅游文化品位不高，可持续发展的软环境亟待改善

在外来文化和现代文明的巨大冲击下，一些世界遗产地民族文化的独特性和多样性受到冲击。一些地方在旅游发展过程中常常摒弃珍贵的民族文化和特色，忽视资源特有的文化价值，对传统文化缺乏有效的保护和继承，使一些珍贵的文化资源面临退化和消失的危机；粗制滥造的旅游商品比比皆是，反映世界遗产地地方特色的旅游商品则极度匮乏，深厚的东方文化底蕴亟待发掘整理。此外，有些世界遗产地还将古朴的民俗文化、民族风情、肃穆的宗教仪式包装成粗俗的商业性表演，原有的文化价值被商业价值所取代，适合旅游者需要的、参与性强的、

健康向上的、富有民族特色的晚间娱乐活动严重不足，不能满足多层次旅游市场的需要。旅游者面对这样的旅游产品感受不到有益的教育和熏陶，这便无法充分发挥世界遗产旅游的文化教育功能。

二、遗产旅游可持续发展存在问题的原因

我国世界遗产旅游发展中存在的诸多问题，其产生的原因是多方面的，既有客观经济条件和制度规范方面的原因，也有意识形态方面的原因，概括起来主要包括以下几方面：

（一）观念上存在误区

我国世界遗产的旅游可持续发展之所以举步维艰，关键就在于观念上存在误区。首先，人们对世界遗产仍缺乏客观正确的认识。通过对《公约》的解读，我们可清晰地认识到，授予具有突出和普遍价值的文物古迹、自然景观以世界遗产的头衔，目的是保证这类财产得到保护、保存、展出或恢复。世界遗产是全人类共同的财富，对全世界人民很重要，整个国际社会都有责任合作起来予以保护。因此，对世界遗产的保护不应是一国或一地区之责任，对世界遗产的旅游开发也不应该是遗产国或遗产所在地的独自"处置"权利。我们需再次强调，申报世界遗产，目的并不是为了获得经济利益，而是要让它世代传承、永续利用。其次，人们并未充分认识到世界遗产作为旅游资源的特殊性。世界遗产地既不是原始的禁区，更不是热闹的娱乐场所，而是能够彰显一个国家辉煌历史和生态文明的最佳代表，是科学教育和爱国主义教育的基地，是祖宗传承给子孙万代的宝贵财富。这是世界遗产地与一般的保护区、普通的旅游区的根本区别。然而，在实际的旅游活动中，许多游客的遗产保护意识不足，几乎不具备长远观点、整体观点，只享欣赏之权，不顾保护之责；一些单位、小团体和个人"商品"意识较浓，只想从世界遗产中得到好处而不管资源破坏与否，更不管环境效益和社会效益如何，致使世界遗产资源面临高压力、高损耗和高破坏性的威胁，难以实现可持续发展。最后，国民尚未树立遗产旅游可持续发展的思想。我国在文明和个人素质方面的教育相对薄弱，再加上可持续发展观念尚未深入人心，使得在旅游过程中，淡薄的环境意识与不文明行为并存。就大多数旅游者而言，其自觉的环境保护意识尚显缺乏，高密度的旅游人流和大量的不文明旅游行为对环境造成的破坏比较普遍，如攀登、乱丢垃圾、乱刻乱画等；同时，不少旅游经营者也未秉持可持续发展观念，卫生、安全、保护意识较差，服务水平低，不能合理地规范和引导旅游者的不良行为。这些因素都使得我国世界遗产旅游的发展面临着十分严峻的形势。

（二）经济利益的驱动

我国世界遗产的属地化管理原则，决定了地方政府及相关部门在世界遗产旅

游发展中的主导作用。从 20 世纪 90 年代开始，我国大多数省、市、自治区把旅游作为支柱产业、龙头产业给予政策和资金扶持，世界遗产成了招揽游人的"金字招牌"。不可否认，借助世界遗产对旅游市场的强大吸引力，地方经济在旅游业的带动下实现快速发展。据统计，1990 年黄山成功入选世界双遗产名录，游客量由原来每年数万人次增至 100 多万人次，旅游收入每年达数亿元；平遥古城 1997 年被列入《世界遗产名录》，1998 年门票收入由申报前的 18 万元一跃至 500 多万元，是列入名录前的 30 倍；丽江古城 1997 年"申遗"成功，3 年后旅游综合收入达到 13.44 亿元，以旅游为核心的第三产业收入占到丽江辖区内生产总值的50%。但是，部分地方政府存在的狭隘的、短期的、局部的经济利益观，为了追求政绩而乱批、乱上项目，重发展、轻保护，重短期利益、轻长远利益，重局部利益、轻全局利益，置国家有关规定于不顾，盲目崇拜市场作用，迁就开发商利益，将保护单位边界内部的世界遗产当作"摇钱树""印钞机"，而不是"牵引机"，以此换取地方经济一时的发展和繁荣。结果不仅使得世界遗产受损严重，而且也会使当地社会经济最终蒙受损失。而一些依托世界遗产资源发展的企业，在这种以经济利益为首位的政策导向指引下，也将世界遗产资源看作"吸金石""聚宝盆"，只看重遗产的经济价值，单纯为了利用而开发，不注重世界遗产的妥善保护，导致世界遗产地城市化、商业化、人工化倾向严重，原真性与完整性受损。这极大地影响了世界遗产的旅游可持续发展。

(三) 相关的法律法规体系尚未完善

经过多年的努力，我国虽然已经建立起保护遗产旅游资源的法律体系，但现有的法规体系并不完善，主要表现在：第一，国家遗产旅游立法明显滞后于遗产旅游的发展。严格意义上讲，我国并无针对遗产旅游的专项法律，有关世界遗产的法律法规主要有《中华人民共和国文物保护法》《中华人民共和国非物质文化遗产法》和《中华人民共和国自然保护区条例》等，2013 年通过的《中华人民共和国旅游法》也未对世界遗产地的旅游开发做出规定。第二，现行法律规定内容不完善。相关的法律法规很少考虑遗产旅游资源的各种产权性质问题，如公有、混合产权、私有、习惯产权等，而不同性质的产权对遗产旅游管理方式及制度有着显著的影响；现行法律法规较少考虑现代遗产旅游服务及其经营等遗产旅游产业问题，而这是现代遗产旅游事业中一个新兴的极为重要的组成部分。第三，重法律而轻规章和标准，对于分属于不同类型的世界遗产资源的管理，其章程和标准体系还有待完善。第四，法律法规的可操作性和执法力度方面都有待加强。正是由于相关法律法规的缺陷，给唯利是图的开发商留下了可乘之机。他们把世界遗产资源完全等同于一般的经济资源，采取竭泽而渔的做法，使得世界遗产资源遭到不同程度破坏的现象时有发生，严重制约了世界遗产旅游的可持续发展。

●第四节　实现中国的世界遗产旅游可持续发展的途径与方法

一、调整世界遗产旅游的管理对象

由于遗产旅游在我国发展历程较短，加之遗产相关立法和遗产旅游市场的功利化倾向明显，导致我国在世界遗产旅游管理上存在诸多问题。其中，在世界遗产旅游管理对象上，我国长期以来的做法是围绕"遗产"本身管理，一定程度上忽视了对遗产游客的管理。

（一）遗产旅游者的特征

遗产旅游者不同于其他旅游者，他们有自己的特征。对遗产游客的管理，首先要了解他们的特征。

1. 人口统计特征

旅游经营者和旅游营销人员通常根据旅游者的人口统计特征、地理分布特征和消费心理特征等来为其产品和服务划分市场。人口统计特征有助于了解参加遗产旅游的旅游者类型。受教育程度、性别、年龄、收入水准以及工作类型等是遗产旅游管理者需要了解的最重要的旅游者因素。学者们普遍认为，这些信息有助于遗产旅游的经营者和营销人员根据总结出来的规律来确定和更好地满足消费者的意愿与需求，提高遗产旅游者的体验水平；同时，也有利于保护遗产。在受教育程度上，遗产旅游者似乎要高于一般公众。一项涉及 6 400 名受访者的调研结果显示（理查兹，1996），80%以上的欧洲文化与遗产旅游者拥有大专院校学历（大学、学院以及职业学校等），且其中将近 1/4 的人拥有研究生学历。教育可以被认为是一种可以提高人们对时间、地点、人物和事件的兴趣和了解程度的机制，而这种兴趣与了解程度的提高被证实是促使人们前往遗产地旅游的重要因素。在社会经济地位和职业上，由于遗产旅游者受教育程度较高，所以他们在经济状况方面要高于普通民众，并从事收入较高的工作。在 20 世纪 80 年代和 90 年代在北美和西欧进行的调查证实了这一结论。在性别上，有证据显示，参观游览遗产旅游景点的女性要多于男性。美国国家文物保护信托基金会所开展的研究证实了这一点，在参观该基金会下属各景点的游客中，有将近 70%的游客为女性。但需指出的是，在科技博物馆参观者的性别比例上，该结论并未得到证实。在年龄方面，遗产旅游者偏年轻。在欧洲旅游与休闲教育协会开展的调研的受访者中，35%以上的遗产旅游者年龄低于 30 岁，而仅有 20%的受访者年龄超过 50 岁。但不同类型的遗产旅游景点可能会存在差异。如山岳型的遗产更受年轻游客欢迎；带有宗教朝圣性质的遗产地颇受中老年人青睐。

2. 地理分布特征

一般可根据客源地或居住地来划分遗产旅游者。第一类旅游者是本地居民，他们就居住在遗产旅游景点附近并且其游览通常属于一日游。第二类是国内旅游者，他们参观遗产旅游景点并以某种住宿方式（其中包括住在亲戚朋友家）在遗产旅游地过夜。第三类是国际旅游者，他们通常是在旅行途中在某一遗产地停留并参观该地的遗产旅游景点，或是认为某一遗产旅游景点值得他们花时间参观并在该地的饭店或熟人家里住宿一晚。欧洲57%的遗产景点消费者是国际旅游者（理查兹，1996），国内旅游者占28%。在我国，目前遗产地的旅游者主要是国内，来自国外的游客所占比重小，但增长势头明显。

3. 消费心理特征

旅游目的地之间的发展差异是由其所吸引的旅游者类型所导致的（普罗格，1991）。根据消费心理范畴，旅游者可分为两种极端的类型，一种是保守稳妥型旅游者，另一种是冒险探索型旅游者。在遗产旅游中同样存在两种类型的旅游者，一类是游览大众旅行线路上的各城市以及其他典型的遗产旅游地，一类则游览欧洲教堂、非洲和南美洲热带雨林、玛雅文明和阿兹特克文明遗址。文化与遗产正在成为人们外出旅游的主要动机，存在具有不同消费心理且有待于得到满足的遗产旅游需求。

另外，遗产旅游者参观遗产景点的次数多于其他类型的旅游者，他们在旅游的次数方面，尤其是短期度假旅游方面通常会多于普通的民众；遗产旅游者的需求弹性会低于普通旅游者，受旅游费用的影响程度相对较小。遗产旅游者比传统的大众旅游者更能够设身处地地理解当地的习俗和环境；其度假时间更长、花费更多；他们倾向于入住饭店，而不是其他的住宿设施或住在亲戚朋友家；并且更喜欢购物，但在购物产品类型上，他们更多选择土特产。

（二）对遗产和游客的综合管理

要实现世界遗产旅游的可持续发展，关键是实施对遗产旅游的科学合理管理。

一方面，在对遗产本身的管理上，需树立正确的管理理念、制定科学管理标准。由于我国在向市场经济转轨过程中对许多问题的认识不一致，一直没有形成明确的遗产管理理念，表现在：最早只是重视遗产的科研与保护，片面强调为遗产界专家服务，导致文物经济功能发挥不足，在人财物投入不足的情况下还影响了公益功能的发挥。其后，随着经济体制改革，又开始片面强调发挥遗产的经济功能，忽视或弱化文化遗产的公益功能，造成遗产保护为经济建设、旅游开发让路。我国应借鉴西方成功经验，树立遗产管理"公益性"的理念，即遗产管理者大多以"管家"而非"所有者"定位，作为国家公共财产的管家或服务员，管理者只对遗产有照顾、维护的责任，而没有随意支配的权利。并在这种理念指导下，逐渐建立相应的管理机制、保障机制、经营机制、监督机制等，以保证遗产管理目标、能力与遗产管理理念相匹配。另外，我国遗产标准化管理尚未形成体系，国家相关部门需尽快做好调查和分析，以制定一个统一的全国性的遗产管理标准。标准化的管理思想即是科学管理的前身，在标准的限制下，才可以保证遗产保护行动和决策的客观性，体现科学、公正的原则，避免诸多主观性的错误。

另一方面，加强对遗产游客的管理。总体说来，遗产型景区游客管理的两大重要任务就是提高游客体验质量和引导游客履行责任。在引导游客履行责任方面，主要是通过遗产教育引导和直接约束游客行为来实现，培养游客的责任感和主人翁意识。遗产旅游者的行为包括决策行为和景区内的游览行为。在决策行为的管理方面，主要是通过真实有效的遗产景区信息，让游客认识到遗产的价值和遗产保护的重要性。在游客游览行为管理方面，主要的措施主要有以下三点：第一，直接管理策略。采用直接改变旅游者的意志和行为的管理方法，如限制利用量、限制某些类型的活动等。常用的方法是借助一定手段来限制游客触摸遗产资源以减少可能产生的损坏。如用绳子或栅栏把敏感保护区围起来；用绳索和锁链防止游客接触那些容易因游客过多而受到损坏的文物；在敏感遗产游览区设置监控；安排工作人员巡视；等等。需要指出的是，直接管理措施是破坏行为已经发生后的管理措施，往往具有滞后性，而且部分措施还会影响到游客的旅游体验，容易引来游客的抵触情绪，得不到理想的效果。第二，构建科学的解说系统。通过遗产景区的人工（常见的是导游讲解）和非人工型解说系统（展示与展品、宣传手册、地图、标志和电子语音讲解等），介绍遗产景点的价值，提高游客的参与程度，增加遗产游客的旅游体验；同时，解说系统还引导游客了解遗产景区的管理规范，阻止游客的不合适行为，减少游客对遗产资源的负面影响。需要注意的是解说系统设置的科学性，如宣传手册和游览指南的设计应该突出遗产型景区的其他特色，并且淡化对于那些最容易受到损坏的文物的宣传；充分解释诸如禁止触摸文物表面等不当行为的原因；提醒游客不当行为会被罚款的标志应采用礼貌、得体的措辞；等等。第三，培养思考型游客。莫斯卡多在1996年提出"思考型游客"这一概念。人们思考时就更加关注自己周围的世界，这是一种愿意接受外部信息并以不同的视角了解和认识世界的状态。这种状态有利于优化决策，增强健康和提高自尊程度。思考型游客在游览过程中处于思考状态，他们对周围的环境会变得更加敏感，更积极地去吸收历史信息，能够更好地亲自处理各种情况，从而能更好地了解和珍惜遗产资源。他们明白自身行为的后果，因此会最大限度身体力行地减少给遗产型景区带来的负面影响。为培养思考型游客，遗产型景区应做到以下几点：设计完善的游览线路，建立完善的标志系统，并考虑它们之间的协调互补性；设置多层次感官体验活动，丰富解说系统，提高游客的参与性；了解并尊重游客。

柬埔寨吴哥窟的遗产旅游管理就是例证。国际社会对柬埔寨吴哥古迹文化和旅游价值的认识越来越深入，导致了参观者数量空前增长，由此导致的过度旅游开发使吴哥古迹一度被联合国教科文组织列为濒危世界遗产名录。为解除威胁，当地政府和相关专家提出了吴哥古迹的旅游和遗产管理方案，在方案中谈到了遗产管理涉及的诸多问题，例如：如何管理数量不断增长的游客？如何维护遗址的生态水文？如何同时考虑旅游发展和社区的需要等？方案提出了增加积极的游客体验、减少游客与遗产保护的矛盾、改善旅游业、让本地人受益、政府管理、利益相关者管理等内容。增加积极的游客体验包括增加宗庙和传统文化体验、增加每位游客的消费、为游客提供更全面的信息、关注游客的满意度等；减少游客与遗产保护的矛盾包括对高棉遗址和庙宇游客承载量的评估、多样化的游客体验、整合庙宇管理、管理游客行为和流动等。

二、正确处理三对关系

（一）遗产保护与旅游开发的关系

关于遗产保护与遗产旅游的关系，保护无疑是前提，遗产是旅游赖以实施的平台。一方面，遗产资源的唯一性和稀缺性是必不可少的旅游吸引物和旅游发展基础；另一方面，遗产的保护对旅游发展的规模和方式有严格的要求，过度的旅游开发对遗产保护会造成巨大的威胁。没有遗产保护，则旅游无资源；没有保护的约束，则旅游管理无正确指南，经营无正确标准。同样，遗产保护不能排斥而应充分利用旅游，因为通过旅游，才能有效展示和传播遗产的文化价值，才能实现遗产保护理应承担的文化、社会、政治和经济使命，也才能更有助于遗产保护。

正确处理遗产保护与遗产旅游的关系，关键是树立"保护为主，开发为辅"的观念。遗产旅游出现的两个主要原因是：一是现代社会的生产生活方式使遗产具有了独特的使用价值，二是历史文化和自然资源的稀缺性。由于旅游景区对于不同的利益相关者的使用价值不同，导致不同的使用方式带来的受益主体和受损主体在时间和空间上的不重合。当前，我国遗产旅游资源也并非处于完全原生的环境状态，遗产旅游的发展依然处在一个上升的阶段。资源开发要求合理有效，首要一点就是开发观念的更新，正确区分资源与产品，把遗产资源的保护放在首位。

（二）遗产旅游开发与社区居民参与的关系

要处理好遗产旅游开发与社区居民参与的关系，基础是正确理解世界遗产的内涵。根据《保护世界文化遗产和自然遗产公约》，世界遗产是指被联合国教科文组织和世界遗产委员会确认的人类罕见的、目前无法替代的财富，是全人类公认的具有突出意义和普遍价值的文物古迹及自然景观。换句话说，一国的世界遗产不是属于当地政府、甚至旅游者或旅游开发商的，而是属于该国所有人民、属于全世界人民的。因此，从根本上讲，遗产旅游开发离不开社区居民的参与。

社区居民是遗产的主人，对遗产地资源和文化有着丰富的知识和经验，也是在遗产旅游发展过程中受影响最大的群体。尽管如此，社区的利益却常常在遗产旅游发展中被忽视。长期以来，我国遗产地的保护十分注重政府直接领导下的管理作用，是一种封闭式管理。遗产地在保护与开发过程中几乎排斥了外界的"干扰"，因此遗产地内的居民被强制性迁出。遗产资源一旦被"圈地"保护，任何人都不得进入。这导致了遗产地周边社区居民的强烈不满，遗产管理方与社区居民的冲突频繁发生。实际上，任何遗产地的资源都是与地方特有的环境、文化紧密相连的，排斥社区居民的关注，忽视社区居民的利益，都不利于遗产资源的有效保护和发展。

1. 正确认识社区居民对遗产旅游发展的作用

重视社区参与在遗产地旅游发展中的作用，是遗产地可持续发展、协调发展的重要因素。首先，社区居民创造的社区文化是遗产地活的资源，为遗产地旅游产品的设计创新注入了生机与活力。许多遗产地的旅游资源都是由当地居民创造而成的，如闽南的客家土楼、桂林龙胜的龙脊梯田以及丽江、平遥的民居，都是当地居民经过长期的劳动并结合实地条件而产生的智慧结晶。社区居民特有的类似摩梭人"走婚"、藏族"转山"、苗族"飞歌"、侗族"大歌"、傣族"泼水节"以及彝族"火把节"的生活习俗等，是一种体现当地人文特色的旅游资源。此外，社区居民特有的生产生活方式，如他们的农耕文化、渔业文明、牧业生产等，以及人们生活的建筑、服饰、语言、习俗、礼仪等，都是社区特有文化的表现形式。这些文化形式和社区人民的好客风尚是吸引游客进入旅游地的重要因素，为遗产地资源起到良好的维护和传播作用。其次，让社区居民参与旅游发展，可以监督旅游开发商和其他地区的保护行为，共同维护遗产地景区的自然度、美感度、灵感度，形成对景区人工化、商业化、城市化行动的抵制力量。最后，社区居民的参与对资源的保护和开发可起到良好的示范作用。遗产地的社区居民一旦认同管理部门和旅游开发者的角色，就会珍爱自己所生活的环境，珍惜遗产资源及旅游为他们带来的机会，尊重每一位来这里的游客。同时，他们会以无比的热情参与到旅游发展的大潮流中来，积极配合，主动表现出对资源的保护，并为游客和其他地区的人们做出良好的示范作用。

2. 强化社区参与在遗产旅游开发中的作用的建议

（1）建立社区协调发展机制，有效协调各方利益

其一，以遗产保护为核心，以社区发展为宗旨，制定严格的世界遗产保护规划，并将其纳入当地的土地利用总体规划、城市和村镇建设规划等。其二，合理规划遗产地的保护和开发利用范围，建立不同的分区目标体系；在有效保护和科

学开发的前提下，推动社区社会、经济、生态的全面协调发展。其三，平衡各利益体的关系。平衡外来经营者、景区开发商和社区经营者（居民）三类主要经营群体的利益，发挥社区居民在数量上的主体职能，在设计"硬"环境的同时注重营造"软"环境。其四，主动关注社区公益事业，与当地居民形成良好的邻里关系。遗产管理部门和旅游开发商应持有正确的角色定位，尊重社区居民的意愿，积极投入社区建设，在公共设施建设、地方产业调整等方面服务于社区居民。

（2）强化第三方力量，完善社区参与机制

我国的遗产旅游开发和管理的一般做法是，国家宏观遗产管理机构做出行政决策，由当地政府监督旅游开发商或投资商执行。但由于不少地方政府有着监督者和市场运作利益相关者的双重身份，致使遗产旅游开发监督不到位，导致遗产保护不力和社区居民利益受损等诸多问题。为避免这种情况，可引入第三方力量。第三方力量主要是指各种社会团体、公众组织和中介机构。随着国内政府在很多方面退出市场，第三方部门的作用正在不断加强。例如，国家宏观遗产管理机构对各个遗产地的管理不一定沿用垂直行政体制，而是可以通过遗产专家委员会等中介机构进行监督，在遗产评估中也可以充分利用中介组织的能力。国家遗产管理机构再根据专家的评估、建议进行规划决策、资金投入、奖惩等。

另外，通过建立旅游区管理机制可实现社区居民有效参与遗产旅游的经营管理。可通过社区会议、管理小组等方式来实现这种机制。社区会议由全体居民参加，共同对社区事务进行决策；管理小组由全体居民推选人员，代表居民参与旅游区、社区的管理经营活动，执行全体居民的共同决议，维护社区的共同利益。明确政府部门的监管职能，为旅游区的发展提供保障。政府部门应作为中立方，积极调解不同居民群体之间的利益冲突。

（3）加强社区管理，重视社区培训

世界遗产地面临的共同课题：既要吸引游客，又能疏导游客，必须加以引导和管理，对游客人数和行为进行必要限制。在遗产地的景区管理过程中，不可能有那么多专业导游和监管人员，可以通过培训和管理当地居民，以居民意识带动游客意识，让他们可以在具体的解说和行为上为游客做好示范、监督和规范作用。

（三）遗产申报与遗产管理的关系

近些年来，"世界遗产申报"运动在我国的持续狂热状态，跟世界遗产用于旅游开发所带来的巨大收益密切相关。但不能回避的事实是，我国的一些地区一方面在举全力、花巨资申报世界遗产，另一方面是大家在为遗产申报成功欢呼雀跃时，对诸多不合理的遗产管理现象的忽视。如果说遗产的申报是遗产保护工作的强心剂，那么，科学合理的遗产管理是遗产保护的自身免疫系统。

1. "申遗热"背后的遗产管理问题

面对持续增长的旅游需求，"世界遗产"的桂冠成为我国遗产旅游发展最有力的推手，"申遗"成功所带来的种种效应使得国内各遗产地掀起了以地方政府为主导的"申遗"热潮。我国虽有丰富的遗产资源，遗产管理中却存在着诸多的问题。首先，管理体制问题。政府主导是我国遗产管理的最大特点，在我国旅游业起步晚、旅游业发展迅猛的背景下，遗产管理制度不完善的问题日益凸显，如很多自然遗产被冠以多个名头，分属于不同的部门，多头管理造成的权责不明问题在开发保护中常常出现破坏多于保护的现实。其次，管理决策问题。我国遗产旅游资源开发中人为毁坏事件时有发生，尤其是管理层的决策失误所带来的损失难以估量。遗产地的开发决策是一项系统工程，遗产价值的评估、市场需求分析、专家论证、民众意向调研等工作缺一不可。最后，缺乏系统的保护法规和严格的执行标准。遗产的属性决定了遗产及遗产地在旅游开发中必须以保护为前提，保护法规的制定和执行必须以保护遗产的核心价值为主，保护法规为保护开发提供决策依据和实践标准，任何的主观行为不应凌驾其上。

2."申遗"后的细化管理

世界遗产地旅游业发展迅速，遗产及遗产地知名度不断提高，遗产地的周边环境得到改善，但在旅游经济的拉动下，旅游业井喷式的发展之后，遗产地商业化、城市化倾向明显，遗产开发的人工痕迹重，导致遗产品质下降。遗产地在"申遗"后遭受着比"申遗"前更为严峻的考验。中山大学高小康教授说，从"申遗"时期到"后申遗时期"，是一个重要的转折。站在"后申遗时期"的立场重新审视申遗以来的传承、教育和传播活动，就会注意到轰轰烈烈之后暴露出来的问题。国内有学者提出了"后申遗"的保护理论，如何在巨大的经济利益面前把遗产的保护工作放到首位、如何把保持遗产的本真和完整作为"后申遗"阶段的重点，对世界遗产地"申遗"后的管理提出了更高的要求。"后申遗"的细化管理较为具体，或针对问题或防患于未然。国内遗产地目前采取根据景点容量制定日/时最高进入人数（如布达拉宫）、生态脆弱地区轮歇式开放（如九寨沟）或封闭轮休制度（如黄山）、提高景点门票价格、扩大景区容量的方法都是针对问题的紧急措施。总体看来，国内遗产旅游界的事前管理意识薄弱，具体的"后申遗"管理手段和技巧有待加强。

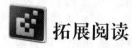 **拓展阅读**

黄山景区游客管理研究

随着品牌的逐渐提升，很多景区迎来了旅游客流的高峰，而提升游客管理水平也就成为景区管理建设上的重要课题。本文以黄山景区为例，探讨游客管理的相关问题。

游客容量管理

目前，黄山在游客容量管理方面，主要采取分区管理（管理监测和实时监控）、网上门票预售的方式，对游客人数的总量进行控制，并对游客的分流进行管理。同时，公园还采取了核心景点（莲花峰、天都峰）轮休制度，以便进行生态环境的保育。然而在近两年的十一高峰期，景区每天的游人数已经突破 3.5 万人次/天，如何进行游客容量的控制是亟待解决的重要问题。

实际上黄山景区的游客容量限制在于其核心景点的线路较为单一，步游道空间容量较小，索道运载量有限。解决这一问题的关键便是扩大景区的游览空间，提供运载和能力更大的交通工具。目前黄山以西海大峡谷和低山景区的旅游开发来增大景区游客空间容量，分流游客，并通过地轨缆车的建设和索道的改扩建来增大景区的交通运输量。此外，景区还可以采取预约制和多渠道的提前告知方式以控制每天的进出人数，形成游客游览时间的合理分布，降低景区游客容量的压力。

预约制即景区在官方网站平台上设立预约窗口，要求旅行社团队和散客至少提前一天登录网站平台进行预约，然后凭发送到手机上的预约登记号到售票窗口进行购票。预约窗口必须实现信息告知，达到预约人数上限以后通知预约游客不再发行预约登记号。

游客行为管理

目前景区对游客行为的管理多是基于在户外设置对游客环境行为和安全行为的告知标识。这其中分为温馨提示类和警示类，包括爱护花草、不乱扔垃圾、禁止吐痰吸烟、防火、不安全行为提示等内容。但是在游览过程中，也有不少游客对这类告知标识视而不见。当某些地点缺少告知标识或者人流稀少时，破坏环境和不安全的行为就容易发生。

对游客行为的管理可以采用"意识"引导的方式，即在游览前进行环境教育和安全教育来实现对游客意识的明确引导。具体的措施包括随门票附赠游客行为指南小册子；在游客中心、博物馆组织游客观看景区环境教育影片；要求导游人员提前讲解游客行为规范，并在游览过程中随时提醒游客；在进山前为游客免费发放可降解材质的环保垃圾袋，鼓励游客自带垃圾下山，以减少山上垃圾的转运量和随意丢弃垃圾等。目前黄山景区在索道排队区域的电视屏中主要是播放景区的风光宣传片，也可在片中加上约 5 分钟的环保宣传影片或者志愿者的环保讲解，让游客在等待的过程中接受环境教育。通过这些方式，可以让游客提前树立环保意识和安全意识，让游客明确意识到黄山在保护生态环境和游客安全上所采取的措施和努力，从而自觉地约束自身的行为。

排队管理

在黄山这类拥有索道或者交通车辆运输的山岳型景区中，假期人流高峰时的排队管理是一个十分棘手的问题。等候时间、天气状况等因素都容易让游客的满意度大大降低。尽管景区已经采取耐心劝说、播放舒缓音乐、放映景区风光片的方式缓解游客等待的焦躁情绪，但仍然需要设置更多的人性化设施和措施。例如增加遮阳棚、座椅，夏天温度较高时进行喷雾降温、设立老年人绿色通道等。同时，可以借鉴银行叫号管理模式，在游客购买的索道票面上打印排队号码，并显示游客需等待的时间。在等待期间游客可以自行安排游览休息活动，从而减少排队时间。

游程时间管理

目前黄山景区采取了二次进山的门票方式，游客可以凭借一张门票二次进山，但是需要到指定的地点办理相关手续，并且要重复购买索道票和交通票。二次进山的管理方式可以在时间上让游客有更多的行程安排选择，但实际上实施的效果欠佳，手续的繁杂、登山的疲劳以及交通费用的重复都很难让游客选择二次进山。

分时门票政策为分时间段销售团队和散客门票，从而限定团队、散客的进入时间。比如限定 6：30—8：30 为团队游客进入时间，限定 8：30 以后为散客进入时间，形成错行分流进入，从而缓解排队压力，达到控制旅游团队和散客行程时间的效果。

景区还可以通过对团队游客和散客采取餐饮点和下山索道的定时定点安排，来调控游客的游程时间，从而使景区的周转率达到一个合理的水平。在哪一个餐饮点吃饭，吃饭的时间段，在哪个时间从哪条索道下山等，可以在购买门票时提前告知团队或散客。"智慧黄山"数字化系统的建设也为景区进行游程时间管理提供了基础。黄山的数字化系统已经可以实现 GPS 定位、视频监控、车辆指挥调度、门禁实时数字监控、雷电预警等。景区下一步应加强智慧决策能力的建设，可以采用计算机仿真模型提前预测景区的游客空间分布状况，从而选择预案实施各个团队和散客餐饮索道的定时定点决策，安排好整个景区的游客在线性的游览空间内合理分布。

景区游客管理的重点是对景区容量、排队、游客行为和游程时间的管理。我国的很多景区在硬件建设上都已达到国际领先水平，但在管理水平和软件建设上还需进一步提升。错时出行、人性化服务、门票预约、潜意识教育等都应成为景区游客管理的重要发展趋势。特别是针对我国景区游客量大、游客高峰集中的特点，更应因地制宜地提出相应的管理措施，为游客提供安全、舒适的游览空间和满意的游览体验。

资料来源：刘思翔. 黄山景区游客管理研究 [N]. 中国旅游报，2013-01-28（6）.

思考和练习题

1. 在影响世界遗产旅游可持续发展的因素中，除教材中谈及的，你认为还有哪些因素？处理方式又是什么？

2. 结合个人观察，谈谈在遗产旅游可持续发展过程中为何要加强对游客的管理，游客管理的措施有哪些。

3. 世界遗产与当地社区是什么关系？结合实际，就世界遗产旅游发展中应如何处理与当地社区的关系，谈谈你自己的看法。

参考文献

［1］MOSCATDO G. Mindful visitors：Heritage and tourism ［J］. Annals of Tourism Research，1996，23（2）：376-397.

［2］AAS C，LADKIN A，FLETCHER J. Stakeholder collaboration and heritage management ［J］. Annals of Tourism Research，2005，32（1）：28-48.

［3］TOSUN C. Limits to community participation in the tourism development process in developing countries ［J］. Tourism Management，2000，21（6）：613-633.

［4］MCKERCHER B，CROS H. 旅游与文化遗产管理 ［M］. 朱路平，译. 天津：南开大学出版社，2007.

［5］蒂莫西，博伊德. 遗产旅游 ［M］. 程尽能，译. 北京：旅游教育出版社，2007.

［6］彭顺生. 世界遗产旅游概论 ［M］. 北京：中国旅游出版社，2008.

［7］刘红婴. 世界遗产概论 ［M］. 北京：中国旅游出版社，2005.

［8］《世界文化与自然遗产精华》编委会. 世界文化与自然遗产精华 ［M］. 长春：吉林出版集团有限责任公司，2007.

［9］孙克勤. 世界文化与自然遗产概论 ［M］. 武汉：中国地质大学出版社，2005.

［10］王巨山. 非物质文化遗产概论 ［M］. 北京：学苑出版社，2012.

［11］徐嵩龄，张晓明，章建刚. 文化遗产的保护与经营——中国实践与理论进展 ［M］. 北京：社会科学出版社，2003.

［12］徐文涛. 走世界遗产可持续发展之路 ［J］. 中国城市经济，2002（12）：

61-62.

[13] 于海广，张伟. 中国的世界非物质文化遗产 [M]. 济南：山东画报出版社. 2011.

[14] 晁华山. 世界遗产 [M]. 北京：北京大学出版社，2004.

[15] 张朝枝. 旅游与遗产保护 [M]. 天津：南开大学出版社，2008.

[16] 邹统钎. 遗产旅游发展与管理 [M]. 北京：中国旅游出版社，2010.

[17] 吕凌云. 我国世界遗产旅游可持续发展研究 [D]. 桂林：广西师范大学，2011.

[18] 陈天培. 非物质文化遗产是重要的区域旅游资源 [J]. 经济经纬，2006 (2)：124-127.

[19] 潮轮. 中国世界遗产达 45 处 世界遗产保护任重道远 [J]. 生态经济，2013 (9)：8-13.

[20] 郭璇. 文化遗产展示的理念与方法初探 [J]. 建筑学报，2009 (9)：69-73.

[21] 郭璇，王谊. 世界遗产保护发展及类型体系研究 [J]. 重庆建筑，2014，13 (4)：5-8.

[22] 彭凤. 遗产旅游的认识及对我国遗产旅游管理的启示——兼评《遗产旅游》[J]. 大理学院学报，2014，13 (7)：46-49.

[23] 刘菊湘. 我国世界遗产过度开发与利用研究 [J]. 山东社会科学，2010 (4)：49-52.

[24] 雷蓉，胡北明. 非物质文化遗产旅游开发的必要性分析——基于保护与传承的视角 [J]. 贵州民族研究，2012 (2)：130-134.

[25] 李如生. 中国世界遗产保护的现状、问题与对策 [J]. 城市规划，2011，35 (5)：38-44.

[26] 李翠筠. 认识和鉴别核心价值是世界遗产保护的关键——访联合国教科文组织驻华代表处文化遗产保护专员杜晓帆博士 [J]. 风景园林，2012 (1)：52-55.

[27] 林美珍，黄远水. 文化旅游之下的文化真实性与文化商品化 [J]. 广西民族学院学报（哲学社会科学版），2003 (52)：47-49.

[28] 苏明明，Wall G. 遗产旅游与社区参与——以北京慕田峪长城为例 [J]. 旅游学刊，2012，27 (7)：19-27.

[29] 苏明明. 世界遗产地旅游发展与社区参与 [J]. 旅游学刊，2012，27 (5)：9-10.

[30] 宋章海，韩百娟. 强化社区参与在我国遗产旅游地中的有效作用 [J]. 地域研究与开发，2007，26 (5)：89-92.

[31] 孙克勤. 中国的世界遗产保护与可持续发展研究 [J]. 中国地质大学学报（社会科学版），2008，8（3）：36-40.

[32] 王丰年. 生态系统视野中的自然遗产保护 [J]. 自然辩证法研究，2009，25（7）：123-126.

[33] 王惠. 世界遗产可持续发展实践模式研究综述 [J]. 桂林旅游高等专科学校学报，2007，18（1）：110-113.

[34] 吴人韦，杨继梅. 我国遗产旅游开发的问题、误区及对策研究——关于"世遗门票上涨"的思考 [J]. 旅游科学，2005，19（2）：19-23.

[35] 吴晓隽. 文化遗产旅游的真实性困境研究 [J]. 思想战线，2004，30（2）：82-87.

[36] 吴妍. 世界遗产保护中的遗产教育探析 [J]. 中华文化论坛，2013（9）：141-145.

[37] 徐嵩龄. 我国遗产旅游的文化政治意义 [J]. 旅游学刊，2007，22（6）：48-52.

[38] 徐克帅，朱海森. 青少年与世界遗产教育 [J]. 世界遗产论坛，2009（2）：218-224.

[39] 杨丽霞，喻学才. 中国文化遗产保护利用研究综述 [J]. 旅游学刊，2004，19（4）：85-91.

[40] 张成渝，谢凝高. "真实性和完整性"原则与世界遗产保护 [J]. 北京大学学报（哲学社会科学版），2003，40（2）：62-68.

[41] 张宏梅. 文化学习与体验：文化遗产旅游者的核心诉求 [J]. 旅游学刊，2010，25（4）：10.

[42] 周亚庆，吴茂英，周永广，等. 旅游研究中的"真实性"理论及其比较 [J]. 旅游学刊，2007，22（6）：42-47.

[43] 邹统钎. 世界遗产保护与旅游利用的自然与文化解决方案 [J]. 世界遗产，2014（4）：22.

[44] 魏小安，窦群，彭德成，等. 关于中国世界遗产保护、开发与旅游业发展的相互关系 [EB/OL].（2002-11-19）[2017-03-15]. http://www.china.com.cn/zhuanti2005/txt/2002-11/19/content_5234991.htm.

图书在版编目(CIP)数据

世界遗产旅游概论/郭凌,周荣华,陶长江主编.—成都:西南财经大学
出版社,2017.7(2021.7重印)

ISBN 978-7-5504-2974-1

Ⅰ.①世… Ⅱ.①郭…②周…③陶… Ⅲ.①文化遗产—旅游—概
论—世界—高等学校—教材 Ⅳ.①F591

中国版本图书馆 CIP 数据核字(2017)第 108044 号

世界遗产旅游概论

主 编 郭凌 周荣华 陶长江

责任编辑:高玲 廖韧

责任校对:田园

封面设计:杨红鹰 张姗姗

责任印制:朱曼丽

出版发行	西南财经大学出版社(四川省成都市光华村街55号)
网 址	http://cbs.swufe.edu.cn
电子邮件	bookcj@swufe.edu.cn
邮政编码	610074
电 话	028-87353785
照 排	四川胜翔数码印务设计有限公司
印 刷	四川五洲彩印有限责任公司
成品尺寸	185mm×260mm
印 张	19.5
字 数	365 千字
版 次	2017 年 7 月第 1 版
印 次	2021 年 7 月第 2 次印刷
印 数	2001— 3000 册
书 号	ISBN 978-7-5504-2974-1
定 价	39.80 元